U0361857

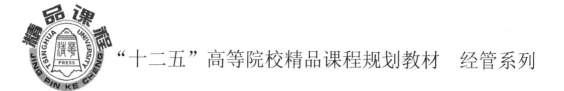

"十二五"高等院校精品课程规划教材 经管系列

现代企业管理
(第2版)

姜 真 主 编

袁 博 董 华 副主编

朱延春 焦晋芳 孙小强 吴汉波 参 编

清华大学出版社
北 京

内 容 简 介

本书全面系统地阐述了现代企业管理的理论与方法，结合国内外成功案例和该学科最新研究成果，比较充分地体现了现代企业管理领域的新进展。本书共十四章，内容包括：企业与企业管理、企业管理的发展、企业组织管理、企业战略管理、企业经营决策、企业人力资源管理、企业运营系统设计、物流管理、市场营销管理、企业设备管理、企业质量管理、企业技术创新管理、企业财务管理、创业管理。本书特点是：既注重理论的基础性与系统性，又注重内容的前瞻性与实用性。为满足现代企业管理的要求，本版增加了企业管理的法律环境、企业社会责任、组织创新与变革、网络与虚拟组织管理、创业管理等内容。

本书可作为高等院校管理类专业和非管理类专业的教材，也可作为在职管理干部的培训教材，也很适合其他各类人员自学参考使用。

图书在版编目(CIP)数据

现代企业管理/姜真主编. —2 版. —北京：清华大学出版社，2013（2021.10重印）
（"十二五"高等院校精品课程规划教材　经管系列)
ISBN 978-7-302-32403-4

Ⅰ. ①现⋯　Ⅱ. ①姜⋯　Ⅲ. ① 企业管理　Ⅳ. ①F270

中国版本图书馆 CIP 数据核字(2013)第 095995 号

责任编辑：温　洁
封面设计：杨玉兰
版式设计：北京东方人华科技有限公司
责任印制：沈　露
出版发行：清华大学出版社
　　　　　网　　　址：http://www.tup.com.cn, http://www.wqbook.com
　　　　　地　　　址：北京清华大学学研大厦 A 座　　　邮　　编：100084
　　　　　社 总 机：010-62770175　　　　　　　　　　邮　　购：010-62786544
　　　　　投稿与读者服务：010-62776969, c-service@tup.tsinghua.edu.cn
　　　　　质量反馈：010-62772015, zhiliang@tup.tsinghua.edu.cn
　　　　　课件下载：http://www.tup.com.cn, 010-62791865
印 装 者：三河市金元印装有限公司
经　　销：全国新华书店
开　　本：185mm×260mm　　　印　　张：25.75　　　字　　数：620 千字
版　　次：2007 年 8 月第 1 版　2013 年 6 月第 2 版　印　　次：2021 年 10 月第 10 次印刷
定　　价：58.00 元

产品编号：049636-03

第2版前言

当前，我国经济已进入结构调整和转变增长模式的阶段，经济发展的转型使企业的发展模式也产生了重大变化。企业面临经济政策调整、人力资源成本提高、原材料价格波动、节能环境保护责任加重、人才短缺、市场增长放缓以及利润摊薄等多方面挑战。新环境对企业战略的选择，企业运行的高效率和高效益，企业管理的精细化、标准化和规范化等方面提出了更新更高的要求。加强企业管理，应对新经济环境下的激烈竞争，既向企业提出了严峻的挑战，更为企业提供了实现快速发展的历史机遇。如何面对挑战，化危险为机会，企业管理者的快速学习、不断学习将是取胜的关键。

《现代企业管理》出版至今，社会形势发生了变化，管理理论乃至管理实践都有了新的发展，因此，在原有基础上，我们对第一版教材各章节内容进行了修改、更新和完善。本版第一、二章分别增加了企业社会责任和现代管理的一些新理论，完善了行为科学理论的内容；第六章增加了战略人力资源管理，并对人力资源管理的基础工作、招聘、培训与开发以及绩效评估与管理等内容进行了修改和补充；第十三、十四章在结构上做了较大调整，对内容进行了比较全面的更新和补充。此外，鉴于目前案例的易得性，本次修订去掉了章后案例，使第二版在总字数基本不变的情况下，尽量丰富和充实了各章节的内容。

本书第二版由姜真修改第一、二、五章；袁博修改第七、十、十一章；董华修改第三、四、十二章；朱延春修改第六章；焦晋芳修改第九、十三章；孙小强修改第十四章；吴汉波修改第八章。全书由姜真统稿、修改、定稿。

《现代企业管理》2007年出版后，被评为山东省优秀教材，并获得山东省软科学优秀成果二等奖。我们愿意将多年来企业管理的教学、科研以及社会实践的经验与大家共享，力求使本教材突出"现代"特点，体现"精品"要求。虽然我们一直在努力，但在教材的内容、结构以及编写形式等方面仍存在不足，希望读者提出宝贵的意见，以便改正。

编　者

第 1 版前言

当今，随着人类社会的快速发展，企业经营的外部环境和内部条件都在发生着重大变化，企业面临新的挑战。加强企业管理，提高管理水平已成为企业的迫切需要，而培养和造就优秀的管理人才是实现这一任务的关键。企业管理学是系统研究企业管理活动规律、横跨自然科学和社会科学两大学科的综合性学科，伴随着世界经济的迅猛发展和科学技术的飞速进步，企业管理学也应与时俱进，及时反映时代的变革和发展要求。

我们开设的企业管理学课程于 2004 年被评为省级精品课程。编写精品课程教材，满足新世纪企业管理人才培养的要求，是企业管理学课程建设的一项重要内容。经过充分的酝酿与准备，凭借多年的教学、研究与实践经验，我们编写了《现代企业管理》这本书，旨在为培养高素质管理人才做出一份贡献。

本书编写人员大都是企业管理学精品课程组成员，具有多年的教学与社会实践经验，对企业管理学的基础理论与前沿理论有较深入的研究，对企业管理学的发展动态有较好的把握。本书在保留一些传统内容基础上，力求增加一些新的内容，如企业的法律环境、组织变革与创新、物流管理和创业管理等。在介绍基本理论知识的基础上，我们增加了章前的"本章导读"、"学习目标"、"关键词"，每章后的"案例"、"讨论与分析"、"本章思考题"等内容，为学生的学习与思考提供了足够的空间。本书突出了基础性、系统性、实用性和前瞻性等特点。

本书由姜真担任主编，袁博、董华担任副主编。其中第一、二、五章由姜真编写；第七、十、十一章由袁博编写；第三、四、十二章由董华编写；第六章由朱延春编写；第九、十三章由焦晋芳编写；第十四章由张雯编写；第八章由吴汉波编写。全书由姜真统稿、修改、定稿。

在编写过程中，我们参考和引用了许多国内外有关的教材、专著、案例和文献资料，吸取了国内外最新的管理理论与研究成果，在此，谨向原作者表示深切的敬意和谢意。曲天明老师对书中有关法律方面的内容进行了修改和把关，为此，她付出了辛勤的劳动；赵瑞美老师对本书的内容与结构提出了很有价值的意见；张玉老师，刘琴琴、鞠新刚、柴梅等研究生为本书的编写做了大量工作，在此一并向他们表示衷心的感谢。同时，也向其他给予我们帮助和支持的所有人员致谢。

由于水平所限，书中难免存有不妥之处，敬请读者不吝赐教。

编　者

目 录

第一章

企业与企业管理

本章导读：

企业是市场的基本经济细胞和竞争主体，运用现代管理思想、理论和方法进行科学管理是企业竞争取胜的前提。本章从企业的起源与含义入手，介绍了企业、管理、企业管理等基本知识，重点阐释了企业管理的性质、职能、对象及方法，构建并分析了企业管理的流程与总体框架，介绍了企业管理法律环境方面的知识。

学习目标：

了解企业的起源、特征以及现代企业的法律形式，熟悉企业的类型，认识企业管理的重要意义。重点掌握企业管理的性质与职能、对象与方法，学会综合运用管理方法解决实际问题。

关键词：

企业(enterprise)　企业管理(enterprise management)　职能(function)　方法(means)流程(procedure)　法律环境(legal environment)

第一节　企业与公司

一、企业的起源与含义

企业是从事生产、流通、服务等经济活动，以产品或劳务满足社会需要并获取盈利，自主经营、自负盈亏、依法设立的经济实体，是社会经济的基本单位。

从企业产生的历史渊源来看，企业是个历史概念，它是生产力发展到一定水平的产物。企业是作为取代家庭经济单位和作坊而出现的一种更高生产效率的经济单位。从原始社会到封建社会，自给自足的自然经济占统治地位，社会生产和消费主要是以家庭为经济单位，或是以手工劳动为基础的作坊，它们均不是企业。随着生产力水平的提高和商品经济大发展，交通运输、信息和金融市场的迅速发展，到了资本主义社会，企业成了社会的基本经济单位。其特征是由资本所有者雇佣许多工人，使用一定的生产手段，共同协作，从事生产劳动，从而极大地提高了生产效率。

从社会资源配置的方式上看，企业是商品经济发展到一定阶段的产物。企业是作为替代市场机制的一种更低交易费用的资源配置方式。"交易费用"这一概念是美国经济学家科斯在分析企业的起源和规模时，首次引入经济分析的。根据科斯的解释，交易费用也可称交易成本，是运用市场价格机制的成本。它包括两个主要内容：发现贴现价格，获得精确的市场信息的成本；在市场交易中，交易人之间谈判、讨价还价和履行合同的成本。在商品经济发展的初期，无论是原始的物物交换，还是以货币为媒介的商品交换，由于市场狭小，利用市场价格机制的费用几乎不存在，这时的商品生产一般以家庭为单位。但随着商品经济的发展，市场规模的扩大，生产者在了解有关价格信息、市场谈判、签订合同等方面利用价格机制的费用显著增大，这时，生产者采用把生产要素集合在一个经济单位的生产方式，以降低交易费用，这种经济单位即是企业。企业这种组织形式之所以可以降低市场交易的费用，是由于它用内部管理的方式将各种生产要素有效结合的缘故。因此，从交易费用的角度来看，市场和企业是两种不同的组织生产的方式，一种是内部管理方式，另一种是协议买卖方式。两种方式都存在一定的费用，即前者是组织费用，后者是交易费用。企业之所以出现，正是由于企业的组织费用低于市场的交易费用。因此，交易费用的降低是企业出现的重要原因之一。

二、企业的特征

现代企业作为商品生产者和经营者，在不同社会制度下，虽然具有不同的社会性质，但作为商品经济条件下的劳动组织形式，一般都具有以下几个共同特征。

1. 企业是经济实体，以盈利为主要目的

企业不同于事业单位、政府部门，它必须获取盈利，追求经济效益。盈利是企业创造附加价值的重要组成部分，也是社会对企业所生产的产品和服务能否满足社会需要的认可和报酬。企业提供的产品和服务越能满足社会需要，所得到的利润就越多；反之，利润少的企业则对社会贡献也小。亏损的企业不仅没有为社会创造财富，相反是在消耗和浪费社会资源。没有盈利的企业不仅自身不能扩大生产，职工生活水平难以提高，而且将会导致国家和地方财政收入减少，从而使国家和地方的经济建设发展受到限制，甚至停滞或倒退。从这个角度来看，确保获得合理的利润，不仅是企业的目标，也是企业对社会承担的重大责任。

2. 企业必须自主经营、自负盈亏

企业要获取利润，就必须保证自己的产品和服务在品种、质量、成本和供应时间上能随时适应消费者和社会的需要。为此，企业除了加强内部管理外，还必须能对市场和社会环境的变动及时主动地作出反应，也就是要具有经营上的自主权。企业的权利和义务是对等的，企业要有经营自主权就必须进行独立核算，承担其行使经营自主权所带来的全部后果，也即必须自负盈亏。如果企业只负盈不负亏，就不可能有负责任的经营行为和正确地行使自主权。

3. 企业必须承担社会责任

对企业概念中的"满足社会需要"应有较广泛的理解，它不仅指满足顾客和客户的需

要，而且应包括满足股东、职工、供货者、交易对象、银行、政府、地区以及一切与之有关的社会团体的需要。当然这些需要有时是相互矛盾的，企业必须妥善处理才能得以生存和发展。这就决定了企业不能只为自身谋取利益，而应该承担社会各方面利益的责任。企业的社会责任还表现在为社会提供就业机会、防止环境污染以及节约资源等方面。

4. 企业必须依法设立、依法经营

企业分为法人企业与非法人企业，区别在于是否能够独立承担民事责任。企业是依法设立、依法经营的经济实体。首先，企业开办必须得到政府有关部门的批准，并按规定的业务范围进行经营；其次，企业必须拥有法定的资金、资产，在银行有自己的账户，并能独立行使财产支配权；最后，企业能以自己的名义参加民事活动，企业正常的生产经营活动受法律保护。

三、企业的类型

1. 根据企业财产组织形式和所负法律责任划分

1) 个人独资企业

个人独资企业，也称单个业主制企业，或个体企业，或独资企业，是最早产生的也是最简单的一种企业。其是指由业主个人出资兴办，完全归业主个人所有，自己经营，收益归自己，风险也由自己承担的企业。如果经营失败，出现资不抵债的情况，业主要以其全部的个人财产或家庭财产对企业承担无限责任。

2) 合伙企业

合伙企业是指依法在中国境内设立的由各合伙人订立合伙协议，共同出资、合伙经营、共享收益、共担风险，并对合伙企业债务承担无限连带责任的营利性组织。合伙人可以用货币、实物、土地使用权、知识产权或者其他财产权利出资，但合伙人的出资应当是合伙人的合法财产及财产权利。

3) 公司

公司是指由两个以上的出资者(称为股东)出资兴办并组成一个法人，能够独立自主经营、自负盈亏，对共同出资经营的财产享有民事权利、承担民事责任的经济实体。公司在法律上具有独立人格，是法人，而个人独资企业和合伙企业是非法人企业，这是公司与个人独资企业及合伙企业的重要区别。公司以"资合"为特征，特别是在负担有限责任方面与后两者不同。

2. 根据企业所属行业划分

1) 工业企业

工业企业是从事工业性产品生产和劳务活动的企业，包括采掘工业企业、加工工业企业和技术服务性工业企业。工业性产品生产和劳务活动，是指运用物理、化学、生物等技术，对自然资源、农业产品和它们的中间产品进行加工，使其转化为生产资料和生活资料或维持其功能的活动。工业企业是在手工业作坊基础上发展起来的，随着社会生产力的发

展，在生产中使用机器，又产生了大机器工业企业，即现代工业企业。

2） 农业企业

农业企业是从事农、林、牧、渔、采集等生产经营活动的企业，它又可分为粮食生产企业、棉花生产企业、林木生产企业、橡胶生产企业、养猪生产企业、海洋捕捞生产企业、淡水养殖生产企业等。

3） 运输企业

运输企业是指利用运输工具专门从事运输生产或直接为运输生产服务的企业。按运输的方式，运输企业可分为铁路运输企业、公路运输企业、水上运输企业、民用航空运输企业和联合运输企业等。运输是实现人或物的位置移动，其他企业内部的运输，是生产过程的直接组成部分。运输企业承担的运输是其他企业外部的运输，是生产过程在流通领域的继续，运输劳动消耗是所运产品价值的追加。

4） 建筑安装企业

建筑安装企业是主要从事土木建筑和设备安装工程施工的企业，它通常包括建筑公司、工程公司、建设公司等。

建筑安装企业的产品是各种工厂、矿井、港口、铁路、桥梁、管线、道路、住宅以及公用建筑等建筑物、构筑物和设施，形成各种生产性和非生产性的固定资产，是国民经济各部门和人民生活的重要物质基础。建筑安装企业产品的特点是：固着一地，不便移动；复杂多样，彼此各异；形体庞大，整体难分；经久耐用，使用期长。

5） 邮电企业

邮电企业是指通过邮政和电信等业务服务于社会的企业。邮电企业的经营业务主要分为邮政和电信。邮政业务主要有：邮件业务、函件业务、储蓄业务、电子汇款、邮政代理、报刊发行等。电信业务主要有：电话业务、互联网业务、电话卡业务、企业数据通信业务等。随着社会生产力的不断提高，邮电企业也正在向着现代化方向迈进。

6） 商业企业

商业企业是指社会再生产过程中专门从事商品交换活动的企业。商业企业通过商品买卖活动，把商品从生产领域送到消费领域，实现商品的价值，满足社会生产和人民生活的需要，并获得盈利。

7） 旅游企业

旅游企业是指凭借旅游资源，以服务设施为条件，通过组织旅行游览活动向游客出售劳务的服务性企业。它的主要业务是招揽游客，组织游客按一定路线游览，从中获得效益。它具有投资少、利润高、收效快的特点。

8） 金融企业

金融企业是指专门经营货币和信用业务的企业。它所经营的各种金融业务包括：吸收存款，发放贷款，发行有价证券，从事保险、投资信托业务，发行信用流通工具(银行卡、支票)，办理货币支付、转账结算、国内外汇兑，经营黄金、白银、外汇交易，提供咨询服务及其他金融服务等。

9)　咨询企业

咨询企业是指专为企业、政府以及个人的决断、决策行为提供科学、可靠的智力服务的专业机构。在国外，咨询业已成为经济发展的支柱产业，但在我国尚属新兴产业。咨询企业的主要业务是投资咨询、管理咨询、信息咨询、决策咨询、人力资源管理及其他专业事务咨询等。

3. 根据企业使用的主要经营资源划分

1)　劳动密集型企业

劳动密集型企业主要是指技术装备程度低、用人多及产品成本中活劳动消耗所占比重大的企业，它是相对于技术密集型企业而言的。

2)　资金密集型企业

资金密集型企业是产品成本中物化劳动消耗所占比例较大或资金有机构成较高的企业。资金密集型企业的特点是：投资大，占用资金多，现代化技术装备程度高，容纳劳动力相对少，劳动生产率高。如钢铁企业、重型机械企业、汽车制造、有色冶金企业、石油化工企业、房地产企业等均属于资金密集型企业。

3)　技术密集型企业

技术密集型企业是企业技术装备程度比较高，所需劳动力或手工操作的人数比较少，产品成本中技术含量消耗占比重比较大的企业。企业的技术密集程度与企业的机械化水平和自动化水平成正比，同企业的手工操作人数成反比。技术密集型企业的特点是：企业内部员工主要由具有较高的专业技术知识与技能的人员构成；拥有大量高、尖、新技术设备；产品具有较高的知识与技术含量；生产与管理内容和环节主要依赖知识与技术活动；企业的无形资产占有相当的比重。

要说明的是，技术密集型企业往往又是资金密集型企业，一般具有生产规模大、劳动生产率高的特点。

4)　知识密集型企业

知识密集型企业是建立在现代科学技术基础上，生产高、尖、精产品，集中大量科技人员，科研设备先进的企业。知识密集型企业的特点是：技术设备复杂，科技人员比重大，操作人员的素质比较高，使用劳动力和消耗原材料较少。在知识密集型企业中，科学知识、科研成果、技术开发将转化为现实的生产力。知识密集型企业的发展程度，往往标志着一个国家的现代科学技术发展水平和经济实力的强弱。

另外，按照企业规模划分，可分为大型企业、中型企业、小型企业；按照生产资料所有制的性质划分，可分为国有企业、集体所有制企业、私营企业、股份制企业、联营企业、外商投资企业、港澳台投资企业；按照企业运用的主体技术划分，可分为传统技术企业和高新技术企业等。

四、公司

1. 公司的含义

公司是指由两个以上的出资者(称为股东)出资兴办并组成一个法人,能够独立自主经营,自负盈亏,对共同出资经营的财产享有民事权利,承担民事责任的经济实体。公司在法律上具有独立人格,是法人组织,而个人独资企业及合伙企业是非法人企业。这是公司与个人独资企业及合伙企业的重要区别。公司以"资合"为特征,特别是在负担有限责任方面与后两者不同。

2. 公司的主要优缺点

1) 公司的主要优点

(1) 实行有限责任制度。对股东而言,以其出资额为限对公司的债务承担有限责任;对公司法人而言,以其全部法人财产为限对公司的债务承担有限责任。相对个人独资企业和合伙企业而言,公司的出资者的风险要小。

(2) 筹资能力强。公司可以通过发行有价证券(如股票)的方式来筹集资金,容易筹集到大额资金,满足公司大规模扩张的需要。

(3) 具有独立寿命。公司作为法人,除非法律和公司章程规定事项出现时,公司可无限存续下去,个别股东或高级职员的死亡、转业等不会影响公司的存亡。同时,公司的法人财产是不可分割的,投资者投入公司的资本不可抽回,只能转让,因此公司的法人财产不会因股东的变动而变动,保持了一定的整体性、稳定性和连续性。当今世界上具有百年历史的公司很多,如美国美孚石油公司成立于1870年,美国通用电气公司始创于1878年。

(4) 管理效率高。公司实行股东所有权与法人财产权相分离,股东资金投入到企业后,其所有权通过股权证书或股票等体现出来,公司对所有股东投入的资产拥有法人财产权。这样使得公司的所有权与经营权相分离,公司各项经营管理工作由各方面的专业人员负责,他们能够比股东更有效地管理企业,更能适应市场变化剧烈的经营环境。

2) 公司的主要缺点

(1) 手续繁杂。创办公司的手续比较复杂,组建费用高昂,我国《公司法》专门对此做出了专门规定。

(2) 政府限制较多。为了保证投资者(尤其是上市公司的中、小投资者)及相关权益人的合法权益,政府对公司的设立和运作一般监管非常严格,这在一定程度上会给企业的运作带来障碍和困难。

(3) 财务信息公开。特别是股份有限公司中的上市公司,按照有关法律规定,政府要求其财务报表定期向公众公开,这样就导致企业一些商业秘密的泄露。

(4) 双重缴纳所得税。公司的利润在分配前要缴纳公司所得税,公司以税后利润向投资人支付利润时,股东还要缴纳个人所得税。

3. 公司的形式

依照股东所负责任的不同，可以将公司分为无限责任公司、两合公司、股份两合公司、有限责任公司、股份有限公司。

(1) 无限责任公司是指由两个以上的股东所组成，全体股东对公司债务负连带无限责任的公司。

(2) 两合公司是指由无限责任和有限责任股东共同组成的公司，无限责任股东对公司债务负连带责任，有限责任股东则以其出资额为限对公司负责。

(3) 股份两合公司是指由一部分有限责任股东和一部分无限责任股东组成，无限责任股东对公司债务负连带无限责任，有限责任股东以其所认购的股份为限负责的公司。

以上这 3 种类型的公司在现代数量较少。

(4) 有限责任公司是指一定人数的股东所组成，股东以其出资额为限对公司负责，公司以其全部资产对公司债务负责的企业法人。

(5) 股份有限公司是指由一定人数的股东所组成，公司的全部资本分为均等的股份，股东以其所认购的股份为限对公司负责，公司以其全部资产对公司债务负责的企业法人。有限责任公司和股份有限公司是现代企业中最主要的形式。我国《公司法》仅规定了这两种类型的公司。

依照公司信用基础的不同，可以把公司分为人合公司、资合公司、人合兼资合公司。

人合公司是指其信用着重于股东的个人条件(如名誉、地位、声望等)的公司。无限公司是典型的人合公司，其信用基础在于股东个人，与公司资产多少无关紧要；资合公司是指其信用基础着重于公司资产数额的公司。也就是说，资合公司其信用主要取决于公司的资产额，股东的个人条件并不重要。股份有限公司是最典型的资合公司，公司以其全部资产对公司的债务负责，股东不对债权人负个人责任。有限公司实质上也属资合公司；人合兼资合公司即两合公司，是指公司的信用同时强调人的信用和资产的信用两个方面，无限责任股东以个人信用为基础，有限责任股东以其出资额作为信用基础。

根据公司之间的控制与被控制关系，可以把公司分为母公司与子公司。母公司是指掌握另一公司的多数股份从而能够实际控制另一公司的公司；子公司就是受其他公司实际控制的公司。母公司和子公司各自为独立的法人。

根据公司的组织管辖关系，公司可以分为总公司和分公司。总公司，通常又称本公司，是指管辖系统内全部分支机构的总机构。分公司是指受总公司管辖的分支机构，如分店、经营部等。总公司具有法人资格，分公司不具备法人资格。总公司对所属分公司的人事安排、业务经营等行使管理权。

根据公司经营业务的内容，可分为工业公司、商业公司、运输公司、保险公司、咨询公司等类型。根据公司业务分布情况，可分为地区性公司、跨地区性公司、全国性公司和跨国公司等类型。根据公司所属企业的生产技术经济联系，可分为专业公司、联合公司和综合性公司等类型。

4. 公司治理结构

1) 股东会

股东会是依照公司法和公司章程规定，由全体股东组成的，决定公司重大问题的最高权力机构，是股东表达意志、利益和要求的场所和工具。对股份有限公司而言，股东会也称股东大会。股东会有定期会议和临时会议两种基本形式。股东会一般由董事长主持，在召开股东会之前，一般要提前 15 天通知全体股东。股东会的主要职权如下所述。

(1) 人事权，公司的董事和监事由股东大会推举和更换，并且由股东大会决定他们的报酬。

(2) 重大事项决策权，例如，批准和修改公司章程，批准公司的财务预算、决策方案，决定公司投资计划等。

(3) 收益分配权，股东大会批准公司的利润分配方案和亏损弥补方案。

(4) 股东财产处置权，例如，公司增加或减少注册资本，公司合并、分立、解散或破产清算等涉及股东财产的重大变动，需由股东大会做出决议。

2) 董事会

董事会是由董事组成的负责公司经营管理活动的合议制机构。在股东会闭会期间，它是公司的最高决策机构，是公司的法定代表，对外代表公司。

董事会由股东会选举产生。按照我国《公司法》规定，董事会设董事长 1 名，副董事长若干名。不同类型的公司，董事长、副董事长产生的办法不尽相同。例如，国有独资公司的董事长、副董事长由国家授权投资的机构或国家授权的部门从董事会成员中指定；有限责任公司的董事长、副董事长的产生办法由公司章程规定；股份有限公司的董事长、副董事长由全体董事的过半数选举产生。

董事会由股东会负责，执行股东会的决议，其主要职权如下所述。

(1) 对公司经营做出决策，如经营计划、投资方案等。

(2) 决定公司内部管理机构的设置和基本管理制度的制定等。

(3) 制定公司财务预算、决策方案、利润分配和亏损弥补方案、公司增减资本和发行公司债券方案等。

(4) 人事权，负责任免公司(总)经理、副(总)经理、财务负责人等，并决定其报酬。

董事会实行集体决策，一般采取每人一票和简单多数通过的原则。每个董事会成员对其投票要签字在案并承担责任。董事会决议违反法律、法规和公司章程，致使公司遭受严重损失的，参与决策的董事对公司负赔偿责任。但在表决时曾表明异议并有记录在案的，可免除责任。

3) 总经理

总经理依照公司章程和董事会授权，统一负责公司的日常生产经营和管理工作。总经理由董事会聘任或解聘，对董事会负责。总经理的主要职权如下所述。

(1) 组织实施董事会决议。

(2) 组织实施公司年度经营计划和投资方案。

(3) 人事权，总经理提请董事会聘任或解聘公司副总经理和财务负责人，直接聘任或解聘其他管理人员。公司总经理可从企业外部聘任，也可经公司董事会决议由董事会成员担任。

4) 监事会

监事会是公司治理结构中的监督机构，成员一般不少于 3 人。监事会可由股东代表和职工代表组成，职工代表的比例不得低于 1/3，具体比例由公司章程规定。监事会中的职工代表由公司职工通过职工代表大会、职工大会或者其他形式民主选举产生。监事会成立后，应设置主席 1 人，由全体监事过半数选举产生。监事会的职权如下所述。

(1) 对公司董事、经理执行公司职务时，违反法律、法规、公司章程或股东会决议的行为进行监督，防止他们滥用职权，发现其行为有损公司利益时，监事会有权要求予以纠正，必要时可向股东会报告，提议召开临时股东大会，提出解决办法。

(2) 检查公司的财务，为保证监督的独立性，公司的董事、经理及财务负责人一律不得兼任监事。

(3) 向股东会会议提出提案。

(4) 依照公司法的规定，对董事、高级管理人员提起诉讼。

(5) 公司章程规定的其他职权。

上述公司治理结构的各个组成部分之间的相互关系是很密切的。一方面，从产权关系看，股东会对董事会是委托代理关系；董事会对总经理是授权经营关系；监事会代表股东会对财产的受托人，即董事和总经理实行监督，是一种监督关系。另一方面，从职权关系看，它们各自有不同的职权范围，职权具体明确。因此，公司的治理结构，以纵向的财产负责关系与横向的职权限定关系结合在一起，构成公司内部的制约机制。

五、企业的社会责任

1. 企业社会责任的定义

企业社会责任(corporate social responsibility， CSR)是指企业在创造利润、对股东承担法律责任的同时，还要承担对员工、消费者、社区和环境的责任。企业的社会责任要求企业必须超越把利润作为唯一目标的传统理念，强调要在生产过程中对人的价值的关注，强调对消费者、对环境、对社会的贡献。

2. 企业社会责任的体现

企业社会责任的内涵十分丰富和广泛，除法律规定的企业行为规范外，所有可能影响社会福利的企业行为都应纳入企业社会责任之内。大体可以体现在以下五个方面。

(1) 办好企业。增强企业的竞争力，不断创新，向社会提供更好、更新、更多的产品和服务，满足人们物质和文化生活需要。

(2) 经营管理行为符合道德规范。包括企业内部管理、产品设计、制造、质量保证、广告用语、营销手段、售后服务以及公关工作等等。

(3) 社区福利投资。根据企业经营状况，支持企业所在社区或其他特定社区的建设，如社区医院、学校、幼儿园、养老院、公共娱乐和健身场所、商业中心、图书馆等设施的投资,不以赚取商业利益为目的,促进社区的发展。

(4) 社会慈善事业。对社会教育、医疗公共卫生、疾病预防、福利设施,以及由于特殊的天灾人祸所导致的一切需要帮助的人,企业应该根据自身优势适当定位,及时伸出援助之手,尽到应尽的社会责任。

(5) 保护自然环境。主动节约能源和其他不可再生资源的消耗,尽可能减少企业活动对生态的破坏。积极参与节能产品的研究开发,参与地球环境荒漠化和变暖所引发的各种灾害的研究和治理。

3. 企业履行社会责任的意义

1) 有利于实现企业利益最大化

在理论界,长期存在着一种否认企业应该承担社会责任的观点,其中最为典型的代表就是诺贝尔经济学奖获得者弗里德曼的观点,他认为企业是假想人,无责任可言,企业承担社会责任违背了股东的利益,企业唯一目的就是赚钱。然而更多的学者则认为,企业履行社会责任,从根本上讲,不仅不会与企业利益最大化相矛盾,而且有利于实现企业利益最大化。大量研究表明,企业的社会责任同经济绩效之间存在着一种正相关关系,履行社会责任能帮助企业获得一系列的实际利益,包括销售额和市场份额的增加、品牌地位的稳定以及营运成本的降低。

2) 有利于塑造良好的企业形象

企业形象是企业对外影响力的综合表现,是包括消费者在内的社会公众对企业的综合印象,也是企业竞争力的重要内容,对于企业在市场中的兴衰成败有重大影响。企业形象的好坏,不仅仅看这个企业多么会赚钱,赚了多少钱,还有企业在长期生产经营过程中逐渐被消费者接受和认同的企业精神与理念,企业经营思想与行为,这些往往是企业在自觉履行社会责任过程中逐渐形成的。因此,企业要获得成功,管理者在作出决策时,必须把承担社会责任作为战略思想的重要组成部分。

3) 有利于增强企业的内聚力

企业形象是企业的对外影响力,内聚力则是企业生存和发展的根本力量和原因,企业的内聚力如何,取决于多种因素,但企业能否自觉履行社会责任则是其中非常重要的因素。企业履行社会责任对内最根本的就是始终坚持以人为本的管理思想,了解员工的需要、善待每一位员工,创造条件不断改善员工的福利待遇,营造一个安全、洁净的工作环境,给每个员工的提高和发展提供广阔的空间。

4) 有利于社会的可持续发展

建立可持续发展的社会,是一个利在当代、功在千秋的伟大事业,也是全人类共同奋斗的目标。企业作为自然资源的主要消费者,建设可持续发展社会更是责无旁贷。企业在经营过程中自觉承担起节约自然资源,科学利用和保护自然资源,保护生态平衡,防治环境污染等责任,将促进社会的协调发展。

第二节　企业管理的性质与职能

一、管理与企业管理的概念

人类关于管理的实践和思想由来已久，但对管理的概念，理论界至今还没有一种统一的解释。按照《世界百科全书》的解释："管理就是对工商企业、政府机关、人民团体，以及其他各种组织的一切活动的指导。它的目的是使每一行为或决策有助于实现既定的目标。"这就是说，管理的概念涉及广泛的领域，政府机关、企事业单位、科研机构、学校、军队等凡是人群共同活动的组织都需要管理，以指导人们完成和达到共同的目标。

西方各管理学派对管理概念的理解也是千差万别。古典管理学派代表人物美国的泰勒(Taylor)认为，管理就是"确切地知道你要别人去干什么，并使他们用最好的方法去干"；法国的法约尔(Fayol)认为，管理就是实行计划、组织、指挥、协调和控制。行为科学学派代表人物美国的梅奥(Mayo)则认为，管理就是做人的工作，其主要内容是以研究人的心理、生理、社会环境影响为中心，激励职工的行为动机，调动人的积极性。决策理论学派的代表人物西蒙(Simon)认为，"管理就是决策"，决策贯穿于管理的全过程。管理就是用数学模式与程序来表示计划、组织、控制、决策等合乎逻辑的程序，求出最优的解答，以达到企业的目标。而管理过程学派的代表人物孔茨(Koontz)则认为，管理就是通过别人来使事情做成的一种职能等。

以上观点都有其合理和可取之处，他们从不同的侧面丰富和发展了管理理论，对管理实践也发挥了积极的指导作用。尽管众说纷纭，但目的都是一致的。本书将管理的含义表述为：管理是管理者为了有效地实现组织目标、个人发展和社会责任，运用管理职能进行协调的过程。

企业管理是根据企业的特性及生产经营规律，对企业的资源进行有效配置，实现企业既定目标的活动过程。

二、企业管理的性质与基本原则

1. 企业管理的性质

管理是协作劳动的需要。在个体手工业劳动条件下，个体劳动者是自己指挥自己。许多人在一起为了实现共同的目标，就需要协同动作，于是产生了管理。作为企业管理，是在人类发展史上有了企业这个事物后才出现的，是随着家庭个体手工业发展为工场手工业，再发展到机器大工业逐步发展起来的，即以个体劳动生产发展为简单协作生产，再发展到机器协作生产而逐步形成并发展起来的。企业管理的产生与发展既是生产力进步的结果，也是不断调节人与劳动资料关系、人与人之间关系的结果。企业管理就是适应生产力进步、生产关系调节的需要而存在和发展的，因此，管理的性质是两重的。一方面，管理是由许多人协作劳动而产生的，它是有效组织共同劳动所必需的，具有同生产力、社会化大生产相联系的自然属性；另一方面，管理又体现着生产资料所有者指挥劳动、监督劳动的意志，它又有同生产关系、社会制度相联系的社会属性。

认识和掌握管理的两重性，便于正确地处理外国管理经验和中国实际之间的关系，实事求是地研究和吸收外国管理中有用的东西，做到兼收并蓄，洋为中用。

2. 企业管理的基本原则

1) 经济效益原则

讲求经济效益是社会主义经济规律的客观要求，是一切经济组织和经济工作都应遵循的一项基本原则。提高企业经济效益，就是要以尽量少的劳动和物质消耗，生产出更多适合社会需要的产品，为国家提供更多的税收，为企业的自我发展提供更多的资金积累，为企业的员工提供更多的报酬。这是衡量一个企业经营管理水平高低、经济行为是否正确的一个重要标准。

企业管理要贯彻经济效益的原则，就是要努力做到以市场为导向，合理配置企业的资源，搞好经营决策，从品种、质量、服务、信誉上求效益，从技术进步中求效益，从加速资金周转中求效益，从增收节支中求效益，从降低劳动消耗中求效益。

2) 优化劳动组合原则

所谓优化劳动组合，是指企业采用双向选择、平等竞争、工作满负荷、科学定员定额和全面的经济责任制等一系列方法和手段，使企业的劳动组合达到最优化。它的一个明显特点就是双向选择，自愿结合，不仅部门和领导要选择职工，而且职工要选择部门和领导。这对提高企业职工的业务素质、合理配置劳动力、提高劳动效率具有重要的作用。

实行优化劳动组合，首先，要求职工树立竞争意识，努力提高自己的业务素质；其次，要用合同的形式明确规定职工的责、权、利，使岗位责任制进一步得到完善，让职工在责任、竞争压力和利益劳动的多重作用下，充分发挥其积极性和创造性；最后，要求实行科学的劳动定员和劳动定额，使企业以此为依据而合理地组织劳动，有效地利用人力资源并提高劳动效率。

3) 系统性原则

所谓系统，是指由若干相互联系、相互制约、相互影响的因素而组成的一个有机整体。在企业管理中，系统性原则是指将企业作为一个有机整体，把各项管理业务看成相互联系的网络的一种管理思想。

为了贯彻系统性原则，首先，要树立综合观念，企业是一个有人、财、物、科技、信息等组成的综合体，他们之间相互影响和相互作用，管理人员需要力求保持各部分之间的动态平衡、相对稳定和一定的连续性，以适应环境的变化；其次，要树立开放的观念，应把企业看成一个与外界环境密切联系的开放系统，企业本身是一个系统，它存在于更大的系统中；最后，要树立投入与产出观念，企业是一个投入与产出系统，投入的是物资、资金、劳动力和各种信息，产出的是各种产品(包括服务)和利润(或亏损)。

4) 民主管理原则

现代企业管理，必须以人为本，实行民主管理，即保障职工参与企业重大事项管理的权利，依靠职工，共同管理好企业，这是社会主义企业管理的本质特征，也是由现代企业的性质所决定的。

5) 责、权、能、利相结合原则

责、权、能、利相结合的原则，是企业管理的一个基本原则。该原则要求在管理过程中，始终将责、权、能、利紧密地结合在一起，以经济责任为核心，以经济权利为保证，以能力素质为基础，以经济利益为动力。首先明确企业对国家和社会承担的经济责任以及企业内部各部门和个人向企业承担的经济责任，然后授予企业和企业内部各部门和职工完成经济责任的相应权力，并将企业、企业内部各部门和企业职工的经济利益与他们承担的经济责任和实现的经营成果挂钩，使他们有职有责、有权有利，责大权大、责大利大。使企业和企业内部各部门和职工个人外有压力、内有动力，充分调动其积极性和创造性，为实现企业目标创造条件。

6) 权威性原则

所谓管理的权威性原则，简单地说，就是在企业管理中，讲纪律、讲服从、讲集中，这是现代化大生产的客观要求。随着现代科学技术的迅速发展，劳动社会化的程度在不断提高，生产过程的连续性、时间性和准确性的要求加强。所有这些，要求企业管理必须实行高度集中，发挥权威的作用，以保证令行禁止，使企业的生产经营活动得以顺利进行。

在企业管理工作中贯彻权威性原则时应注意：首先，要正确认识和处理企业领导者权威同劳动者的主人翁地位的统一关系，在实行集中领导和严格纪律的同时，确保职工民主管理的权力；其次，要有一个得力的领导班子，建立有权威的生产经营指挥系统和各项严格的责任制度和规章制度，把权威建立在严密的组织和严明的纪律上，以保证企业的各项工作有序展开；最后，要使管理具有权威性，保证指挥正确，管理者自身素质必须提高，要能在群众中树立威信，这样的权威在企业管理中才能得以持久。

7) 塑造企业精神原则

国家昌盛，需要奋发向上的国民精神，民族振兴需要勇于进取的民族精神。同样，一个企业的兴旺与发达，必须要有独具特色的企业精神。何谓企业精神，一般是指企业在生产经营管理活动中，为谋求自身的生存与发展，长期形成并为职工所认可的一种群体意识。它是企业生存的基础，发展的动力，行为的准则，成功的核心；它具有鲜明的民族特点、时代特点和企业个性。企业精神就其实质而言，是对人的管理，相信人及尊重人，使企业产生凝聚力及吸引力，使职工产生责任感、光荣感和自豪感。

三、企业管理的职能

1. 计划

所谓计划，就是指制定目标并确定为达成这些目标所必需的行动。企业中所有层次的管理者，都必须从事计划活动。

制定科学的计划，必须对企业的内外条件进行严格的科学分析。要通过调查研究，全面分析，综合平衡，并在长期实践过程所取得的经验中找出规律，从而保证计划的科学性和预见性。计划的形式多种多样，既要编制综合的经营计划，又要编制各项专业活动的具体计划；既要有长远计划，还要有短期计划，并把计划指标分解落实。只有这样，才能把企业各方面的工作有机地结合起来，充分发挥计划的指导作用，实现决策所规定的目标。

2. 组织

所谓组织，是指为了有效地完成既定的计划，通过建立组织机构，确定职能、职责和职权，协调相互计划，从而将组织内部各个要素联结成一个有机整体，使人、财、物得到合理使用的管理活动。其目的是使企业的生产经营活动协调、有序地进行，不断提高生产经营活动的效益。建立高效、精干的管理组织，并使之得以正常运行，这是实现管理目标的重要条件和依托。

组织职能的内容主要有：

(1) 确立合理的管理体制，建立合理的组织结构，正确划分管理层次，设置职能机构；

(2) 按照业务性质，确定各部门的职责范围，并按所负责任给予各部门、各管理人员相应的权力；

(3) 明确上下级之间的领导关系和相互之间的协作关系，建立信息沟通渠道；

(4) 正确挑选和配备各类人员；

(5) 加强考核培训，实行合理的奖惩制度等。

3. 指挥

管理作为一种独立的社会职能是协作劳动的产物。所谓管理指挥，是指通过下达命令、指示等形式，使系统内部各个人的意志服从于一个权威的统一意志，将计划和领导者的决心变成全体成员的统一行动，使全体成员履行自己的职责，全力以赴地完成所担负的工作。

要实现科学的指挥，必须从实际出发，建立统一的、强有力的、高效率的生产行政指挥系统，对生产经营活动实行统一领导、统一指挥，及时解决生产经营过程中出现的问题。要充分发扬民主，经常听取广大职工对生产、经营、技术、经济等各方面的意见，使指挥建立在发挥群众智慧的基础上。同时，还要注意加强思想教育，不断提高职工的责任感和积极性，正确处理民主与集中、自由与纪律的关系，增强社会化大生产的组织性和纪律性。

4. 协调

所谓协调，是指为了使组织的各种要素和各种活动不发生矛盾或相互重复，保证其间有良好配合关系而采取各种调整措施的行为和状态。简言之，协调就是为了实现良好的配合，即一旦发生问题，能够及时加以解决，保证各部门、各环节之间紧密合作，顺利发展，以实现共同的目标。所以，良好的协调应表现为一个组织有明确一致的目标和人所共知的计划；要有一支精明强干、互相信任、团结一致的职工队伍；受绝大多数人拥护的领导方式和组织机构。尤其是后者，对协调有着重大影响，因为组织机构支配着所有的命令路线、信息传递渠道和关系框架。

就协调的形式而言，协调可分为纵向协调和横向协调，内部协调和外部协调。所谓纵向协调是指上下级领导人员之间及其与职能部门之间的协调；横向协调是指同级单位或部门之间的协调；内部协调是指对企业内部各种关系的协调；外部协调则是指企业与上级部门及其他单位之间进行的协调。协调是企业管理的一项综合职能，在发挥决策、计划、组织、指挥和控制职能作用过程中，都存在协调问题，只有做到上下左右、纵横内外各种关系都协调一致，才能保证企业工作有条不紊地进行。

5. 控制

所谓控制，就是使计划按预定轨迹运行的管理活动。人们在执行计划过程中，由于受到各种因素的干扰，常常使实践活动偏离原来的计划。为了保证目标及为此而制定的计划得以实现，就需要对管理过程进行控制。即要按既定的目标和计划，对企业生产经营活动过程中各方面的实际情况进行检查，发现差距，分析原因，并采取措施予以纠正，使各项工作能够按原计划进行；或根据客观情况的变化，对计划做适当的调整，使其更符合实际。

6. 激励

激励是推动人们向着期望目标前进的动力的心理过程。激励是指在确定组织目标时，充分考虑职工的需要，把企业生产经营活动的目标与职工的个人利益尽可能地结合起来，并激发职工的动机，鼓励其为实现组织目标而努力的活动。

7. 创新

迄今为止，很多研究者没有把创新列为一种管理职能。最近几十年来，由于科学技术迅猛发展，社会经济活动空前活跃，市场需求瞬息万变，社会关系也日益复杂，每位管理者每天都会遇到新情况、新问题。如果因循守旧、墨守成规，就无法应对新形势的挑战，也就无法完成所肩负的任务。因此，许多成功的管理者其成功的关键就在于创新。要做好任何一项事业，大到国家的改革，小到办实业、办学校及办医院，或者办一张报纸，推销一种产品，都要敢于走新的路，开辟新的天地。所以，创新自然地成为管理过程不可或缺的重要职能。

企业管理的各项职能不是孤立和割裂的，而是一个相互依存、相互作用的有机整体。计划是前提，提供目标和标准；组织是保证，提供计划实施的组织机构和氛围；指挥是手段，是实现计划目标的必要途径；协调和控制分别解决计划和目标实施中的增效和失效问题；激励是完成一切管理任务的基础和动力；创新是推动管理循环的原动力。

第三节　企业管理的对象与方法

一、企业管理的对象

1. 人力资源

在管理系统中，人是最重要的管理对象。现代管理倡导管理要以人为本，即以人为中心。在一个组织中，对人力资源管理的效率如何，组织成员热情是否高涨，直接决定着组织的目标能否实现。管理的首要任务就是要充分开发、利用组织内的人力资源，争取组织外的人力资源。在这里要指出的是，人力资源的开发与管理并不仅仅指对人的劳动能力的简单运用,而是有着较广泛的内涵。

2. 物力资源

物力资源是人们从事社会实践活动的物质基础。对物力资源管理的基本任务就是:遵循客观事物发展规律的要求,根据组织目标和组织的实际情况,对各种物力资源进行最优配置和最佳利用,开源节流,物尽其用。

3. 财力资源

在市场经济中,财力是各种经济资源的价值表现。人类自进入文明社会以来,无论从事哪类实践活动,都离不开对所使用的物质资源价值的正确认识与合理使用。财力的使用和分配是否合理,直接影响甚至决定着物力资源、人力资源的使用效果。因此,任何一个组织的效率,都可以从其财力资源的运用效率上来考察、衡量。在经济组织中,财力资源的管理尤为重要,管好财力资源就是要做到财尽其用,通过聚财、用财而不断生财。

4. 信息资源

信息是物质属性和关系的表征。宇宙中的万事万物都是通过各自的信息来显示其固有特征的。在一个社会组织中,信息更是不可缺少的构成要素。没有信息的传递,组织就会死亡。在管理过程中,管理者的决策、计划、指令都要以种种形式的信息传递到被管理者,被管理者执行决策、计划的情况也要借助于各种信息形式和传递渠道反馈到管理者。并且,一个组织同外部交换的不仅是组织的各种有形产出,也包括各种形式的信息。

组织中的信息资源是指各种消息、情报、数据、资料等。对信息资源管理的主要任务就是要按照管理目标的要求,建立完善高效的信息沟通网络,保证管理所必须的各种准确、完整、及时的信息的畅通。

5. 时间资源

时间反映为速度和效率,有效的管理系统,必须考虑充分利用时间,力争在尽可能短的时间内获得较好的效益。

二、管理的基本方法

1. 行政方法

行政方法是指依靠行政组织的权威,运用命令、规定、指示、条例等行政手段,按照行政系统和层次,以权威和服从为前提,直接指挥下属工作的管理方法。

行政方法的实质是通过行政组织中的职务和职位来进行管理。它特别强调职责、职权、职位,而并非个人的能力或特权。任何部门、单位总要建立起若干行政机构来进行管理,他们都有严格的职责和权限范围。由于在任何行政管理系统中,各个层次所掌握的信息绝对是也应当是不对称的,所以,才有了行政的权威。上级指挥下级,完全是由于高一级的职位所决定的;下级对上级所拥有的管理权限要服从。行政方法具有以下特点。

(1) 权威性。行政方法是否有效,在很大程度上取决于行政机构和领导者权力的大小。

(2) 强制性。以行政权力为基础，以下级服从上级为原则。

(3) 范围性。只能在所属的行政系统中才能生效。

(4) 速效性。因为下级必须服从上级而很快见效。

(5) 无偿性。上级组织对下级组织的人、财、物等的调动和使用不讲等价交换的原则。

行政管理方法有利于对全局活动实施有效的控制，在组织内部统一目标、统一步调、统一行动，强化管理职能。这种管理方法在高度集中统一的和需要适当保密的领域，有其独特的作用。另外，因其具有很强的时效性，能较好地处理在管理活动中所遇到的特殊问题与紧急问题。应注意的是，由于行政管理方法借助于权力和权威，也会受到领导水平的制约，如处理不当，容易产生官僚主义，忽视下级的实际利益，甚至以权谋私，不利于管理工作。因此，在执行中需要有发达和完备的信息系统，领导者要不断提高个人的综合素质。

2. 经济方法

经济管理方法是根据经济运行的客观规律，运用各种经济手段，调节各种不同经济利益之间的相互关系，以取得较高经济效益与社会效益的管理方法。这些经济手段包括价格、税收、信贷、利润、工资、奖金和罚款等。

运用经济管理方法最终的目的是围绕物质利益，正确处理好各种关系。经济方法直接涉及管理者和每一个员工的利益，处理得当，能最大限度地调动各方面的积极性，协调和正确处理国家、集体和个人三者之间的关系。但如果处理不当，导致人们过度地追求个人利益和本位主义，不利于精神文明的建设。因此，在运用经济方法的同时，注意与教育方法等有机地结合起来，把员工的精神和需求引导到一个正确方向上来。经济管理方法具有以下主要特点。

(1) 客观性。符合商品经济社会客观经济规律的要求。

(2) 利益性。通过利益机制引导被管理者去追求某种利益，间接影响被管理者行为。

(3) 规范性。总是采用某些规范的经济指标来进行管理，如工资水平、罚款数额、奖金数额、利率、税率等。

(4) 关联性。每一种经济手段的变化都会造成多方面经济关系的连锁反应。

(5) 灵活性。所采用的具体形式因管理的主体及管理范围的不同而异。宏观领域较多采用的是价格、税收、信贷、利率、汇率等；微观领域较多使用的是工资、奖金、罚款等。

3. 法律方法

法律的方法是通过法律、法令、条例以及司法、仲裁等工作，来调整社会经济与企业在宏观和微观活动中所发生的各种关系的管理方法。法律的方法在管理活动中具有以下特点。

(1) 严肃性。法律与法规的制定必须严格按照法律规定的程序进行，一旦制定和颁布，就具有相对的稳定性。

(2) 规范性。它对所有的组织和个人的行动都具有同等的约束力，使管理活动有章可循。法律和法规都是用极严格的语言，准确阐明一定的含义，并且只允许对它作出一种意义的解释。法律与法规之间不能互相冲突，法规应服从法律，法律应服从宪法。

(3) 强制性。法律、法规一经制定就要强制执行，各个企业、单位以至于每个公民都必须毫无例外的遵守；否则，要受到国家强制力量的惩处。

同世界上任何事物一样，法律的方法也有一定的局限性。由于其缺乏灵活性，而使管理工作僵化，不利于基层单位在实际工作中因地、因时、因人制宜地发挥其主观能动性和创造性。特别是当法律和法规已不适应变化了的环境时，也有可能成为社会与经济发展的障碍。

尽管法律的方法存在两面性，但从我国发展社会主义市场经济的需要出发，目前仍需大力发展和加强。市场经济是法制经济，需要有完善配套的法规，规范企业和个人的行为。如公司法、劳动法、环保法、商标法、证券交易法、合同法、税法等，它们的出台在管理活动中已经发挥了重要作用，并亟待进一步的推行和完善。

4. 教育方法

教育的方法是指按照一定的目的，通过多种形式的教育和培训，对员工在德、智、体诸方面，全面施加影响，提高人的素质的一种方法。教育的方法内容极为广泛，包括人生观、价值观、民主、法制、思想政治、科学技术与企业文化教育等许多方面。

教育的方法在管理活动中是一项最根本的方法。人们常说"百年大计，教育为本"，这说明教育的方法具有基础性和长期性的特点。任何有远见的管理者，必须高度重视对员工的教育与管理，对人的培训要有明确的目标、计划、资金投入和必要的考核手段。由于现代管理是以人为中心的管理，只有人的素质不断提高，企业才有活力和后劲，使生产经营活动立于不败之地。教育方法的主要特点是：

(1) 启发性。工作的重点不是强迫人们必须如何去做，而是通过宣传教育启发人们的自觉性，引导人们的行为。

(2) 灵活性。教育方法的具体内容与形式可因管理活动的特点而不同，管理者可在管理目标导向下，因时、因地、因人、因事地采取灵活的方式方法。

(3) 长期性。启发教育不应只追求短期效果，更不可急功近利，应耐心细致、逐步渗透、长期坚持。

(4) 示范性。领导的行为是对员工无声的教育，并且是最有力的教育。

(5) 群体性。在管理中实施教育方法，必须注意对群体的教育。

教育方法的不足是不具备约束机制的，因此在管理工作中，必须与其他管理方法有机地结合起来，如经济与行政手段，督导人们投身于学习和提高，充分发挥教育方法的作用。

5. 技术方法

技术方法是指组织中各个层次的管理者(包括高层管理者、中层管理者和基层管理者)根据管理活动的需要，自觉运用自己或他人所掌握的各类技术，以提高管理的效率和效果的管理方法。这里所说的各类技术，主要包括信息技术、决策技术、计划技术、组织技术和控制技术等。技术方法的实质是把技术融进管理中，利用技术来辅助管理。善于使用技术方法的管理者通常能把技术与管理很好地结合起来。技术方法具有以下特点。

(1) 客观性。技术是客观存在的，它不依赖人的意识并不以人的意识为转移。此外，技术方法产生的结果也是客观的。

(2) 规律性。技术方法的规律性源自客观性，主要体现在两个方面：技术脱胎于现实世界中普遍存在的客观规律；技术的方法是有规律的，每种技术方法都有章可循、步骤特定，无论是何种组织，也无论面临什么样的环境，只要是采取同一种技术方法，就必须遵循同样的步骤。

(3) 精确性。技术方法的精确性是指只要基础数据是正确无误的，由技术方法产生的结果就是精确的正是因为其精确性，技术方法才日益受到人们的青睐。

(4) 动态性。管理者在管理过程中时时会遇到新情况、新问题，这就要求管理者必须紧密追踪技术的发展，不断更新自己手中掌握的技术武器，防止用过时、落后的技术方法来解决新问题。

技术方法并不是万能的，并不能解决一切问题，管理者在解决管理问题时，不能仅仅依靠技术方法，应该把各种管理方法结合起来使用，"多管齐下"以取得良好的管理效果。

第四节 企业管理的流程与框架

一、管理流程的概念和特点

流程(process)是指一系列的、连续的、有规律的行动，而这种行动，以确定的方式进行，并导致特定的结果实现。建立先进有效的管理流程，有利于企业建立正常的工作秩序，促进管理人员素质的提高，规范决策程序，加快管理科学化进程。

管理流程具有系统化、规范化、条理化等特点，应以现行程序为依据和出发点，必须与考核奖惩措施相联系，充分体现管理的系统性、科学性与艺术性，不宜将每一个环节规定得过死、过细。

二、企业管理的流程与框架

企业管理流程是一个系统，由决策指挥、执行控制和监督保证 3 个子系统组成。企业经营过程中 3 个子系统相互影响，缺一不可，应整体有效运行，具体如图 1-1 所示。

1. 企业目标、战略愿景

所谓企业目标是指企业希望在一个时期内，通过努力而获得的成果，是企业全体员工的共同追求和共同价值的集中体现。战略愿景是对企业未来状况的美好憧憬，是企业努力追求的理想和抱负。

2. 经营决策和计划

企业的经营决策和经营计划关系着企业的发展前途，它是由企业最高领导层承担的两项紧密相连的管理职能。经营决策是对企业总体活动和各种重要经营活动的目标、方针、策略进行抉择的工作，它决定的经营方案是经营计划的依据。经营计划是按照经营决策所规定的方案对企业重大经营活动及其所需各种资源从时间和空间上做出具体统筹安排的工作。

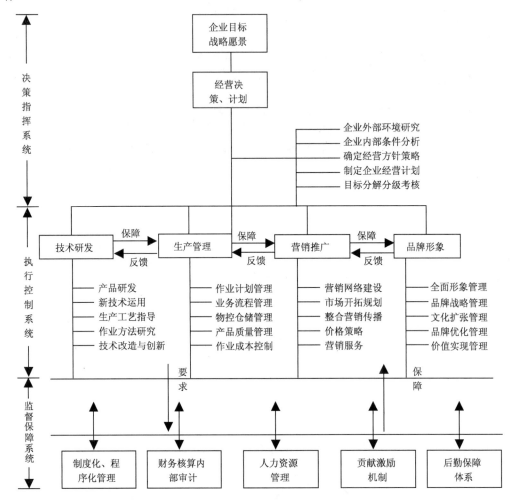

图 1-1　企业管理流程示意图

资料来源：戴文龙. 现代企业管理流程体系[M]. 广州：广东经济出版社，2003.

企业经营决策和经营计划工作的目的，从总体上看，是谋取企业外部环境、企业内部条件、企业经营目标三者的动态平衡。这三个综合因素相互促进，相互制约，互为因果，而且它们是经常变化的。其中企业外部环境是首要的又是最活跃的，企业支配外部环境的力量很小，企业经营归根到底要适应和服从外部环境。企业要根据外部环境变化来调整企业内部的条件和工作，必要时，还要调整自己的经营目标，以达到三者平衡。

3. 技术研发

技术研发包括以下内容。

(1) 通过新产品的研究与开发，使企业的产品开发战略得到具体的实现。

(2) 做好新产品的样式与批试及工艺技术准备和鉴定、审核工作，使产品的研发迅速转换为生产力。

(3) 做好生产过程中的工艺技术规程监控与作业技术指导，确保企业生产活动的正常进行。

(4) 加强对新技术、新材料、新工艺、新设备的研究开发，促进企业的技术不断进步。

(5) 向相关部门提供技术方面的服务并接受各方位的有关技术方面的信息反馈，使企业经营活动得到技术方面保障。

4. 生产管理

生产管理是工业企业非常重要的管理环节，企业必须要有能够赢得顾客信赖的高质量的产品，才能在激烈的产品竞争中立于不败之地。生产管理是指为实现企业经营目标，有效地利用生产资源，对企业生产过程进行计划、组织、控制，生产出满足市场需要的产品或提供服务的管理活动的总称。生产管理包括以下内容。

(1) 通过计划管理，将企业的经营目标任务具体地作出安排实施，并通过综合平衡，使计划尽可能做到切实可行。

(2) 通过生产的调度管理，把企业的人力、设备、材料物资等各种资源进行有效整合，充分利用，使资源在转换过程中达到高效率、高效益。

(3) 通过作业控制(质量、数量、安全、物资定额、劳动定额等方面)，使产品(服务)按照市场消费所需，在时间、数量、质量、成本等方面努力达到最佳状态。

(4) 通过作业运行过程中的信息反馈，发现偏差和问题，及时地纠正处理，使企业生产正常进行。

(5) 通过有关辅助工具(坐标图、条形图、平衡线等)对生产进度计划执行的情况及变动趋势进行描述并做出倾向分析，为决策指挥层提供决策依据。

5. 营销推广

在市场经济条件下，企业必须十分重视市场营销管理，根据市场需求的现状与趋势制定计划、配置资金。市场营销的基本任务，就是为了促进企业目标的实现而调节需求的水平、时机和性质。市场营销管理的实质是需求管理。在营销计划的制定与执行中，管理者必须对目标市场、市场定位、产品开发定价、分销渠道、信息沟通与促销等做出决策，以保证营销管理任务的实现。营销管理包括以下内容。

(1) 通过加强对营销组织的建设，形成一个牢固可靠的销售网络机构，使企业的销售工作得到组织的保障。

(2) 通过加强对营销人员的管理，培养一支素质高、能力强、精明善战的营销队伍，使销售工作得到人力资源方面的保障。

(3) 通过对营销环境、条件的分析，确定合适的营销策略、方针、计划，使销售工作有一个明确的方向和具体的措施。

(4) 通过整合营销传播，促使营销目标的实现。

(5) 通过营销战略目标的规划和管理，使企业的营销工作不断创新，提高竞争实力。

6. 品牌形象

品牌形象是指产品外部形象和内在的品牌竞争力，它包括产品的标识、包装、品牌宣传及企业总体形象等内容。品牌形象是消费者对产品的总体印象，它对于产品的总体购买人数有着最为直接的影响作用，也是消费者了解产品的首要信息。因此，建立良好的品牌形象对企业的成长与产品的销售有着长期而稳定的影响。品牌形象管理主要包括全面形象管理、品牌战略管理、文化扩张管理、品牌优化管理、价值实现管理五个方面。

7. 财务管理

在商品生产和商品交换的条件下，企业的生产经营过程与财务活动有密切关系，企业在生产制造产品的过程中，将消耗掉的生产资料的价值转移到了自己产品中，同时创造了新的价值，并通过销售环节使产品的价值得到实现。所以，企业的生产经营活动，一方面表现为实物形态的物资运动；另一方面表现为价值形态的资金运动。

企业财务管理就是利用价值形式组织财务活动，而财务活动就是企业在生产经营过程中与资金筹集、使用、分配等有关的各种经济活动，它是企业生产经营的重要组成部分。

(1) 编制和执行财务预算，拟定财务计划，做好资金的调度工作，使企业能合理地、有效地使用好资金。

(2) 通过财务资金筹措，开辟财源，保障企业经营过程中的资金需求。

(3) 加强核算工作，考核资金使用效果，促进企业不断挖掘增收节支的潜力。

(4) 加强对资产和资金的监督控制，防止往来业务过程和资金使用过程中的各种资金流失和资产的各种损失。

(5) 做好会计账务处理，利用财务会计资料，进行经济活动分析，定期提供财务报表和分析报告，为领导提供决策依据。

(6) 合理分配企业收入，严格财经纪律，保证企业经营过程的合法性，使企业稳健发展。

8. 人力资源管理

管理的实质就是管人。所谓人力资源管理，是指运用现代的科学管理方法和管理职能，创造有利的环境和条件，积极地协调和控制人的思想、心理与行为，使人力资源处于充分发挥作用的最佳状态，从而提高人力资源的效益，有效地实现组织目标。人力资源管理同样也是贯穿于整个企业管理的过程。

(1) 根据企业经营对人才资源的需求，引进、培养相适应的专业人才，使企业的经营活动得到人力资源的保障。

(2) 建立人才激励机制，有效地开发和引导人才资源的积极性，实现企业与人才自身的协调发展。

(3) 设置人才考核机制与竞争机制，使人才在相对稳定中又有合理的流动，通过流动，选拔人才，实现优上劣下。

(4) 做好企业人力资源的培训教育，使企业拥有一支岗位称职、业务精明、工作胜任、素质较高的员工队伍。

(5) 建立职能部门与直线部门有效配合，彼此协调的人事管理体系，保障企业的各项工作的顺利进行。

(6) 通过对现有人才资源的功能状态和能动状态及精神状态的分析，结合企业的经营战略，确定企业人力资源发展战略及规划，实现人力资源管理的有效性、科学性。

在企业管理体系中，制度的建设与执行，激励、约束机制的建立与完善，后勤保障体系的科学与规范，都是企业取得良好经济效益的保证。

第五节　企业管理的法律环境

市场经济是法治经济，依法治国，营造良好的法律环境和法律氛围，是经济发展的客观需要，也是社会文明进步的重要标志，更是企业改革和发展的基本保障。企业的经营活动必须以法律为基础，企业应该全面的掌握法律，特别是与企业相关的经济法律如《公司法》、《合同法》等。

企业是一个开放系统，企业的生存与发展都离不开一定的法律环境条件。法律环境是指法律的内容及其实施对相关事物所形成的外部客观条件和基本氛围。与企业经营活动相关的法律，是企业开展经营活动的基本法律环境。法律是制约企业经营的重要外部条件，企业既要受到它的保护，又要受到它的限制，企业必须在法律规定的准则指导下，开展经营活动。

一、公司法

所谓公司法是指规定各种公司的设立、组织、活动和解散以及调整公司对内对外关系的法律规范。公司法确定了公司的行为准则，维护了正常的社会经济秩序。公司法是随着公司的产生和发展逐步产生、发展和完善的。公司法的制定又对公司的健康正常发展起着积极的作用。公司法规定了公司设立条件和设立程序，只有具备公司条件、履行了法定程序，公司才能设立，才能作为法人从事经营活动。公司的经营范围应当依法登记，并在其经营范围内从事生产经营活动，此外，公司法还对股份有限公司发行股票、公司发行债券等行为作了规定，使社会公众、投资者的利益得到了应有的保障。公司法确定了发起人、股东、董事、监事、经理的行为规则，保障了公司、股东和债权人的合法权益。

二、税法

税法，通常是指由国家最高权力机关或其授权的行政机关制定的有关调整国家在筹集财政资金方面所形成的税收关系的法律规范的总称。简而言之，税法就是由国家制定的有关调整税收征纳关系的法律规范的总称。税法是国家法律的重要组成部分，它以宪法为依据，是调整国家与社会成员在征纳税上的权利与义务关系，维护社会经济秩序和纳税程序，保障国家利益和纳税人合法权益的法律规范总称，是国家税务机关及一切纳税单位和个人依法征税、依法纳税的行为规则。

我国纳税主体可以分为以下几类：全民所有制企业；城乡各类集体所有制企业；私营

企业；城乡个体工商业户；外商投资企业和外国企业；联营企业；有预算外收入的国家行政机关和事业单位，行政机关和事业单位附设的招待所、宾馆、印刷厂、劳动服务公司等单位；公民个人。

根据税法所规定的征税客体性质的不同，可分为流转税法、所得税法、财产税法、行为税法和资源税法。

(1) 流转税法是根据商品或非商品的流转额为征税对象的。现行的流转税法有：《增值税条例》、《营业税条例》、《进出口关税条例》、《城市维护建设税暂行条例》。

(2) 所得税法是以纳税人的纯收益或总收益为征税对象。现行所得税法有：《企业所得税暂行条例》、《外商投资企业和外国企业所得税法》[①]和《个人所得税法》。

(3) 财产税法是以法定财产的价值额为征税对象，根据财产占有或者财产转移的事实，加以征收的税。现行的财产税法有《房产税暂行条例》和《城市房地产税暂行条例》。

(4) 行为税法是以特定行为的发生，依据法定、计税单位和标准，对行为人加以征收的税。现行的行为税法有：《车船使用税暂行条例》、《固定资产投资方向调节税暂行条例》(已停征)、《契税》、《屠宰税》、《印花税暂行条例》等。

(5) 资源税法是对在我国境内从事国有资源开发，就资源和开发条件的差异而形成的级差收入征收的一种税。现行资源税法有：《资源税条例》、《城镇土地使用税暂行条例》。

根据各级政府对税收的管理和使用权限为标准，可分为中央税法、地方税法和中央与地方共享税法。

根据主权国家行使税收管辖权的不同，税法也可分为国内税法、外国税法和国际税法。

三、劳动法

劳动法是调整劳动关系以及与劳动关系密切联系的其他社会关系的法律规范的总称。我国劳动法包括促进就业法规、集体合同法规、工作时间法规和休息休假时间法规、工资法规、劳动安全卫生法规、女职工和未成年工特殊劳动保护法规、职业培训法规、劳动纪律法规、社会保险和福利法规、职工民主管理法规、劳动争议处理法规、劳动监督检查法规等内容。

劳动法的适用范围包括：在中华人民共和国境内的企业、个体经济组织(以下统称用人单位)和与之形成劳动关系的劳动者；国家机关、事业组织、社会团体的工勤人员；实行企业化管理的事业组织的非工勤人员；其他通过劳动合同(包括聘用合同)与国家机关、事业组织、社会团体建立劳动关系的劳动者。

劳动法不适用公务员和比照实行公务员制度的事业组织和社会团体的工作人员，以及非农场的农业劳动者、现役军人和家庭保姆等。

劳动法调整的对象主要是劳动关系。它有以下的法律特征：从劳动关系的主体看，劳动关系的当事人具有限定性，劳动关系的一方必须是劳动者，另一方则为劳动用人单位；

---

① 2008年1月1日起，我国把内资企业适用的《企业所得税暂行条例》和外资企业适用的《外商投资企业和外国企业所得税法》，改为合并实施一部内外资企业皆适用的新的《企业所得税法》。

从劳动关系的内容来看，劳动关系与社会劳动具有直接联系，劳动关系是劳动者在实现劳动权利和履行劳动义务时发生的社会关系；劳动关系带有隶属性，劳动者必须在劳动用人单位提供的劳动条件下进行劳动，服从劳动用人单位的统一领导和管理，并受用人单位内部劳动规则所制约。

劳动法还调整与劳动关系有密切联系的社会关系。它主要包括以下几个方面：管理方面发生的关系；执行社会保险方面发生的关系；处理劳动争议方面发生的关系；监督劳动法执行方面发生的关系；工会组织与企业、机关行政之间的关系。

四、合同法

合同法是规范市场交易的基本法律，是民商法的重要组成部分，1999 年 3 月 15 日第九届全国人大二次会议通过的《中华人民共和国合同法》，于 1999 年 10 月 1 日起施行。修改后的合同法在中国立法史上的重大意义是不言而喻的，它为企业和企业经营者带来了更多的自由与权利。

合同法是调整财产流转关系，规制交易行为的基本法，它主要规定什么是合同，怎样订立合同，合同的履行规则，合同的法律效力，合同的担保、解除、解释或终止应具备的条件，在具体合同履行中当事人的权利与义务，违反合同时应承担的民事责任，以及相对方如何获得法律补救等问题。可以说，合同法是日常生活和经济生活中的一部非常重要的法律。

一般而言，我国《合同法》主要适用于平等主体的自然人、法人、其他组织之间设立、变更、终止民事权利义务关系所订立的各种协议。在《合同法》分则中将合同分为十五类，即：买卖合同，供用电、水、气、热力合同，赠与合同，借款合同，租赁合同，融资租赁合同，承揽合同，建设工程合同，运输合同，技术合同，保管合同，仓储合同，委托合同，行纪合同，居间合同。这十五种在《合同法》中专门列出的合同，在法学理论上称为"有名合同"。《合同法》中对每一种合同都做了详尽的特殊规定。在企业日常管理中，根据所订立的合同的种类不同，相应的法律规定也有所不同。只有当分则中没有具体规定时，可以适用《合同法》总则的有关规定。然而，这种分类存在很大的局限性，我们的生活本身是丰富多彩的，而且随着科技的发展，出现了很多新的合同类型，例如公司股东转让股权而订立的股权转让协议，基于商标法赋予的商法权而订立的商标转让协议等等。为了弥补这一缺陷，在合同法中将十五种合同之外的合同称之为"无名合同"。凡是人们在自愿的前提下订立的合同，只要不违反国家的法律法规，不违反社会的公序良俗，即使不在没有"名字"也是有效的，与十五种有名合同同样受国家法律的保护。

对于企业管理而言，有了合同法的保障，企业在日常管理中就可以安心生产经营，为投资人谋取利益，一旦企业的合同权利遭到侵害，就可以获得合同法以及有关法律法规的救济。

五、知识产权保护法

知识产权法是调整因创造、使用智力成果而产生的，以及在确认、保护和行使智力成果所有人的知识产权的过程中所发生的各种社会关系的法律规范的总称。知识产权法的功能主要体现在：保护智力成果完成人的合法权益、调动人们从事科研与文学创作的积极性与创造性；为智力成果的推广应用与传播提供法律保障机制；为国际经济技术贸易和文化艺术交流提供法律机制，促进人类文明进步与经济发展。其调整范围主要涵盖以下内容：知识产权权利归属方面的法律关系；知识产权权利行使方面的法律关系；知识产权管理方面的法律关系；因侵害知识产权而发生的法律关系。

我国现行的知识产权法律体系主要包括著作权法律制度、专利权法律制度、商标权法律制度和反不正当竞争的法律制度以及我国已缔结和参加的国际条约的规定。

六、环境保护法

环境保护法是国家为协调人类与环境的关系，保护与改善环境而制订的调整人类在开发利用、保护改善环境的活动中所产生的各种社会关系的法律规范的总称。

环境保护单行法规是以宪法、环境保护基本法为依据制订的，但它又是宪法、环境保护基本法在保护环境中某种特定要素的或特定的环境社会关系调整的具体化。它在环境保护法体系中数量最多，所以占据着重要的地位，具体包括：①土地利用规划法：国土整治法；区域整治、开发规划法；城市规划法；村镇规划法。②污染防治法：水污染防治法；大气污染防治法；噪声污染防治法；海洋环境保护法；防止船舶污染海域管理条例；农药法(农药登记规定；农药安全使用规定；农药登记规定实施细则；农药安全使用标准)。③自然保护法：森林法；草原法；矿产资源法；野生动物保护法；渔业法；水法；土地管理法等。④环境管理行政法规：环境标准管理办法；全国环境监测管理条例；建设项目环境保护管理办法；关于加强乡镇、街道企业环境管理的规定等。

本章思考题

1. 什么是企业？企业的类型有哪些？
2. 简述管理的含义及企业管理的含义。
3. 什么是公司？公司的主要优缺点是什么？
4. 企业管理的职能有哪些？试分析各职能之间的关系。
5. 企业管理的对象有哪些？
6. 企业管理各种方法的主要特点是什么？经济方法是最好的方法吗？
7. 工业企业和商业企业的管理流程有何不同？
8. 什么是企业的社会责任？具体体现在哪几个方面？

第二章

企业管理的发展

本章导读：

作为一种人类的实践活动，企业管理是伴随着人类历史而产生和发展的，每一重要阶段都留下了管理的印迹和思想遗产，各个阶段都有其思想代表人物与管理特点。本章介绍中外管理思想发展的历史进程，阐述各个时期具有代表性的管理理论，介绍相关的代表人物，探讨管理理论产生的社会背景及其在管理发展中的地位与作用。

学习目标：

全面了解中外管理思想的起源、形成和发展过程，掌握各个时期主要的管理理论内涵，了解其代表人物，把握管理理论与实践的发展规律。

关键词：

古典管理理论(classical management theories)　行为科学理论(behavioral science theories)　管理学派(management schools)　管理思想(management thoughts)

第一节　西方企业管理的发展

西方国家管理实践活动的历史源远流长，特别是欧、美等工业发达国家，经历了资本主义商品经济萌芽到实现发达的资本主义全过程，积累了比较丰富的管理实践经验和比较完善的管理理论。在管理学的发展史中，一般都把它作为重点加以阐述和分析。西方管理实践与管理理论的发展，大体经历五个阶段。

一、西方早期的管理实践与管理思想

作为古代文明古国的埃及和巴比伦在生产管理、军事、法律等方面也都曾有过许多光辉的实践。著名的埃及金字塔，平均每座要动用 230 万块石料，10 万多劳动力，建筑工期在 20 年以上，这样巨大的工程，在生产力不发达的古代，从设计到管理组织，都可以称得上是人类社会最光辉的遗产。古代的巴比伦，不但建造了"空中花园"等伟大而精美的建筑工程，而且还制定了全世界第一部完整的法律文件——汉谟拉比法典。该法典共有 280 多条，对人的活动做出了许多详细规定，内容涉及个人财产保护、货物交易、上下隶属关系、工资标准以及犯罪处理等，对推动人类司法制度的建设起到了重要作用。

古代欧洲的希腊和罗马帝国，曾经是奴隶制高度发达的国家，也给后人留下了许多宝

贵的管理思想和实践经验。公元前 370 年，希腊学者瑟诺芬曾提出过劳动分工和制鞋生产流水化作业的设想，还出现过像苏格拉底和亚里士多德那样的一批著名的思想家和哲学家。古罗马帝国最早采用职能式的组织形式并建立了分级管理的中央集权等级制度。15 世纪，意大利思想家马基埃维利(Maehiavelli)在他的著作《君主论》中，最早提出了有关领导行为和素质的理论。他指出领导者只有依赖群众的支持，才能使组织内部产生高度凝聚力，作为领导者必须具备崇高的品德和非凡的能力，以及坚强的生存意志力。他的理论是对当时杰出领导者活动的概括和总结，对现代领导行为的研究与领导理论的发展具有重要的影响。

进入 18 世纪 60 年代以后，以英国为代表的西方国家，开始进行第一次产业革命，使生产力有了较大的发展，随之而来的是管理思想和管理方法与手段的革新，出现了一批卓有贡献的思想家、经济和管理学家，他们之中包括：亚当·斯密(Adam Smith)，1776 年他发表了《国富论》一书，系统地阐述了其政治经济学观点，为资本主义经济的发展奠定了理论基础。特别是对劳动分工能带来劳动生产率的提高作了全面的剖析，即：①劳动分工增加了劳动者的熟练程度；②节省了从一种工作转换为另一种工作所需要的时间；③使专门从事某项作业的劳动者在提高劳动技能的基础上，更容易改良工具和发明机械设备。

查尔斯·巴贝奇(Charles Babbage)，是一位精通数学、机器制造的经济学家。1832 年他发表了《论机器与制造业的经济》一书，除进一步阐述劳动分工对提高劳动效率的作用外，同时强调关于体力劳动与脑力劳动分工的主张。巴贝奇还提出了一种工资加利润的分配制度，指出工人的收入应由三部分组成：①固定工资；②利润分享部分；③奖金。而后两项是与工人的劳动生产率直接相关联的。这项具有刺激作用分配制度的提出和实施，是巴贝奇为现代劳动工资制度的发展和完善做出的一项重要贡献。

罗伯特·欧文(Robert Owen)，是一位空想的社会主义者，他曾经为工厂管理制度的改革进行过一系列试验。首先倡导在企业管理中要重视人的因素，反对将人视为机器。他提出要缩短工人的工作时间，提高工资，改善工人的住宅。他的改革实验证实：重视人的作用，尊重人的地位，可以使工厂获得更多的利润。在一定程度上可以说欧文是人事管理创始者。

总之，西方早期的管理思想和管理实践，特别是 18 世纪以来所产生与发展的管理理论，尽管对管理的发展有着重要的贡献，但是在这一时期，这些管理思想还不系统、不全面，没有形成专门的管理学派。因此，多数学者认为这一阶段在管理发展的历史上，仍然属于传统的经验管理阶段。

二、古典管理理论

科学管理是随着工厂制度和工厂管理实践的发展，在 19 世纪末至 20 世纪初开始系统形成的，其主要标志是泰勒的《科学管理原理》和法约尔的《工业管理和一般管理》，分别于 1911 年和 1916 年出版。这个时期的管理理论通常被称为"古典管理理论"或"科学管理理论"，主要代表人物有美国的泰勒、法国的法约尔以及德国的韦伯。

1. 泰勒的科学管理理论

泰勒(Frederick Taylor，1856—1915)，美国著名管理实践家，管理学家，科学管理之父。泰勒 1856 年出生于美国费拉德尔菲亚一个富裕的律师家庭。由于眼疾中途退学，进入一个小机械厂当学徒工，从事机械和模型制造工作，到 1890 年，从普通工人升至总工程师。1890 年至 1893 年期间，在一家制造纸板纤维的制造投资公司任总经理，后来独立开业，从事管理咨询和科学管理的推广应用工作。

泰勒从小喜欢研究和钻研问题，对任何事情都想找出"一种最好的方法"。在米德维尔钢铁厂工作期间，他感到当时的管理当局不懂工作程序、劳动节奏和疲劳因素对劳动生产率的影响，工人缺少训练，没有正确的操作方法和使用的工具，大大影响了劳动生产率的提高。为了改进管理，从 1880 年起，他开始试验和研究，逐步形成后来被称为"科学管理"或"泰勒制"的管理和制度。

泰勒制的要点包括：

(1) 科学管理的中心问题是提高劳动生产率。为此，泰勒通过科学的观察、记录和分析，致力于"时间动作研究"，探讨提高劳动生产率的最佳方法，制定出合理的日工作量。

(2) 为了提高劳动生产率，需要挑选和培训第一流的工人。所谓第一流的工人，是指适合于某种工作并且愿意努力工作的工人。

(3) 要使工人掌握标准化的操作方法，使用标准化的工具、机器和材料，在标准化的工作环境中操作。

(4) 采用刺激性的工资报酬制度激励工人努力工作。主要是通过制定合理的工作定额，实行差别计件制：完成标准任务正常报酬，未达到标准低报酬，超标准高报酬。

(5) 工人和雇主两方面都应当来一次"精神革命"。双方合作，共同致力于提高劳动生产率，把"蛋糕"做大，即使不改变分配比例也同时有利于双方。劳资双方应变对立为合作，共同为提高劳动生产率努力。

(6) 把计划职能和执行职能分开，以科学工作方法取代经验工作方法。

(7) 实行职能工长制。一个工长负责一方面的职能管理工作，细化生产过程管理。

(8) 管理控制中实行例外原则。日常事务授权部下负责，管理人员只对例外事项(重大事项)保留处置权力。

泰勒最根本的贡献，是在管理实践和管理问题研究中采用观察、记录、调查和试验等手段的近代分析科学方法。泰勒被誉为"科学管理之父"。

2. 法约尔的一般管理理论

法约尔(Henri Fayol，1841—1925)，法国著名管理实践家，管理学家，古典管理理论创始人之一。法约尔 1841 年出生于法国一个富裕资产阶级家庭。1860 年从圣艾蒂安矿业学院毕业后，在康门塔里一福尔香包矿业冶金公司度过了 58 年的职业管理生涯。他从一个采矿工程师逐步晋升到总经理，担任总经理职务达 30 年之久。

法约尔长期从事高层管理工作，对全面管理工作有深刻的体会和了解，积累了丰富的

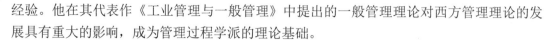

经验。他在其代表作《工业管理与一般管理》中提出的一般管理理论对西方管理理论的发展具有重大的影响，成为管理过程学派的理论基础。

(1) 六种经营活动。法约尔认为，经营和管理是两个不同的概念，经营是引导一个组织趋向一个目标。经营包括六种活动：技术活动(生产)、商业活动(交换活动)、财务活动(资金的筹集、控制和使用)、安全活动(财、物和人身的安全)、会计活动(记账、算账、成本核算和统计等)、管理活动(计划、组织、指挥、协调和控制)。

(2) 五大管理职能。法约尔指出，人们对前五种活动了解较多，但对管理活动知之甚少。管理包括计划、组织、指挥、协调和控制五大职能。管理具有一般性的适用于企业、事业单位和行政组织的一般职能。管理具有可概念化、可理论化和可传授的特点，应该大力发展管理教育。他提出的关于管理五大要素或五大职能的思想，成为人们认识管理职能和管理过程的一般性框架。

(3) 十四条管理原则。法约尔提出了著名的十四条管理原则，至今仍有重要的实践指导意义。这些原则包括：劳动分工原则、权力与责任对等原则、纪律原则、统一指挥原则、统一领导原则、个人利益服从整体利益原则、员工报酬原则、集权原则、等级系列原则(跳板原则)、秩序原则、公平原则、人员稳定原则、首创精神原则、团结合作原则。

三、行为科学理论的产生与发展

行为科学产生于 20 世纪 20—30 年代，它正式被命名为行为科学是在 1949 年美国芝加哥的一次跨学科的科学会议上，它将人类学、社会学和心理学等有机地结合起来，通过对人的行为及其产生原因的分析，达到协调人际关系和提高工作效率的目的。这些研究，在客观上否定了传统的"经济人"的假设，为以人为中心的现代管理思想的产生打下了重要的基础。今天的行为科学成为根深叶茂的学科都来源于梅奥以及霍桑实验对人性的探索。

1. 梅奥及人际关系理论

人际关系理论是由美国哈佛大学心理学教授乔治•埃尔顿•梅奥(George Elton Mayo)在总结霍桑实验成果的基础上提出的。1927—1932 年，以梅奥为首的一批学者在美国西方电气公司所属的霍桑工厂进行了长达 5 年的一系列实验，他们通过变换车间的照明条件(照明实验)、改变职工的福利条件(福利实验)以及对群体工人工作动机和行为的观察(群体实验)，广泛同职工接触和谈话(谈话实验)等方法，仔细地了解和分析了社会与心理因素对职工行为和生产效率的影响，第一次把工业生产中的人际关系问题提到了首要地位。1933 年梅奥在《工业文明中的人性问题》一书中，提出了著名的"人际关系理论"，其基本观点如下。

(1) 人是"社会人"，影响人的生产积极性的因素，除物质条件外，还有社会与心理因素。

(2) 生产率的提高和降低，主要取决于人的士气，而士气是来自家庭的、社会的和企业的人与人的关系。

(3) 注意到企业中非正式群体的存在，这种无形的组织有其特殊的规范，影响着群体的行为。

(4) 一个新型的领导者应该具备解决技术经济和处理人际关系两种能力。

人际关系理论强调社会人的观点，否定了传统的生产效率与工作条件(工资、福利、劳动条件)之间存在的一种单纯的因果关系，建立了由图 2-1 所体现的管理新模式。

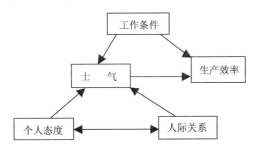

图 2-1　人际关系理论中行为和效率的关系

资料来源：李培煊. 管理学[M]. 北京：中国铁道出版社，2003.

人际关系理论还首次提出了非正式群体(组织)的概念，强调群体，尤其是非正式群体对职工的影响。这一理论对企业管理思想和组织工作有重大指导意义，人际关系理论是行为科学最重要的奠基理论之一。

2. 行为科学理论的发展

所谓行为科学，是利用许多学科的知识来研究人类行为的产生、发展、变化的规律，以预测、控制和引导人的行为，达到充分发挥、调动人的积极性的目的。人的行为都是发生在一定的组织和群体中，在一定主管人员的领导和控制下表现出来的。因此，它不仅与个体的行为基础有关，还与群体环境和管理人员的领导方式有关。人的行为研究就是关于上述几个方面的研究。在西方，对于人的行为研究形成了各种各样的观点和流派。而各个流派研究的侧重点是不同的，归纳起来可以分为以下几部分。

(1) 关于个体行为的研究，这是行为科学的主体内容。行为科学认为，人的行为是由动机导向的，而动机则是由需要引起的。当人们有了某种需要尚未得到满足以前，就会产生某种驱动力，寻找能够满足需要的目标，从事某种活动，表现出一定的行为。个体行为理论就是关于行为原因、行为过程以及行为结果的研究。这方面的理论主要有：亚布拉罕·马斯洛(Abraham Maslow)的需要层次论、弗雷德里克·赫茨伯格(Frederick Herzberg)的双因素理论、V. 弗鲁姆(Victor Vroom)的期望理论以及公平理论和挫折理论等。

(2) 关于群体行为的研究，这方面的研究主要是人际关系理论的继续。群体行为的理论除了包括对正式群体(组织)与非正式群体(组织)的特征、相互关系及其作用等方面的继续探讨外，还包括了关于群体的沟通与冲突以及群体的动态发展(群体动力学)等方面的研究。

(3) 关于领导行为的研究。职工是在一定主管人员控制下进行工作的，主管的领导方式必然会对职工的士气和工作表现产生一定的影响。关于领导行为的研究主要包括两个方面：一方面是分析领导者对人性的不同假设，另一方面是关于不同领导方式的分析。前者如道格拉斯·麦格雷戈(Douglas Mcgregor)的 X、Y 理论，克里斯·阿吉里斯(Ch.Argyris)的成熟—不成熟理论，后者如美国的坦南鲍姆(Robert Tannenbaum)和施米特(Warreu

H．Schmidt)的领导方式连续统一体理论，R．M．斯托格第(R.M Stogdill)等的四分图理论以及美国的布莱克(Robert R．Blake)和穆顿(Jane S．Mouton)的管理方格法等。

3．主要的行为科学理论

1）需要层次理论

行为科学认为，人的各种行动都是由一定的动机引起的，而动机又产生于人们本身存在的各种需要。人们为了满足自己的需要，就要确定自己行为的目标。人都是为了达到一定的目标而行动的。这种从一定的需要出发，为达到某一目标而采取行动，进而实现需要的满足，而后又为满足新的需要产生新的行为的过程，是一个不断地激励过程。只有尚未得到满足的需要，才能对行为起激励作用。

美国心理学家马斯洛(Abraham Maslow)把人类多种多样的需要，按其发生的顺序分为五个层次：生理的需要、安全的需要、感情和归属的需要、受人尊重的需要、自我实现的需要。这五个层次的需要是逐级上升的，较低层次的需要满足后，较高层次的需要才会产生。

(1) 生理的需要。包括衣、食、住、行、医药等必须满足基本的生活要求和生存的基本条件，这些需要得不到满足就无法生存，也就谈不上其他需要。

(2) 安全的需要。随着生理需要得到满足，继而就会产生高一层的需要——安全的需要。这种需要又可以分为两小类：一类是对现在的安全需要，另一类是对未来的安全需要。对现在的安全需要，就是要求自己现在的社会生活的各个方面均能有保证，如就业安全、生产中的劳动安全、社会生活中的人身安全等；对未来的安全需要，就是希望未来的生活能有保障，如病、老、伤、残和失业后的生活保障等。

(3) 感情和归属的需要。包括友谊、爱情、归属感等。人们希望在一种被接受或属于的情况下工作，也就是说，希望在社会生活中受到他人的注意、接纳、关心、友爱和同情，在感情上有所归属。社交的需要比生理的需要和安全的需要更细致，需要的程度也因每个人的性格、经历、受教育程度不同而有很大差别。

(4) 受人尊重的需要。这类需要包括自尊和受他人尊重。自尊是指在自己取得成功时有自豪感；受人尊重是指当自己做出贡献时，能得到他人的承认。自尊心是驱使人们奋发向上的推动力，领导者要研究员工在自尊方面的需要和特点并设法满足，不能任意伤害员工的自尊心，只有这样，才能激发员工在工作中的主动性和积极性。

(5) 自我实现的需要。这是最高一级的需要。这种需要就是希望在工作上有所成就，在事业上有所建树，实现自己的理想或抱负。自我实现的需要几乎在任何人身上都有不同程度的表现，主要表现在胜任感与成就感等方面。

2）双因素理论

是由美国心理学家赫茨伯格(Frederick Herzberg)于1959年提出的。他为了研究人的工作动机，对匹兹堡地区的200名工程师、会计师进行了深入的访问调查，提出了许多问题，如在什么情况下你对工作特别满意，在什么情况下对工作特别厌恶，原因是什么等等。调查结果发现，使他们感到满意的因素都是工作的性质和内容方面的，使他们感到不满意的因素都是工作环境或者工作关系方面的。赫茨伯格把前者称作激励因素，后者称作保健因素。

(1) 保健因素。这类因素对职工行为的影响类似卫生保健对人们身体的影响。当卫生保健工作达到一定的水平时，可以预防疾病，但不能治病。同理，当保健因素低于一定水平时，会引起职工的不满；当这类因素得到改善时，职工的不满就会消除。但是，保健因素对职工起不到激励的积极作用。保健因素可以归纳为十项：企业的政策与行政管理、监督、与上级的关系、与同事的关系、与下级的关系、工资、工作安全、个人生活、工作条件、地位。

(2) 激励因素。这类因素具备时，可以起到明显的激励作用；这类因素不具备时，也不会造成职工的极大不满。这类因素归纳起来有六种：工作上的成就感、受到重视、提升、工作本身的性质、个人发展的可能、责任。

3) 期望理论

V. 弗鲁姆(Victor Vroom)的期望理论认为：人们从事各项活动能够得到的满足，与自己能否胜任这项工作和对这项工作的评价有极大的关系。他在 1964 年出版的《工作与激励》一书中提出了期望理论的主要观点，即可以得出人们在工作中的积极性或努力程度(激发的力量)是效价和期望值的乘积：

$$M = V \times E$$

所谓效价，是指一个人对某项工作及其结果(可实现的目标)能够给自己带来满足程度的评价，即对工作目标有用性(价值)的评估。所谓期望值，是指人们对自己能够顺利完成这项工作的可能性估价，即对工作目标能够实现的概率的估计。

期望理论指出，当行为者对某项活动及其结果的效用评价很高，而且估计自己获得这种效用的可能性很大，那么领导者用这种活动和结果来激励员工就可取的良好的效果。

4) 公平理论

公平理论是美国心理学家亚当斯(J.S.Adams)于 1960 年代首先提出的，也称为社会比较理论。这种激励理论主要讨论报酬的公平性对人们工作积极性的影响。

公平理论认为，人的工作动机不仅受所得绝对报酬的影响，而且受相对报酬的影响，即一个人不仅看到自己的实际报酬，还把自己的报酬与他人报酬相比较，或与自己的过去相比较，发现两者相等时，他会认为这是正常的、公平的，因此心情舒畅地积极工作；而当他发现两者不相等时，内心就会产生不公平感，于是有怨气，发牢骚，影响工作积极性。

由此可见，亚当斯的公平理论对管理的意义在于，它启发管理者在设计报偿方式和决定下属的报酬水平时要公平合理，通过满足员工在报偿上的公平感来达到激励员工的目的。

5) 强化理论

强化理论是由美国心理学家斯金纳(B.F.Skinner)首先提出的。该理论认为人的行为是其所获刺激的函数。如果这种刺激对他有利，那么这种行为会重复出现；若对他不利，这种行为会减弱直至消失。因此管理者要采取各种强化方式，以使人们的行为符合组织的目标。根据强化的性质和目的，可以分为两大类型。

(1) 正强化。所谓正强化，就是奖励那些符合组织目标的行为，以便使这些行为得到进一步加强，从而有利于组织目标的实现。正强化的刺激物不仅仅包含奖金等物质奖励，还包含表扬、提升、改善工作关系等精神奖励。为了使强化能达到预期的效果，还必须注意实施不同的强化方式。

连续的、固定的实施强化，譬如对每一次符合组织目标的行为都给予强化，或每隔一固定时间都给予一定的强化。尽管这种强化有及时刺激、立竿见影的效果，但随着时间的推移，人们就会对这种正强化的期望越来越高，或者认为这种正强化是理所应当的。在这种情况下，管理者只有不断地加强这种正强化，才能达到预期的效果，否则其作用就会减弱甚至不再起到刺激行为的作用。

间断的、时间和数量都不固定，亦即管理者根据组织的需要和个人行为在工作中的反映，不定期、不定量实施强化，使每一次强化都起到较大的效果。

(2) 负强化。所谓负强化，就是惩罚那些不符合组织目标的行为，以使这些行为削弱直至消失，从而保证组织目标的实现不受干扰。实际上，不进行正强化也是一种负强化。譬如，过去对某种行为进行正强化，现在组织不需要这种行为，但基于这种行为并不妨碍组织目标的实现，这时就可以取消正强化，使行为减少或不再重复出现。负强化还包含着减少奖酬或罚款、批评、降级等。实施负强化的方式与正强化有所差异，应以连续负强化为主，即对每一次不符合组织目标的行为都应及时予以负强化，消除人们的侥幸心理，减少直至完全避免这种行为重复出现的可能性。

6) 团体动力学

库尔特·卢因(Kurt Lewin)1938 年提出人的行为是他的个性同他所理解的环境的函数，即行为=F(个性，环境)，其中 F 表示函数关系。他还指出，在实验室和现场进行有理论依据的实验能最好地理解人在团体中的行为。1944 年，他首先应用"团体动力学"这个术语，说明团体是处于均衡状态的各种力的一种"力场"，在团体中，人与人相互接触、相互影响和情绪的中合体就构成团体行为。这是他的团体行为研究的理论基础。

团体动力学理论主要有以下几个方面的内容：人们结成群体，不是静止不动的，而是属于不断相互作用、相互适应的过程；团体同正式组织一样，是由活动、相互影响和情绪这三个基本要素组成；团体的存在和发展，除了正式组织的目标以外，还需要有一个自己的目标；团体中有一个非正式的、较难辨认的结构，它包括团体领袖、正常成员、非正常成员和孤立者；团体有其规范；团体有不同的领导方式，即专制型的领导方式、民主式的领导方式和自由放任式的领导方式；团体对其成员有内聚力，也就是吸引力；团体的规模一般取决于参加团体成员人数的多少。

7) X、Y 理论、超 Y 理论和 Z 理论

美国麻省理工学院教授麦格雷戈(Douglas Mcgregor)于 1957 年首次提出的 X 理论和 Y 理论。麦格雷戈所指的 X 理论主要有以下观点：人的本性是坏的，一般人都有好逸恶劳、尽可能逃避工作的特性；由于人有厌恶工作的特性，因此对大多数人来说，仅用奖赏的办法不足以战胜其厌恶工作的倾向，必须进行强制、监督、指挥和惩罚等管理方式，才能使他们付出足够的努力去完成给定的工作目标；一般人都胸无大志，通常满足于平平稳稳地完成工作，而不喜欢具有"压迫感"的创造性的困难工作。

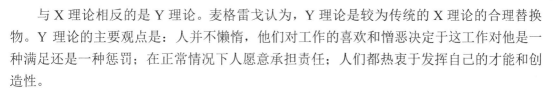

与 X 理论相反的是 Y 理论。麦格雷戈认为，Y 理论是较为传统的 X 理论的合理替换物。Y 理论的主要观点是：人并不懒惰，他们对工作的喜欢和憎恶决定于这工作对他是一种满足还是一种惩罚；在正常情况下人愿意承担责任；人们都热衷于发挥自己的才能和创造性。

对比 X 理论及 Y 理论可以发现，它们的差别在于对人的需要看法不同，因此采用的管理方法也不相同。按 X 理论来看待人的需要，进行管理就要采取严格的控制、强制方式；如果按 Y 理论看待人的需要，管理者就要创造一个能多方面满足工人需要的环境，使人们的智慧、能力得以充分发挥，以更好地实现组织和个人的目标。

在麦格雷戈提出的 X 理论和 Y 理论之后，美国的乔治·洛尔施和约翰·莫尔斯对此进行了试验。他们选了两个工厂和研究所作为试验对象，其中一个工厂和一个研究所按照 X 理论实施严密的组织和督促管理；另一个工厂和研究所则按照 Y 理论实施松弛的组织和参与管理，并以诱导和鼓励为主。试验结果表明，采用 X 理论的单位和 Y 理论的单位都有效率高和效率低的。可见 Y 理论不一定都比 X 理论好。那么，到底应在什么情况下选用哪种理论呢？洛尔施等人认为，管理方式主要由工作性质、成员素质等来决定，并据此提出了超 Y 理论。其主要观点是，不同的人对管理方式的要求不同。有人希望有正规化的组织与规章条例来要求自己的工作，而不愿参与问题的决策去承担责任。这种人欢迎以 X 理论指导管理工作。有的人却需要更多的自制责任和发挥个人创造性的机会。这种人则欢迎以 Y 理论为指导的管理方式。此外，工作的性质、员工的素质也影响到管理理论的选择。因此，不同的情况应采取不同的管理方式。

美国加州大学管理学院日裔美籍教授威廉·大内(William Ouchi)在研究分析了日本的企业管理经验之后，提出了他所设想的 Z 理论。Z 理论认为企业管理当局与职工的利益是一致的，两者的积极性可融为一体。按照 Z 理论，管理的主要方式是：企业对员工的雇佣应是长期的；上下结合制定决策，鼓励职工参与企业的管理工作；实行个人负责制；上下级之间关系要融洽；对职工要进行知识全面的培训，使员工有多方面工作的经验；相对缓慢的评价与稳步提拔；控制机制要较为含蓄而不正规，但检测手段要正规。

8) 不成熟—成熟理论

克里斯·阿吉利斯(Ch.Argyris)提出的不成熟—成熟理论是研究人的个性和组织关系的一种理论，又被称为"个性和组织"的假设。

阿吉利斯提出，在人的个性发展方面，如同婴儿成长为成人一样，也有一个从不成熟到成熟的连续发展过程，最后发展成为一个"健康的个性"。他认为人从婴儿(不成熟)至成年(成熟)经历了七种变化。一个人在这个"不成熟—成熟"连续发展过程中所处的位置，就体现了他自我实现的程度。

阿吉利斯认为，大多数企业组织都将其员工视为"不成熟状态"。他指出，企业组织的劳动分工限制了个人的主动性，窒息了个人的自我表现；自上而下的权利等级，使个人依附于领导者而处于被动状态；统一指挥和组织控制则往往使得组织目标和个人目标发生冲突，控制得越紧，使得在最基层的个人自我控制的范围就变得越小，也就越妨碍人的成熟和自我表现。只有采取扩大职工的工作范围，采取职工参与式的领导方式，使职工有从事多种工作的经验，更多地依赖职工的自我控制等办法，才能消除个人和组织之间的冲突并使之协调起来。

9) 领导方式的连续统一体理论

美国的罗伯特·坦南鲍姆(Robert Tannenbaum)和沃伦·施米特(Warreu H. Schmidt)于1958 年提出了领导行为连续统一体理论。他们认为，经理们在决定何种行为(领导作风)最适合处理某一问题时常常产生困难。他们不知道是应该自己做出决定还是授权给下属做决策。为了使人们从决策的角度深刻认识领导作风的意义，他们提出了连续统一体理论。

在高度专制和高度民主的领导风格之间，坦南鲍姆和施米特划分出七种主要的领导模式。

(1) 领导者做出决策并宣布实施。在这种模式中，领导者确定一个问题，并考虑各种可供选择的方案，从中选择一种，然后向下属宣布执行，不给下属直接参与决策的机会。

(2) 领导者说服下属执行决策。在这种模式中，同前一种模式一样，领导者承担确认问题和做出决策的责任。但他不是简单地宣布实施这个决策，而是认识到下属中可能会存在反对意见，于是试图通过阐明这个决策可能给下属带来的利益来说服下属接受这个决策，消除下属的反对。

(3) 领导者提出计划并征求下属的意见。在这种模式中，领导者提出了一个决策，并希望下属接受这个决策，他向下属提出一个有关自己的计划的详细说明，并允许下属提出问题。这样，下属就能更好地理解领导者的计划和意图，领导者和下属能够共同讨论决策的意义和作用。

(4) 领导者提出可修改的计划。在这种模式中，下属可以对决策发挥某些影响作用，但确认和分析问题的主动权仍在领导者手中。领导者先对问题进行思考，提出一个暂时的可修改的计划，并把这个暂定的计划交给有关人员征求意见。

(5) 领导者提出问题，征求意见做决策。在以上几种模式中，领导者在征求下属意见之前就提出了自己的解决方案，而在这个模式中，下属有机会在决策做出以前就提出自己的建议。领导者的主动作用体现在确定问题，下属的作用在于提出各种解决的方案，最后，领导者从他们自己和下属所提出的解决方案中选择一种他认为最好的解决方案。

(6) 领导者界定问题范围，下属集体做出决策。在这种模式中，领导者已经将决策权交给了下属的群体。领导者的工作是弄清所要解决的问题，并为下属提出做决策的条件和要求，下属按照领导者界定的问题范围进行决策。

(7) 领导者允许下属在上司规定的范围内发挥作用。这种模式表示了极度的团体自由。如果领导者参加了决策的过程，他应力图使自己与团队中的其他成员处于平等的地位，并事先声明遵守团体所做出的任何决策。

在上述各种模式中，坦南鲍姆和施米特认为，不能抽象地认为哪一种模式一定是好的，哪一种模式一定是差的。成功的领导者应该是在一定的具体条件下，善于考虑各种因素的影响，采取最恰当行动的人。当需要果断指挥时，他应善于指挥；当需要员工参与决策时，他能适当放权。领导者应根据具体的情况，如领导者自身的能力，下属及环境状况、工作性质、工作时间等，适当选择连续体中的某种领导风格，才能达到领导行为的有效性。

10) 管理方格理论

管理方格理论是罗伯特·布莱克(Robert R．Blake)和简·莫顿(Jane S．Mouton)提出的。该理论可用一张方格图来表示，在这张图上，横轴表示领导者对生产的关心，纵轴表示领导者对人的关心。每条轴划分为九小格，第一格代表关心程度最低，第九格表示关心程度最高，整个方格图共有 81 个方格，每个小方格代表一种领导方式，如图 2-2 所示。布莱克和穆顿在提出管理方格时，列举了五种典型的领导方式。

(1) 9.1 型方式(任务型)。只注重任务的完成，不重视人的因素。这种领导是一种专权式的领导，下属只能奉命行事，职工失去进取精神，不愿用创造性的方法去解决各种问题，不能施展所有的本领。

(2) 1.9 型方式(乡村俱乐部型)。与 9.1 型相反，即特别关心职工。持此方式的领导者认为，只要职工精神愉快，生产自然会好。这种管理的结果可能很脆弱，一旦和谐的人际关系受到了影响，工作成绩会随之下降。

(3) 5.5 型方式(中庸之道型)。既不过于重视人的因素，也不过于重视任务因素，努力保持和谐和妥协，以免顾此失彼。遇到问题总想用息事宁人的办法了事。这种方式比 1.9 型和 9.1 型强些。但是，由于牢守传统习惯，从长远看，会使企业落伍。

(4) 1.1 型方式(贫乏型)。对职工的关心和对生产任务的关心都很差。这种方式无疑会使企业失败，在实践中很少见到。

(5) 9.9 型方式(团队型)。对生产和人的关心都达到了最高点。职工在工作上希望相互协作，共同努力去实现企业目标；领导者诚心诚意地关心职工，努力使职工在完成组织目标的同时，满足个人需要。应用这种方式的结果是，职工都能运用智慧和创造力进行工作，关系和谐，出色地完成任务。

从上述不同方式的分析中，显然可以得出下述结论：作为一个领导者，既要发扬民主，又要善于集中；既要关心企业任务的完成。又要关心职工的正当利益。只有这样，才能使领导工作卓有成效。

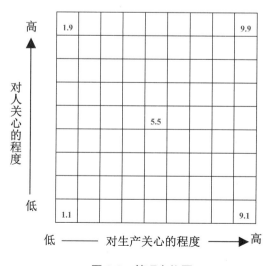

图 2-2　管理方格图

四、现代管理理论和管理思想

20 世纪 50 年代之后,随着社会生产力和现代科学技术的迅速发展,世界各国,特别是发达国家对管理理论、方法、手段的研究也日臻深入,形成了各具特色、流派纷呈的现代管理思想丛林,对各国生产力的发展起到了进一步的推动作用。

在现代管理理论中,学者们从不同的角度分析、观察和研究问题,产生了众多的管理流派,著名的管理学家孔茨认为当代的管理学派可以划分为 11 个之多。归纳最具有影响力的有以下几种学派。

1. 管理过程学派

管理过程学派又叫管理职能学派、经验管理学派。这个学派在西方是继古典管理理论和行为科学学派之后影响最大、历史最久的一个学派。该学派是在法约尔管理思想的基础上发展起来的,其代表人物有美国的哈罗德·孔茨(Harold Koontz)等人。该学派认为管理是一个过程,此过程包括计划、组织、领导、控制等若干个职能。这些管理职能对任何组织的管理都具有普遍性。管理者可以通过对各个职能的具体分析,归纳出其中的规律与原则,指导管理工作,提高组织的效率和效益。

2. 社会系统学派

社会系统学派从社会学的观点来研究管理,认为社会的各级组织都是一个协作的系统,进而把企业组织中人们的相互关系看成是一种协作系统。社会系统学派的创始人是美国管理学家切斯特·巴纳德。巴纳德把社会学理论、行为科学理论与系统理论有机地结合起来,提出了独树一帜的组织理论。

3. 决策理论学派

决策理论学派是以社会系统理论为基础,吸收了行为科学、系统论的观点,运用电子计算机技术和统筹学的方法而发展起来的一种理论。该学派代表人物是美国卡内基—梅隆大学教授赫伯特·西蒙(H.A.Simon)。西蒙长期从事决策理论方面的研究,并曾在 1978 年获得诺贝尔经济学奖金。西蒙认为,整个管理活动的过程就是不断进行决策的过程。因此他认为,管理就是决策,鉴于决策问题的复杂性,西蒙主张运用有限理性决策理论(即满意决策)来代替传统的最优化决策,这一观点得到现代管理学者的共同认可。西蒙还提出了新的决策分类方法,并倡导建立决策的人—机系统,以提高决策的速度、准确度与可靠性。

4. 系统管理理论学派

其主要代表人物是卡斯特(F.E.Kast)等人。该派理论是以系统为基础来研究管理,强调任何组织都是由若干子系统所构成。企业的经营系统可以划分为战略子系统、协调子系统和作业子系统。在管理工作中,强调通过各个子系统之间的协调,以实现组织大系统的整体优化。

5. 经验管理学派

经验管理学派代表人物是欧内斯特·戴尔(Ernest Dale)、彼得·费迪南·德鲁克(Peter F. Drucker)。他们主张从管理者的实际经验，特别是成功的管理者的经验中去寻求管理活动的一般规律和共性的东西，并使其系统化、理论化，以此指导其他的管理人员与管理工作。该派理论为管理学的案例教学法提供了重要的理论依据，并在培养高层次管理者方面取得良好效果。

6. 管理科学学派

其代表人物是美国的伯法(E.S.Buffa)。伯法主张建立各种数学模型和决策程序，以增加管理决策的科学性。该学派重点研究管理的操作方法和作业方面的问题，为管理科学定量分析和计算机手段的广泛运用开辟了广阔的天地。

7. 权变理论学派

该派以英国管理学家琼·伍德沃德(Joan Woodward)为代表。他们强调鉴于管理工作的复杂性和企业外部环境的变化性，不存在一种固有的、一成不变的管理模式。管理者应根据组织规模的大小、权力的大小、技术与工艺工作的复杂性、下级人员的素质以及外部环境的不确定程度，因地、因时、因人制宜地选择合理的管理模式与方法。

8. 经理角色学派

经理角色学派是 20 世纪 70 年代才在西方出现的一个管理学派。它基于经理所担任角色的分析来考虑经理的职务和工作，以求提高管理效率。他们所讲的"经理"是指一个正式组织或组织单位的主要负责人，拥有正式的权力和职位。至于"角色"，该学派的创始人明茨伯格曾在《经理工作的性质》一书中作了这样的说明："角色这一概念，是行为科学从舞台的术语中借用到管理学中来的。角色就是属于一定职责或地位的一套有理的行为。演员、经理和其他人担任的角色是先规定好的，虽然各人可能以不同的方式来解释这些角色。"

9. 计算机管理学派

该学派继承了系统学派的观点，认为一个组织是一个由相互联系的若干要素组成的人造系统。因此对于这个系统的管理就需要采用系统的工具和软件。随着计算机广泛应用在管理方面，就出现了很多的管理信息系统软件平台及管理概念，包括 EDI(电子数据交换)、MIS(管理信息系统)、MRP(物料需求计划)、MRP Ⅱ(制造资源计划)、ERP(企业资源计划)、DSS(决策支持系统)、ES(专家系统)、CPM(客户关系管理)、SCM(供应链管理)、BPR(企业流程重组)。

10. 组织文化学派

该学派的代表作主要有：艾瑞克·莱恩曼的《长远规划的组织理论》(1973)、罗伯特·沃特曼(Robert H.Waterman)与汤姆·彼得斯(Tom Peters)合著的《追寻卓越》(1982)，及博格·沃纳菲尔德的《资源为本理论》(1984)。组织文化学派将战略形成看作一个集体思维和社会交互的过程，它把个体的集合连接到组织这个整合实体之中，着眼于共同利益，确立了组织风格与个人风格的同等地位，有利于建立整体观念。组织文化学派赞成战略管理的连贯性，强调传统的传承性、变化的丰富性和舆论的复杂性。

总之，在当今的世界上，管理理论、管理思想和管理方法百花齐放，是管理科学不断发展和繁荣的体现。它们相互之间取长补短，兼容并蓄，各具特色。现代管理者应注意吸取各家之长，综合运用这些理论，使管理水平不断迈向更高的台阶。

五、现代管理思想的新发展

1. 企业战略理论

企业战略是企业面对激烈变化和竞争的情况下，根据企业内外环境及可获取的资源情况，为求得企业的生存和长期稳定发展，对企业的发展目标、达成目标的途径和手段而进行的总体性谋划。企业战略具有全局性、长远性、竞争性、相对稳定性等特点。

20 世纪 70 年代，在西方国家，特别是美国，管理学界和企业界出现了一个引人瞩目的重大变化，就是管理的重点由基层向高层转移、由业务管理向战略管理转移的所谓"战略热"。

这股"战略热"起因于 20 世纪 50 年代末美国跨行业多种经营大公司的兴起。当时美国企业界为了分散风险，开拓新的发展机会，多种经营之风大兴，跨行业的多种经营的大公司纷纷出现。这些公司由于产品多样化程度高、规模庞大，一般采取高度分权的管理体制，给各个事业部以很大自主权，然而这又不可避免地带来各自为政、互相倾轧、只追求局部利益而不顾公司整体利益等弊端。因此，客观上就需要有一种理论或方法，能够帮助公司最高层管理者统筹计划和控制各子公司的经营活动，以保证公司整体效益最大化。

战略管理最初称战略规划(或战略计划)。1969 年，美国通用电气公司委托麦肯齐公司研究改进公司计划工作的有效性问题。在麦肯齐公司的建议下，该公司逐渐把 190 个子公司合并成 43 个战略经营单位，并用一个由行业吸引力和企业优势两个因素构成的矩阵表来综合分析各个单位的经营和投资战略。这个矩阵把复杂的战略规划资料浓缩成一个有效率的图表，使最高层管理者可以按年评估每个战略经营单位的经营或投资战略，不必再审阅成堆的公文，从而大大提高了计划工作的效率。不久，美国另一家管理咨询公司波士顿公司也替客户设计出了"经验曲线"和"成长率/市场占有率矩阵"(又称波士顿矩阵)两项战略规划技术。由此开始，研究企业战略成为 20 世纪 70 年代最时尚的课题。

2. 企业文化理论

企业文化是在一定社会历史条件下，企业生产经营和管理活动中所创造的具有本企业特色的精神财富和物质形态。企业文化是与企业相伴而生的客观现象，在企业这一经济组织形态诞生之时，就存在企业文化。但人们对这一文化现象的认识和研究，则始于 20 世纪 80 年代初期，首先提出并倡导企业文化理论的是美国的管理者。

20 世纪 70 年代后期，日本经济迅速发展，冲击和占领了美国曾居于优势的若干领域，引起美国各界的震惊和深刻反思。经过多方面的比较研究，美国学者发现，成功的企业管理是日本经济发展的重要原因之一，而在日本的企业管理方法中有不少是为美国企业所忽视的。其根本差异表现在，美国企业多注重管理的硬件方面，强调理性的科学管理；日本企业则重视全体职工共有的价值观念，注重强调职工对本企业的向心力，注重企业中的人际关系。比较的结果使美国学者认识到，文化在企业管理中是不可忽视的重要因素，对于企业的成功与否具有深刻的影响。

为此，美国一批管理学家提出要向日本学习，许多学者著书立说，探索企业文化的有关理论与模式。美国关于企业文化的研究引起日本企业界和理论界的强烈反响。其中影响较大的著作有沃格尔(Ezra F. Voger)的《日本名列第一》、帕斯卡尔(R. T. Pascale)和艾索斯(A. G. Athos)的《日本的管理艺术》、彼德斯(Thomas J. Peters)和沃特曼(Robert H. Waterman)的《追求卓越》、迪尔(Terrence E. Deal)和肯尼迪(Allan A. Kennedy)的《公司文化》等。

目前，企业文化在理论和实践方面均得到长足的发展，企业文化学作为一门新兴边缘学科，已成为现代管理理论的重要组成部分。企业文化理论的形成标志着企业管理从物质和制度的层面向文化层面发展的趋势。

3. 企业再造理论

企业再造又称业务流程再造、业务流程重组、企业经营过程再造、企业再生工程等，其英文是 business progress reengineering(BPR)，是 20 世纪 90 年代出现于美国的一种管理理论。

企业再造就是对企业的作业流程进行根本性的重新思考，并作彻底的重新安排，以便在那些衡量效益的关键因素上，诸如成本、质量、服务、速度等方面能取得显著的改善和进展。这个定义包括 4 个关键词：一是根本的，指从根本上重新思考企业已经形成的组织管理的一些基本信念，如分工思想、等级制度、标准化和官僚体制等；二是彻底的，指不是对现有的业务工作进行改良、提高和修修补补，而是进行脱胎换骨式的彻底革命，重新建立企业的业务流程；三是显著的，指企业通过再造工程在经营业绩上取得显著改进；四是流程，指企业再造从重新设计流程着手，并且是最关键的。企业再造理论的提出，引发了一场以变革传统组织形式为主要任务的管理革命。

企业再造的目的是提高企业竞争力，从业务流程上保证企业能以最小的成本为企业客户提供高质量的产品和优质的服务。

企业再造的实施办法是以先进的信息系统和信息技术为手段，以顾客的中长期需要为目标，通过最大限度地减少对产品增值无实质作用的环节和过程，建立起科学的组织结构和业务流程，使产品的质量和规模发生质的变化。

企业再造的基本内容是，首先以企业生产作业或服务作业的流程为审视对象，从多个角度重新审视其功能、作用、效率、成本、速度、可靠性和准确性，找出其不合理的因素，然后以效率和效益为中心对作业流程进行重新构造，以达到业绩上质的飞跃和突破。企业再造强调以顾客为导向和服务至上的理念，对企业整个运作流程进行根本性的重新思考，并加以彻底改革。企业必须把重点从过去的计划、控制和增长转到速度、创新、质量、服务和成本，目的是为了吸引顾客、赢得竞争和适应变化。

4、企业流程再造

在动态的竞争环境中，组织结构倾向于更加灵活以适应环境的变化，现代企业必须习惯组织的变革与创新，在近二十年中，组织变革领域关注和实践最多的要数企业流程再造。企业流程再造是西方发达国家企业在世纪末，对已运行了一百多年的专业分工细化及组织层级制的一次反思及大幅度改进，是对企业僵化、官僚主义的彻底变革。

1) 企业流程再造理论提出的背景

企业流程再造理论的产生有深刻的时代背景。20 世纪六七十年代以来，信息技术革命使企业的经营环境和运作方式发生了很大的变化，而西方国家经济的长期低增长又使得市场竞争日益激烈，企业面临严峻挑战。管理专家用 3C 理论阐述了这种全新的挑战。

(1) 顾客(Customer)。买卖双方关系中的主导权转到了顾客一方。竞争使顾客对商品有了更大的选择余地；随着生活水平的不断提高，顾客对各种产品和服务也有了更高的要求。

(2) 竞争(Competition)。技术进步使竞争的方式和手段不断发展，发生了根本性的变化。越来越多的跨国公司越出国界，在逐渐走向一体化的全球市场上展开各种形式的竞争，美国企业面临日本、欧洲企业的竞争威胁。

(3) 变化(Change)。市场需求日趋多变，技术进步使企业的生产、服务系统经常变化，这种变化已经成为持续不断的事情。因此在大量生产、大量消费的环境下发展起来的企业经营管理模式已无法适应快速变化的市场。面对这些挑战，企业只有在更高水平上进行一场根本性的改革与创新，才能在低速增长时代增强自身的竞争力。

2) 企业流程再造的内涵

企业流程再造理论于 1990 年首先由美国著名企业管理大师迈克尔·汉默先生提出。美国的一些大公司，如 IBM、科达、通用汽车、福特汽车等纷纷推行 BPR，试图利用它发展壮大自己，实践证明，这些大企业实施 BPR 以后，取得了巨大成功。

流程再造理论强调，以业务流程为改造对象和中心、以关心客户的需求和满意度为目标、对现有的业务流程进行根本的再思考和彻底的再设计，利用先进的制造技术、信息技术以及现代的管理手段、最大限度地实现技术上的功能集成和管理上的职能集成，以打破传统的职能型组织结构，建立全新的过程型组织结构，从而实现企业经营在成本、质量、服务和速度等方面的巨大改善。

关于 BPR 有较多的提法，比如有的观点认为 BPR 就是对组织中及组织间的工作流程与程序的分析和设计；有的观点认为 BPR 是使用信息技术从根本上改变企业流程以达成主要企业目标的方法性程序；也有的观点认为 BPR 是对企业流程的基本分析与重新设计，以获取绩效上的重大改变。尽管观点的描述不尽相同，但它们的内涵是相似的，即 BPR 的实质是一个全新的企业经营过程，这个过程要不受现有部门和工序分割的限制，以一种最简单、最直接的方式来设计企业经营过程，要面向经营过程设置企业的组织结构，以实现企业的重组。

3) 企业流程再造的实施

近年来，国内外许多大企业都不同程度地进行了企业流程再造，在具体实施过程中，可以按以下程序进行。

(1) 对原有流程进行全面的功能和效率分析，发现其存在问题。

根据企业现行的作业程序，绘制细致、明了的作业流程图。原来的作业流程是与过去的市场需求、技术条件相适应的，并由一定的组织结构、作业规范作为其保证的。当市场需求、技术条件发生的变化使现有作业程序难以适应时，作业效率或组织结构的效能就会降低。

(2) 设计新的流程改进方案，并进行评估。

为了设计更加科学、合理的作业流程，必须群策群力、集思广益、鼓励创新。对于提出的多个流程改进方案，还要从成本、效益、技术条件和风险程度等方面进行评估，选取可行性强的方案。

(3) 制定与流程改进方案相配套的组织结构、人力资源配置和业务规范等方面的改进规划，形成系统的企业再造方案。

(4) 组织实施与持续改善。

实施企业再造方案，必然会触及原有的利益格局。因此，必须精心组织，谨慎推进。既要态度坚定，克服阻力，又要积极宣传，达成共识，以保证企业再造的顺利进行。

企业再造方案的实施并不意味着企业再造的终结。在社会发展日益加快的时代，企业总是不断面临新的挑战，这就需要对企业再造方案不断地进行改进，以适应新形势的需要。

5. 学习型组织理论

1992 年，美国麻省理工学院的教授彼得·圣吉推出了轰动世界工商企业界的名著《第五项修炼——学习型组织的艺术与实务》，该书根据系统动力学的观点，经系统分析得出这样一个结论：从 20 世纪 90 年代起，最成功的企业组织将是一种学习型组织，并对怎样创建学习型组织提出了一整套理论和方法。人们认为，它是企业界"超越混沌，走出困惑，迎接新时代的灯塔"。因而，这部巨著被当代西方管理学界奉为经典，并于 1992 年获世界企业学会最高荣誉奖的开拓者奖，美国著名杂志推崇彼得·圣吉为当代最杰出的管理大师。

彼得·圣吉在书中首先提出两个问题：一是为什么每个成员智商都在 120 以上，而整体智商却只有 62；二是为什么 20 世纪 70 年代《幸福》杂志列入 500 强的大公司到了 20世纪 80 年代只剩下 2/3，另外 1/3 为什么不见了，这是因为一只看不见的大手(组织的智障)压制和吞蚀了大家的智慧和力量。如何突破智障，前提是要在今后把企业办成"学习型组织"。因为，未来企业唯一持久发挥作用的因素是企业每位成员都比竞争对手更善于学习，学习得更快更好。

如何使一些学习不力的、传统的权力控制型组织转变为学习型组织，使之保持优势，得到创新和发展，彼得·圣吉开了一个"处方"，这就是必须进行 5 项基本的修炼。

(1) 培养"自我超越"的员工。"自我超越"的修炼要求每个员工学习如何认清、加深和不断实现他们内心深处最想实现的愿望，然后全身心投入，不断创造和超越。这是一种真心的学习，并非如人们一般所理解的吸收知识、提高技能的学习。"自我超越"是 5 项修炼的精神基础，而组织整体对于学习的意愿与能力，则根基于员工对于学习的意愿与能力。

因此组织应强化个人成长对于组织真正有益的理念，并提供支持个人发展的组织环境。

(2) 改善"心智模式"。这是通过修炼使存在于大脑之中的各种主观意识最大限度地接近真实和客观。心智模式根深蒂固于人的心中，它影响人们如何去了解这个世界，以及如何采取行动。人们通常不易察觉自己的心智模式以及它对行为的影响，而在经营管理的许多决策模式中，决定什么可以做或不可以做，这正是心智模式的体现。如果一个人无法掌握市场的契机和推行组织中的改革，那很可能是因为它们与自己心中隐藏的、强而有力的心智模式相抵触。因此，学习如何将自己的心智模式敞开，并加以改善，这有助于自己在思考和解决问题时更接近实际。

如何改变心智模式，这项修炼要求人们学会有效地表达自己的想法，并以开放的心灵容纳别人的想法。对此，领导者必须愿意与员工交流个人观点，鼓励员工对未来做出卓越贡献，从而取代员工对由于改革所产生的抱怨以及对领导个人意愿的被动服从。

(3) 建立"共同的愿景"。所谓"共同的愿景"，是指能鼓舞企业员工共同努力的愿望和远景，主要包括 3 个要素：共同的目标、价值观与使命感。

共同愿景对学习型企业是至关重要的，因为它为学习提供了焦点与能量。在缺少共同愿景的情况下，充其量只会产生"适应型的学习"。只有当人们致力于实现某种他们深深关切的事情时，才会产生"创造型的学习"。一个缺少全体员工共有的目标、价值观与使命感的组织，必定难成大器。IBM 公司以"服务"，福特汽车以"提供大众公共运输"，苹果电脑以"提供大众强大的计算能力"为组织共同努力的最高目标。这些组织都在设法以共同的愿景把大家凝聚在一起。有了衷心渴望实现的目标，大家才会努力学习，追求卓越，不是因为他们被要求这样做，而是因为衷心想要如此做。

(4) 促进有效的"团体学习"。为什么在许多团体中，每个人的智商在 120 以上，而整体智商却很低，只有 62，这正是国内外许多企业失败的重要原因之一。

团体学习是帮助企业走出这一困境的有效方法。当团体能真正用心学习，不仅团体的集体智慧高于个人智慧，团体拥有整体搭配的行动能力，创造出出色的成果，而且成员个人的成长速度也会加快。团体学习的修炼应从"深度汇谈"开始。所谓"深度汇谈"，是指团体所有成员摊出心中全部想法，自由交流，从中发现和了解成员较深层次的见解。应学会找出有碍组织学习的智障所在，如局限性思考、归罪于外、缺乏整体思考的主动性、专注于个别实践、失警于渐变恶化、经验主义错觉和屈服于压力的妥协等。"深度汇谈"的主要障碍是团体成员的"自我防卫"心理，如果能以创造性的方式觉察并消除，团体学习的实效便能大增。

团体学习之所以非常重要，是因为在现代企业中，学习的基本单位应是团体。企业中许多新的管理方式的实行，新的生产线的建立与运行，新工艺、新技术、新产品的出现与发展离开了团体学习将一事无成。

(5) 形成全局性的"系统思考"。"系统思考"是对任何事件和活动加以整体的深入思考，用以克服组织中极易存在的只见树木不见森林的学习障碍。"系统思考"的修炼要求人们能纵观全局，形成系统思考模式，使人们思考影响我们的诸种因素之间的内部联系，而不是把这些因素割裂开来。

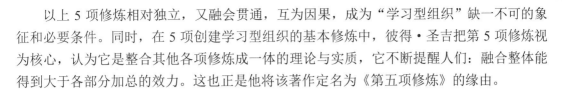

以上 5 项修炼相对独立，又融会贯通，互为因果，成为"学习型组织"缺一不可的象征和必要条件。同时，在 5 项创建学习型组织的基本修炼中，彼得·圣吉把第 5 项修炼视为核心，认为它是整合其他各项修炼成一体的理论与实质，它不断提醒人们：融合整体能得到大于各部分加总的效力。这也正是他将该著作定名为《第五项修炼》的缘由。

6. 知识管理理论

20 世纪 90 年代，美国经济的高速发展，引发了对知识推动经济增长作用的新认识。利用知识资本获得真正的竞争优势正在成为一种全新的管理理念。因此，对知识的管理变得日益重要。

知识管理是使信息转化为可被人们掌握的知识，并以此来提高特定组织的应变能力和创新能力的一种新型管理形式。知识管理重在培养集体的创造力，并推动组织的创新。而创新是知识经济的核心内容，是企业活力之源。技术创新、制度创新、管理创新、观念创新以及各种创新的相互结合、相互推动，将成为企业经济增长的引擎。

从国内外知识管理的实践来看，知识管理项目可分为 4 类：一是内部知识的交流和共享，这是知识管理最普遍的应用；二是企业的外部知识管理，这主要包括供应商、用户和竞争对手等利益相关者的动态报告，专家、顾客意见的采集，员工情报报告系统，行业领先者的最佳实践调查等；三是个人与企业的知识生产；四是管理企业的知识资产，这也是知识管理的重要方面，它主要包括市场资产(来自客户关系的知识资产)、知识产权资产(纳入法律保护的知识资产)、人力资产(知识资产的主要载体)和基础结构资产(组织的潜在价值)等几个方面。

7. 虚拟组织理论

所谓虚拟组织是指两个以上的独立的实体，为迅速向市场提供产品和服务，在一定时间内结成的动态联盟。它不具有法人资格，也没有固定的组织层次和内部命令系统，而是一种开放式的组织结构。因此可以在拥有充分信息的条件下，从众多的组织中通过竞争招标或自由选择等方式精选出合作伙伴，迅速形成各专业领域中的独特优势，实现对外部资源的整合利用，从而以强大的结构成本优势和机动性，完成单个企业难以承担的市场功能，如产品开发、生产和销售。

虚拟组织中的成员可以遍布在世界各地，彼此也许并不存在产权上的联系，不同于一般的跨国公司，相互之间的合作关系是动态的，完全突破了以内部组织制度为基础的传统的管理方法。虚拟组织的特征表现在以下几个方面。

(1) 虚拟组织具有较强适应性，在内部组织结构与规章制度方面具有灵活性和便捷性。

(2) 虚拟组织共享各成员的核心能力。

(3) 虚拟组织中的成员必须以相互信任的方式行动。

随着信息技术的发展、竞争的加剧和全球化市场的形成，没有一家企业可以单枪匹马地面对全球竞争，所以由常规组织向虚拟组织过渡是必然的，虚拟组织日益成为公司竞争战略"武器库"中的核心工具。这种组织形式有着强大的生命力和适应性，它可以使企业准确有效地把握住稍纵即逝的市场机会。

8. 商业生态系统理论

长期以来，人们形成了一种商场如战场的观念。在这个没有硝烟的战场上，企业与企业之间、企业的部门之间、乃至顾客之间、销售商之间都存在着一系列的冲突。

美国学者詹姆士·穆尔(JamesF.Moore)1996 年出版的《竞争的衰亡》一书，标志着竞争战略理论的指导思想发生了重大突破。作者以生物学中的生态系统这一独特的视角来描述当今市场中的企业活动，但又不同于将生物学的原理运用于商业研究的狭隘观念。后者认为，在市场经济中，达尔文的自然选择似乎仅仅表现为最合适的公司或产品才能生存，经济运行的过程就是驱逐弱者。而穆尔提出了"商业生态系统"这一全新的概念，打破了传统的以行业划分为前提的竞争战略理论的限制，力求"共同进化"。穆尔站在企业生态系统均衡演化的层面上，把商业活动分为开拓、扩展、领导和更新四个阶段。商业生态系统在作者理论中的组成部分是非常丰富的，他建议高层经理人员经常从顾客、市场、产品、过程、组织、风险承担者、政府与社会七个方面来考虑商业生态系统和自身所处的位置，系统内的公司通过竞争可以将毫不相关的贡献者联系起来，创造一种崭新的商业模式。在这种全新的模式下，作者认为制定战略应着眼于创造新的微观经济和财富，即以发展新的循环以代替狭隘的以行业为基础的战略设计。

商业生态系统能有效地利用生态观念制定企业的策略。这些策略是：①鼓励多样化。具有多种生命形态的生态系统是最坚强的生态系统。同样地，多样化的公司是最有创造力的公司。这种多样化不仅表现在公司业务内容与业务模式上，而且表现在用人政策上。②推出新产品。在生态系统中，生命靠复制来繁衍，每一代生产下一代，以确保物种生存。产品寿命有限，不论今天多么成功，终将被下一代产品取代，因此企业需要不断地推出新产品。③建立共生关系。共生是指两种或多种生物互相合作，以提高生存能力。传统企业视商业为零和竞争，从不考虑互利或共生关系，主张"绝对别把钱留在桌面上"。新型企业总是寻求双赢的共生关系，既在合作中竞争，又在竞争中合作。由此产生了一个新词汇：竞合。例如，"苹果"公司与"微软"公司的关系就是一种竞合关系。

9. 企业整体策略理论

美国耶鲁大学企业管理学教授威维·科利斯与哈佛大学企业管理学教授辛西姬·蒙哥马利在《哈佛商业评论》双月刊上撰文指出，有些企业在多元化的发展上一帆风顺，而有些企业则惨遭失败，其成败关键就在于企业整体策略。他们在提出的"资源竞争论"的基础上，进一步提出：以资源为核心的企业整体策略，指导企业创造更大的整体竞争优势。卓越的企业整体策略能够通过协调多元事业来创造整体的价值，让 1+1 大于 2，而不仅是零散的事业集合。企业要制定卓越的整体策略，首先要有整合观念。制定卓越的策略，是许多企业经理人努力的目标。有些人从核心能力着手，有些重整事业组合，有些则努力建立学习型组织。但是，这些做法都只是在单一要素上着力，而没有将资源、事业与组织三项因素合为一个整体。以策略创造企业整体优势的精髓，就是将资源、事业与组织这三项构成"策略金三角"的要素合为整体。

在卓越的整体策略中，资源是串联事业与组织结构的线，是决定其他要素的要素。企业的特殊资产、技术、能力都是企业的资源。不同的资源需要不同的分配方式(转移或是共享)，也需要配合不同的控制系统(财务表现控制或是营运过程控制)。卓越的企业整体策略不是随意的组合，而是精心设计的整体系统，它指挥企业要发展什么资源，要在什么事业上竞争，要以什么组织形态实行策略。

10. 模糊经营理论

模糊与数学、控制等名词连为一体，会产生出许多新鲜的概念。如今，随着网络技术和虚拟一体化的发展，模糊经营的新观念在计算机等行业中日趋流行。

美国《纽约时报》载文指出，计算机制造商、经销商和零售商之间的界线正在变得模糊：制造商仅仅承担设计产品和品牌宣传而委托别人装配；零售商面临种种新的竞争者，比如互联网销售商成为直接向客户出售产品的制造商，而原本已被认为将要随市场机制变化而淘汰的中间商，现正以崭新的姿态异常活跃起来，他们往往从制造商和零售商那里把储存和搬运商品的种种后勤工作包揽过来。

随着互联网的发展，制造商逐渐走到前台，直接面对用户。纵观经营方式的演变历程，可以发现，日本人20世纪70年代开创的"准时生产"方法，使人们感到无库存经营成为可能；今天，新的模糊方法则使人们的视线转向"利用别人时间"的方法。利用这种新方法，库存的负担就落在生产链条中的其他参与者身上。正如一些未来学家所设想的，21世纪产品开发商、制造商和经销商将通过数据网络紧密联系在一起，以致库存的必要性大大减少。

第二节 中国企业管理的发展

一、中国古代的管理实践和管理思想

中国是世界上公认的四大文明古国之一。中华民族悠久的历史积累了丰富的管理实践和许多影响深远的管理思想和管理理论，这些理论和实践都是对人类文明社会的进步与管理的发展的重要贡献。

中国有许多世界历史上最伟大的工程，如长城、大运河和都江堰等。其中长城在科学技术与生产力均不发达的古代，我国人民能完成如此巨大的工程，管理工作的计划、组织、领导与控制进行得如此周密细致，使世人感到惊叹！在漫长的封建社会中，我国建立了高度集权的行政管理体制，特别是在人才的选拔和录用方面，建立了比较完善的科举制度。从现代的观点看，尽管科举制度在考试内容和选聘标准上存在许多问题，但是通过考试和平等竞争的方法选用人才，在人类历史上可以说是开辟了一个范例，有的学者甚至把它说成是西方公务员制度的先驱。中国古代重视对产品质量的管理，历史上的赵州桥、应县木塔和兵马俑等伟大的建筑和艺术，都是产品质量和工艺管理上的杰作。近千年来，中国的陶瓷制品一直享誉世界，不愧为瓷器之国。传统的瓷器工业在世界上独占鳌头，也体现在它在技术、工艺、管理上的完美结合。

中国古代传统的管理思想，对世界，特别是对东方的文化产生过巨大影响，出现过孔子、管子、荀子、墨子、老子、庄子、孙子、韩非子、商鞅、李斯、诸葛亮、李世民、王安石、康熙等一大批政治家、军事家、思想家、教育家，同时他们也称得起是伟大的管理学家。在他们当中，以孔子为代表的儒家思想最具影响力。儒家思想是中国传统文化的主流，它不仅对中国有深远的影响，而且广为流传在包括日本、韩国、新加坡等许多亚洲国家。近三十年来，许多东亚、东南亚国家相继走上了现代化道路，社会经济得到了高速发展，企业管理也达到了世界先进水平，但是他们都没有否定以儒家思想为核心的东方文化走全盘西化的道路，而恰恰是吸收了东西方文化中有益的东西，并结合本国的实际取得了巨大的成功。他们用儒家的观点塑造现代企业文化，形成了与西方管理文化截然不同的特色。一些国家和地区把它称为"新儒学派"。

以儒家思想为代表的中国传统管理思想和管理文化的内核归纳起来包括以下几个方面。

1. 顺道

中国历史上的"道"有多种含义，属于主观范畴的"道"是指治国的理论；属于客观范畴的"道"指客观规律。"顺道"是指管理要顺应客观规律。

根据这种思想，管理者必须：第一，辨道，辨识客观规律；第二，顺道，根据客观规律的要求来组织管理活动。

2. 重人

重人是中国传统管理的一大要素，包括两个方面：一是重人心向背，二是重人才归离。要夺取天下，治理国家，办成事业，得人是第一位的，所以我国历来讲究得人之道，用人之道。

3. 求和

和则兴邦，和则生财。"和"强调的是人际关系融洽、和谐。天时、地利、人和是人们普遍认为的成功的三要素。其中的人和是发挥天时、地利作用的先决条件，"天时不如地利，地利不如人和"，所以孔子提倡"礼之用，和为贵"，管子强调"上下不和，虽安必危"，为求事业成功，务必"和谐辑睦"，"上下和同"。

4. 守信

治国要守信，办企业要把诚信放在第一位。办一切事业都要守信。信誉是人类社会人们之间建立稳定关系的基础，是国家兴旺和事业成功的保证。

5. 利器

生产要有工具，打仗要有兵器，中国历来有利器的传统。孔子说："工欲善其事，必先利其器。"《吕氏春秋·任地》篇说，使用利器可以达到"其用日半，其功可使倍"的效果。

及至近代，一再出现机器兴邦说。魏源提出"师夷长技以制夷"的口号，孙中山实业救国的核心是技术革命，实现现代化。可见，"利器说"贯乎古今，成为兴邦立业的重要思想。

6. 求实

实事求是，办事从实际出发，是思想方法和行为的准则。儒家提出"守正"原则，看问题不要偏激，办事不要过头，也不要不及，"过犹不及"，过了头超越客观形势，犯冒进错误；不及于形势又错过时机，流于保守。两种偏向都会坏事，应该防止。

7. 对策

我国有一句名言："夫运筹策帷幄之中，决胜于千里之外。"说明在治军、治国、治生等一切竞争和对抗的活动中，都必须统筹谋划，研究对策，以智取胜。研究对策有两个要点：一是预测，二是运筹。

8. 节俭

我国理财和治生，历来提倡开源节流，崇俭黜奢，勤俭建国，勤俭持家。节用思想源于孔子和墨子，孔子主张"节用而爱人，使民以时"。墨子说："其财用节，其自养俭，民富国治。"在治生方面，节俭则是企业家致富的要素。

9. 法治

我国的法治思想起源于先秦法家和《管子》，后来逐渐演变成一整套法制体系，包括田土法治，财税法治，军事法治，人才法治，行政管理法治，市场法治等等。韩非注重法应有公开性和平等性，即实行"明法"、"一法"原则。"明法"就是"著之于版图，布之于百姓"，使全国皆知。"一法"，即人人都要守法，在法律面前，人人平等。

10. 教育观

孔子在中国历史上不仅是一位伟大的思想家，也是一位伟大的教育家。他十分强调"为政在人"，管理者要十分注意选才和育才。孔子提倡"学而优则仕"，即学习要达到一定的"度"，才能成为人才，才有可能为事业做出贡献。为了培养人才，孔子主张"有教无类"、"诲人不倦"。在教育方法上，孔子倡导"因材施教"。这些著名的论述，至今对教育管理工作者仍不失其重要的现实指导意义。

与儒家思想同样具有深远影响的是公元前 5 世纪的中国著名军事家孙武和他所著的《孙子兵法》，在这部为世人称颂的兵书中，包含着朴素的唯物主义和系统的管理思想，不但受到中国，也受到世界各国军事家和企业家的重视。许多企业家们认为，在市场竞争的条件下，《孙子兵法》中所提出的军事思想、战略、战术和谋略完全适用于企业的经营之道。日本评论家村山孚指出：日本战后的发展靠两个武器，即美国的现代管理和中国的《孙子兵法》。美国西点军校和日本企业界都把《孙子兵法》作为学员培训的必读教材。《孙子兵法》共有兵法十三篇，语言简练，其内容却博大精深。

中国古代的管理思想和管理理论绝不仅仅限于上述内容，诸如在治国安邦、法制、经济管理、系统理论，中国古代的学者和思想家们也有许多著名论断和独到的见解，需要认真学习、发掘和研究。

二、中国现代管理思想形成的历史背景

中国现代管理思想既不是在一张白纸上设计出来的，也不是在中国传统管理思想上自然生长出来的，更不是单纯从西方引进来的，而是在极其复杂的历史背景下形成的。

1．中国官僚资本企业和民族资本企业的管理

中国近代企业管理，主要包括官僚资本企业管理和民族资本企业管理。官僚资本企业有官办、官督商办和官商合办 3 种形式。中国真正意义上的企业是从官办企业开始的。所谓官办企业是指晚清政府时期，清政府洋务派官僚集团，在军事、经济等主要方面与外国政府和企业合作开办采用机器生产的新式军事、民用企业，其中比较有规模的企业有江南制造总局、天津机器制造局、金陵制造局、福州船政局等。官督商办是利用私人资本举办工矿企业所采取的主要形式，他由洋务派官僚发起，商人出资，政府官僚管理，盛行于 19 世纪 70 至 80 年代。官商合办是官方与私人资本联合举办的工矿企业，盛行于 19 世纪 80 年代后期至 20 世纪初期。官督商办或官商合办企业，实际上是由官僚掌管，企业内部采用雇佣劳动，其收益相当大的部分落到企业当权官僚和他们的僚属亲朋手中。

中国民族资本主义是指在近代形成的民间投资的私人资本主义经济成分，出现于 19 世纪 70 年代。随着外国资本主义的刺激和中国资本主义的萌芽，一部分商人、地主和官僚开始投资于新式工业，逐渐形成了中国的民族资本。中国早期民族资本主义来源于封建地租和买办收入的转化，资本带有原始积累的性质。中国民族资本主义工业是曲折发展的，其经营管理也显现出不同时期的不同特点。

中国的民族企业大都集中于大城市，集中于轻工业，不可能形成独立的工业体系，又由于在技术设备原料及资金等方面依赖帝国主义，造成了它的先天不足。随着社会的发展，民族资本企业采用了大机器生产和较科学的管理方式，尽力摆脱封建主义与帝国主义的束缚，建立了许多有中国特色的企业制度和方法，形成了中国企业科学管理思想的萌芽。

2．我国革命根据地公营企业的管理

中国大规模的现代企业是在 1949 年中华人民共和国成立后发展起来的，在新中国成立后相当长时期内，政府管理部门、银行、工厂、商店、学校几乎一切企事业单位的主要领导和管理干部绝大多数都是从军队和革命根据地来的。因此，中国的现代管理思想不能不受到军队管理和革命根据地公营企业管理的严重影响。

在 1930 年的土地革命战争时期，中国共产党领导的苏区开始创办了小型修械所，并相继建立了被服、印刷、兵工、织布、造纸等工厂，生产革命战争和人民生活迫切需要的物资。这些在经营管理上重视行政管理，建立了企业的行政机构以及中国共产党的支部和职工会，贯彻了革命军队中的官兵一致、民主管理原则，吸收职工参加管理，教育职工自力更生、艰苦创业。由于客观的条件限制，当时工厂中还没有严格的生产计划和验收、保管制度。

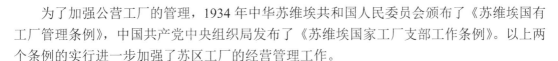

为了加强公营工厂的管理，1934 年中华苏维埃共和国人民委员会颁布了《苏维埃国有工厂管理条例》，中国共产党中央组织局发布了《苏维埃国家工厂支部工作条例》。以上两个条例的实行进一步加强了苏区工厂的经营管理工作。

(1) 建立了由厂长、共产党支部书记和工会委员长组成的"三人团"，作为企业的领导机构，统一处理工厂的生产、生活问题。

(2) 建立了规章制度。普遍订立了集体合同和劳动合同，严格了劳动纪律，规定了生产定额和工资制度，有条件的工厂实行了计件工资制。制定了产品检验制度。

(3) 开展了劳动竞赛。在竞赛中注意推广先进生产经验，发扬职工忘我的革命精神，促进了生产任务的完成。

(4) 加强了政治思想工作。共产党支部和工厂委员会围绕企业的中心任务，采用多种形式教育工人以新的态度对待新的劳动，努力生产，为争取苏维埃的胜利而斗争。要求共产党员、共青团员在生产劳动中起先锋模范作用。要求管理干部深入工人群众听取意见，帮助他们解决工作、学习和生活中的困难。

抗日战争时期，抗日根据地的军民在"自己动手，丰衣足食"的方针指导下，开展了大规模的生产运动，公营工厂在大生产运动中进一步发展起来。

抗日战争初期，抗日根据地的工厂大多数实行全部费用向上级主管部门报销，全部产品上交主管部门统一分配的制度。这种制度造成了工厂只重生产、不重经济、不讲成本的状况。

1942 年毛泽东在陕甘宁高级干部会议上作了《经济问题与财政问题》的重要报告，提出了"发展经济，保障供给"的经济工作和财政工作总方针，并提出了改善工厂经营管理的方向。各厂矿根据报告的精神，在以下几个方面改进了工矿企业的管理工作：实行了工厂管理一元化；实行经济核算制；精简机构，减少非生产人员；改革工资制度；进一步开展劳动竞赛；发挥技术人员的作用，奖励创造发明。

解放战争时期，解放区的公营工业在这个时期有了迅速发展，工厂管理工作也有了新的进展。1946 年 5 月颁布了《中共中央关于工矿企业政策的指示》。1948 年 1 月中共中央进一步指示："在公营企业中必须由行政方面和工会组织联合的管理委员会，以加强管理工作，达到降低成本、增加生产、公私两利的目的。"根据中共中央的指示精神，工厂在以下几方面进一步改善了管理：加强了民主管理；普遍进行了工厂企业化；贯彻按劳分配的原则，改革工资制度；加强对职工的思想教育，开展了立功运动。

在中华人民共和国成立初期，基本上沿用了革命根据地对公营企业的政策和管理思想，对被没收的官僚资本企业和公私合营企业进行改造和管理。

3. 全面学习前苏联的管理模式

1953 年起，我国进入了大规模的、有计划的社会主义经济建设时期，开始了发展国民经济的第一个五年计划。这个时期的企业管理主要是全面学习前苏联的经验，引进苏联的整套企业管理制度和方法。在国有企业中，普遍建立了生产技术财务计划、生产技术准备计划和生产作业计划，实行了计划管理，组织了有节奏的均衡生产，建立了生产责任制度，原始记录和统计工作，确立了正常的生产秩序；制定了技术标准、工艺规程、劳动定额，建立了设备计划预修制度和技术检查制度，建立了技术工作的秩序；建立了经济核算制度和"各尽所能、按劳分配"的等级工资制度，建立与健全了企业的管理机构，普遍推行"一长制"。

由于推行了这套管理制度，我国国营工业企业的管理工作基本走上了科学管理的轨道，并培养了一批管理干部。这个时期，国民经济高速发展，人民生活不断改善，社会安定团结，人民奋发向上。这是我党在管理上获得的杰出成就。但是，在学习苏联管理经验的过程中，也出现了一些缺点，如不加分析地照抄照搬，没有充分考虑我国的实际情况，单纯依靠行政命令，忽视民主管理等。

4．探索中国现代管理模式

为了克服学习苏联过程中照抄照搬的缺点，1956 年 9 月，中共"八大"决定在企业中实行党委领导下的厂长负责制，以加强党的集体领导。1957 年 3 月，党中央又决定在企业中实行"党委领导下的职工代表大会制"，以调动广大职员、工人的积极性，行使主人翁的权利。在从 1958 年开始的第二个五年计划期间，鞍钢、庆华工具厂等企业又创造、总结出了"两参、一改、三结合"(即工人参加管理，干部参加劳动，改革不合理的规章制度，领导干部、工程技术人员、工人三结合)的经验，并在全国得到了推广。这一系列的改革，对于纠正过去企业管理中出现的一些偏见，继承和发扬党的优良传统，调动和发挥广大职工的革命精神和生产积极性，促进企业生产的发展，探索中国现代管理模式，起了重要的积极作用。但是，在 1958 年的"大跃进"过程中，由于片面扩大精神的作用，背离了"实事求是"的原则，在企业管理的指导思想上又犯了不尊重客观规律的"左"的错误，否定了在第一个五年计划期间建立起来的适合现代化大生产要求的科学管理制度和办法，结果造成了国民经济的比例失调和企业管理上的极大混乱，给国家在经济上造成了巨大的浪费和损失。

党中央及时采取了一系列措施来纠正这些错误。在从 1961 年开始的对国民经济进行的 3 年"调整、巩固、充实、提高"过程中，于 1961 年 9 月颁布了《国营工业企业工作条例》(草案)。这个条例总结了我国企业管理正反两方面的经验，体现了党的优良传统和现代化大生产的客观要求相结合的精神。通过这个条例的贯彻实施，明显提高了企业的管理水平，促进了生产的迅速发展。到 1965 年，许多工业部门和企业的技术经济指标都达到了我国历史上的最高水平。这一阶段是我国进行企业管理改革的初步尝试过程，虽然经历了一段曲折的道路，但开始找到了适合我国国情的改革方向。

5．"文革"造成了管理的大倒退

从 1966 年开始的"文化大革命"，是我国政治大动乱、经济大倒退的十年，也是企业管理大混乱的十年。在这期间，全盘否定了新中国成立以来在实践中总结出的一套行之有效的企业管理制度和方法，以"阶级斗争"代替了企业管理，否定了企业管理的"两重性"，企业管理的规章制度被废弃，管理机构被撤销合并，绝大多数管理人员都被下放到车间劳动。而一些"政治"挂帅，不懂生产、不懂管理的人被派到各级管理岗位，完全无视管理

的客观规律。使我国的企业管理工作遭到了严重的破坏，整个国民经济逼近崩溃的边缘。

三、社会主义经济管理体制改革

1976 年 10 月，我国进入了一个新的历史发展时期，工农业生产得到较快的恢复。特别是 1978 年后，开始全面、认真地纠正过去的"左"倾错误，决定把党和国家的工作重点转到社会主义经济建设上来。为了恢复和发展国民经济，提出了"调整、整顿、改革、提高"的新八字方针，调整了农、轻、重各部门之间以及积累和消费之间的比例关系，在经济体制上进行了重大的改革，实行了对外开放、对内搞活经济的政策。在工业企业管理方面，颁布和实施了一系列新的法律和条例，如《国营工业企业暂行条例》、《国营工业企业职工代表大会暂行条理》、《国营工厂厂长工作暂行条例》、《中华人民共和国中外合资经营企业法》、《专利法》、《商标法》、《会计法》、《合同管理法》等，并在肯定企业管理具有"两重性"的基础上，有分析、有选择地学习了外国先进的科学管理理论、方法和手段。中国共产党第十三次代表大会提出了社会主义初级阶段理论、所有权和经营权分离的理论，为深化企业改革奠定了理论基础。

我国企业改革可以划分为三个阶段。

第一阶段(1978—1986 年)，这个阶段的改革以放权搞活为主要内容，主要有：①扩大企业自主权，简政放权；②推行经济责任制；③两步利改税。

第二阶段(1987—1991 年)，以推进各种经营责任制，实行所有权和经营权分离为主要内容，主要有：①承包经营责任制；②租赁经营责任制；③股份制。

第三阶段(1992 年至今)，以理顺产权关系，转换企业经营机制和建立现代化企业制度为主要内容，主要有：①转换企业经营机制，搞活国有大中型企业；②建立现代企业制度。

本章思考题

1. 西方管理理论大体经历了哪几个发展阶段？各阶段的代表人物是谁？
2. 试述泰勒制的主要内容。
3. 法约尔一般管理理论的要点有哪些？
4. 人际关系学说的主要论点是什么？
5. 试述主要行为科学理论的论点与实践意义。
6. 简述现代管理理论各学派的基本主张、观点和代表人物。
7. 我国企业管理经历了哪几个发展阶段？各阶段的特点是什么？
8. 试述我国古代管理思想的主要内容及其对现代企业管理的启示。

第三章

企业组织管理

本章导读：

组织是实现企业目标的重要载体，企业组织管理能力的高低将直接影响企业能否顺利实现其目标。企业应围绕适合于其使命和战略的主要活动设计组织结构，并应根据环境变化对企业适时地进行组织变革与创新。本章介绍组织及组织设计的基础，组织设计的过程，组织设计的基本原则，企业组织结构的基本形式，组织创新与变革的原因、阻力、过程及未来组织发展趋势。

学习目标：

了解组织、组织的类型、管理层次与管理幅度等一些基本概念和知识原理，掌握企业组织结构的几种主要形式并区分各种形式的优缺点，明确组织创新与变革的原因、过程和组织发展的未来趋势。

关键词：

组织(organization)　组织设计(organizational design)　组织结构(organizational structure) 组织变革(organizational change)

第一节　组织及组织设计基础

一、组织的含义与分类

1. 组织的基本概念

由于生理、心理、物质和社会的限制，人为了达到个人的目标或共同的目标，就必须合作，这样就形成群体，形成组织。社会系统理论的创始人、美国著名管理学家巴纳德认为，组织是"两人以上有意识的协调和活动的合作系统"，所有正式组织不论其级别和规模差别多大，均包含共同的目标、协作的愿望和信息沟通 3 个基本要素，组织的产生和发展只有通过这 3 个基本要素的结合才能实现。

1)　共同的目标

共同的目标是针对每个组织成员来说的，是协作愿望的必要前提。没有目标就没有协作，同时也无法了解和预测组织对个人的要求和它的决策内容。企业组织的目标一般包括收益目标、稳定发展目标等。组织成员个人的行动与决策要与这些目标统一起来，就必须注意以下 4 个方面的问题：

(1) 组织目标不仅要得到各组织成员的理解，而且必须为各个成员所接受。

(2) 各个成员在理解目标时，不同的理解会发生矛盾。管理者应当努力克服这一矛盾，让组织成员感到确实存在一个共同的目标。

(3) 每个组织成员都具有组织人格和个人人格两个方面，管理者应努力克服组织目标和个人目标的背离，正确处理好个人利益与集体利益和国家利益的关系。

(4) 组织为了适应环境的变化，求得生存和发展，目标经常需要调整。

2) 协作的愿望

协作的愿望是指个人为组织目标贡献力量的愿望。这种愿望能使所有人的力量凝聚为一个整体力量，这对组织来说是不可缺少的一项要素。若是没有协作愿望，就不可能有持久的个人努力。

3) 信息沟通

这是将共同目标与协作愿望联系起来使之成为一个有机整体的动态过程，它是一切活动的基础。通过信息沟通，使成员了解组织目标，产生协作愿望，采取合理行动。

简单地说，组织是指由两个或两个以上的人组成的具有明确目标、精心设计的结构和有意识的协调活动，并与外部环境保持密切联系的系统。

2. 组织的分类

1) 按组织的形成方式分类，可分为正式组织和非正式组织

正式组织是为了有效地实现组织目标，而明确规定组织成员之间职责范围和相互关系的一种结构，其组织制度和规范对成员具有正式的约束力。正式组织具有以下的特征：

(1) 保持相对的稳定性，存在稳定的秩序，人员流动性小，权责结构清晰。

(2) 专业化分工，分成若干岗位及与之相应的职责。

(3) 对不同层次的协调。由于进行了专业化分工并且分成一定结构和层次，所以在同级之间要协调相互关系、在上下级工作链上也要协调关系，从而形成立体的协调层次。

(4) 拥有法定的领导权威。它的最高领导人的领导权是由法定的规章制度确定的，并强制要求所有成员服从。

(5) 建立了相对稳定的规章制度体系，把很多的岗位分工、行为规范、奖惩措施、运营机制、产品范围、行动范围，都以明确的条文确定下来并公布给每个成员，要求他们去遵守。

(6) 职位的可取代性。它的职位和职责要求都是脱离个人的，某个人离开，其他人可以在这个岗位继续工作。

非正式组织是人们在共同工作或活动中，由于具有共同的兴趣和爱好，以共同的利益和需要为基础而自发形成的团体。非正式组织的特征主要表现为：没有共同的组织目标；没有明确的组织制度和规定；成员和形式不稳定，经常发生变动。

正式组织中存在着各种非正式组织，它们有可能发挥积极的作用，也有可能产生消极的影响。

非正式组织的积极作用在于：①补充正式组织不足的功能，满足员工正当的需要，例如，友谊、互助、娱乐等；②提供辅助的沟通渠道；③提供管理的实践机会。非正式组织的集体活动可能培养出优秀的群众领袖。

非正式组织有时对正式组织的运行起消极作用：①削弱正式权力；②转移组织目标，例如，用情感代替政策，提拔自己"圈子"里的并非最称职的人担任重要职务等。

管理者对非正式组织应持积极态度，努力发挥其正面作用，限制其负面作用。

2) 按收益人群体为基础分类

社会学家彼得·布劳(P. M. Blau)和理查德·斯科特(Richard Scott)将社会组织按照收益人群体分为4类：互利组织、企业组织、服务组织和公益组织。

(1) 互利组织指谋求成员本身利益的组织，如政党、工会、宗教团体、俱乐部等。

(2) 企业组织指谋求组织所有权者之利益的组织，如银行、保险公司和工商企业团体等。

(3) 公益组织，指谋求社会全民利益的组织，如政府各级单位、警察局、消防队和研究机构等。

(4) 服务组织指谋求组织直接服务对象利益的组织，如医院、学校和社会工作团体等。

二、组织设计的过程

组织设计是指在一定的环境下，为了有效地实现组织目标而对某一个组织实体的结构与运行规则所进行的规划与安排的过程。

企业组织设计可能面临3种情况：一是新建企业需要进行组织结构设计；二是当企业原有组织结构出现较大问题，或企业战略发生变化时，需要对原有组织结构的重新评价和设计；三是由于环境和情况的变化，需要对组织结构进行局部的调整。这3种情况下的组织设计程序大体相同，其中对新建企业的组织设计程序最为完整。一般而言，它可分为以下几个步骤。

1. 确定组织设计的基本方针和原则

根据企业的战略目标，以及企业的内部条件和外部环境，分析影响组织设计的各种因素，确定进行组织设计的基本思路，规定一些设计的主要原则和主要参数，以作为进行组织设计的基本依据。

2. 进行职能分析和职能设计

通过对组织目标的解剖和分析，确定出达成组织目标的总任务。按照组织设计的基本方针和原则，根据任务的性质、工作量、完成的途径和方式将总任务进行划分，然后结合划分后的子任务对企业需要设置的各种职能进行设计，并确定其关键职能。具体地说，职能设计的主要内容就是对企业的管理业务进行总体设计，确定企业的各项管理职能及其结构，并层层分解为各个管理层次、管理部门、管理职务和岗位的业务工作。其内容可以概括为3个方面：基本职能设计、关键职能设计和职能的分解。职能设计是否正确合理，决

定了整个管理组织是否能够顺利有效地运转，它是组织设计过程中的首要工作。

3. 设计组织结构的框架

设计组织结构的框架，即设计承担企业管理职能和业务的各个管理层次、部门、岗位，并规定其权责。这一步是组织设计的主体工作。框架设计可采用从下而上和从上而下这两种方式进行。从下而上的方法是先确定完成企业目标所需具备的各个岗位和职务，然后根据一定的原则，将某些岗位和职务组合成多个相对独立的管理部门(科室)，再根据部门的多少和设计的幅度要求，划分出各个管理层次。从上而下的方法恰好相反，首先根据企业的各项基本职能和集权程度来确定企业的管理层次；其次确定各个管理层次应设置的部门，最后将每一部门应承担的工作分解为各个管理岗位和职务。由于岗位(职务)、部门、管理层次这三者是相互联系和制约的，所以在实际设计过程中，往往将上面的两种方法相结合，相互修正，经多次反复最终将设计框架确定下来。

4. 联系方式的设计

联系方式是指企业纵向管理层次之间、横向管理部门之间的协调方式和控制手段。前面的框架设计重点在于将企业的经营管理活动分解成各个组成部分，而联系方式的设计却是将这些组成部分连成整体，保证各部门建立良好的协作关系。这是实现整个组织结构协调一致、有效运作的关键。

5. 管理规范的设计

在确定了组织结构的框架和联系方式之后，还要进一步确定各项管理业务的工作程序、管理工作应达到的要求和管理人员应采用的管理方法等管理规范。这个步骤是组织结构的细化，它可以使组织结构合法化、规范化，起到巩固和稳定组织结构的作用。

6. 人员配备和培训体系的设计

组织设计的另一个重要问题就在于如何配备和培训人员。要保证组织结构运行，离不开组织结构实施和运行的主体——人。一般来说，在组织设计中先不必考虑企业现有人员的具体情况，而应在确保组织结构运行的前提下，对人员的配备进行设计。而在人员配备设计实施时，要按设计要求的数量和质量来配备和培训各类人员。

7. 各类运行制度的设计

确保组织结构的正常运行还需要有一套适宜的运行制度。运行制度设计的主要内容包括绩效评估和考核制度、激励制度，如工资和奖酬制度，以及人员补充和培训制度等。

8. 反馈和修正

组织设计是一个动态的过程，在组织结构运行过程中，很可能会发现以上设计中尚有不完善的地方，并且新情况也可能不断出现。这就要求企业定期或不定期地收集组织结构运行状况的信息并及时反馈，以发现和修正原有设计中的不足，使之不断完善，适应新的情况。

三、管理层次与管理幅度

任何人的知识、经验、能力和精力等都是有限度的，所以居于权力中心的领导人，绝不可能无限制地直接管理和指挥很多人而又使他们的活动配合无间。也就是说，任何一个领导者所能管辖的直接下属人数必定有个数量上的限制，这就形成了管理幅度。

同样，在任何一个具有一定规模的组织之中，最高行政主管由于受到时间、精力等诸多因素的限制，都不可能直接领导整个组织的所有方方面面的活动。相反，他通常只是直接领导几个有限数量的下属管理人员，委托他们协助完成自己的部分管理责任。这些承担受托责任的下一级管理人员，可能又需要通过若干直接下属来协助完成管理使命，依次类推，直至受托人能直接安排和协调组织成员的具体作业活动。这样就形成了组织中由最高主管到具体工作人员之间的不同层级的管理层次。

1. 管理幅度

1) 管理幅度的概念

管理幅度，又称管理宽度，是指一个主管人员能够有效地监督、管理其直接下属的人数。

管理幅度多大为好呢？对于这个问题长期以来有许多学者和企业家进行过大量的研究工作。传统或古典管理学派对待领导人管辖人数问题的态度和研究方法，一直是倾向于把有效的管辖人数普遍化，就是想找出一个通用方案，并加以普遍推广。但长期调查研究结果，并未找出一个理想的通用方案，不同人的说法仍然不一致。20世纪初期，美国将军伊恩•汉密尔登(Ian Hamilton)根据他在军事组织中的经验总结了对管理幅度大小的认识。他认为一般人的头脑在管理3~6个人时将能处于最佳的工作状态。亨利•法约尔指出，合适的管理幅度应该是最高经理管理4~5名部门经理，部门经理管理2~3名管理人员，管理人员管理2~4名工长，工长管理25~30名工人。英国著名的管理顾问林德尔•F.厄威克(Lyndall F. Urwick)的研究结论是："没有一个管理者能够直接管理超过5个或者至多6个工作紧密相关的下属的工作。"美国管理学会的研究报告(1952年)介绍了当时在141家"公认的具有良好组织实践"的公司调查结果，该项调查的主题是这些公司中的总经理的管理幅度实践情况。结果发现，总经理的管理幅度为1~24人不等。

2) 管理幅度的影响因素

(1) 工作的性质。工作性质的差异包括工作的重要性、变化性及下属人员工作的相似性。如果工作很重要，并且复杂、多变和富于创造性，管理幅度就应窄些；如果下属人员的工作具有相似性，管理幅度可以宽些。

(2) 员工的工作能力。员工的工作能力包括主管人员及其下属的工作能力。主管的综合能力、理解能力、表达能力强，则可以迅速地把握问题的关键，对下属的请示提出恰当的指导建议，并使下属明白地理解，从而可以缩短与每一位下属接触所占用的时间。

(3) 主管所处的管理层次。主管的工作在于决策和用人，处在管理系统中的不同层次，决策与用人的比重各不相同。决策的工作量越大，主管用于指导、协调下属的时间就越少。

所以，越接近组织的高层次，主管人员的决策职能越重要，其管理幅度较中层和基层管理人员就越小。

(4) 计划的完善程度。如果下属只是单纯地执行已经制定好且非常详尽的计划，而且下属十分清楚地了解计划的目的和要求，那么，主管对下属指导所需的时间就少。反之，如果下属不仅要执行计划，而且要将计划进一步分解，或计划本身不完善，那么，主管对下属指导、解释的工作量就会相应增加，此时有效管理幅度就小。

(5) 授权程度。如果企业在管理中更多地采用授权的方法，上级领导的工作负担较轻，管理幅度就可以宽些；反之，授权较少，下属人员遇事要向上级请示汇报，这样虽然便于加强控制，但管理幅度就会变小。

(6) 信息手段的配置情况。掌握信息是进行管理的前提。利用先进的信息技术去收集、处理、传输信息，不仅可帮助主管及时、全面地了解下属的工作情况，从而及时地提出建议，而且可使下属更多地了解与自己工作有关的信息，从而更好地自主作好分内的事务。这显然有利于扩大主管的管理幅度。

(7) 组织环境的稳定性。组织环境是否稳定，会在很大程度上影响组织活动内容和政策的调整频度与幅度。环境变化越快，变化程度越大，组织中遇到的新问题越多，下属向上级的请示就越有必要、越经常；而此时上级能用于指导下属工作时间和精力却越少，因为他必须花更多时间去关注环境的变化，考虑应变的措施。因此，环境越不稳定，各层次主管人员的管理幅度就越受限制。

此外，工作地点、工作的类别、监管手段等也都会影响管理幅度。

2. 管理层次

1) 管理层次的概念

管理层次也称组织层次，它是描述组织纵向结构特征的一个概念。如果以构成组织纵向结构的各级管理组织来定义，管理层次就是指从组织最高一层管理组织到最低一级管理组织的各个组织等级。每个组织等级就是一个管理层次。一个企业管理层次的多少表明其组织结构的纵向复杂程度。

一个组织，其管理层次的多少，一般是根据组织的工作量大小和组织规模的大小来确定的。工作量较大且规模较大，其管理层次可多些，反之管理层次就比较少。

2) 管理层次的影响因素

(1) 管理幅度，管理幅度是影响管理层次最主要的因素，因此影响管理幅度的因素也会影响到管理层次。

(2) 组织规模，在生产规模大、技术复杂的大型企业中，由于管理业务的复杂性，企业纵向职能分工应细一些，管理层次要多一些。

3) 管理幅度与管理层次的关系

管理层次、管理幅度、组织规模之间存在着相互制约的关系。对于一个组织而言，管理幅度、管理层次、组织规模三者之间的关系可以用下述公式表示：

$$组织规模=管理幅度×管理层次 \tag{3-1}$$

从式(3-1)可以看出,当管理幅度一定时,管理层次与组织规模成正比;当组织规模一定时,管理层次与管理幅度成反比;当管理层次一定时,管理幅度与组织规模成正比。

4) 两种基本的组织结构形态

管理层次与管理幅度的反比关系决定了两种基本的组织结构形态——扁平型结构和直式结构。

扁平型结构是指在组织规模已定,管理幅度较大,管理层次较少的一种组织结构形态。这种形态的优点是:由于组织层次少,信息传递速度快,可以使高层管理者尽快地发现信息所反映的问题,并及时采取相应的措施;由于信息传递经过的层次少,在传递过程中失真的可能性也较小,信息保真度比较高;较大的管理幅度,使主管人员对下属不可能控制得过多,从而有利于下属主动性和创造性的发挥。扁平型结构的局限性是不能对每位下属进行充分、有效的指导和监督;从下属获得的众多信息可能将最重要的、最有价值的信息淹没,从而可能影响信息的及时利用等。

直式结构也称为锥型结构,是指管理幅度较小,管理层次较多的金字塔形态。其优点和局限性与扁平型结构相反:较小的管理幅度可以使每位主管仔细地研究从每个下属那儿得到的信息,并对每个下属进行详尽的指导;但过多的管理层次,不仅影响了信息从基层传递到高层的速度,而且由于经过的层次太多,每次传递都被各层主管加进了许多自己的理解和认识,从而可能使信息在传递过程中失真;同时,过多的管理层次,可能使各层主管感到自己在组织中的地位相对渺小,从而影响其积极性的发挥;最后,过多的管理层次往往容易使计划和控制工作复杂化。

第二节　企业组织结构设计

一、企业组织结构设计的基本原则

组织结构设计原则是进行组织结构设计时必须要考虑的准则,不同企业由于其成长经历等不同,在进行组织设计时考虑的准则各有侧重点,但就一般意义上来讲,进行组织设计主要遵循以下一些原则。

1. 任务目标原则

组织设计的目的是为了更好地实现企业的经营任务和目标。反过来,企业经营任务和目标实现的好坏,又是衡量组织设计是否正确有效的最终标准。组织是实现组织目标的有机载体,组织的结构、体系应根据企业战略目标和工作任务的多少、难易程度来考虑,应根据工作任务"因事设职",而不"因人设职"。这是组织设计中一条总的原则。

2. 统一指挥原则

统一指挥原则最早由法约尔提出,它是指在指挥上严格实行一元化,每一个人只接受一个上级的命令,并对他负责。具体要求是:第一,统一指挥,层层负责,上下级之间形成一个等级链,不能中断;第二,一个下级只能有一个上级;第三,不允许上级越级指挥,

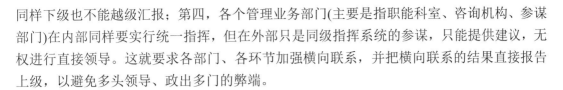

同样下级也不能越级汇报；第四，各个管理业务部门(主要是指职能科室、咨询机构、参谋部门)在内部同样要实行统一指挥，但在外部只是同级指挥系统的参谋，只能提供建议，无权进行直接领导。这就要求各部门、各环节加强横向联系，并把横向联系的结果直接报告上级，以避免多头领导、政出多门的弊端。

3. 有效管理幅度原则

管理人员自身的精力、能力知识、经验及工作的复杂程度等多方面因素决定了他直接而有效地领导下属的人数是有限的，也就是说，管理者不可能有效面对每一个员工直接进行指挥和管理，这就需要设置管理层次逐级地进行指挥和管理。对企业的高低管理层次，要根据不同的情况设置有效的管理幅度。一般地说，上层领导由于决策难度大，工作重复性小，管理幅度较小，而到中层、基层，管理幅度逐渐增大。

4. 分工协作原则

分工协作原则也叫专业化与协作原则或整分合原则。分工与协作是社会化大生产的客观要求。企业人员配备结构设计中要坚持分工与协作的原则，就是要做到"分工合理，协作明确"。对于每个部门和每个员工的工作内容、工作范围、相互关系、协作方法等，都要作出明确规定。一般来说，分工越细，专业化水平越高，责任越明确，效率也越高，但也容易出现机构增多，协作困难，协调工作量增加等问题。因此，分工也要把握适度的原则。

5. 集权和分权相结合的原则

集权就是权力相对集中于最高层领导，统管所属单位和人员的活动。集权的主要优点：有助于加强组织的集中统一领导，提高管理工作效率；有利于协调组织的各项活动；有助于充分发挥领导者的聪明才智和工作能力；由于机构精干，用人少，还可以使管理的开支减少到最低限度。集权的主要缺点是：使领导者直接控制面缩小了，增加了管理层次，延长了组织纵向下达指令和信息沟通渠道，不利于调动基层的积极性和创造性，难以培养出熟悉全面业务的管理领导人员。

分权与集权恰好相反，它使直接控制面扩大，减少了从最高层到最底层的管理层次，使最高层与基层之间的信息沟通较为直接。它的主要优点是可以使基层组织从环境需要出发，更加灵活地有效地组织各项活动，有利于基层领导者发挥才干，从而可以培养出一支精干的管理队伍。

集权与分权一般是通过统一领导、分级管理表现出来的。集权到什么程度，应以不妨碍基层人员积极性的发挥为限。分权到什么程度，应以上级不失去对下级有效控制为限。集权与分权是相对的，不是一成不变的，应根据不同情况和需要加以调整。

6. 责、权、利相对应的原则

这个原则要求在明确责任的同时，就要有与职务和责任相等的权力，并享有相应的利益。根据这一原则，在设置职务时，应当实实在在，不能成为虚位，做到有职就有责，有责就有权。有权无责(或权大责小)很容易产生瞎指挥、滥用权力的官僚主义；有责无权(或

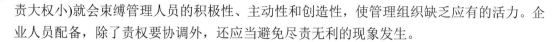
责大权小)就会束缚管理人员的积极性、主动性和创造性，使管理组织缺乏应有的活力。企业人员配备，除了责权要协调外，还应当避免尽责无利的现象发生。

7. 精干高效的原则

在保证完成企业目标和正常运行的情况下，企业组织要精简机构，缩编队伍，要通过培训等各种手段提高人员的素质，同时任务要饱满，工作要有负荷和压力，否则人浮于事，人的能力就会发生阻抗和内耗。精干，不等于越少越好，而是不多不少，一个顶一个，是能够保证需要的最少。高效包括工作效率高和工作质量高，队伍精干是提高效能的前提，精干高效是衡量组织结构合理与否的重要标志。

8. 执行和监督分设的原则

这一原则要求企业中的执行机构和监督机构应当分开设置，不应合并为一个机构。例如，企业中的质量监督、财务监督和安全监督等专职部门应当同执行性的生产部门分开设置。只有分开设置，才能使监督机构起到应有的监督作用。

9. 稳定性与适应性相结合的原则

一个企业的组织结构是保证企业各方面工作正常运行的重要机制，应当保持相对的稳定性。而企业的外部环境和内部环境是经常发生变化的，企业经营战略也要随之变化，组织结构应当与企业经营战略协调一致，因此组织机构必须具备一定的适应性和灵活性。

二、企业组织结构的主要形式

部门化或横向部门的划分是建立组织结构的基础。通过部门化可以将整个组织划分为若干个小单位，使组织的各项活动落实到具体的承担机构上来。企业组织结构是随着生产力和社会的发展而不断变化发展的。常见的组织结构类型如下所述。

1. 直线制

这是最古老也是最简单的一种组织结构形式。所谓的"直线"是指在这种组织结构下，职权直接从高层开始向下传递、分解，经过若干个管理层次达到组织最低层。这种体制在工业化初期被采取，它是按垂直系统直线排列的，如图 3-1 所示。在这种形式下，所有工作最后集中于厂长一身，最多配上一两个助手，因此，直线制的组织机构要求厂长具有很强的能力。这种组织结构形式的优点是权力集中，职权和职责分明、命令统一，信息沟通简捷方便，便于统一指挥，集中管理。缺点是，缺乏横向的协调关系，要求管理者掌握多种知识技能，在企业规模大、产品品种多、业务繁杂、技术要求高的情况下，管理者会顾此失彼，难以应付。所以这种组织结构形式只适应规模小，生产技术比较简单的企业。

2. 职能制

这实际上只是泰罗提出来的一种设想，指导思想就是把计划职能和生产职能分开，形式如图 3-2 所示。

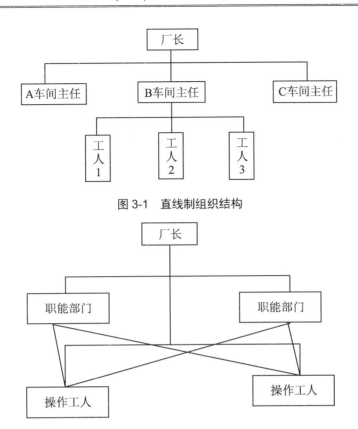

图 3-1　直线制组织结构

图 3-2　职能制组织结构

职能制组织结构形式是按专业分工设置管理职能部门，各部门在其业务范围内有权向下级发布命令；每一级组织既服从上级直线部门的指挥，也听从上级职能部门的指挥。即它既有直线部门，又有职能部门，且职能部门拥有直线指挥权。这种组织结构形式最突出的优点是：能充分发挥职能机构专业管理的作用。但它有一个重大的缺点，就是违背了统一指挥的原则，在组织内部容易形成多头领导，不利于明确划分各级行政直线部门和职能部门的权责。因此，未能在实际中广泛使用。它的意义主要在于启发和促进了直线职能制和直线职能参谋制的形成。

3. 直线职能制

直线职能制也称直线参谋制，是直线制和职能制的结合。它把管理机构和管理人员分成了两个类型：一类是直线指挥系统及其人员，这类人员可以对下属直接下命令，并负全部责任；另一类是参谋机构和参谋人员，他们只是直线领导的参谋和助手，但不能直接发号施令，如图 3-3 所示。

直线职能制的优点：它保持了直线制的优点，有明显的直线指挥系统，各级职位有专人负责，同时弥补了直线制的不足，既保证了直线指挥系统的作用，又增加了专业职能的作用。它的使用可以大大加强企业的组织管理工作。

直线职能制存在的问题是：职能部门是否应该具备一定的权力。若没有权力，则职能部门的建议必须通过厂长下达命令来执行,使效率不能提高。这样整个组织显得机构呆板,缺乏弹性,不能适应外部环境和内部条件变化的需要。

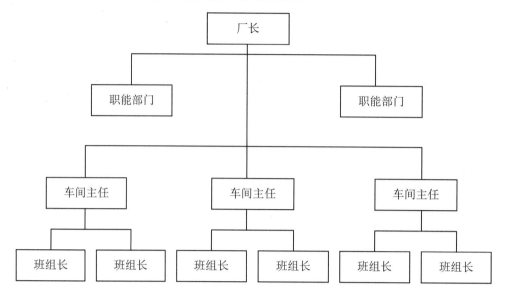

图 3-3 直线职能制组织结构

4. 直线职能参谋制

直线职能参谋制是直线职能制的发展和补充,是在直线职能制的基础上,给职能部门更多的权力,来适应生产规模扩大,生产技术复杂的状况。

直线职能参谋制组织结构是现代工业中最常见的一种结构形式,如图 3-4 所示。这种组织结构的特点是,以直线为基础,在各级行政主管之下设置相应的职能部门(如计划、销售、供应、财务等部门)从事专业管理,作为该级行政主管的参谋,实行主管统一指挥与职能部门参谋指导相结合。在直线职能型结构下,下级机构既受上级部门的管理,又受职能管理部门的业务指导和监督。

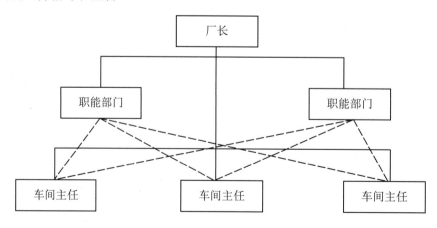

图 3-4 直线职能参谋制组织结构

直线职能参谋制组织结构既保持了直线型结构集中统一指挥的优点,又吸收了职能型结构分工细密、注重专业化管理的长处，从而有助于提高管理工作的效率。它的缺点是属于典型的"集权式"结构，权力集中于最高管理层，下级缺乏必要的自主权；各职能部门之间的横向联系较差，容易产生脱节和矛盾；信息传递路线较长，反馈较慢，难以适应环境的迅速变化。

5. 事业部制

事业部制组织结构，又称"M型组织"，是美国管理学家斯隆在20世纪20年代针对企业实行多样化经营所带来的复杂管理形势而提出来的，美国通用汽车公司最早采用这种组织结构。

所谓事业部结构，就是在一个企业内部对具有独立的产品和市场、独立的责任和利益的部门实行分权管理的一种组织形态。事业部制结构不是按职能或任务来组织，而是按产品、地区或顾客类型来进行组织，每个事业部内部都建立直线职能制，如图3-5所示。事业部是一些相互联系的单位的集合，具有独立的产品和市场，实行独立核算，在企业统一战略规划框架下，具有足够的权力，能自主经营。采用事业部制的企业政策制定与行政管理分开，实现了政策管制集权化，业务运营分权化，即所谓"集中决策，分散经营"。

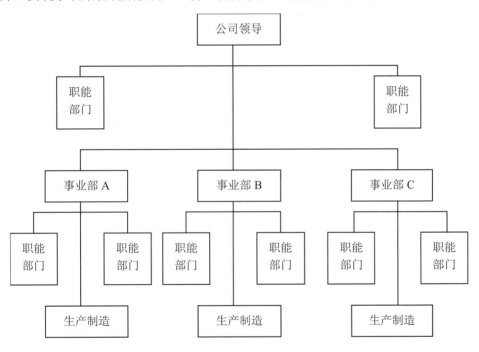

图3-5 事业部制组织结构

事业部制提高了大企业管理的灵活性和适应性；最高领导人摆脱了行政工作，能提高决策效率，因为时间和精力被放到了更重要的事情上；各事业部之间可以开展竞争，促进企业发展；分权的结果，促进了经营管理人才的培养；适于发展专业化生产，提高效率。它也存在一些缺点：机构复杂，人员浪费；各事业部分散经营，独立性强，不易协调配合；各事业部容易忽视总公司的集体利益；下属经理权力过大，严重的错误不能及时被阻止。

事业部制适合于实行多样化经营的大型企业。

6. 模拟分权制

有许多大型企业，如连续生产的钢铁、化工企业，由于产品品种或生产工艺过程所限，难以分解成几个独立的事业部。又由于企业的规模庞大，以致高层管理者感到采用其他组织形态都不容易管理，这时就出现了模拟分权组织结构形式，如图3-6所示。模拟分权制实际上是介于直线职能制与事业部制之间的一种组织结构形式。所谓模拟，就是要模拟事业部制的独立经营，单独核算，但不是真正的事业部，实际上是一个个"生产单位"。

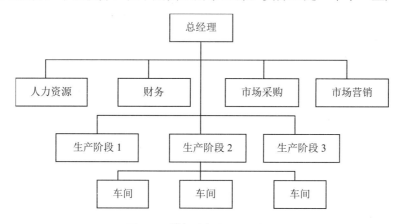

图3-6 模拟分权制组织结构

模拟分权制的优点除了调动各生产单位的积极性外，就是解决企业规模过大不易管理的问题。高层管理人员将部分权力分给生产单位，减少了自己的行政事务，从而把精力集中到战略问题上来。其缺点是，不易为模拟的生产单位明确任务，造成考核上的困难；各生产单位领导人不易了解企业的全貌，在信息沟通和决策权力方面也存在着明显的缺陷。模拟分权制适用于生产过程很难截然分开的、连续性强的大型企业。

7. 矩阵制

矩阵制又称规划—目标制。这种组织结构既有按职能划分的垂直领导系统，又有按产品或项目划分的横向领导关系的结构。它是在原来垂直领导的各个职能部门抽调有关人员，成立一个临时项目小组，变成一个横向系统，如图3-7所示。项目小组成员既受原职能部门又受本小组的领导。职能部门是固定的组织，项目小组是临时性组织，完成任务以后就自动解散，其成员回原部门工作。

矩阵制的优点是：将企业的横向与纵向关系相结合，有利于协作生产；针对特定的任务进行人员配置有利于发挥个体优势，集众家之长，提高项目完成的质量，提高劳动生产率；各部门人员不定期的组合有利于信息交流，增加互相学习机会，提高专业管理水平。它的缺点是：由于项目组是临时性的组织，容易使人员产生短期行为。小组成员的双重领导问题容易发生推诿扯皮现象，造成组织混乱。矩阵制适合于产品种类多、变化大，以研究、开发、创新为主的企业。

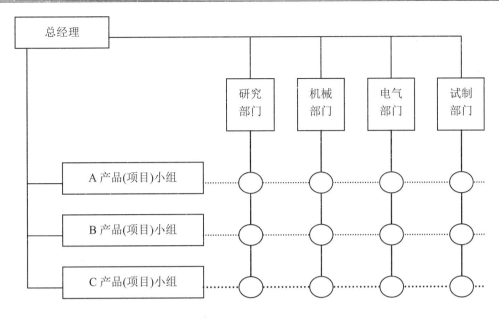

图 3-7 矩阵制组织结构

8. 多维制

多维制又称立体组织，是矩阵制的进一步发展。这种组织结构的形式由 3 个方面的管理系统组成：一是按产品划分的事业部，是产品利润中心；二是按职能划分的专业参谋机构，是专业成本中心；三是按地区划分的管理机构，是地区利润中心，如图 3-8 所示。

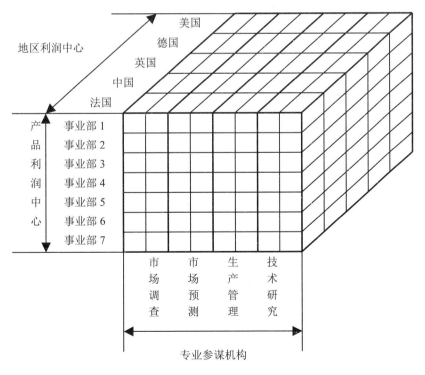

图 3-8 多维制组织结构

在矩阵组织结构的基础上再增加一些内容,就形成了多维立体组织结构。例如,在由产品和地区构成的矩阵组织结构的基础上,再增加按职能划分的管理机构,就构成了三维立体组织结构。通过多维的立体组织结构,可使几方面的机构协调一致,紧密配合,为实现组织的总目标服务。多维立体组织结构适用于多种产品开发、跨地区经营的跨国公司或跨地区公司,可以为这些企业在不同产品、不同地区增强市场竞争力提供组织保证。

第三节　组织创新与变革

一、组织创新与变革的类型与原因

组织创新与变革是指组织根据其外部环境的变化和内部情况的变动,及时地变革自己的内部要素及其组合方式,达到适应客观发展的要求。具体地说,组织内部要素及其组合方式的变革,可以是组织目标、组织结构、组织管理、组织文化等要素的变革。

1. 组织创新与变革的类型

从不同的角度研究组织创新与变革可以有很多种分类,比如按照变革的程度分为:渐进性变革和革命性变革;按照工作对象不同分为:以组织为重点的变革,以人为重点的变革和以技术为重点的变革;按照组织所处的环境状况不同分为:主动性变革和被动性变革。

本书按照组织创新与变革的不同侧重分为:战略性变革、结构性变革、流程主导性变革和以人为中心的变革,战略性变革:指组织根据其长期发展战略或使命所做的变革;结构性变革:组织需要根据环境的变化适时对组织的结构进行变革,并重新在组织中进行权力和责任的分配,使组织变得更为柔性灵活、易于合作;流程主导性变革:指组织紧密围绕其关键目标和核心能力,充分应用现代信息技术对业务流程进行重新构造;以人为中心的变革:指组织必须通过对员工的培训、教育等方法,使他们能够在观念、态度和行为方面与组织保持一致。

2. 组织创新与变革的原因

推动组织创新与变革的因素可以分为外部环境因素和内部环境因素两个部分。

1) 外部环境因素

(1) 宏观社会经济环境的变化。诸如政治、经济政策的调整、经济体制的改变以及市场需求的变化等,都会引起组织内部深层次的调整和变革。

(2) 科技进步的影响。知识经济的社会,科技的发展日新月异,新产品、新工艺、新技术、新方法层出不穷,对组织的固有运行机制构成了强有力的挑战。

(3) 资源变化的影响。组织发展所依赖的环境资源对组织具有重要的支持作用,如原材料、资金、能源、人力资源、专利使用权等。组织必须要能克服对环境资源的过度依赖,同时要及时根据资源的变化顺势变革组织。

(4) 竞争观念的改变。基于全球化的市场竞争将会越来越激烈,竞争的方式也将会多种多样,组织若要想适应未来竞争的要求,就必须在竞争观念上顺势调整,争得主动,才

能在竞争中立于不败之地。

2）　内部环境因素

(1)　组织机构适时调整的要求。组织机构的设置必须与组织的阶段性战略目标相一致，组织一旦需要根据环境的变化调整机构，新的组织职能必须得以充分的保障和体现。

(2)　保障信息畅通的要求。随着外部不确定性因素的增多，组织决策对信息的依赖性增强，为了提高决策的效率，必须通过变革保障信息沟通渠道的畅通。

(3)　克服组织低效率的要求。组织长期运行极可能会出现效率降低的现象，其原因既可能是由于机构重叠、权责不明，也有可能是人浮于事、目标分歧。组织只有及时变革才能进一步制止组织效率的下降。

(4)　快速决策的要求。组织常常会因决策的滞后或执行中的偏差而错失良机。为了提高决策效率，组织必须通过变革对决策过程中的各个环节进行梳理，以保证决策过程的完整和迅速。

(5)　提高组织整体管理水平的要求。组织整体管理水平的高低是竞争力的重要体现。组织在成长的每一个阶段都会出现新的发展矛盾，为了达到新的战略目标，组织必须在人员的素质、技术水平、价值观念、人际关系等各个方面都做出进一步的改善和提高。

二、组织创新与变革过程

1. 组织创新与变革的程序模式介绍

组织创新与变革是组织生存与发展的必然选择，但组织创新与变革要取得成功必须要有计划进行，按照科学的程序推进。很多学者对组织变革程序模式进行了研究。比较知名的组织创新与变革的程序模式如下所述。

1）　卢因的组织变革程序模式

最具影响力的组织变革模型是 1951 年美籍德国人卢因(Kurt Lewin)提出一个包含解冻、变革、再冻结三个步骤的有计划组织变革模型，用以解释和指导如何发动、管理和稳定组织变革过程。这个组织变革模型也叫做"力场"组织变革模型。勒温认为推动组织实施变革的动因在于"驱动力量"和"抵制力量"之间的互相作用力，这种力量随着环境的变化而此消彼长，互为胜负。而组织就是在这两种作用力之间寻求平衡，每一次从一种平衡达到另一种平衡，组织即发生激烈的变革。

(1)　解冻阶段。解冻阶段的主要任务是发现组织变革的阻力，采取措施克服变革阻力的同时具体描绘组织变革的蓝图，明确组织变革的目标和方向，以形成待实施的比较完善的组织变革方案。

(2)　变革阶段。变革阶段的主要任务就是按照所拟定变革方案的要求开展具体的组织变革运动或行动，以使组织从现有结构模式向目标模式转变。这一步骤中，应该注意为新的工作态度和行为树立榜样，采用角色模范、导师指导、专家演讲、群体培训等多种途径。卢因认为，变革是个认知的过程，它由获得新的概念和信息得以完成。因此，特别要注意沟通方式及协作方式。

(3) 再冻结阶段。现实中经常出现，组织变革行动发生之后，个人和组织都有一种退回到原有已习惯的行为方式中的倾向。为了避免出现这种情况，变革的管理者就必须采取措施保证新的行为方式和组织形态能够不断地得到强化和巩固。因此在再冻结阶段，必须利用必要的强化手段如制度、政策及流程的方法，使新的态度与行为固定下来，使组织变革处于稳定状态。如果缺乏这一冻结阶段，变革的成果就有可能退化消失，而且对组织及其成员也将只有短暂的影响。

2) 卡斯特的组织变革论

系统理论学派的代表人物卡斯特(E.Kast)将组织变革的程序划分为6个步骤。

(1) 对组织的反省和批评：对组织内外部条件环境进行深入分析。

(2) 觉察问题：认识到组织变革的必要性。

(3) 辨明问题：找出现存状态与所希望状态之间的差距。

(4) 探寻解决问题的方法：提出可供选择的多种方法，对它们进行评定，并研究如何实施以及成果的测定方式，最后做出选择。

(5) 实施变革：根据所选择的方法及行动方案，实施变革。

(6) 根据组织变革的效果，实行反馈，评定变革效果与计划有无差异，如有差异，则通过反复循环加以修正。

3) 吉普森的计划性模式

管理学家吉普森(J. L. Gibson)把组织变革看成是一个连续不断的过程，提出组织计划性发展和变革模式。该模式如图3-9所示。

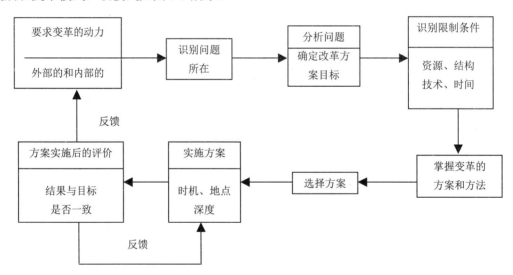

图 3-9   组织变革的程序

资料来源：杨善林，李兴国，何建民. 信息管理学[M]. 北京：高等教育出版社，2003.

吉普森(J.L Gibsun)提出的计划性模式，将组织变革分成9个步骤。

(1) 要求变革的压力：来自组织内部和外部两个方面。

(2) 对问题的察觉与识别：关键在于掌握组织内部的多种信息。

(3) 对问题的分析：包括需要纠正的问题、问题的根源、需要哪些变革、何时变革、变革的目标与衡量方法。

(4) 识别限制条件：即分析变革中的限制因素，包括领导作风、组织结构和成员特点等。

(5) 变革途径和方法的设计：主要考虑变革方法与变革目标的相互匹配问题。

(6) 选择方案：要把对现状不满的程度、对变革后可能达到目标的把握、实现的起步措施等与变革所花代价做比较。

(7) 实施方案：通常要考虑 3 个方面的问题，即实施的时机、发动的地点、变革的深度。

(8) 评价变革的效果。

(9) 反馈：即反馈评价结果，使管理人员了解是否达到预期的目标。

2. 组织创新与变革的基本过程

综合上述模式的特点，组织创新与变革的基本过程可分为以下 8 个步骤。

1) 确定变革的问题

组织必须结合自身的实际情况来确定是否需要变革以及所要变革的内容。当一个组织出现以下几种情况时，表明需要进行变革。

(1) 组织决策效率低或经常作出错误的决策。

(2) 组织内部沟通渠道阻塞，信息传递不灵或失真。

(3) 组织机能失效，如生产任务不能按时完成，产品质量下降，成本过高等。

(4) 组织缺乏创新，没有活力。这些现象表明，组织的现状已不尽如人意，如不进行及时地变革，组织的发展将受到严重的影响。因此，组织有必要对出现的问题进行认真地分析，找出引发问题的主要原因，以确定变革的方向。

2) 组织诊断

为了准确地掌握组织需要变革的方面，要对组织进行诊断。组织诊断首先要采取行之有效的方式将组织现状调查清楚，然后对所掌握的材料进行科学分析，找出期望与现状的差距，以便进一步确定需要解决的问题和所要达到的目标。

3) 提出方案

一般来说变革方案要有多个，以便进行选择。在各备选方案中必须明确问题的性质和特点，解决问题需要的条件，变革的途径，方案实施后可能造成的后果等内容。

4) 选择方案

这项工作就是在提出的方案中，通过对比分析选出一个较优的方案。对于选出的方案，既要考虑到它的针对性、可行性，也要考虑到方案实施后能带来的综合效益。

5) 制定计划

在选定方案的基础上，必须制定出一个较为具体、全面实施的计划，包括时间安排、人员的培训、人员的调动、物力和财力的筹备等内容。

6) 实施计划

在实施变革计划时,既要注意选择发起变革的适当时机,又要恰当地选择变革的范围,以便取得较好的效果。

7) 评价效果

评价效果就是检查计划实施后是否达到了变革的目的,是否解决了组织中存在的问题,是否提高了组织的效能。

8) 反馈

反馈是组织变革过程中关键的一环,也是一项经常性的工作。当反馈的信息所揭示的问题较为严重时,需要根据上述步骤再循环一次,直到取得满意的结果为止。

三、组织创新与变革的阻力及其管理

随着社会和经济发展步伐的加快,组织中的变革会经常发生。然而变革往往不会一帆风顺,变革过程中会遇到各种各样的阻力和障碍,如果处理不好会影响组织变革的成功实施。

1. 组织创新与变革的阻力

组织创新与变革时所遇到的阻力,可以来自个人因素和组织因素两个方面。

1) 个人因素

(1) 变革导致个人对未来产生不安全感和恐惧感。组织创新与变革本身充满不确定性。人们一旦处在不确定的环境中,会对未来产生不安全感和恐惧感,进而产生抵制变革的情绪与行为。

(2) 变革威胁到个人既得的利益。在变革中,一部分管理者员工的地位会降低、收入或其他个人利益也会发生变化,这部分员工可能会抵制变革。类似情形尤其在企业合并中更为常见。

(3) 变革与个人的习惯、价值观发生冲突时,也会引起员工对组织变革的抵制。个人的习惯、价值观是长期积累、相对稳定的心理结构,改变起来相对困难。一旦组织变革冲击到个人习惯和价值观时,抵制变革的阻力便会随之产生。此种冲突通常在不同企业文化的公司合并过程中尤其常见。

(4) 对变革的目的、意义了解不足。部分企业的管理层往往认为,变革是管理者的事,只要管理层清楚变革的目的、意义,将任务分配给下属去完成便足矣。其实,员工如果不清楚变革的目的与意义,他们会很快失去参与变革的热情。如果是企业中的部分高层管理者都不清楚变革的意义所在,情况就会更糟。

(5) 能力或资源不足。变革往往伴随着新业务流程、新技术、新工作方法的导入。因此会对员工个人现有技术能力提出挑战。当员工能力不足以完成工作任务时,阻力便随之产生。在变革过程中,企业有时会忽略给员工提供足够的资源支持,造成"既要马儿跑,又要马儿不吃草"的情况。

此外,员工思维、性格也会对组织创新与变革形成阻力。

2) 组织因素

(1) 组织结构变动的影响。组织结构变革可能会打破过去固有的管理层级和职能机构，并采取新的措施对责、权、利重新做出调整和安排，这就必然要触及组织中的某些利益群体。如果变革与这些群体的目标不一致，群体就会采取抵制和不合作的态度，以维持原状。

(2) 人际关系调整的影响。组织创新与变革意味着组织固有的关系结构的改变，组织成员之间的关系也需要随之调整。非正式群体的存在使得这种新旧关系的调整需要有一个较长过程。新的关系结构未被确立之前，组织成员之间很难磨合一致，经常发生利益冲突，或对变革的目标和结果产生怀疑和动摇，甚至抵触情绪。

2. 减少组织创新与变革阻力的措施

1) 加强人力资源管理工作

人力资源管理部门在组织变革中起着重要的作用。员工的个性与其对待变革的态度有着密切的关系，因此，企业在招聘的过程中，就应该注意招聘一些有较强适应能力，敢于接受挑战的员工。其次在组织变革的过程中，要加强对员工的培训，提高员工的知识水平和技能水平，使得企业的人力资源素质和企业变革同步推进。再次，在企业的日常经营过程中，企业应该树立一种团队精神的文化，培养员工对组织的归属感形成一种愿意与企业同甘共苦的企业文化。

2) 加强与员工的沟通，让员工明白变革的意义

在变革实施之前，企业决策者应该营造一种危机感，让员工认识到变革的紧迫，让他们了解变革对组织，对自己的好处，并适时地提供有关变革的信息，澄清变革的各种谣言，为变革营造良好的氛围。在变革的实施过程中，要让员工理解变革的实施方案，并且尽可能地听取员工的意见和建议，让员工参与到变革中来。与此同时，企业还应该时刻地关注员工的心理变化，及时与员工交流，在适当的时候可以作出某种承诺，以消除员工的心理顾虑。

3) 适当地运用激励手段

在组织创新与变革的过程中适当运用激励手段，将达到意想不到的效果。一方面，企业可以在变革实施的过程中，提高员工的工资和福利待遇，使员工感受到变革的好处和希望。另一方面，企业可以对一些员工予以重用，以稳住关键员工，消除他们的顾虑，使他们安心地为企业工作。

4) 引入变革代言人

变革代言人即通常所谓的咨询顾问。在变革的过程中，一些员工认为变革的动机带有主观性质，认为变革是为了当局者能更好地谋取私利。还有一些员工对变革发动者的能力有所怀疑。而引入变革代言人就能很好地解决上述问题。一方面，咨询顾问通常都是由一些外部专家所组成，他们的知识和能力不容置疑。另一方面，由于变革代言人来自第三方，通常能较为客观的认识企业所面临的问题，较为正确地找到解决的办法。

5) 运用力场分析法

力场分析法是卢因于 1951 年提出来的，他认为：变革是相反方向作用的各种力量一种

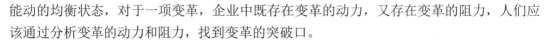

能动的均衡状态，对于一项变革，企业中既存在变革的动力，又存在变革的阻力，人们应该通过分析变革的动力和阻力，找到变革的突破口。

6) 培植企业的精神领袖

在组织创新与变革的过程中，如果企业有一位强力型的领导者，相对而言，变革的阻力就会很小。由于企业的精神领袖通常具有卓越的人格魅力和非常优秀的工作业绩。因此，由他们发动变革，变革的阻力就会很小。客观而论，在企业中培植精神领袖并不一定是一件好事，但是在组织变革的过程中确实能起到立竿见影的效果。

7) 注意组织变革的循序渐进

对于任何组织而言，变革失败风险都是很大的，因此组织创新与变革应注意循序渐进的原则，急于求成，激进的做法往往不会取得好的效果。首先应选好变革的突破口，然后由点及面，逐步推进，这样可以及时发现问题，纠正偏差，降低变革失败的风险。

四、企业组织的未来发展趋势

人类社会正在逐步告别农业经济和工业经济社会，知识经济的浪潮正在冲击着人类社会的方方面面，包括人们的思维模式、工作方式和生活方式。企业的组织结构也同样面临着知识经济的严峻挑战。随着社会的发展和时代的变迁，传统的组织结构已经不能适应当今变化迅捷的经营环境，组织变革已成为大势所趋。综观国内外企业组织结构已经或即将发生的变化，其变革的主要趋势可概括为：扁平化；柔性化；网络化；虚拟化；临时性非正式化。

1. 扁平化

传统的层级制组织结构模式是按照亚当·斯密的劳动分工理论将全部经营活动和生产过程分解为若干经营阶段和若干道工序的管理思想建立起来的。层次越多，信息传递链就越长，组织面对激烈市场竞争的应变能力就越弱。因此，减少管理层次、扩大管理幅度、使组织结构扁平化是当今企业组织结构变革的一大趋势。

现代信息通信技术的巨大进步，能够在极短时间内以最低廉的费用和最准确的结果去处理和传递大量繁杂的、不受限制的各种各样的信息，使得原有在组织结构中从事信息处理和传递的中间层控制部门和人员的工作量大为减少，成为被裁减的首要对象。此外，网络技术的日益完善，能够将整个企业内部的各个部门、各个岗位的工作信息通过网络联结起来，使基层员工通过网络系统能够获得企业内与自身业务有关的任何信息，高层管理者也不必通过中间环节即可直接与基层员工进行沟通。

对"人性"的重新重视也促使组织结构趋于扁平化。层级制组织模式中管理者与基层员工之间的关系是"命令—支配型"，基层员工缺少创新精神和积极性。扁平化的组织缩短了管理者与员工的距离，有利于充分地发挥人的积极性、主动性和创造性。现代企业的经营体系是以顾客满意为宗旨的，不仅中高层主管，而且越来越多的基层员工也会直接面向顾客，了解顾客需求。只有给基层员工以充分的权力，才能提高企业的市场应变能力。因而现代企业通过对员工充分授权，可激发员工工作动力，培养员工自主工作与协调能力，管理者不再充当发号施令的角色，而是与基层管理者及基层员工之间建立起一种新型的服务关系。面向基层决策权的下放削弱了中层管理者的权力，使组织结构在外形上更加扁平化。

2. 柔性化

传统层级制组织模式中权力过度集中于中高层管理者手中，基层管理者及员工几乎没有任何自主决策权，这种刚性化的权力关系越来越不能适应外部环境的变化。这是因为：一是顾客需求呈现出日益多样化的特点，使得当今一大批企业由以追求规模经济为目的的一元化经营转变为向纵深和横向发展的、以追求范围经济或全球化经济为目的的多元化经营，企业生产方式也相应由依靠单一品种的大批量生产转变为以多品种中、小批量和按订单组织生产为主的柔性化生产方式；作为服从战略转变的企业组织结构，其职权关系也不得不加以重新审视和调整才能适应上述经营思想和生产方式的变化。二是当今企业基层员工直接面向顾客的机会越来越多，为使他们充分了解和把握市场动态，授予基层员工合理的决策自主权是非常必要的。因此，建立能适应内外部环境变化的柔性化组织结构是现代企业组织结构调整的又一基本方向。

组织结构柔性化的目的是提高组织适应内外部环境变化的应变能力，主要体现为集权化和分权化的合理统一，即在进行分权化的同时，要实行必要的权力集中；在实行集权化的同时，要给予最灵活的和最大限度的分权。通过权限结构的调整，适当下放中高层管理人员的权力，充分授予基层员工应付突发性事件的自主权力，以提高决策的实效性和灵活性。

3. 网络化

随着企业作为配置社会资源和提供精神和物质产品服务能力的提升，客观上要求企业在整体目标下加强内部的沟通和协调，通过更好地提供满足市场需求的产品和服务来奠定企业生存发展的基础。技术的发展，尤其是信息技术的发展给企业沟通提供了更加可靠、便捷、高速、低成本的沟通手段。借助信息技术，跨国公司可以组织企业全球运作，企业总裁可以方便地与企业员工进行沟通，团队成员可以跨越时空地进行交流和合作，进行产品开发、市场调研或项目管理。技术进步促进企业组织结构向有利于组织内部网络化的方向变革[①]。

此外，在企业有效利用内部资源的基础上，为了更好地整合外部资源，组织要采取资源外取的办法，加强与供应商、客户、合作伙伴乃至竞争对手的合作，促进并拓展与之有业务关系的组织主体间的网络化。虚拟组织的兴起、战略联盟以及供应链一体化的研究和实践都推动了组织间网络化的进程[②]。通过组织间的网络化，可以使企业降低成本，获得竞争优势。企业间网络组织为企业开展竞合思想指导下的企业的双赢和多赢战略提供了组织

① 李维安等. 网络组织——组织发展新趋势[M]. 北京：经济科学出版社，2003：74.

② 李维安等. 网络组织——组织发展新趋势[M]. 北京：经济科学出版社，2003：75.

保障。

4. 虚拟化

传统组织结构的设计总是力求职能部门的"全面化",企业也总是力求"大而全,小而全"的模式。无论是直线职能制还是事业部制或矩阵制组织结构,无论企业规模大小,也无论企业在某项功能上的优势如何,企业内的各种具体执行功能,诸如研究、开发、设计、生产、销售等都是以实体性功能组织而存在的。这些实体性功能组织作为企业大系统中的相对独立的单元,往往难以对市场变化作出快速而有效的反应。

当今企业要想具备竞争力,必须要有快速而强大的研发能力;有随市场变化而变化的生产和制造能力;有广泛而完善的销售网络;有庞大的资金力量;有能够生产出满足顾客需求的质量保证能力和管理能力等。只有集上述各种功能优势于一体的企业才具有强大的市场竞争能力。事实上,大多数企业是某一项或少数几项比较突出,而其他功能则并不具备竞争优势,甚至处于劣势。为此,企业在有限资源条件下,为了取得最大竞争优势,可仅保留企业中最关键、最具竞争优势的功能,而将其他功能虚拟化。虚拟化了的功能可通过借助各种外力进行弥补,并迅速实现资源重组、以便在竞争中最有效地对市场变化作出快速反应。

虚拟化组织结构实质上指企业在组织上突破了有形的界限。虽有研发、设计、制造、销售、财务等功能,但企业内部却没有执行这些功能的实体性功能组织。企业可以以各种方式借用外力,去实现上述虚拟功能,实现内部资源优势与外部资源优势的整合,以避免由于某一功能弱化或缺失而影响企业的发展。虚拟化组织结构依靠某项产品或项目为纽带,以合同形式联结而成,可以是长期的,也可以是短期的。一旦项目完成或利益不再,虚拟化组织即告解体。随着市场的变化,又可组织新的虚拟组织,以求对市场变化以最低的成本作出最灵敏的反应,还可减少因投资失误而造成的不可逆转的损失。

5. 临时性非正式化

随着互联网的广泛应用和信息技术的进一步发展、组织中的员工无须在固定的时间、固定的场所去完成固定的工作,也无须面对面去进行工作协商和工作汇报,只要能在上属规定的期限内完成规定的任务即可。上属对执行者任务进度和完成结果的监控完全可通过企业内部的互联网络进行。这种工作方式的变化使得组织结构呈现出日益非正式化趋势。

组织为了实现有效的分权,面向作业小组或项目团队的授权方式越来越得到众多企业管理者的赏识。在传统组织中,企业是按照研究、开发、生产制造、销售的顺序进行经营并进行职能部门授权的,极不利于部门间的横向协调。而面向作业小组或项目团队的授权方式则属于同步经营方式,不仅可以取代传统的职能部门,还可以在团队内部建立一种新型的协作关系。其运作方式是根据产品或项目需要,设立一个或多个作业小组或项目团队,小组或团队内的所有成员均由不同专业的或原来不同部门的专家所组成,完成产品或项目所需的全部或大多数工作任务,任务完成后作业小组或团队即告解散。因任务随市场需求而变动,因此团队成员之间没有长期的、稳定的协作关系。他们之间的结合是短期的、可变的,结合方式也由层级制组织结构模式中的紧密型转向松散型。为了完成共同的任务,

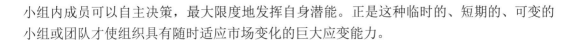

小组内成员可以自主决策，最大限度地发挥自身潜能。正是这种临时的、短期的、可变的小组或团队才使组织具有随时适应市场变化的巨大应变能力。

本章思考题

1. 怎样进行组织设计？
2. 举例说明组织设计的基本原则在现实中的应用。
3. 企业组织结构的几种主要形式各有何优缺点，适用于什么样的企业？
4. 为什么要进行组织变革？如何进行组织变革？
5. 哪些原因使企业组织的未来发展呈现出扁平化、柔性化、网络化等趋势？

第四章

企业战略管理

本章导读：

21世纪以来，科学技术迅猛发展，人类进入了知识经济时代，知识化、网络化和全球化成为经济发展的基本趋势。企业不得不面对竞争全球化、市场波动加速、竞争日趋激烈、更加复杂动荡的内外部环境和强大的竞争对手。在前所未有的严峻挑战面前，企业求生存、谋发展的唯一出路就是全面实行战略管理。战略管理是现代企业家领导企业获得成功不可或缺的强大武器。企业战略在企业的发展中起什么样的作用？如何制定企业的发展战略？企业的基本发展战略有哪些？本章将介绍企业战略的基本概念和特征，制定战略的步骤和战略分析的方法，企业的基本发展战略以及行业生命周期不同阶段的企业战略选择。

学习目标：

理解战略的内涵与特征，掌握战略制定过程和战略分析的一般方法，认识几种基本战略的特征和优劣，把握行业生命周期不同阶段的企业战略选择的重点。

关键词：

战略管理(strategic management)　战略分析(strategy analysis)　竞争战略(competitive strategy)　核心能力(core competencies)

第一节　企业战略管理概述

一、战略与企业战略的概念

1. 战略

"战略"一词来源于希腊语strategos，其含义是"将军"。它的本义是指基于对战争全局的分析而作出的谋划。战略对于战争的意义在于它可以帮助决策者掌握战争全局的动态，运筹于帷幄之中，决胜于千里之外。能使自己在战争中处于主动，充分利用天时、地利、人和的条件，赢得战争的胜利。军事战争史中已经雄辩地证明了战争的胜负首先取决于战略的正确与否。

2. 企业战略

"战略"一词运用于企业经营管理，是指一个企业为了实现它的长远目标和重要使命

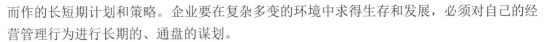

而作的长短期计划和策略。企业要在复杂多变的环境中求得生存和发展，必须对自己的经营管理行为进行长期的、通盘的谋划。

在西方国家，从20世纪50年代起，就有了对企业战略的研究。直到20世纪60年代，美国安索夫的《企业战略论》一书出版后，企业战略才作为一个科学性的概念，开始在企业管理学中使用。西方学者对战略管理的描述主要以安索夫、安得鲁斯和明茨伯格为代表。

1)　安索夫的观点

安索夫指出，企业在制定战略时，有必要首先确定自己的经营性质。不论是以产品系列的性质还是按照构成产品系列的技术来确定企业的经营，企业目前的产品和市场与企业未来的产品和市场之间一定存在着一种内在的联系，安索夫将这种内在的联系称为"共同的经营主线"，通过分析这种共同的经营主线可以把握企业运行的方向，寻找企业发展的新天地。企业如果将其经营性质定义得过宽，则会失去共同的经营主线，也就无法制定企业战略；反之，企业如果将其经营性质定义得过窄，则会由于应变能力不足，而在复杂多变的环境中难以生存。总之，经济发展的现实对企业家和管理学家提出了客观要求，即企业的战略必须一方面能够指导企业的生产经营活动，另一方面能够为企业的发展提供足够的空间。

2)　安得鲁斯的观点

安得鲁斯是美国哈佛大学商学院的教授。他认为企业总体战略是一个决策模式，决定和揭示企业的目的和目标，提出实现目的的重大方针与计划，确定企业应该从事的经营业务，明确企业的经济类型与人文企业类型，决定企业应当对员工、顾客和社会做出的经济的与非经济的贡献。安得鲁斯的观点指出了企业总体战略要解决的主要问题——企业长远发展的使命与现实使命的有机结合，使企业能够形成自己特殊的战略属性和竞争优势，将不确定的环境因素与企业的经营活动很好地结合起来，以便能够集中企业的各种资源形成企业产品和市场的"生长圈"，并且能够在较长的时期内相对稳定地执行企业的战略。

3)　明茨伯格的观点

明茨伯格是加拿大麦吉尔大学的管理学教授，他认为，在企业经营活动中经营者可以在不同的场合下以不同的方式给企业总体战略赋予不同的定义。他借鉴市场营销学中4要素(4P)的提法，即产品(product)、价格(price)、分销(place)和促销(promotion)，提出了战略是由5种规范的定义阐明的，即计划(plan)、计策(ploy)、模式(patten)、定位(position)和观念(perspective)，即"5P"。

(1)　战略是一种计划。作为计划的战略有两种含义：一方面，战略是有意识地开发出来的，是设计出来的、明确的，一般情况下还应该是公开的；另一方面，战略是行动前制定的，供决策者在行动中使用的。

(2)　战略是一种计策。作为计策的战略是指在特定的环境下，企业把战略作为威胁和战胜竞争对手的一种手段，一种战略优势。作为计策的战略就是要在行动前充分考虑对手可能的改革，在行动中采取先发制人的战略行动。

(3)　战略是一种模式。作为模式的战略是指战略不仅可以是行动前制定的，即是由人们有意识地设计出来的，而且可以是人们行为的结果。明茨伯格提出战略是一种模式的定义用于说明战略可以体现为从战略的提出直到战略的完成为止的一系列行为。这一观点强调战略是一种动态的过程。

(4) 战略是一种定位。作为定位的战略是指战略应当确定企业在环境中的位置，由此确定企业在产品与市场、社会责任与自身利益、内部条件与外部环境中的一系列经营活动和行为，通过正确配置企业资源，形成企业特殊的竞争优势。

(5) 战略是一种观念。作为观念的战略是指战略应当体现企业中人们对客观世界固有的认识方式，是人们思维的产物。战略之所以能够成为企业制胜的法宝，就是因为战略体现了决策者对企业改革与发展中的一种与众不同的观念，有了这种能够使企业员工共享的观念，战略才可能得到准确的执行，才能获得成功。

结合理论与实际，可以把企业战略定义为：企业战略是企业面对激烈变化和竞争的情况下，根据企业内外环境及可获取的资源情况，为求得企业的生存和长期稳定发展，对企业的发展目标、达成目标的途径和手段而进行的总体性谋划。经营战略是企业经营思想的集中体现，是一系列战略决策的结果，同时又是制定企业规划和计划的基础。

二、企业战略的特征

根据上述定义可以看出，企业经营战略具有以下特征。

1. 全局性

企业战略是在研究与把握企业生存与发展的全局性指导规律的基础上，对企业的总体发展及其相应的目标与对策进行谋划，这属于企业总体战略；或者在照顾各个方面的全局观点的指导下，对企业的某个方面的发展及其相应的目标与对策进行谋划，这相当于企业的分战略。现代企业家应该善于审时度势，胸怀全局，深谋远虑，运筹帷幄之中，决胜千里之外。

2. 长远性

企业战略是企业谋取长远发展要求的反映，是关系企业今后一个较长时期的奋斗目标和前进方向的通盘筹划，注重的是企业长远的根本利益，而不是暂时的眼前利益。鼠目寸光，急功近利，短期行为，都是与企业战略的要求相违背的。

3. 竞争性

企业战略是企业适应在市场经济环境下的日益激烈地竞争中求得生存与发展而制订的。进入 21 世纪以来，市场竞争国际化，优胜劣汰，"战略制胜"成为关键。企业必须使自己的经营战略具有竞争性的特征，才能迎接来自环境和竞争对手的各种挑战。只要战略正确，就能取得优势地位，战胜对手，企业才能不断地兴旺发达；如果战略错误，则会使企业在竞争中失利。

4. 相对稳定性

企业战略一经制订，必须保持相对的稳定性，不能朝令夕改。这就要求企业在制订战略时，必须准确把握外部环境和内部条件，正确决策。稳定性要与应变性相结合，当到企业的外部环境和内部条件发生变化时，企业战略也要适时进行变化与调整。

三、企业战略系统的构成

企业战略包括企业目标及实现目标的途径和方式两个方面，因此，企业战略系统由两个子系统构成，分别是企业战略目标体系与企业战略体系。企业战略目标体系为企业规定了系统化、层次化、多维度的战略目标，而企业战略体系制定了企业各层级的战略措施。

1. 企业战略目标体系

企业战略目标体系由使命、愿景和目标三个层次构成，如图 4-1 所示。

图 4-1 企业战略目标体系的构成

在企业战略目标体系的三个层次中，使命是企业最根本、最长远的战略目标；愿景是使命的形象化、具体化；而目标又是对愿景在不同维度上的分解，使之具体化和可操作。这三个层次的战略目标由上到下逐级指导，由下到上逐级支持，共同构成了一个完整的企业战略目标体系。

2. 企业战略体系

企业战略体系是企业各层级的战略措施，是实现企业使命、愿景与战略目标的途径和方式。企业战略体系由三个层次构成，即总体战略、竞争战略和职能战略，如图 4-2 所示。

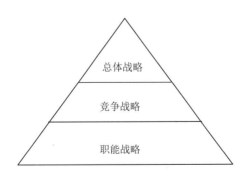

图 4-2 企业战略体系的构成

1) 企业总体战略

总体战略又称公司战略，是企业最高管理层制定的企业战略总纲，是企业最高层次的战略措施，决定企业的发展态势。企业总体战略决定和揭示企业的目的和目标，确定企业重大的方针与计划、企业经营业务类型以及企业对员工、顾客和社会作出的贡献。

2) 企业竞争战略

企业竞争战略又称业务战略、经营单位战略、事业部战略等。企业竞争战略能够解决企业如何选择所经营的行业和如何选择企业在一个行业中的竞争地位等问题，包括行业吸引力和企业的竞争地位。行业吸引力指行业中企业长期平均赢利能力和决定长期平均赢利能力的各种因素所决定的各个行业对企业的吸引能力，一个企业所处行业内的平均赢利能力是决定这个企业赢利能力的一个重要因素。同时，在一个行业中，不管长期平均赢利能力怎样，总是有一些企业因其有利的竞争地位而获得比行业平均利润更高的获利，这就是企业的竞争地位。通过竞争战略的选择，企业可以在相当程度上增强或削弱一个行业的吸引力；同时，企业也可以通过对其竞争战略的选择显著地改善或减弱自己在行业内的地位。

3) 企业职能战略

企业职能战略是为实现企业总体战略和竞争战略而对企业内部各项关键的职能活动作出的统筹安排。企业的总体战略和竞争战略分层次地表明了企业的产品、市场、竞争优势和基本目标，规定了企业的核心任务和总的方向。企业要实现这样的战略设想，必须通过有效的职能活动来运用资源，使企业的人力、物力和财力与其生产经营活动的各个环节密切结合，与企业的总体战略和竞争战略协调一致。企业的职能战略包括财务战略、人力资源战略、组织战略、研究与开发战略、生产战略等。

四、企业战略管理的基本内容与步骤

1. 企业战略管理的定义

企业战略管理是指通过对企业战略的分析与制定、评价与选择以及实施与控制，使企业能够达到其战略目标的动态管理过程[①]。

由上述定义可以看出企业战略管理的要点有以下三个。

(1) 企业战略管理是企业战略的分析与制订、选择与评价、实施与控制，三者形成一个完整的、相互联系的管理过程，如图4-3[②]所示。企业战略管理过程一般来讲是串联的，即企业战略往往是先分析制订，再评价选择，最后实施控制，但有时也不一定都是串联的。有时正在进行战略分析时战略尚未制订出来，但某些战略意见企业已经开始实施了。因此，在图4-3中把这3个要点用箭头全部连接在一起。

(2) 企业战略管理是把企业战略作为一个不可分割的整体来加以管理的，其目的是提高企业整体优化的水平，如何使企业战略管理各个部分有机整合以产生集成效应是战略管理的主要目的。所谓集成效应，简单地说是对各战略要素的优化汇集和配置。各战略要素不是一般的结合在一起，这并不能称为"集成"，只有当各要素经过主动的优化，选择搭配，

---

① 刘冀生. 企业战略管理[M]. 2版. 北京：清华大学出版社，2003：8～10.

② 刘冀生. 企业战略管理[M]. 2版. 北京：清华大学出版社，2003：8～10.

相互之间以最合理的结构形式结合在一起,形成一个由各战略要素组成的、相互优势互补、匹配的有机体,这样的过程才称为"集成",所以,集成效应是主动寻优过程,是整体优化的过程。

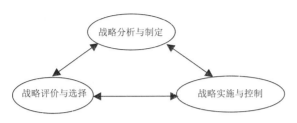

图 4-3　企业战略管理图

3) 企业战略管理关心的是企业长期稳定和高速度发展,它是一个不断循环往复、不断完善、不断创新的过程,是螺旋式上升的过程。一次战略管理过程完成之后,并不是战略管理过程的结束,而是新一轮战略管理过程的开始。每经过一次循环,就应当使企业战略管理水平提高一步。

2. 企业战略管理的步骤

企业战略管理的步骤如图 4-4[①]所示。

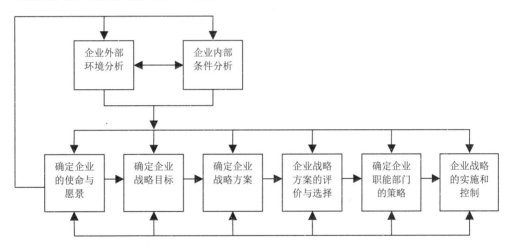

图 4-4　企业战略管理步骤

1) 企业外部环境分析

分析和预测宏观环境因素的变化,可以使企业战略管理者获得分析行业和企业的背景知识,宏观环境分析的目的是要确定影响行业和企业的关键因素,预测这些关键因素未来的变化以及这些变化对企业影响的程度和性质、机遇与威胁。此外还分析行业竞争结构的五种因素的变化,分析竞争对手实力、战略和行为模式,在此基础上确认企业所面临的直接竞争机会与威胁。

---

① 刘冀生. 企业战略管理[M]. 2 版. 北京:清华大学出版社,2003:8～10.

2) 企业内部条件分析

主要分析企业内部在进货后勤、生产作业、发货后勤、营销及售后服务等物质流基本活动中存在的优势及劣势。同时还要分析采购、技术开发、人力资源管理及企业基础职能管理等辅助活动对价值链的支持活动，综合价值链的基本活动及辅助活动的分析，确认企业企业内部管理中存在的优势和劣势。

3) 确定企业的使命与愿景

企业使命与愿景是对企业存在意义及未来发展远景的陈述，除表明企业长期存在的合法性及合理性外，还要与所有者和企业主要利益相关者的价值观或期望相一致，它应对企业员工有很强感召力，并能得到社会公众认可；它应用简单、精练的语言来表达。

4) 确定企业战略目标

企业战略目标通常是与企业使命与愿景相一致的、对企业发展方向的具体陈述。企业战略具体目标是要尽量数量化的指标，如某企业集团到 2015 年营业收入要达到 500 亿人民币，这就是一个战略目标。企业数量化指标便于分解落实，便于检查，便于动员员工为实现目标而努力奋斗。

5) 企业战略方案的评价与选择

企业高层领导在作战略决策时，应要求战略制订人员尽可能多地列出可供选择的方案，不要只考虑那些比较明显的方案。在战略选择过程中形成多种战略方案是战略评价与选择的前提。高层管理人员要对每个战略方案按一定标准逐一进行分析研究，以决定哪一种方案最有助于实现战略目标。

6) 确定企业职能部门策略

根据前述确定的企业战略，进一步具体化做出企业的组织机构策略、市场营销策略、人力资源开发与管理策略、财务管理策略等各职能部门策略，这样才能使企业总战略真正落实。要求各职能部门策略与企业战略保持一致。

7) 企业战略的实施与控制

企业战略实施要遵循 3 个原则，即适度合理性的原则、统一领导与统一指挥的原则、权变的原则。为贯彻实施战略要建立起贯彻实施战略的组织机构，配置资源，建立内部支持系统，发挥好领导作用，使组织机构、企业文化均能与企业战略相匹配，处理好企业内部各方面的关系，动员全体员工投入到战略实施中来，以保证战略目标的实现。

第二节　战略分析方法

一、企业外部环境分析

企业与其外部客观的经营条件、经济组织及其他外部经营因素之间处于一个相互作用、相互联系、不断变化的动态过程之中。这些影响企业的成败，但又在企业外部而非企业所能全部控制的外部因素就形成了企业的外部环境。对这些外部环境分析的目的就是找出外部环境为企业所提供的可以利用的发展机会以及外部环境对企业发展所构成的威胁，以此作为制定战略目标和战略的出发点、依据和限制的条件。

1. 企业外部环境的分类

企业环境是一个多主体的、多层次的、发展变化的多维结构系统，由于研究环境的目的、任务、要求各不相同，因此对环境的划分方法也各不相同。以时间为坐标，可以分为过去环境、当前环境与未来环境；以空间为坐标，可以分为微观环境、中观环境、宏观环境；以企业与环境的关系来划分，可分为直接环境与间接环境；以企业与环境的性质来划分，可分为战略环境与策略环境；等等。本书按微观、中观、宏观环境来划分进行分析。

2. 企业微观环境分析

企业的微观环境是指与企业产、供、销、人、财、物、信息、时间等直接发生关系的客观环境，这是决定企业生存和发展的基本环境。主要是指企业与顾客、竞争对手、同盟者以及与能源、资金、原材料、劳动力、技术等资源的供应者、运输部门、中间商与批发商、商业企业、业务主管部门、税务财政部门以及企业所在社区等有关机构之间的关系，其中最主要的是与顾客、供应者、竞争者及同盟者的关系。

1) 顾客分析

顾客是企业产品和劳务的购买者，包括企业产品或劳务的用户和中间经销商。企业为了制订战略，应充分了解顾客需求的内容、趋势及特点，顾客的规模结构、消费心理、习俗及层次等，同时也应用产品、价格、销售渠道及促销手段等营销组合去满足顾客的需要，达到企业经营的目的。此外，了解顾客还可以在顾客那里得到创新的源泉。

2) 供应者分析

企业的供应者包括企业维持正常生产经营活动的各种要素(人、财、物、信息、技术等)的来源单位，它们的基本要求是与企业建立稳定、合理的交易关系，并能取得一定的利润。企业与供应者关系的性质基本上和企业与顾客关系的性质相同，只不过双方的地位发生了交换，企业变成了供应者的顾客，因此，企业与供应者关系中同样存在着服务与被服务、购买与销售、选择与被选择、争夺与被争夺的关系。

3) 竞争对手分析

竞争者是指与本企业争夺销售市场和资源的对手。从争夺市场来看，竞争者是那些生产相同或相似功能产品的企业(包括生产代用品的企业)；从争夺资源来看，竞争者除生产相同或相似功能产品的企业外，还包括其他使用相同资源的需用者；从企业经营的角度来看，竞争对手可分为直接竞争对手和间接竞争对手，现实的竞争对手和潜在的竞争对手。企业应了解和研究竞争对手的长处和短处，了解其经营思想、经营战略、经营计划、经营特点及作风等，要了解产业内主要竞争者的情况、他们的经营战略和策略、了解主要竞争者有哪些相对优势、本企业在竞争中的地位、本企业有哪些相对优势和发展机会，从而为本企业战略的制订提供环境依据。

4) 同盟者分析

在企业经营中，对同盟者的分析是十分重要的。从企业经营角度来看，可将同盟者分为基本同盟者(全面合作)与临时同盟者(某时、某事、某方面的合作);直接与间接同盟者;现实的与潜在的同盟者;长期的与短期的同盟者等。同盟者与本企业应具有利害共同性或优劣势及利益的互补性。同时也应注意,随着内外环境的变化,企业与同盟者的关系具有可变性及复杂性,即同盟者有可能变成竞争对手,而竞争对手也有可能变为同盟者,本企业的合作者也可能同时又是竞争对手的合作者。

5) 其他微观环境因素分析

企业还应对运输部门、外贸部分、业务主管部门、财政税务等部门的联系进行认真分析,对企业所在社区机构,如派出所、粮店、学校、托儿所、卫生部门、计划生育等部门的关系也应处理好,否则这些部门都会给企业正常生产经营活动带来直接不利的影响。

3. 企业中观环境分析

企业的中观环境是指联系宏观环境与微观环境的媒介,它包括两个方面,即:企业所在行业的环境分析及企业所在地理位置环境分析。

1) 行业环境分析

行业是指按企业生产的产品(劳务)性质、特点以及它们在国民经济中的不同作用而形成的工业类别。任何一个工业部门,首先是许多同类企业的总和,这里所说的同类企业,通常以下列一个或几个标志作为依据,一是产品的主要经济用途相同,例如建筑材料工业、食品工业等部门;二是使用的重要原材料相同,例如橡胶工业、金属加工工业等部门;三是工艺过程相同,例如冶金工业、纺织工业等部门。分析一个行业内的竞争情况,通常采用波特(M.E.Porter)提出的行业竞争结构分析方法,后面将详细介绍。

2) 地理环境分析

对某些行业来讲,企业坐落的地区是至关重要的,是坐落在农村还是在城市中,对企业经营关系极大。企业的地理环境影响到企业原材料及产成品的运输、产品销售收入、劳动力素质、企业的社会负担,生产的组织、信息的收集、传递加工及处理,资源的供应、科研开发能力等一系列问题。因此,应当分析企业所在地区的经济结构、资源条件、人口分布、交通运输、通信条件、文化教育、土地草原、河流及生物等社会经济条件及自然条件环境,以明确企业所能利用的环境优势及应避免的劣势。

4. 企业宏观环境分析

宏观环境分析的意义,是确认和评价政治—法律、经济、技术和社会—人文等宏观因素对企业战略目标和战略选择的影响。

1) 政治—法律因素

政治因素分析包括国家和企业所在地区的政局稳定状况;执政党所要推行的基本政策以及这些政策的连续性和稳定性。这些基本政策包括产业政策、税收政策、政府订货及补贴政策等。有些政府行为对企业的活动有限制性的作用;但有些政府政策对企业有着指导作用和积极的影响。一方面,政府有时以资源供给者的身份出现,如政府对自然资源(森林、矿山、土地等)和农产品国家储备的政策和立场,将对一些企业的战略选择产生重大的影响;

另一方面，政府有时以顾客的身份出现，扮演消费者的角色。又如，政府采购对军事工业、航空、航天等国防工业有重大的影响，同时也间接地影响着其他工业的消费走向。

一些政治因素对企业的行为有直接的影响，但一般说来，政府主要是通过制定一些法律和法规来间接地影响企业的活动。为了促进和指导企业的发展，国家颁布了合同法、企业破产法、商标法、质量法、专利法和中外合资企业法等法律。此外，国家还有对工业污染、食品卫生、产品安全，产品定价等方面的规定和标准。这类法律和法规对企业的活动具有重要的影响。

2) 经济因素

在众多的经济因素中，首先要分析的是宏观经济的总体状况，即企业所在国家或地区的经济发展形势，是属于高速发展还是属于低速发展，或者处于停滞或倒退状态。一般说来，在宏观经济大发展的情况下，企业发展机会就多。反之，在宏观经济低速发展或停滞或倒退的情况下，市场需求增长很甚至不增加，这样企业发展机会也就少。反映宏观经济总体状况的关键指标是国民生产总值(GNP)增长率。除上述宏观经济总体状况以外，企业还应考虑中央银行或各专业银行的利率水平、劳动力的供给(失业率)、消费者收入水平、价格指数的变化(通货膨胀率)等。这些因素将影响企业的投资决策、定价决策以及人员录用政策等。此外，国家的经济体制和经济结构也会对企业的发展带来不同程度的影响。

3) 技术因素

技术因素主要从两个方面影响企业战略的选择。一方面技术革新为企业创造了机遇，表现在：第一，新技术的出现使得社会和新兴行业增加对本行业产品的需求，从而使得企业可以开辟新的市场和新的经营范围；第二，技术进步可能使得企业通过利用新的生产方法、新的生产工艺过程或新材料等各种途径，生产出高质量、高性能的产品，同时也可能会使得产品成本大大降低。另一方面，新技术的出现也使企业面临着挑战。技术进步会使社会对企业产品和服务的需求发生重大变化。此外，竞争对手的技术进步可能使得本企业的产品或服务陈旧过时，也可能使得本企业的产品价格过高，从而失去竞争力。

4) 社会因素

社会因素包括社会文化、社会习俗、社会道德观念、社会公众的价值观念、职工的工作态度以及人口统计特征等。变化中的社会因素影响社会对企业产品或劳务的需要，也能改变企业的战略选择。

社会文化是人们的价值观、思想、态度、社会行为等的综合体。文化因素强烈地影响着人们的购买决策和企业的经营行为。不同的国家有着不同的主导文化传统，也有着不同的亚文化群、不同的社会习俗和道德观念，从而会影响人们的消费方式和购买偏好，进而影响着企业的经营方式。公众的价值观念是随着时代的变迁而变化的，这些价值观念同人们的工作态度一起对企业的工作安排、作业组织、管理行为以及报酬制度等产生很大的影响。

人口统计特征是社会环境中的另一重要因素，它包括人口数量、人口密度、年龄结构的分布及其增长、地区分布、民族构成、职业构成、宗教信仰构成、家庭规模、家庭寿命周期的构成及发展趋势、收入水平、教育程度等。例如，人口结构趋于老龄化，一方面影响企业劳动力的补充。但是另一方面，人口结构的老龄化又出现了一个老年人的市场，这就为生产老年人用品和提供老年人服务的企业提供了一个发展的机会。

二、企业内部环境分析

企业战略目标的制定及战略选择不但要知彼，即客观地分析企业的外部环境，而且要知己，即对企业自身的内部条件和能力加以正确的估计。所谓企业的内部环境或条件是指企业能够加以控制的内部因素。对企业的内部环境进行分析，其目的在于掌握企业目前的状况，以便使确定的战略目标能够实现，并使选定的战略能发挥企业的优势，有效地利用企业的资源；同时对企业的弱点，能够加以避免或采取积极的态度改进。

1. 企业内部环境分析的主要内容

一般说来，一个企业的内部环境包括下列方面：财务状况、产品线及竞争地位、设备状况、市场营销能力、研究与开发能力、人员的数量及质量、组织结构、企业过去确定的目标和曾经采用过的战略等。

1) 财务状况

主要对一些财务指标进行趋势分析，发现有哪些优势和劣势，财务指标的变化趋势反映出企业处于什么样的财务状况。一般的财务指标包括销售利润率、资产利润率、资本利润率、流动比率、速动比率、存货周转率、资本结构等。此外，还要了解分析企业利润来源的分布如何，有无提高投资收益率的规划；有无筹措短期资金和长期资金的能力，渠道如何；企业是否建立起了高效和适宜的成本核算和成本控制系统等财务方面的情况。

2) 产品线及竞争地位

主要分析在本企业的产品或服务中，其优势和劣势是什么，本企业的产品或服务目前拥有多大的市场占有率，这个市场占有率的稳定程度如何，这个市场占有率是集中于少量的顾客还是分散的，市场占有率的变化趋势如何，本企业的产品或服务是否容易受到经济周期变化的影响，各种不同的产品线在市场营销、工程技术和生产制造等方面有多大的协同性，现在的和潜在的顾客怎样评价本企业的产品或服务。

3) 生产设备状况

主要分析企业生产设备的数量是否充足，构成怎样，自动化程度如何，有无过剩的能力和扩充的可能，效率如何。

4) 市场营销能力

主要分析本企业采用了什么样的销售渠道，是否有效；本企业一贯采取的定价策略是什么；本企业收集市场信息的能力如何，是否对顾客的需求有充分的了解；本企业的市场营销人员是否充足，素质如何，能否开展有效的营销工作，是否具备开拓新市场的能力等问题。

5) 研究与开发能力

主要分析本企业研发经费是否充足；研究试验设备的数量、构成及装备程度如何；各类研究与开发人员的数量、构成、知识结构如何；研究与开发人员的研究能力如何以及企

业研究与开发的组织管理能力如何等问题。

6） 管理人员的数量及素质

主要分析企业高层管理人员是由什么人或群体构成的，他们的知识结构、年龄结构如何；高管理层的管理风格是什么，呈现出什么样的管理模式；高管理层中占统治地位的价值体系是什么以及中层管理人员和作业层管理人员的数量及素质情况等。

7） 职工的数量及素质

主要分析了解企业职工的数量是否充足，职工的技能和熟练程度是否能充分满足当前和未来的需要；职工的工作态度和激励水平如何；本企业的工资政策是否合适；企业有无一个职工遴选、培训及晋升系统等。

8） 组织结构

主要分析了解企业现有的组织结构是什么类型；组织结构图如何；组织结构中的责权关系是否明确；现有的组织结构在实现企业目标的工作中是否是高效率的，哪些方面修要改进等问题。

9） 过去的目标和战略

要了解企业过去几年中的主要目标是什么；这些目标是否都已达到，这些目标是否适合企业自身；企业已采用了些什么战略，这些战略是否取得了成功。

2. 企业内部环境分析方法

企业内部环境分析的方法可归纳成两大类：一类是进行纵向分析，即分析企业的各个方面(职能)的历史沿革，从而发现企业在哪些方面得到了发展和加强，以及在哪些方面有所削弱。根据这种纵向分析，在历史分析的基础上对企业各方面的发展趋势做出预测。另一类是将企业的情况与行业平均水平作横向比较分析。通过这种分析，企业可以发现相对于行业平均的优势和劣势。就某一特定的企业来说，可资比较的行业平均指标有：资金利税率、销售利税率、流动资金周转率、劳动生产率等。下面介绍两种新的企业内部分析技术，一个是经验效益(或称经验曲线)法；另一个是价值链法。

1） 经验效益法

经验效益是指企业在生产某种产品或服务的过程中。随着累积产品产量的增加，生产单位产品的成本下降。在这里"经验"一词是指到目前为止的累积产量或服务量，这个规律如图4-5所示。图4-5中的曲线称为"经验曲线"。人们从经验曲线中发现，每当经验翻一番时，单位产品成本总是以一个恒定的百分数而下降。

经验效益是人们在长期的生产实践中发现的一条规律。它虽然在人类开始进行生产活动时就存在，但直到20世纪60年代才由美国波士顿咨询集团(Boston Consulting Group)加以广泛的传播。目前已经观察到，经验效益这一规律存在于许多产品的生产和各种服务中，如汽车制造、半导体生产、石油化工、合成纤维、航空运输、远距离通信服务等。而且经验效益的获得并非与企业规模有必然的联系，任何企业无论规模大小都可以从经验效益中获益。

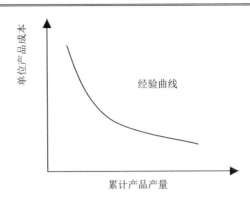

图 4-5 经验效益曲线

一般说来，经验效益有 6 方面的来源：劳动效率的提高；劳动分工与重新设计工作方法；新的生产工艺；生产设备效率的提高；产品的标准化和产品的重新设计；有效地利用资源。

经验效益所揭示的规律是，随着经验的增加，单位产品成本降低。因此对处于有经验效益产业中的企业来说，追求以经验效益为基础的成本领先战略是一条可取的竞争战略。一方面，较低的产品成本使企业获得高于行业平均的收益；另一方面，在价格竞争战中企业可降低产品售价，掌握竞争中的主动权。

基于经验效益的成本领先战略，最终要求企业获得相对于竞争对手来说较高的市场占有率，这是追求这种战略的关键。在相对稳定的竞争市场内，通常是市场占有率高的企业具有较大的经验积累，企业的经验与其市场占有率大致相当。因此，追求基于经验效益的成本领先战略与提高市场占有率相辅相成。

2) 价值链分析法

价值链分析法由波特教授(M.E.Porter)提出，他认为企业的生产是一个创造价值的过程，企业的价值链就是企业所从事的各种活动——设计、生产、销售、发运以及支持性活动的集合体。价值链中的价值活动可分成两大类，即基本活动和支持性活动。

基本活动包括：进料后勤；生产；发货后勤；销售和服务。

支持性活动包括：采购；技术开发；人力资源管理和企业基础设施。

一个企业的价值链通常是由上述各种活动所组成。对企业内部条件的分析，一方面可以对每项价值活动进行逐项分析，以发现企业存在的优势和弱点；另一方面也可以分析这个价值链中各项活动的内部联系。这种联系以整体活动最优化和协同这两种方式给企业带来优势。这是因为价值链所表示的不是一堆相互独立的活动，而是一个由相互依存的活动组成的系统。因此，通过价值链分析就可以发现，企业的优势既来自于构成价值链的单项活动本身，也来自于各项活动之间的联系。而且从更广泛的角度讲，企业的价值链蕴藏于范围更广的价值系统之中。供应商参与了企业价值链中投入外购价值链的创造，而企业的产品最终又会成为买方价值链的一部分。因而企业的优势既可来源于价值活动所涉及的市场范围的调整，也可来源于企业间协调或合用价值链所带来的最优化效益。

三、SWOT 分析

SWOT 分析矩阵是对企业进行外部环境和内部条件分析的基础上，寻找二者最佳可行战略组合的一种分析工具。其中，S 代表企业的"长处"或"优势"(strengths)；W 是企业的"弱点"或"劣势"(weaknesses)；O 代表外部环境中存在的"机会"(opportunities)；T 为外部环境所构成的"威胁"(threats)。进行 SWOT 分析，一般要经过下列步骤。

(1) 进行企业外部环境分析，列出企业外部环境中存在的发展机会(O)和威胁(T)。

(2) 进行企业内部环境分析，列出企业目前所具有的长处(S)和弱点(W)。

(3) 绘制 SWOT 矩阵。这是一个以外部环境中的机会和威胁为一方，企业内部环境中的长处和弱点为另一方的二维矩阵，如图 4-6 所示。在这个矩阵中，有 4 个象限或 4 种 SWOT 组合。它们分别是长处—机会(SO)组合；长处—威胁(ST)组合；弱点—机会(WO)组合；弱点—威胁(WT)组合。

	长处 S	弱点 W
机会 O	SO 组合	WO 组合
威胁 T	ST 组合	WT 组合

图 4-6　SWOT 矩阵

对于每一种外部环境与企业内部条件的组合，企业可能采取的一些策略原则如下所述。

(1) 弱点—威胁(WT)组合。企业应尽量避免处于这种状态。然而一旦企业处于这样的位置，在制定战略时就要减低威胁和弱点对企业的影响。这样的企业要生存下去可以选择合并或缩减生产规模的战略，以期能克服弱点或使威胁随时间的推移而消失。

(2) 弱点—机会(WO)组合。企业已经鉴别出外部环境所提供的发展机会，但同时企业本身又存在着限制利用这些机会的组织弱点。在这种情况下，企业应遵循的策略原则是，通过外在的方式来弥补企业的弱点以最大限度地利用外部环境中的机会。如果不采取任何行动，实际将机会让给了竞争对手。

(3) 长处—威胁(ST)组合。在这种情况下，企业应巧妙地利用自身的长处来对付外部环境中的威胁，其目的是发挥优势以减低威胁。但这并非意味着一个强大的企业，必须以其自身的实力来正面地回击外部环境中的威胁，合适的策略应当是慎重而有限度地利用企业的优势。

(4) 长处—机会(SO)组合。这是一种最理想的组合，任何企业都希望凭借企业的长处和资源来最大限度地利用外部环境所提供的多种发展机会。

需要指出的是，在任何一种组合内可能会发现有多种因素，它们之间形成多种错综复杂的组合，而这些组合又成为战略选择的基础。以长处—机会(SO)组合为例，可能鉴别出有 10 条长处和 10 个机会，这样它们之间将会形成多种匹配关系。

四、产业竞争结构分析

产业竞争结构分析属于外部环境分析中观环境分析的一种方法，它的内容主要是分析本行业中的企业竞争格局以及本行业和其他行业的关系。行业的结构及竞争性决定着行业的竞争原则和企业可能采取的战略，因此产业竞争结构分析是企业制定战略最主要的基础。

按照波特(M.E.Porter)的观点，一个行业中的竞争存在着五种基本的竞争力量，它们是潜在的行业新进入者、替代品的威胁、购买商讨价还价的能力、供应商讨价还价的能力以及现有竞争者之间的竞争，如图 4-7 所示。这 5 种基本竞争力量的状况及其综合强度，决定着行业的竞争激烈程度，从而决定着企业在行业中获利的能力。现将 5 种竞争力量分述如下。

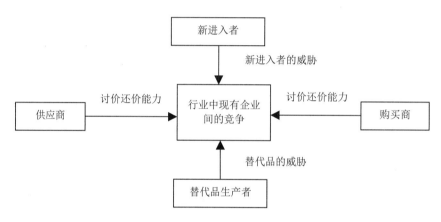

图 4-7　行业竞争结构

1. 行业新进入者的威胁

这种威胁主要是：一方面由于新进入者加入该行业，会带来生产能力的扩大，带来对市场占有率的要求，这必然引起与现有企业的激烈竞争，使产品价格下跌；另一方面，新加入者要获得资源进行生产，从而可能使得行业生产成本上升。这两方面都会导致行业的获利能力下降。

新进入者威胁的状况取决于进入障碍和原有企业的反击程度。如果进入障碍大，原有企业激烈反击，潜在的进入者难以进入该行业，进入者所带来的威胁就小。决定进入障碍大小的主要因素有以下几个方面。

(1) 规模经济。这是指生产单位产品的成本随生产规模的增加而降低。规模经济的作用是迫使行业新进入者必须以大的生产规模进入，并冒着现有企业强烈反击的风险；或者以小的规模进入，但要长期忍受产品成本高的劣势。在存在规模经济的行业中，大企业的生产成本要低于小企业的生产成本，这就有了进入障碍的客观条件。

(2) 产品差异优势。这是指原有企业所具有的产品商标信誉和用户的忠诚性。产品差异化形成的障碍，迫使新加入者要用很大代价来树立自己的信誉和克服现有用户对原有产品的忠诚。

（3）资金需求。资金需求所形成的进入障碍是指在行业中新加入者要在持有大量资金、冒很大风险的情况下才能进入。形成需要大量资金的原因是多方面的，如购买生产设备需要资金，提供用户信贷，存货经营等。

（4）转换成本。这是指购买者将购买一个供应商的产品转到购买另一个供应商的产品所支付的一次性成本。它包括重新训练业务人员、增加新设备、检测新资源的费用以及产品的再设计等。

（5）销售渠道。一个行业的正常销售渠道，已经为原有企业服务，新加入者必须通过广告合作、广告津贴等来说服这些销售渠道接受他的产品，这样就会减少新加入者的利润。

（6）与规模经济无关的成本优势。原有的企业常常在其他方面还具有独立于规模经济以外的成本优势，新加入者无论取得什么样的规模经济，都不可能与之相比。它们是专利产品技术、独占最优惠的资源、占据市场的有利位置、政府补贴、具有学习或经验曲线以及政府的某些限制政策等。

2. 现有竞争者之间的竞争程度

现有竞争者之间多采用的竞争手段主要有价格战、广告战、引进产品以及增加对消费者的服务等。竞争的产生是由于一个或多个竞争者感受到了竞争的压力或看到了改善其地位的机会。在下列情况下，现有企业之间的竞争会变得很激烈：有众多或势均力敌的竞争者；行业增长缓慢；行业具有非常高的固定成本或库存成本；行业的产品没有差别或没有行业转换成本；行业中的总体生产规模和能力大幅度提高和退出行业的障碍很大。

3. 替代产品的威胁

替代产品是指那些与本行业的产品有同样功能的其他产品。替代产品的价格如果比较低，它投入市场就会使本行业产品的价格上限只能处在较低的水平，这就限制了本行业的收益。替代产品的价格越是有吸引力，这种限制作用也就越牢固，对本行业构成的压力也就超大。鉴于此，本行业与生产替代产品的其他行业进行的竞争，常常需要本行业所有企业采取共同措施和集体行动。

4. 购买商讨价还价的能力

购买商可能要求降低购买价格，要求高质量的产品和更多的优质服务，其结果是使得行业的竞争者们互相竞争残杀，导致行业利润下降。在下列情况下，购买商们有较强的讨价还价能力：购买商们相对集中并且大量购买；购买的产品占购买商全部费用或全部购买量中很大的比重；从该行业购买的产品属标准化或无差别的产品；购买商的行业转换成本低；购买商的利润很低；购买商们有采用后向一体化的倾向；销售者的产品对购买商的产品质量或服务无关紧要和购买商掌握供应商的充分信息。

5. 供应商讨价还价的能力

供应商的威胁手段一是提高供应价格；二是降低供应产品或服务的质量，从而使下游行业利润下降。在下列情况下，供应商有较强的讨价还价能力：供应行业由几家公司控制，其集中化程度高于购买商行业的集中程度；供应商无需与替代产品进行竞争；对供应商们来说，所供应的行业无关重要；对买主们来说，供应商的产品是很重要的生产投入要素；

供应商们的产品是有差别的，并且使购买者建立起很高的转换成本；供应商对买主行业来说构成前向一体化的很大威胁。

五、多品种战略评价与分析

1. 增长率—市场占有率矩阵法

该方法首先由波士顿咨询公司(BCG)提出，因此亦称 BCG 增长率—占有率法。增长率—市场占有率矩阵法假定，最小的和最简单的公司除外，所有的公司都是由两个以上的经营单位所组成。在一个公司范围内的这些经营单位合称为企业的经营组合。BCG 矩阵法提出，企业必须为经营组合中的每一独立单位分别地制定战略。

波士顿咨询公司主张，一个经营单位的相对竞争地位和市场增长率是决定整个经营组合中每一经营单位应当采取什么样战略的两个基本参数。以这两个参数为坐标，波士顿咨询公司设计出一个具有四象限的网格图，如图 4-8 所示。横轴代表经营单位的相对竞争地位，它以经营单位相对于其主要竞争对手的相对市场占有率来表示。相对竞争地位决定了该经营单位获取现金的速度。在这里，以相对市场占有率而非绝对市场占有率来代表竞争地位，是由于以相对市场占有率来表示竞争地位更具合理性。相对市场占有率计算公式如下：

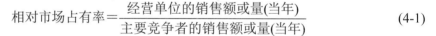

$$相对市场占有率 = \frac{经营单位的销售额或量(当年)}{主要竞争者的销售额或量(当年)} \tag{4-1}$$

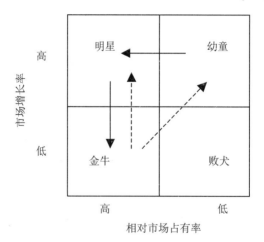

图 4-8 增长率—市场占有率矩阵

在 BCG 矩阵图中，纵向表示市场增长率。市场增长率代表对一个经营单位来说市场的吸引力大小，也就是说它决定着投资机会的大小。

波士顿咨询公司认为，一个企业的所有经营单位都可列入任一象限中，并依据它所处的地位(相对市场占有率以及市场增长率)采取不同的战略。

(1) "金牛"有较低的市场增长率和较高的相对市场占有率。较高的相对市场占有率带来高额利润和现金，而较低的市场增长率说明业务已进入成熟期只需要少量的现金投入。因此，"金牛"通常产生出大量的现金余额。这样，"金牛"就可提供现金去满足整个公司的需要，支持其他需要现金的经营单位。对"现金牛"类的经营单位，应采取维护现有市场占有率，保持经营单位地位的维持战略；或采取抽资转向战略，获得更多的现金收入。

(2) "败犬"是指那些相对市场占有率和市场增长率都较低的经营单位。较低的相对市场占有率一般意味着少量的利润。此外，由于增长率低，用追加投资来扩大市场占有率的办法往往是不可取的。因为，用于维持竞争地位所需的资金经常超过它们的现金收入。因此，"败犬"常常成为资金的陷阱。一般采用的战略是清算战略或放弃战略。

(3) "幼童"是那些相对市场占有率较低而市场增长率却较高的经营单位。高速的市场增长需要大量投资，而相对市场占有率低却只能产生少量的现金。对幼童而言，因增长率高，一个战略是对其进行必要的投资，以扩大市场占有率使其转变成明星。当市场增长率降低以后，这颗明星就转变为"金牛"。如果认为某些幼童不可能转变成明星，那就应当采取放弃战略。

(4) "明星"的市场增长率和相对市场占有率都较高，因而所需要的和所产生的现金流量都很大。明星通常代表着最优的利润增长率和最佳的投资机会。显而易见，最佳战略是对明星进行必要的投资，从而维护或改进其有利的竞争地位。

2. 行业吸引力—竞争能力分析法

行业吸引力—竞争能力分析法是由美国通用电器公司与麦肯锡咨询公司共同发展起来的。根据行业吸引力和经营单位的竞争能力，它也用矩阵来定出各经营单位在总体经营组合中的位置，据此来制定出不同的战略，如图4-9所示。

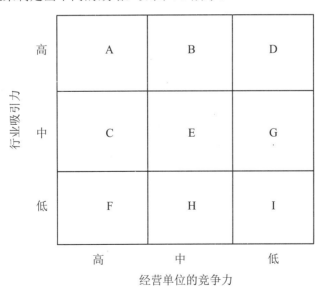

图 4-9　行业吸引力—竞争能力矩阵

经营单位所处行业的吸引力按强度分成高、中、低三等，所评价的因素一般包括：行业规模；市场增长速度；产品价格的稳定性；市场的分散程度；行业内的竞争结构；行业利润；行业技术环境；社会因素；环境因素；法律因素；人文因素。

经营单位所具备的竞争能力按大小也分为高、中、低三等，所评价的因素包括：生产规模；增长情况；市场占有率；盈利性；技术地位；产品线宽度；产品质量及可靠性；单位形象；造成污染的情况；人员情况。

行业吸引力的三个等级与经营单位竞争能力的三个等级构成一个具有九象限的矩阵，公司中的每一经营单位都可放置于矩阵中的每一位置。但总体来说，公司内的所有经营单位可归结为三类，而对不同类型的经营单位应采取不同的战略，如下所述。

(1) 发展类。这类包括处于 A、B 和 C 位置的经营单位。对于这一类经营单位，公司要采取发展战略，即要多投资以促进其快速发展。因为这类行业很有前途，经营单位又具有较强的竞争地位，因此应该多投资，以便巩固经营单位在行业中的地位。

(2) 选择性投资类。这类包括处于 D、E 和 F 位置的经营单位。对这类经营单位，公司的投资要有选择性，选择其中条件较好的单位进行投资，对余者采取抽资转向或放弃战略。

(3) 抽资转向或放弃类。这类包括处于 G、H 和 I 位置的经营单位。这类单位的行业吸引力和经营单位实力都较低，应采取不发展战略。对一些目前还有利润的经营单位，采取逐步回收资金的抽资转向战略；而对不盈利又占用资金的单位则采取放弃战略。

第三节　企业的基本发展战略

在激烈的竞争环境下，企业只有不断发展才能生存下去。企业发展壮大的方式多种多样，但基本的发展战略有多元化战略、一体化战略和竞争战略。

一、多元化战略

多元化战略是企业不满足于现有产业链的经营，或对现有产业链的前景抱不乐观的预期，基于分散风险的考虑，开展其他多元业务。多元化战略按与现有业务相关的程度，从强到弱依次分为集中多元化、横向多元化和混合多元化。

1. 集中多元化

集中多元化指进入一个与原有业务在技术、市场上都相关的新业务领域，这一战略发挥现有业务在技术上、市场上的协同作用。由于产品存在技术相关性，因此，这些不同的业务可以在技术上、内部资源上实现共享。当以下情况出现时，可考虑采用集中多元化战略：所属行业处于零增长或慢增长；增加新的相关产品会显著促进现有产品的销售；有高度竞争力提供相关的产品；新的相关产品所具有的季节性波动正好弥补现生产周期的波动；现有产品处于衰退期；企业拥有强有力的队伍。

2. 横向多元化

横向多元化指市场相关但技术不相关的业务领域，即向现有客户提供新的不相关的产品，这一战略发挥的是现有业务的市场协同作用。横向多元化在下述情况下可以考虑使用：增加新的不相关产品可以从现有产品中获得显著的收益；现有产业属于高竞争或低增长的行业；可利用现有销售渠道营销新产品；新产品的销售波动周期与企业现有产品的滚动周期可以互补。

3. 混合多元化

混合多元化指进入一个与现有业务完全不相关的产品。这种战略主要基于对现有业务增长的极限的应对、分散业务风险、吸收企业富余资金三个方面的考虑。

二、一体化战略

一体化战略基于两个方面的考虑：一是看好某一产业的长期发展，期望在这一产业链上获取更多的利润；二是通过一体化战略来提升竞争能力，降低经营风险。一体化战略大体分为横向一体化和纵向一体化两大类，其中纵向一体化又分前向一体化和后向一体化两种类型。

1. 前向一体化

一体化指向产业链的下游延伸，即将业务延伸到企业的客户端。如显像管企业向电视机业务延伸、空调压缩机企业进入空调器生产领域等。前向一体化的适用准则为：销售商成本高昂、不可靠、不能满足企业发展的需要；产业快速增长或将会快速增长；前向产业具有较高的进入壁垒；前向产业收益水平较高；企业具备进入前向产业的条件和企业需要稳定的生产。

2. 后向一体化

后向一体化指向产业链的上游延伸，即将业务扩展到自己的供应商的领域内。如金光纸业(APP)在造纸业务扩大后，大规模地建设自己的林业基地，为造纸业务提供有原材料上的保障。后向一体化的适用范围有：供应商成本过高、不可靠或不能满足企业对供应品的需求；供应商数量少而需方竞争对手多；产业快速增长；企业具备自己生产原材料的能力；原材料成本的稳定性极为重要，供应商利润丰厚。

3. 横向一体化

横向一体化指同业间的兼并(合并)。惠普公司与康柏公司的合并是两个同一业务类型的公司的合并，近年来，这种合并活动在商界越来越活跃。横向一体化战略的适用准则有：为获取垄断；企业处于成长型的产业中；规模具有部分优势和企业具有扩大经营规模的能力、竞争对手停滞不前。

三、企业竞争战略

竞争战略所涉及的问题是在给定的一个业务或行业内，企业如何竞争取胜的问题，即在什么基础上取得竞争优势。在企业的战略选择方面，有 3 种可供采用的一般竞争战略，它们分别是：成本领先战略、差异化战略和集中化战略。

1. 成本领先战略

成本领先战略又称低成本战略，即使企业的全部成本低于竞争对手的成本，甚至是在同行业中最低的成本，目的是使企业获得同行业平均水平以上的利润。

1) 成本领先战略的实施条件

成本领先战略的理论基石是规模效益和经验效益。它要求企业的产品必须具有较高的市场占有率。如果产品的市场占有率很低，则大量生产毫无意义；而不大量生产也就不能使产品成本降低。实现成本领先战略需要一整套具体政策：企业要有高效率的设备、积极降低经验成本、紧缩成本开支和控制间接费用以及降低研究与开发、服务、销售力量、广告等方面的成本。要达到这些目的，必须在成本控制上进行大量的管理工作。

2) 成本领先战略的益处及风险

成本领先战略的益处在于：

(1) 企业处于低成本地位上，可以抵挡住现有竞争对手的对抗。即在竞争对手在竞争中不能获得利润、只能保本的情况下，企业仍能获利。

(2) 面对强有力的购买商要求降低产品价格的压力，处于低成本地位的企业在进行交易时握有更大的主动权，可以抵御购买商讨价还价的能力。

(3) 当强有力的供应商抬高企业所需资源的价格时，处于低成本地位的企业可以有更多的灵活性来解决困境。

(4) 企业已经建立起的巨大的生产规模和成本优势，使欲加入该行业的新进入者望而却步，形成进入障碍。

(5) 在与代用品竞争时，低成本的企业往往比本行业中的其他企业处于更有利的地位。

如前所述，保持成本领先地位要求企业购买现代化的设备，及时淘汰陈旧的资产，防止产品线的无限扩充以及对新技术的发展保持高度的警觉。而这些也正是成本领先战略的危险根源，这一战略的风险包括：

(1) 生产技术的变化或新技术的出现可能使得过去的设备投资或产品学习经验变得无效，变成无效用的资源。

(2) 行业中新加入者通过模仿、总结前人经验或购买更先进的生产设备，使得他们的成本更低，以更低的成本起点参与竞争，后来居上。

(3) 由于采用成本领先战略的企业其力量集中于降低产品成本，从而使它们丧失了预见产品的市场变化的能力。企业可能发现所生产的产品即使价格低廉，却不为顾客所欣赏和需要。这是成本领先战略的最危险之处。

2. 差异化战略

差异化战略是企业使自己的产品或服务区别于竞争对手的产品或服务，创造出与众不同的产品或服务。一般说来，企业可在下列几个方面实行差异化战略：产品设计或商标形象的差异化；产品技术的差异化；顾客服务上的差异化；销售分配渠道上的差异化等。

1) 差异化战略的实施条件

企业要实行差异化战略，有时可能要放弃获得较高市场占有率的目标，因为它的排他性与高市场占有率是不融合的。实施差异化战略，企业需具备下列条件。

(1) 具有很强的研究与开发能力，研究人员要有创造性的眼光。

(2) 企业具有以其产品质量或技术领先的声望。

(3) 企业在这一行业有悠久的历史或吸取其他企业的技能并自成一体。

(4) 很强的市场营销能力。

(5) 研究与开发、产品开发以及市场营销等职能部门之间要具有很强的协调性。

2) 差异化战略的益处及风险

企业通过差异化战略可建立起稳固的竞争地位，从而使得企业获得高于行业平均水平的收益。差异化战略的益处主要表现在以下几个方面。

(1) 建立起顾客对产品或服务的认识和信赖，当产品或服务的价格发生变化时，顾客的敏感程度就会降低。

(2) 顾客对商标的信赖和忠实形成了强有力的行业进入障碍。

(3) 差异化战略产生的高边际收益增强了企业对付供应商讨价还价的能力。

(4) 企业通过产品差异化使购买商具有较高的转换成本，使其依赖于企业，这些都可削弱购买商的讨价还价能力。

(5) 企业通过差异化战略建立起顾客对本产品的信赖，使得替代产品无法在性能上与之竞争。

与其他竞争战略一样，实施差异化战略也有一定的风险，主要表现在下列几方面。

(1) 实行差异化战略的企业，其生产成本可能很高，如果采取差异化战略的产品成本与追求成本领先战略的竞争者的产品成本差距过大，可能会使得购买者宁愿牺牲差异化产品的性能、质量、服务和形象，而去追求降低采购成本。

(2) 购买者变得更加精明起来，他们降低了对产品或服务差异化的要求。

(3) 随着企业所处行业的发展进入成熟期，差异产品的优点很可能为竞争对手所模仿，从而削弱产品的优势。

3. 集中化战略

集中化战略是指企业的经营活动集中于一特定的购买者集团、产品线的某一部分或某一地域上的市场。如同差异化战略一样，集中化战略也可呈现多种形式。虽然成本领先战略和差异化战略二者是在整个行业范围内达到目的，但集中化战略的目的是很好地服务于一特定的目标，它的关键在于能够比竞争对手提供更为有效和效率更高的服务。因此，企

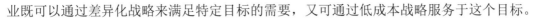

业既可以通过差异化战略来满足特定目标的需要，又可通过低成本战略服务于这个目标。

同其他战略一样，集中化战略也能在本行业中获得高于一般水平的收益。主要表现在：

(1) 集中化战略便于集中使用整个企业的力量和资源，更好地服务于某一特定的目标。

(2) 将目标集中于特定的部分市场，企业可以更好地调查研究与产品有关的技术、市场、顾客以及竞争对手等各方面的情况，做到"知彼"。

(3) 战略目标集中明确，经济成果易于评价，战略管理过程也容易控制，从而带来管理上的简便。集中化战略对中、小型企业来说是比较适宜的战略。

集中化战略的风险主要表现在：

(1) 由于企业全部力量和资源都投入了一种产品或服务或一个特定的市场，当顾客偏好发生变化，技术出现创新或有新的替代品出现时，企业就会受到很大的冲击。

(2) 竞争者打入了企业选定的部分市场，并且采取了优于企业的更集中化的战略。

(3) 产品销量可能变少，产品要求不断更新，造成生产费用的增加，使得采取集中化战略企业的成本优势得以削弱。

四、企业的核心能力与竞争优势

企业在制定和实施发展战略的过程中，应注意自身核心能力的确认与培育，只有这样才能取得真正的竞争优势。

1. 能力与核心能力

1) 能力与核心能力的概念

企业的能力是指企业协调资源并发挥其生产与竞争作用的能力，这些能力存在于企业日常工作之中。在这些能力中，有的能力是一般能力，有的能力是核心能力。一般能力和核心能力是有区别的。核心能力是一个企业比其他企业做得特别出色的一系列活动，它是能够使企业长期、持续地拥有某种竞争优势的能力，通常表现为企业组织中的累积性常识，尤其是关于如何协调不同生产技能和有机结合多种技术流的学识(Prahald & Hamel，1990)；它可能出现在特定的业务职能中。这一概念还可称为独特能力和核心竞争力等。

核心能力是企业持续拥有某种竞争优势的源泉，是市场竞争的中坚力量，是企业各个业务单位的"黏合剂"，更是新事业或业务发展的"根基"。

2) 核心能力的识别和特征

企业核心能力可分为硬核心能力和软核心能力两类。硬核心能力是指以核心产品和核心技术或技能形式为主要特征的核心能力，这类核心能力在技术密集型行业尤为重要。软核心能力是指企业在长期运作中形成的具有核心能力特征的经营管理方面的能力。这类核心能力更加无形化，更难识别与模仿。

无论是哪种核心能力，其形成要经历企业内部资源、知识、技术等的积累、整合过程。通过这一系列的有效积累与整合，企业形成了持续的竞争优势，从而为获取超额利润提供了保证。但是并不是企业的所有资源、知识和能力都能形成技术的竞争优势，都能发展成为核心能力。要成为核心能力必须具备以下条件。

(1) 有价值性。即有很多的经济价值,可以帮助企业在创造价值和降低成本方面比其竞争对手做得更好,能够提高企业的效率,为企业带来超额的垄断利润。同时,它也能为顾客提供更多的价值,也就是为企业产品进入多个市场提供了潜在的途径。

(2) 异质性。核心能力是企业所独有的而未被竞争者或潜在竞争对手所拥有的。

(3) 难以模仿性。如果该能力易被竞争对手所模仿,或通过努力很容易达到,则它就不可能给企业带来持久的竞争优势。核心能力是通过长期积累的多种技术、知识、内化于企业整个组织体系、建立在系统学习经验基础之上的有机综合体,它具有路径依赖性和持久的竞争力。

(4) 不可替代性。一般产品和能力很有可能受到替代品的威胁,但核心能力应当是难以被替代的。

(5) 延展性。在企业能力体系中,核心竞争力是母本、是核心,有溢出效应,可使企业在原有竞争领域中保持持续的竞争优势,也可围绕核心能力进行相关市场的拓展,通过创新获取该市场领域的持续竞争优势。

(6) 动态性。企业核心能力一般与一定时期的产业动态、管理模式以及企业资源等变量高度相关。随着彼此相关的变化,核心竞争能力的动态发展演变是客观必然的,曾经是核心能力可能演变为企业的一般能力。

(7) 非均衡性。创新和研究开发能力是核心能力的本质体现。企业在构建核心能力的过程中,既有继承性的技术渐进发展,又有突破性的革新。

2. 核心能力与竞争优势

企业能否将其用有的资源和能力转化为竞争优势,能否从其资源和能力上获得竞争优势和超额利润,主要取决于其资源和能力所具有的特征。

1) 竞争优势的形成

企业所拥有的资源和能力要使企业在竞争中取得某种竞争优势,一般说来必须具备以下两个特征。

(1) 稀缺性,只有那种稀缺性资源才有可能转化成企业的竞争优势,如果那些资源和能力是普遍存在的,则很难构成优势。

(2) 相关性,只有当这些资源及能力是与在该行业中的关键成功因素关联时,它们才能被转化成竞争优势。

2) 竞争优势的维持和保护

竞争优势能够保持多久,这就要涉及形成这种优势的资源和能力的特征。

(1) 持久性,企业拥有某种资源或能力与其他资源和能力相比更具有持久性,如技术专利、产品品牌,依靠这些持久性资源或能力建立的竞争优势会相对稳定。今天企业的持久性资源和能力会更多地偏重于企业的无形资产。

(2) 灵活性,所谓灵活性即企业资源和能力可以被转移的灵活度。如果这种灵活度较高,那么以此建立的竞争优势就很容易被削弱,因为其他对手可以很快地得到目前还没有的东西。企业应该更注重那些灵活性较差的资源和能力的开发,注重需要整体联动才能发挥作用的资源和能力。

(3) 模仿性，如果说灵活性侧重于某些资源及能力可以通过购买来得到，而模仿性是指那些资源和能力是否容易被别人很快学会并建立起来。模仿性差的东西往往涉及许多复杂的组织工作程序和文化。表面上看来很简单的事情，实际上却蕴涵着许多年的经验，从而难以模仿。企业也可以通过降低价格快速抢占市场，迅速提高生产能力，设置进入障碍，降低对手的模仿动力；还可将形成竞争优势的原因模糊化，使竞争对手难以作出准确分析。

3. 企业核心能力的培育

核心能力是影响企业市场绩效和形成竞争优势的重要因素，同时它的形成和培养具有长期性。这是由核心能力的特征及不断发展的外部环境决定的[①]。

1) 核心能力的"普遍模糊"性。核心能力是企业拥有的关键技能和隐性知识，是企业拥有的一种智力资本。隐性知识和智力资本意味着在辨识企业核心能力方面存在含义模糊。即使是企业自身有时也不能准确地识别出自己竞争优势的源泉。这种"普遍模糊"性，一方面保护了企业的竞争优势；另一方面也限制了企业对核心能力形成路径的认识。这种认识的局限性增加了企业对核心能力培养和调整进行投资的风险，甚至使这些行动无法实施。

2) 核心能力的"积累"性。企业核心能力依赖于组织的积累性学习，而不是通过相应的要素市场买卖获得的，其具备非竞争性的特征。但学习是循序渐进的，而不是突破性的。所以企业在进行核心能力培养与调整时，不能忽视它的历史过程。核心能力的培养是一个长期性的工程，其调整也是异常困难的。所以在某种意义上可以认为，企业核心能力是企业特殊历史进程的产物。

3) 核心能力与互补资产的关系。企业能力作用的发挥和调整受互补资产的制约。互补资产仅与特定的产品、技术或经营方式联系时才具有价值。能力的培养与互补资产的投资同步而行，其调整既可能提高更可能毁掉互补资产的价值。能力的培养和调整如果不能与互补资产的价值相协调，则会提高沉没成本，从而减少了企业采纳变革寻求发展的可能性。

4) 核心能力与外部环境的缺口。企业所面临的外部环境因客户的需求以及竞争的发展而对企业提出了越来越高的要求。具有很强稳定性的核心能力与不断变化的外部环境对企业的要求之间，总是存在一定的缺口。企业只有不断地投入，培育核心能力，才可以创造和保持竞争优势。

4. 企业动态能力

随着企业面临的全球竞争环境更加复杂、多变和难以预测，战略管理研究开始重视动荡环境中的企业生存发展问题。企业在传统战略管理理论的指导下，往往在建立高度专业化的核心能力的同时建立起了核心刚性，在运用战略资源与核心能力的同时又牺牲了企业的灵活性。理论上关于动态竞争和核心刚性的探讨最终导致了动态能力理论的出现。

---

① 黄凯. 战略管理——竞争与创新[M]. 北京：石油工业出版社，2004：80.

蒂斯等人提出的动态能力理论认为，企业的核心能力在环境发生变化时很容易表现出某种抗拒变化的"核心刚性"。企业在获得核心能力的同时，很可能会因为核心刚性而丧失竞争优势，核心刚性的存在使企业很难在动态复杂的环境中做出重大的变革。因此，为获得持久的竞争优势，企业需要的是应对环境变化的动态能力。动态能力是一种企业整合、建立和再配置内外部能力以适应快速变化环境的能力，是更新企业能力的能力。

传统竞争战略的制胜原则是如何把握机会消灭竞争对手，长期的保持竞争优势，而动态竞争条件下制定竞争战略的目的是要创造新的竞争优势，其关键是如何把握机会放弃自己原有的优势，建立新的优势。基于动态能力理论，有学者提出，企业可持续的竞争优势就是比对手更快的学习能力，而形成可持续竞争优势的重要方法就是建立学习型组织。

第四节　基于行业生命周期的企业竞争战略

一、行业生命周期与投资的关系

投资对行业的发展起着重要的作用，深入研究行业生命周期与投资的关系，对于处于某一行业中的企业制订战略具有重要的意义。

1. 行业幼稚期的投资特征

行业幼稚期依产品而变，由于低学习产品所对应的行业基本上可认为不存在幼稚期，行业的发展一开始就具备成长期的特点；对于高学习产品对应的产业，由于存在介绍产品的市场开发阶段，呈现明显的幼稚期阶段。

首先，当少量产品进入市场时，一般情况下往往能被很快接受，从而使行业内厂商很难判断该产品是否属于高学习产品，出于乐观的估计，厂商会认为行业很快便会进入成长期，从而高估了未来预期收益而造成投资冲动，这可以称为第一种投资幻觉，其结果就是造成投资过量。由于行业投资的时滞、行业内厂商间信息沟通迟缓、产品定价偏高等因素，都会推动这种投资过量。其次，行业创建本身的要求也要求资本存量有一个初始积累过程，当行业产量缩小时，生产单位产量所需的资本存量大大多于正常状态下(例如行业处于成熟期时)的数额，这部分资本存量显现出投资过量的特点。这是一种行业自发投资造成的投资过量，一般来讲是不可避免的。

2. 行业成长期的投资特征

行业成长期表现为需求对行业作用的持久拉力，为平衡这一拉力，就必须使行业产量不断增加，从而要求资本存量不断扩大，导致行业的持续投资。

当行业成长期特征出现时，首先表现出生产能力过剩现象逐渐消失，即行业的过量投资逐步被生产发展所吸收，行业由投资过量变为投资不足，由于外部对行业产品需求不断上升，而行业从投资变为现实生产力还有一定的时间滞后作用，因此行业不断存在资本存量缺口，表现出长期投资不足的特征，于是行业不断进行新的投资。行业由成长期前期进入成长期后期时，随之行业投资不足的现象开始消失，投资增大受续建投资和新增投资的

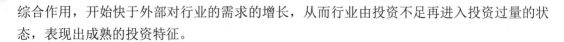

综合作用，开始快于外部对行业的需求的增长，从而行业由投资不足再进入投资过量的状态，表现出成熟的投资特征。

3. 行业成熟期的投资特征

行业进入成熟期后，外部需求达到饱和。但是，进行投资的决定是根据行业的未来预期收益做出的，是一种超前的活动，而准确预测行业产量的极限水平和相应的时间又是很困难的，因此受成长期外部需求高速增长的影响，行业内厂商往往会认为行业还将持续增长，从而作出继续投资的决定，使行业资本存量大大超过实际需要的资本存量，这种错误预计行业发展的投资决定可称为第二次投资幻觉。成熟期的第二种幻觉产生的投资过程表现为一种不会被利用的过剩生产能力，造成投资的无效配置。

4. 行业衰退期的投资特征

行业处于衰退期，外部需求量减少行业产量相应下降，这时行业资本存量过剩，引起行业预期收益减少；同时，外部需求减少和资本过剩引起产品过剩，使产品价格下降，从而使行业收益下降。当行业衰退时，一方面行业可能还会存在更新投资，另一方面可能通过变卖部分设备或厂房等方式减少行业资本存量，当变卖的资本存量额大于更新投资重置的资本存量额时，则该行业投资为负值，形成行业负投资。在行业衰退期，如果出现新的生产工艺、新技术或新产品等的重大变化，都会对行业投资产生重大影响，行业资本存量有可能上升也有可能下降。

二、新兴行业中的企业竞争战略

新兴行业是指由于技术创新的结果，或新的消费需要的推动，或其他经济、技术因素的变化使某种新产品或新的服务成为一种现实的发展机会，从而新形成或重新形成一个行业。从某种策略角度来说，一个老行业如果面临类似的情况，则其处境可视同新兴行业。

1. 在新兴行业中的企业经常面临的问题

1) 原材料和零部件的供应能力较弱

新技术和新产品的出现，往往要求开辟新的原料供应来源，企业在取得原材料及零配件等方面会遇到困难，因而导致供应不足或价格上涨。

2) 基础工作薄弱

首先，企业缺乏技术熟练的工人，技术协作和服务设置、销售渠道等方面较难配合好。其次，由于缺乏产品及技术标准，因此原材料及零配件都难以达到标准化。再次，新产品的质量不稳定，可能对企业形象造成不利影响。

3) 产品销售困难

用户对新产品或服务了解不多，在购买时往往持观望态度，有的用户要等到产品的技术更为成熟、产品基本定型、质量和性能更为稳定、价格有所下降以后才考虑购买。

在新产品开始生产时，由于产品成本较高，企业可能处于亏损状态。在新产品投入市场、要替代一部分老产品时，也必然面临与老产品竞争的考验。

2. 新兴行业中企业竞争战略选择

在新兴行业中企业战略选择一般应考虑以下几方面问题。

1) 选择打算进入的新兴行业

在当前科技发展迅猛的时代，新兴产业是非常多的，企业究竟应当进入哪一个新兴行业，首先，要根据企业的内部资源条件及外部环境初步确定企业有可能进入的几个新兴行业；其次，对每一个新兴行业的技术、产品，市场及竞争状态作出预测分析；再次，根据企业自身条件，评价每一个方案的优劣；最后，确定本企业应当进入的新兴行业。进入行业的决策最终必须以行业结构分析为基础，否则很容易误入歧途而导致失败。

2) 目标市场的选择

新兴行业中的企业开拓经营所面临的第二个问题就是进行市场细分及选择目标市场。准确的市场定位以及对目标市场上用户需求的深入分析和调查是保证企业在市场开发方面取得成功的关键。

3) 进入新兴行业时机的选择

企业进入新兴行业的一个重要策略问题是进入时机的选择，在早期就进入新兴行业将会冒较大的风险，但也会得到较大的收益。较晚进入新兴行业，虽然风险较小，但竞争激烈，企业不会得到很大的收益。早期进入在下列情况下是有利的：该行业的用户重视企业的名声，早期进入者享有创始者的声誉；当学习曲线对一个产业能够起显著作用时，较早进入可以较早开始学习过程，而行业经验又不易模仿；早期进入可以率先取得原材料、零配件供应和抢占销售渠道，因而可以取得成本优势。早期进入在下列情况下是不利的：行业早期市场与行业发展后的市场有很大的不同，早期进入者在以后将面临昂贵的调整费用，开创市场的费用很高(如顾客的宣传教育、法规批准、技术首创等)，而市场开创后并不能为本企业所专有；技术的发展很快使初始创新者的投资成为过时，后进入者却有可能采用最新的技术及工艺。

4) 新兴行业内企业策略选择

新兴行业的先进入者由于投入了较多资源而在市场上享有领先的地位，如何对待后进入者是一个重要决策问题，先进入者作出强有力的反应是可能的，但未必是上策；容忍后进入者进入也是可以的，先进入者可以从后进入者的技术开发及市场开辟、销售渠道中得到好处，但也可能使后进入者坐享现成果实，又会影响先进入者的竞争地位，对此应很好地权衡，以寻求恰当的策略。

5) 促使行业结构向有利于企业发展的方向变化

对于行业结构正处于形成中的新兴行业，企业有可能通过其产品战略、价格策略和营销手段对行业结构施加较大的影响，以期改善企业自身所处的地位。供应商和销售中间商对新兴行业提出的要求往往乐于作出反应，乐于进行投资以满足新兴行业的要求，这是新兴行业中的企业可以利用的有利形势。新兴行业的早期进入壁垒很快降低，新兴行业中的企业必须寻求新的优势，不能仅仅依靠在早期阶段拥有的专有技术等手段来维护自己的优势地位。

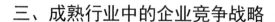

三、成熟行业中的企业竞争战略

作为行业生命周期的一个重要阶段，行业经历了成长期而进入了成熟期，企业的竞争环境发生了很大的变化，要求企业在经营战略上相应作出反应，这是非常重要的，但有时又是非常困难的。

1. 行业进入成熟期企业面临的变化

1) 行业增长速度下降

进入成熟期后，行业产量(或销售量)的增长速度下降，各企业还要保持其自身的增长率就必须扩大其市场占有率，从而使行业内企业竞争加剧。

2) 买方市场形成

产品供大于求，许多企业只能向有经验的重复购买的用户销售，而用户在选购商品上越来越挑剔，经验和知识都更加丰富，由于行业的内在技术和产品都已成熟和定型，因此企业竞争常常在成本、售价和服务方面展开。

3) 行业盈利能力下降

行业增长速度下降及买方市场的形成，使行业内企业盈利能力下降，但此时企业在成长期阶段实行的增加生产能力和增加人员的大发展战略尚未作根本的调整，出现了生产能力和人员方面的盈余。

4) 企业各职能策略面临新的调整

当行业及产品已经成熟定型时，新产品的开发及产品新用途的开发难度大为增加，要使企业的产品在技术性能、系列、款式、服务等方面不断有所变化，会使成本及风险增加，此时企业要认真调整自己的研究与开发策略。企业在生产量上不可能再有急剧的增长，而是要在节约成本、提高质量上下工夫，在市场营销上要进一步在市场渗透和市场开拓方面争取有新的突破。总之，行业进入成熟期，企业的各方面策略都必须作出相应的转变和调整。

5) 国际竞争激烈

由于国内行业处于成熟期，因此企业都想把自己的产品销往国际市场。国际竞争经常具有不同的成本结构，促使企业努力向其他国家出口并进行国际投资，促使行业进一步成熟化，使国际竞争更加激烈。

2. 行业进入成熟期企业竞争战略选择

1) 3种通用竞争战略的选择

在选择竞争战略时，对各种不同产品的生产规模进行成本分析是十分必要的。如果是小批量生产，则采用产品差异化或集中战略是有利的；若是大批量生产，则成本领先战略较好。集中战略和产品差异化战略是建立在小额或特小额的特定用户订货的基础上，即对某一类型顾客或某一地区性市场作密集型的经营，使企业能控制一定的产品势力范围，这样企业的竞争地位就比较稳定；而在产量较小时采用成本领先战略显然是不合算的。

2) 产品结构的调整

行业进入到成熟期后，产品的特色正在逐渐减少，价格也会逐渐下降，为此就需要进行产品结构分析，淘汰部分亏损和不赚钱的产品，将企业的注意力集中于那些利润较高的、用户急需的项目和产品，努力使产品结构合理化。实际上，在行业成熟期前企业就应当把注意力放到产品结构调整上，及时开发产品的新系列和新用途，只有这样才能免除企业在行业成熟期后期陷入的被动。

3) 工艺和制造方法的改进和创新

随着行业的逐步成熟，新产品开发越加困难，因而企业应为进一步降低成本而在工艺和制造方法改革上下工夫，在产品销售渠道等方面进行改进，以期能获得较多的利润。

4) 用户的选择

在行业进入成熟期后，企业扩大销售额比较容易的方法就是使现有用户扩大使用量，这比寻求新用户更有效；因为扩大用户往往会引起剧烈的竞争，而对现有用户增加销售可以用提高产品等级、扩展产品系列、提供高质量的服务等方法来实现，企业应当保住一些重点用户，努力满足其需要，争取扩大销售额。

5) 开发国际市场

当国内市场趋于饱和后，有条件的企业可采用开拓国际市场的方针。在国内该产业已进入成熟期，而在其他国家该产业也可能刚刚进入幼稚期或成长期，竞争者较少，因而可以获得比较优势，极大地降低进入费用，获得较大利润。

6) 退出或实行多角化经营

当企业感到继续留在成熟的行业中已经仅有微利或无利可图时，可以考虑退出该行业，可以采取如转让、归并等退出战略。当企业经营感到困难时，也可考虑采用多角化经营战略，即在努力避开行业内的激烈竞争而不脱离本行业经营的同时，还在其他领域进行经营。

7) 购买廉价资产

当行业处于成熟期时，会出现一批经营不好或处境艰难的企业，此时如果本企业竞争地位较强，可以考虑购买、兼并这些企业，努力设法使本企业达到经济规模，创造低成本的地位，进一步增强本企业的竞争力。

四、衰退行业中的企业竞争战略

衰退行业是指在产业构成中处于发展迟缓停滞乃至萎缩的行业，其中发展迟缓和停滞是相对衰退，萎缩是绝对衰退。从时间上看，工业总体结构总是向高级化方向演进，会不断地衍生出衰退产业和新兴产业，这是时间相对性。从空间上看，同一产业在不同的工业生产力水平下会处于不同的兴衰阶段，发达国家(地区)的衰退产业可能正是次发达国家或不发达国家(地区)的新兴产业，因此具有地区相对性。从战略分析的角度看，衰退行业是指在相当长的一段时间里行业的销售量持续下降的行业。在衰退行业中同样可以有不同的运用得成功的战略。

1. 在衰退行业中企业竞争战略的选择

衰退行业的企业的战略选择基本可分为以下 4 种。

1) 取得领先地位

采取这种战略的出发点是使企业成为行业中保留下来的少数企业之一，甚至是保留下来的唯一企业。趁其他企业纷纷退出的机会，通过竞争使本企业在行业中处于领先或支配的地位；一旦形成这种形势，企业还要进行一定的投资，当然这种投资是要冒较大风险的，企业必须经过认真分析才能行动。

2) 取得适当地位

采用这种战略，企业首先要认清衰退行业中的某一部分市场仍能有稳定的或者下降很慢的需求，并且在这部分市场中还能获得较高的收益。企业应当在这部分市场中建立起自己的地位，以后再视情况的发展考虑进一步对策，这样也需要追加一部分投资，但投资规模及风险都较小。

3) 逐步退出战略

采用这种战略是尽量多地从衰退行业中回收投资，同时停止一切新的投资，停止广告宣传费，削减设备维修费，停止研究开发费的支出，等等，即企业要把过去投资的潜力挖尽，并尽可能从销售回收最多的收益，这实质上是一种有控制地逐步退出的战略。这些步骤看起来是合理的，但实际执行起来却是很困难的。

4) 快速退出战略

这种战略认为：及早迅速地退出、对固定资产立即转让，对业务的及早清理比缓慢地退出行业更有利，因为早期出售这项业务通常可以找出这项业务的最高卖价，企业可获得较高收益。一旦行业衰退明朗，行业内外的资产买主就处于极有利的讨价还价的位置，到那时再卖掉固定资产为时已晚。当然，早期出售固定资产，企业也会面临对今后需求预测不准确的风险。

2. 衰退行业中竞争战略选择应当注意的问题

1) 客观地分析衰退行业的形势

可能是由于行业的长期存在，或者对替代品认识不清，也可能是由于较高的退出壁垒，企业经营者对周围环境不能作出客观的实事求是的估计和预测。因为悲观的信息对管理者来说是十分痛苦的，他们总是寻找乐观的信息，因此企业经营者总是根据以往的经验，对衰退行业的复苏抱有过分乐观的估计，这是十分危险的。本来，在早期发现危机还可以挽救企业的生命，但由于经营者的主观判断错误，贻误了战机而葬送了企业的生命。

2) 应避免打消耗战

如果企业实力较弱，应在发现行业进入衰退期时立即采取迅速退出战略，若与行业内的竞争者一味竞争下去，不仅本企业不会取得衰退行业中的应有位置，还会给企业带来灾难，因此企业应尽量避免打消耗战。

3)　应谨慎采用逐步退出战略

正如前述，当企业没有明显实力时，采用逐步退出战略会使企业陷于崩溃之中，因为一旦市场或服务状况恶化，或者行业内已有一二家企业退出该行业，则行业内的状况便急转直下，用户会很快地转移他们的业务，产品售价可能被迫降低。因此，企业要权衡自己的实力与管理上的风险，谨慎采用逐步退出战略。

本章思考题

1. 什么是企业战略？企业战略有哪些特征？
2. 企业的战略系统如何构成？
3. 试采用本书介绍的战略分析方法对某家企业进行战略分析。
4. 企业的三种基本竞争战略各有何利弊？
5. 试举例说明企业的核心能力和竞争优势。
6. 行业生命周期的不同阶段有何特点？企业应如何选择不同阶段的竞争战略？

第五章

企业经营决策

本章导读：

决策是管理的本质，管理的各项职能——计划、组织、领导、控制等都离不开决策。制定决策是管理人员尤其是高层管理人员的重要工作内容，决策涉及企业经营的各个环节。本章讲述了经营决策的概念、内容和分类，经营决策的原则与步骤，重点讲述了各种定性、定量的决策方法。

学习目标：

明确经营决策在企业管理中的地位及重要性，理解决策的概念和内容，了解决策的种类及各类决策的特点，掌握制定决策的具体步骤及应遵循的原则，学会应用相关的决策方法进行决策。

关键词：

决策(decision)　决策过程(decision process)　决策方法(decision method)　方案选择(alternative choice)

第一节　经营决策概述

一、经营决策的概念

经营决策是在形势分析的基础上，依据客观规律和实际情况，针对企业经营活动要实现的一定目标，用科学的方法拟定并评估各种方案，从中选出合理方案并付诸实施的过程。

在企业的经营活动过程中，存在大量的决策问题，如企业规模的确定、新产品的研发、人员的选用、生产方案的选择等。一个决策问题的重要性取决于涉及资源投入量多少；决策后果对企业未来发展影响程度；决策的灵活性；行动方针是否确定；变量的相对稳定程度以及对组织内成员影响面的宽窄等。面临复杂多变的企业环境，企业的生存与发展在很大程度上取决于企业经营决策是否合理。正确的决策能为企业带来更高的经济效益，而决策失误轻则影响企业的经营效果，重则将导致企业破产倒闭。经营决策具备以下 6 个特点。

1. 目标性

任何决策都包含着目标的确定。目标体现的是企业想要获得的结果。目标确定以后，方案的拟订、比较、选择及实施效果的检查就有了标准与依据。

2. 可行性

方案的实施需要利用一定的资源，缺乏必要的人力、物力、财力，理论上十分完善的方案也只能是空中楼阁。因此，在决策过程中，决策者不仅要考虑采取某种行动的必要性，而且要注意实施条件的限制。

3. 选择性

决策的关键是选择，没有选择就没有决策。而要能有所选择，就必须提供可以相互替代的多种可行方案。事实上，为了实现同样的目标，企业可以从事多种不同的活动，这些活动在资源要求、可能结果及风险程度等方面存在或多或少的差异。因此，不仅有选择的可能，而且有选择的必要。

4. 满意性

决策最后所选择的方案只能是比较满意的方案，不可能是最优方案。现代决策理论认为，最优化决策是不可能实现的，它只是一种理想而已。另外，受人力、物力、财力及时间等因素的影响，备选方案不可能很多，只能从这些备选方案中选择比较满意的方案。

5. 过程性

经营决策是一个系统的过程，而不是一个瞬间作出的决定。决策中，决策者需要做大量的调查、分析和预测工作，然后确定行动目标，找出可行方案，并进行判断、权衡，选择最终方案。当令人满意的行动方案被选出后，决策者还要就其他一些问题(如资金筹集、结构调整和人员安排等)作出决策，以保证该方案的顺利实施。在这个过程中，每一个阶段都相互影响，外部环境的变化和信息的取得都会影响决策的过程。

6. 动态性

决策的动态性与过程性有关。决策不仅是一个过程，而且是一个不断循环的过程。决策是动态的，没有真正的起点，也没有真正的终点。组织的外部环境处在不断变化中，要求决策者密切监视并研究外部环境及其变化，从中发现问题或找到机会，及时调整组织的活动，以实现组织与环境的动态平衡。

二、经营决策的内容

决策贯穿企业生产经营活动的全过程，这一过程每一个环节都离不开决策。企业经营决策主要有以下 6 个方面。

1. 企业经营战略决策

企业要进行生产经营活动，首先要明确其业务组成和前进的目的地，也就是确定企业发展的战略方向，这是企业管理的重要组成部分。由于它影响企业生产的品种、生产工艺、原材料的供应和产品的销售以及财务、人事组织等各种策略，所以它是企业首先要解决的问题。

2. 企业产品决策

主要是决定产品的结构，决定生产什么产品，哪些是主导产品，应发展什么样的新产品，改造哪些老产品，淘汰哪些过时产品等。产品品种决策是企业管理工作的重点。如果企业以调整产品结构为主，则管理工作重点在品种开发；如果以利用新产品开辟新市场、争取新用户为主，则管理工作的重点为新产品的开发；若是以老产品扩大服务面为主，则企业管理工作重点为销售。

3. 企业生产技术决策

包括企业规模的确定，厂址的选择与厂内的布局，专业化生产与协作，企业技术改造，新产品研制，老产品改进，产品质量的提高，生产工艺的革新，设备的更新与改造，以及生产的指挥与调度等问题的决策。

4. 企业物资供应决策

物资供应决策内容取决于供货对象与供货方式。有由生产者直接供给的，有采用国外补偿贸易方式供给的，有通过商业系统收购供给的，等等。因而企业就必须在供应渠道、采购时间、数量、运输和贮存方式、技术指导、资金援助、联合经营等方面作出决策。

5. 企业市场营销决策

主要是在开发、扩大与占领市场，完成销售目标方面的决策，如目标市场选择，产品的定时定位，价格的确定，推销方式、销售渠道的选择，产品的包装、商标、广告、销售服务策略及出口商品外贸途径的选择与决定等。

6. 企业财务决策

主要包括资金筹措和资金使用两方面的问题。前者要确定资金来源，后者则是解决资金的使用问题。无论是用于基本建设，还是技术改造、新产品研制等，都必须确定投资的规模、投资的项目、投资的方向，并对投资的效果进行分析。此外，还有劳动报酬的标准和分配方法、利润的分配和股息的确定等。

7. 企业人事与组织决策

包括人事与组织两方面的决策。前者主要指人员的招聘、选拔、任用、调整、考核、培训等方式和方法及标准的确定等。后者主要是指企业领导体制的确定，生产组织、劳动组织、管理组织的设置及相应责、权的划分和相应制度的确定等。

三、经营决策的类型

1. 长期决策、短期决策

长期决策是指有关企业今后发展方向的长远性、全局性的重大决策，又称长期战略决策，如投资方向的选择、人力资源的开发和组织规模的确定等；短期决策是为实现长期战略目标而采取的短期策略手段，又称短期战术决策，如企业的日常营销、物资储备以及生产中资源的配置等。

2. 战略决策、战术决策

战略决策是确定企业发展方向和远景的决策，重点是解决企业与外部环境的关系问题，如企业目标、方针的确定，组织机构的调整，企业产品的更新换代，技术改造等。战略决策具有长期性和方向性的特点；战术决策也叫管理决策，是战略决策执行过程中的具体决策，重点是解决如何组织动员内部力量的具体问题，如企业生产计划和销售计划的制定、设备的更新、新产品的定价以及资金的筹措等。

3. 集体决策、个人决策

集体决策是指多个人一起作出的决策，个人决策则是指单个人作出的决策。相对于个人决策，集体决策有其优点：能更大范围地汇总信息；能拟定更多的备选方案；能得到更多的认同；能够集思广益，更好地沟通。

但是集体决策也有其缺点，如花费较多的时间、容易产生群体思维(groupthink)①现象以及责任不明等。

4. 定量决策、定性决策

定量决策指决策目标有准确的数量标准、易采取数学方法作出的决策。定性决策难以用准确数量表示目标，主要依靠决策者的分析判断进行决策。

5. 程序化决策、非程序化决策

企业中的问题可分为两类：一类是例行问题，另一类是例外问题。例行问题是指那些经常重复出现的、日常的管理问题，如产品质量、设备故障、现金短缺、供货单位未按时履行合同等；例外问题是指那些不经常发生的、新颖的、性质和结构不明的、具有重大影响的问题，如组织结构变化、重大投资、开发新产品或开拓新市场、长期存在的产品质量隐患、重要的人事任免以及重大政策的制定等。

赫伯特·A.西蒙(Herbert A.Simon)根据问题的性质把决策分为程序化决策与非程序化决策。程序化决策解决的是例行问题，而非程序化决策解决的是例外问题。即程序化决策面临的问题经常出现，已经有了处理的经验、程序和方法，可以按常规办法来解决。非程序化决策所解决的是不常出现的问题，还没有取得处理的经验，完全要靠决策者的分析和判断来解决。

6. 初始决策、追踪决策

初始决策是零起点决策，是在有关活动尚未进行从而环境未受到影响的情况下进行的。

---

① 所谓群体思维是指个人由于真实的想法受到来自集体的压力，在认知或行动上不由自主地趋向于和其他人保持一致的现象。周三多，陈传明，鲁明泓. 管理学——原理与方法[M]. 5版. 上海：复旦大学出版社，2010：206

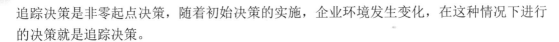

追踪决策是非零起点决策，随着初始决策的实施，企业环境发生变化，在这种情况下进行的决策就是追踪决策。

7. 确定型决策、风险型决策、不确定型决策

确定型决策是在稳定(可控)条件下进行的决策。决策者确切知道自然状态的发生，知道所能选择的各种方案，每个方案只有一个确定的结果，最终选择哪个方案取决于对各个方案结果的直接比较。

风险型决策也叫随机决策，在这类决策中，自然状态不止一种，决策者不能确定哪种自然状态会发生，但能知道有多少种自然状态以及每种自然状态发生的概率。

不确定型决策是在不稳定条件下进行的决策，决策者不能遇见到各种自然状态发生的概率。

第二节　经营决策的原则与步骤

一、经营决策的基本原则

1. 满意原则

决策的"满意"原则是针对"最优化"原则提出的。"最优化"的理论及假设是把决策者作为完全理性化的人，决策是以"绝对理性"为指导，按"最优化准则"形成的结果。最优化的决策从理论上来说是不存在的。因为，要使决策最优，必须能获得与决策有关的全部信息；真实了解全部信息的价值所在，并据此制定所有可能的方案；准确预期每个方案在未来的执行结果。而现实中这些是做不到的。因此，"满意"决策就是对可实现决策目标的方案进行权衡，做到"两利相权取其重，两弊相权取其轻"。

2. 分级原则

决策应在企业内部分级进行，这是企业业务活动的客观要求。企业需要的决策非常广泛、复杂，是高层管理者难以全部胜任的。实现分级决策，把部分重复进行的、程序化的决策权下放给下属，既有利于高层决策者集中精力抓好战略决策、非程序化决策，又可增强下属的主动性和责任心，有利于分权管理。

3. 集体和个人相结合原则

决策即要充分利用机会，减少风险，又要有人敢于负责，能够抓住机会，当机立断。因此，必须坚持集体和个人相结合的原则，根据决策事务的轻重缓急，确定哪些事或在什么情况下实行群体决策，哪些事或在什么情况下应实行个人决策，将两者结合起来，注意发挥个人的主动性和群体的民主性，做到既保证决策的正确，又能够提高决策工作的效率。

4. 信息原则

信息的准确和及时是经营决策的必要条件，又是进行决策所必须遵循的原则。没有信息，决策就成为无米之炊；没有准确、及时的信息，就没有科学的决策。决策所需的信息

收集的越多、越准确、越及时，决策的基础就越坚实，决策的成功率也就越大。

5. 反馈原则

反馈就是对决策所导致的后果及时进行调整。由于环境和需要的不断变化，最初的决策必须根据变化了的情况作出相应的改变和调整。这种改变和调整是保证经营决策合理化、科学化不可缺少的一环。

6. 整体效用原则

企业作为一个系统，其内部有许多单元。这些单元同企业之间存在着局部和整体的关系。无论在企业内部，还是在社会内部，利益不会总是一致的。有时对局部上是有利的事，对全局可能不利；反之，对整体有利的事，对局部可能不利。在这种情况下，不同利益者的处理方式不同，会产生不同的效应。因此，决策者在决策时，要正确处理局部与整体之间的关系，在充分考虑局部利益的基础上，要把提高整体效用放在第一位，实现决策方案的整体满意。

二、经营决策的过程

依据解决问题的循环周期，一般的决策过程包括 6 个步骤，如图 5-1 所示。

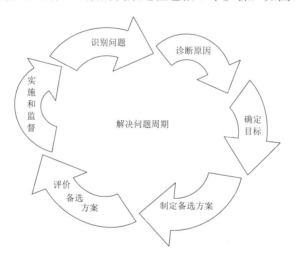

图 5-1 一般决策过程示意图

资料来源：张玉利.管理学[M]. 2 版.天津：南开大学出版社，2004：153.

1. 识别问题

识别问题的目的是鉴别出那些与预期结果产生偏离的问题，也就是说需要确定决策的对象(即针对什么进行决策)。管理者所面临的问题是多种的，有危机型问题(需要立即采取行动的重大问题)、非危机型问题(需要解决但没有危机型问题重要和紧迫)、机会型问题(如何适时采取行动能为企业提供获利的机会)。识别问题是决策过程的开始，以后各个阶段的活动都将围绕所识别的问题展开，如果识别问题不当，所作出的决策将无助于解决真正的问题，因而将直接影响决策效果。

识别问题可以从以下几个方面考虑：

（1）偏离过去的绩效，即企业以前建立的绩效模式遭到破坏或发生变化，如员工流动比率提高、销售额下降、成本费用突然上升或废品率上升等。

（2）偏离既定的计划，即没有达到决策者的期望水平，如新产品推出后没有达到预期的市场占有率水平，利润水平低于计划水平等。

（3）其他人可能给决策者带来的问题，如有关顾客对于延迟交货的抱怨甚至投诉等。

（4）竞争者的绩效水平，当竞争对手改进或形成了新的生产工艺时，决策者必须对本企业的生产工艺重新评价。

2．诊断原因

识别问题并不是目的，关键还要根据各种现象分析出问题产生的原因，这样才能考虑采取什么措施，选择哪种行动方案。否则，只能是乱开药，或是头痛医头、脚痛医脚，造成资源浪费。在诊断原因时，切勿将问题的表象视为问题的本身，导致针对问题的细枝末节寻找解决的办法。比如，销售额本月下降了5%，这个问题表现为销售人员没有完成任务，诊断的原因很可能是销售人员积极性问题，给销售人员压力和激励似乎是提高销售额的解决之道。而实际上，这个问题的根本原因很可能是产品品种已经过时，或是广告费用投入不足。因此，发现问题，找出问题产生的原因是正确决策的基础。可以通过调查分析找出问题产生的主要原因，如是企业内外的什么变化导致了问题的产生，哪一类人与问题有关等，也可以利用相关的诊断分析工具逐步发现原因并分清主次。

3．确定目标

决策者在找到问题及其原因之后，应该分析问题的各个构成要素，明确各构成要素的相互关系并确定重点，以找到决策所要达到的目的，即确定目标。合理的目标是合理决策的前提。决策目标必须明确，模棱两可、含糊不清或太抽象的目标，都将导致决策无所遵循。合理的决策目标应该是可以衡量其成果、规定其时间和责任的，如在一定产量和销售价格的限制下，确定利润目标；在有限的人力、物力、财力条件下，确定最佳工期等。

4．制定备选方案

制定备选方案的过程是个极具创造性的过程，拟定备选方案越多，解决办法就越趋完善。备选方案应是整体详尽性与相互排斥性相结合，以避免方案选择过程中的偏差。整体详尽性是指拟定的各个备选方案应尽量包括所有可能实现的方案，因为方案越多，越可能出现高质量的方案，选择余地也越大。相互排斥性是指各备选方案本身要相互独立，不能互相包涵。

制定备选方案需要决策者有丰富的想象力、创造力和完善的技术知识，并且要善于相互启发、集思广益。虽然备选方案越多越好，但是受资源、成本、时间等条件限制，试图找出所有解决问题的方案是不切实际的，可以先拟定一批备选方案，初选淘汰一些，补充修改一些，再进行选择，这样可以大大提高决策效率。对于认为较满意的备选方案，应将主要的分析工作致力于最有效的几个方案上，但用于分析的总费用不可超过它的预期收益。在拟定备选方案过程中，还应考虑可能出现的意外变动，并对主要的参数及可能出现的误差和变动进行敏感性分析。

5．评价和选择方案

方案评价就是根据确立的决策目标、各备选方案的预期结果等对各方案的可用性和有效性进行衡量。决策者通常可以从以下 3 个方面评价和选择方案：

(1) 方案的可行性，即企业是否拥有实施这一方案所要求的资金和其他资源，包括人力、财力、物力、时间、信息和其他自然资源。该方案是否符合法律要求或企业伦理、是否同企业的战略保持一致、能否使员工全身心地投入到决策的实施中去等。

(2) 方案的有效性和满意程度，即方案能够在多大程度上满足决策目标，是否同企业文化和风险偏好一致等。要强调的是，在实际工作中，某一方案在实现预期目标时很可能会对其他目标产生积极或消极的影响，因此，目标的多样性在一定程度上增加了决策的难度，这又从另一角度反映出决策者分清决策目标主次的必要性。

(3) 方案产生的结果，即方案本身的可能结果及其对企业其他部门或竞争对手现在和未来可能造成的影响。

比较各可行方案，不仅要对积极结果进行比较，也要对其产生的消极结果进行比较；不仅要把每个行动方案同决策目标进行比较，而且要把它同其他方案进行比较。首先，决策者应当对两个可行方案进行比较，选出其中较好的一个；其次，选择完全不同的另外两个可行方案重复上述的比较过程；然后将已经选出的两个较好的方案进行比较，最终在众多的可行方案中找出最理想的行动方案。

运用科学的方法评估和选择方案，有利于决策的正确性与及时性。这些将在决策方法中具体讲述。

6．实施和监督

方案的实施与监督是决策过程中至关重要的一步。在选定方案全面实施之前，应先在局部试行，以验证在典型条件下是否真正可行。随后在正式全面实施过程中，应制定相应的具体措施，确保企业成员充分接受和了解有关决策的各项指令；应运用目标管理法把决策目标层层分解，落实到执行单位或个人，并要对有关的人员进行恰当的激励和培训；要建立重要的工作报告制度，及时了解方案进展，对方案进行及时的修正与完善。

在这个阶段，职能部门应对各层次、各岗位履行职责情况进行检查监督，及时掌握执行进度，检查有无偏离目标的现象存在，并将信息反馈到决策机构。决策者应依据职能部门反馈的信息，及时追踪决策实施情况，对局部与既定目标相偏离的应采取措施，保证目标的实现；对客观条件发生重大变化，原决策目标确实无法实现的，则要重新寻找问题，确定新的目标，重新制定可行方案进行评估和选择。

第三节　经营决策的方法

一、定性决策方法

1．头脑风暴法

头脑风暴法(Brain Storming)原意为神经患者的胡思乱想，这里借来形容参加会议的人思想奔放，能创造性思考问题，是比较常用的集体决策方法。这种方法便于发表创造性意见，因此主要用于收集新设想。通常是将对解决某一问题有兴趣的人集合在一起，在完全不受约束的条件下，敞开思路，畅所欲言。头脑风暴法的创始人美国的奥斯本(A.F.Osborn)为该决策方法的实施提出了 4 项原则：对别人的建议不作任何评价，将相互讨论限制在最低限度内；建议越多越好，在这个阶段，参与者不要考虑自己建议的质量，想到什么就应该说出来；鼓励每个人独立思考，广开思路，想法越新颖、奇异越好；可以补充和完善已有的建议以使它更具说服力。

头脑风暴法的目的在于创造一种畅所欲言、自由思考的氛围，诱发创造性思维的共振和连锁反应，产生更多的创造性构想。

2．哥顿法

哥顿法是由美国人哥顿(W.J.Gordon)为了解决技术问题而拟定的一种方法。它是以会议形式请专家提出完成工作任务和实践目标的方案，但要完成什么工作，目标是什么，只有会议主持人知道，不直接告诉与会者，以免他们受到完成特定工作和目标，以及思维方式的束缚，因此，可以把它看成是一种特殊形式的头脑风暴法。例如，企业要开发一种新型粉碎机，会议主持人不把此目标直接提出来，而是请专家提出如何把东西破碎的方案。经过充分议论，主持人在适当的时候再把开发粉碎机的具体内容提出来，以形成更有吸引力的开发方案。

3．德尔菲法

德尔菲是古希腊阿波罗神宣布神谕的所在地。20 世纪 50 年代，美国兰德公司与道格拉斯公司协作研究出了通过有控制的反馈，更可靠地收集专家意见的方法，最后用"德尔菲"(聪明智慧的含义)命名这种方法。至今，德尔菲法占各类预测的 24%以上。德尔菲法依靠专家单独发表意见，各抒己见，管理小组对专家们的意见进行统计处理和信息反馈，经过几轮循环，使分散的意见逐步集中，最后达到较高的预测精度。具体步骤如下。

(1) 对问题的性质、条件等方面彻底明确。通过精心设计的问卷，要求专家提供可能解决问题的方案。

(2) 专家们"背靠背"，不发生任何形式的联系，每位专家匿名、独立地完成问卷。

(3) 主持人对收集的问卷集中归纳、编辑，向专家发出本轮问卷结果的复印件，请专家进一步提出方案。第一轮的结果常常能够激发出新的方案或改变某些专家原来的观点。

(4) 重复以上步骤，不断相互启发，提出新的可行方案，排除不切实际的方案，缩小

分析范围，直至得到满意方案。

运用该技术的关键是：选择好专家，这主要取决于决策所涉及的问题或机会的性质；决定适当的专家人数，一般 10～50 人较好；拟定好调查问卷，因为它的质量直接关系到决策的有效性。

德尔菲法无须专家到场，节约了召集费用，但耗时较长，当需要进行快速决策时不适用。

4．名义小组技术

在集体决策中，如对问题的性质不完全了解且意见分歧严重，则可采用名义小组技术。这种方法要求小组的成员互不通气，也不在一起讨论、协商，从而小组只是名义上的。这种名义上的小组可以有效地激发个人的创造力和想象力。具体做法是：管理者先召集一些有知识的人，把要解决的问题的关键内容告诉他们，并请他们独立思考，要求每个人尽可能地把自己的备选方案和意见写下来。然后再按次序让他们一个接一个地陈述自己的方案和意见。在此基础上，由小组成员对提出的全部备选方案进行投票，根据投票结果，赞成人数最多的备选方案即为所选择的方案，当然，管理者最后仍有权决定是接受还是拒绝这一方案。

5．电子会议法

电子会议法是群体预测与计算机技术相结合的预测方法。在使用这种方法时，先将群体成员集中起来，每人面前有一个与中心计算机相连接的终端。群体成员将自己有关解决问题的方案输入计算机终端，然后再将它投影在大型屏幕上。

电子会议法的特点是：一是匿名，参与决策咨询的专家采取匿名的方式将自己的方案提出来，参与者只需把个人的想法输入键盘就行了；二是可靠，每个人作出的有关解决问题的建议都能如实地、不会被改动地反映在大屏幕上；三是快速，在使用计算机进行决策咨询时，不仅没有闲聊，而且人们可以在同一时间互不干扰地交换见解，它要比传统的面对面的决策咨询效率高出许多。

但这种方法也有其局限性：一是对那些善于口头表达，而运用计算机的技能却相对较差的专家来说，电子会议会影响他们的决策思维；二是在运用这种预测方法时，由于是匿名，因而无法对提出好建议的人进行奖励；三是人们只是通过计算机来进行决策咨询的，是"人-机对话"，其沟通程度不如"人-人对话"那么丰富。

二、定量决策方法

1．确定型决策方法

1）线性规划

线性规划是在一些线性等式或不等式的约束条件下，求解线性目标函数的最大值或最小值的方法。运用线性规划建立数学模型的步骤是：确定影响目标大小的变量，列出目标函数方程；找出实现目标的约束条件；找出使目标函数达到最优的可行解，即为该线性规划的最优解。

【**例 5-1**】某企业生产两种产品：桌子和椅子，它们都要经过制造和装配两道工序。有关资料如表 5-1 所示。假设市场状况良好，企业生产出来的产品都能卖出去，试问何种组合的产品使企业利润最大？

这是一个典型的线性规划问题。

第一步，确定影响目标大小的变量。在本例中，目标是利润，影响利润的变量是桌子数量 T 和椅子数量 C。

第二步，列出目标函数方程：$\pi=8T+6C$。

表 5-1　某企业的有关资料

	桌　子	椅　子	工序可利用时间/h
在制造工序上的时间/h	2	4	48
在装配工序上的时间/h	4	2	60
单位产品利润/元	8	6	—

第三步，找出约束条件，在本例中，两种产品在一道工序上的总时间不能超过该道工序的可利用时间，即：

制造工序：$2T+4C\leqslant48$。

装配工序：$4T+2C\leqslant60$。

除此之外，还有两个约束条件，即非负约束：$T\geqslant0$；$C\geqslant0$。

从而线性规划问题成为如何选取 T 和 C，使 π 在上述 4 个约束条件下达到最大。

第四步，求出最优解—最优产品组合。通过图解法(见图 5-2)，求出上述线性规划问题的解为 $T^*=12$ 和 $C^*=6$，即生产 12 张桌子和 6 把椅子使企业的利润最大。

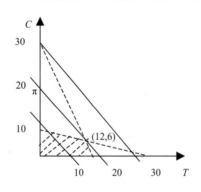

图 5-2　线性规划的图解法

资料来源：周三多等. 管理学——原理与方法[M]. 5 版.上海：复旦大学出版社，2010：224～225.

2)　量本利分析法

量本利分析法是企业经营决策常用的有效工具，其基本方法是根据产品销售量、成本、利润三者之间的关系，分析决策方案对企业盈亏的影响，评价和选择决策方案。

(1)　量本利分析原理

量本利分析的基本原理是边际分析理论。用的方法就是把企业的生产总成本分为同产量无关的固定成本与同产量有关的变动成本。只要销售单价大于单位产品变动成本，就存在着边际贡献，即单位产品售价与单位产品变动成本的差额。当总的边际贡献与固定成本相等时，盈亏平衡。此后再每增加一个单位产品，就会增加一个边际贡献的利润。量本利分析的首要问题是找出盈亏平衡点。寻找盈亏平衡点的方法有图解法和公式法。

① 图解法

以 y 轴表示销售收入和费用，以 x 轴表示产销量或销售额，绘成直角坐标图。将销售收入线、固定成本线、变动成本线标到坐标图上。只要单位产品售价大于单位产品变动成本，则销售收入线与总成本线必能相交于某一点，这就是盈亏平衡点，如图 5-3 所示。

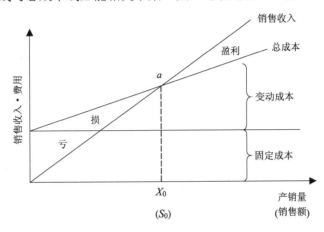

图 5-3　盈亏平衡图

a：盈亏平衡点；X_0：盈亏平衡时的产销量；S_0：盈亏平衡时的销售额

由图 5-3 可知，当产销量低于 X_0 时，企业将亏损；当产销量大于 X_0 时，企业才有盈利。

② 公式法

公式法分为销售量计算法和销售额计算法。

销售量计算法：

$$X_0 = \frac{F}{W - Cv} \tag{5-1}$$

式中，X_0 为盈亏平衡时的产销量；F 为固定成本；W 为产品销售单价；Cv 为单位产品变动成本。

销售额计算法：

$$S_0 = \frac{F}{1 - \dfrac{Cv}{W}} \tag{5-2}$$

式中，S_0 为盈亏平衡时的销售额。

【例 5-2】某厂销售机床每台售价 10 万元，单位产品变动成本 6 万元，固定成本 400 万元，求盈亏平衡点。

$$X_0 = \frac{400}{10-6} = 100(台); \quad S_0 = \frac{400}{1-\frac{6}{10}} = 1000(万元)$$

(2) 销售利润决策分析

当目标利润为约束条件时,量本利分析法可直接确定达到目标利润时的产销量或销售额。

① 求保证实现目标利润时的产销量:

$$X = \frac{F+P}{W-Cv} \tag{5-3}$$

式中,P 为目标利润;X 为现实产销量。

② 求保证实现目标利润时的销售额:

$$S = \frac{F+P}{1-\frac{Cv}{W}} \tag{5-4}$$

式中,S 为现实销售额。

前例如目标利润 400 万元,则实现目标利润时的销售量和销售额分别为:

$$X = \frac{400+400}{10-6} = 200(台); \quad S = \frac{400+600}{1-\frac{6}{10}} = 2000(万元)$$

当预测的销售额为约束条件时,则可用来测算企业的盈利。测算方法为:利润=销售收入-总成本。

(3) 企业经营安全状况分析

为了在经济效益方面做到心中有数,需要测算企业的生产经营状况,可用经营安全率来进行判断。

$$经营安全率 = \frac{X-X_0}{X} \times 100\% \tag{5-5}$$

盈利区产销量越多,经营安全率越高,企业的经营状况则越好。一般可根据以下数值来判断企业的经营安全状况,如表 5-2 所示。

表 5-2 企业经营安全状况分析表

经营安全率	30%以上	25%～30%	15%～25%	10%～15%	10%以下
经营安全状况	安全	较安全	不太好	要警惕	危险

(4) 多品种生产条件下盈亏平衡分析

在多品种生产的企业,合理地选择产品品种有利于企业在相同销售额的情况下增加利润。计算多品种生产的盈亏平衡点要用边际利润法(也叫临界收益法)。

$$M = S - V = F + P \tag{5-6}$$

$$m = \frac{M}{S} \tag{5-7}$$

式中，M 为边际利润；V 为变动成本；m 为边际利润率。

当盈亏平衡时，边际利润等于固定费用。当边际利润小于固定费用时，企业亏损。当边际利润大于固定费用时，企业盈利。边际利润率是边际利润与销售收入之比，它反映产品的获利能力。边际利润率大则产品获利能力大，边际利润率小则产品获利能力小。通过对边际利润的分析，可以了解企业的经济效益状况，也可以作为选择最优方案的依据。

【例 5-3】某企业生产甲、乙、丙、丁 4 种产品，有关数据如表 5-3 所示。

表 5-3　有关数据表　　　　　　　　　　　　　　　　　　　　　　万元

产　品	销售额 S	边际利润率 m	固定费用 F
甲	600	50%	
乙	400	45%	500
丙	500	40%	
丁		30%	500

具体计算方法如下：按边际利润率由高到低排列产品；计算各产品的边际利润；分别计算累计的边际利润和累计的销售额；累计的边际利润减去固定费用后的余额为利润，计算结果如表 5-4 所示。

表 5-4　计算后有关数据表　　　　　　　　　　　　　　　　　　万元

产　品	边际利润率 m	销售额 S	累计销售额 $\sum S$	边际利润 $M=S\times m$	累计边际利润 $\sum M$	固定费用 F	利润 P
甲	50%	600	600	300	300	−200	
乙	45%	400	1000	180	480	−20	
丙	40%	500	1500	200	680	500	+180
丁	30%	500	2000	150	830		+330

以上计算结果说明：当企业只生产甲产品时将亏损 200 万元；生产甲、乙两种产品时亏损 20 万元；生产甲、乙、丙 3 种产品时可盈利 180 万元；如生产甲、乙、丙、丁 4 种产品时可盈利 330 万元。

当边际利润累计数首次大于或等于固定费用时，则先计入边际利润值的产品，就是盈亏平衡点 a 所在的产品区。从表 5-4 可看出，本例边际利润累计值首先大于固定成本的是丙产品。设盈亏平衡点所在产品区的产品序号为 n，则盈亏平衡时的销售额计算公式为：

$$S_0 = \sum_{i=1}^{n-1} S_i + \frac{F - \sum_{i=1}^{n-1}(S_i \cdot m_i)}{m_n} \tag{5-8}$$

本例盈亏平衡时的销售额为：

$$S_0 = S_甲 + S_乙 + \frac{F - (S_甲 \cdot m_甲 + S_乙 \cdot m_乙)}{m_丙}$$

$$= 600 + 400 + \frac{500 - (600 \times 50\% + 400 \times 45\%)}{40\%}$$

$$= 1000 + \frac{500 - 480}{40\%} = 1000 + 50 = 1050(万元)$$

按上述数据作图，如图 5-4 所示。

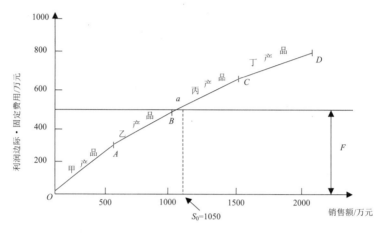

图 5-4　有关数据图

作图步骤如下：

① 纵坐标表示边际利润和固定费用，横坐标表示销售收入，两者均标明刻度。

② 取甲产品的销售收入 600 和边际利润 300 定点 A 作 OA 直线。

③ 取产品甲、乙销售收入之和 1000，与甲、乙边际利润之和 480 定点 B 作 AB 直线。

④ 以此类推，完成 OABCD 线，此线为 4 种产品的边际利润折线。

⑤ 画出固定费用线。边际利润线与固定费用线相交于点 a，即盈亏平衡点，点 a 所对应的销售额即为盈亏平衡时的销售额。

如果边际利润率高的甲产品是市场急需的短线产品，而边际利润率低的丁产品是长线产品，企业则可以在保持总销售额不变的情况下，增加甲产品销售额，减少丁产品销售额，这样会使企业增加利润。如在本例中，增加 500 万元甲产品销售额，减去 500 万元丁产品销售额，则甲产品的边际利润为：$M_甲 = (600+500) \times 50\% = 550(万元)$。

盈亏平衡时的销售收入为：$S_0' = \dfrac{F}{M_甲} = \dfrac{500}{50\%} = 1000(万元)$

企业可得利润为：$(550+180+200) - 500 = 430(万元)$

比调整产品结构前增加利润：$430 - 330 = 100(万元)$

2．风险型决策方法

风险型决策也叫概率型决策或随机型决策。决策所面临的自然状态是一种随机事件，这种随机事件可以计算或估计出概率，因而可以计算出各方案实施后的结果。风险型决策应具备 5 个条件：

第一，决策者有一个明确的决策目标，如最大利润、最低成本、最短的投资回收期等。

第二，存在着决策者可以选择的两个以上的可行方案。

第三，存在着不以决策人的主观意志为转移的各种自然状态，如市场销售情况好、不好或中等。

第四，各种不同自然状态下的损益值可以计算。

第五，各种自然状态发生的概率可以预测。

风险型决策主要用于远期目标的战略决策或随机因素较多的非程序化决策，如技术改造、新产品研制和投资决策等方面。风险型决策的方法很多，在此介绍决策收益表法和决策树法。

1)　决策收益表法

决策收益表就是一张数表，主要包括决策方案、各方案所面临的自然状态、自然状态出现的概率和各方案在各种自然状态下的收益值。决策标准是收益期望值。

$$收益期望值 = \sum (收益值 \times 状态概率) \tag{5-9}$$

【例 5-4】某肉食加工厂去年 6～8 月熟食日销量统计资料如下：日销 100 吨有 18 天，110 吨有 36 天，120 吨有 27 天，130 吨有 9 天，如表 5-5 所示。预测今年 6～8 月需求量与去年相同。每销售一吨可获利 50 元，每剩余一吨要增加 30 元费用，该厂日生产计划应如何决策？

表 5-5　自然状态统计概率

自然状态	日　数	概　率
100 吨	18	0.2
110 吨	36	0.4
120 吨	27	0.3
130 吨	9	0.1
Σ	90	1.0

根据条件计算决策收益表，如表 5-6 所示。

表 5-6　日生产计划决策收益表

收益值\自然状态　方案(日产量/吨)	日销售量/吨				期望利润/元
	100	110	120	130	
	0.2	0.4	0.3	0.1	
100	5000	5000	5000	5000	5000
110	4700	5500	5500	5500	5340
120	4400	5200	6000	6000	5360
130	4100	4900	5700	6500	5140

从计算结果看，日产 120 吨时，期望利润为 5360 元，大于其他方案，应选日产 120 吨

的方案。

收益值的计算方法，以日产 120 吨为例：在日销量为 100 箱的情况下，收益值=(100×50)-(20×30)=4400；在日销量为 110 箱的情况下，收益值=(110×50)-(10×30)=5200；在日销量为 120 箱的情况下，收益值=120×50=6000；在日销量为 130 箱的情况下，收益值=120×50=6000；期望利润的计算方法，也以日产 120 箱为例：期望利润=(4400×0.2)+(5200×0.4)+(6000×0.3)+(6000×0.1)=5360。

2) 决策树法

(1) 决策树的特点。决策树的基本原理也是以决策收益为依据，通过计算作出择优决策。所不同的是决策树是一种图解方式，对分析较为复杂的问题非常适用，优点是：可以明确比较各可行方案的优劣；对与某一方案有关的事件一目了然；可以表明每一方案实现的概率；对每一方案的执行结果能算出预期的盈亏；适合多级决策。

(2) 决策树的结构。构成决策树的要素有 4 个：决策点、方案枝、状态结点、概率枝。决策树是以决策点为出发点，引出若干方案枝，每条方案枝代表一个方案，方案枝的末端有一个状态结点，从状态结点引出若干概率枝，每条概率枝代表一种自然状态，概率枝上标明每种自然状态的概率和收益值。这样层层展开，形如树状，故称决策树。

(3) 决策树的绘制步骤，包括以下 3 个方面：

① 绘制树形图。绘图程序自左至右逐级展开。绘制决策树的前提是对决策条件进行细致分析，确定有哪些方案可供决策时选择，以及各种方案的实施会发生哪几种自然状态。如遇多级决策，则可确定是几级决策，并逐级展开其方案枝、状态结点和概率枝。

② 计算期望值。期望值的计算要由右向左依次进行。首先将每种自然状态的收益值分别乘以各自概率枝上的概率，再乘以决策的有效期限，最后将各概率枝上的值相加，标于状态结点上。

③ 剪枝决策。比较各方案的期望值，如方案实施有费用发生，则应将状态结点值减去方案费用再进行比较。凡是期望值小的方案枝一律剪掉，最终只剩下一条贯穿始终的方案枝，其期望值最大，将此最大值标于决策点上即为最佳方案。

【例 5-5】某工厂准备生产一种新产品，对未来五年销售情况进行预测：出现高需求的概率为 0.3，中需求的概率为 0.5，低需求的概率为 0.2。企业有两个方案可供选择：新建一个车间，需要投资 110 万元；扩建改造一个车间，需要投资 50 万元。对各种自然状态下年度销售利润的预测如表 5-7 所示，该企业应选择哪个方案比较合适？

表 5-7　各方案预测收益表　　　　　　　　　　　　万元

收益值　自然状态 新建方案	高需求	中需求	低需求
新建	80	40	0
扩改建	60	30	15

按步骤绘制决策树并计算期望值，如图 5-5 所示。

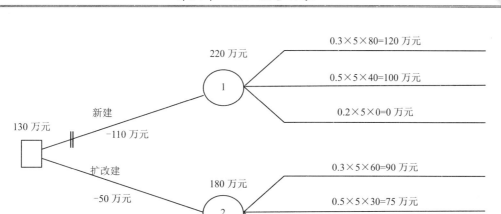

图 5-5　单级决策树

比较两个方案 5 年中的净效益：新建方案为 110 万元，扩改建方案为 130 万元。因此，扩改建方案是较优方案，应将新建方案枝剪去。

【例 5-6】某厂设备技术已经落后，需要马上更新，厂内有人认为，目前产品销路增长，应在更新设备的同时扩大生产规模。也有人认为，市场形势尚难判断，不如先更新设备，3 年后再根据形势考虑扩大规模的问题。这样该厂面临两个决策方案：一是先更新再根据形势确定是否扩大规模；二是更新、扩大规模同时进行，预测资料如下：若现在更新设备，需投资 35 万元，3 年后扩大生产规模另需投资 40 万元。现在更新、扩大规模同时进行，总投资额需 60 万元。如现在只更新设备，在销售情况良好时，每年可获利 6 万元；销售情况不好时每年可获利 4.5 万元。如果是更新与扩大规模同时进行，若销售情况好，前 3 年每年可获利 12 万元，后 7 年每年可获利 15 万元。若销售情况不好，每年只能获利 3 万元。

各种自然状态的预测概率如表 5-8 所示。

表 5-8　概率预测表

前 3 年		后 7 年		
		后 7 年销售状况	前 3 年销售状况	
销售情况	概　率		好	不　好
好	0.7	好	0.85	0.10
不好	0.3	不好	0.15	0.90

这是一个多级决策的问题。对当前只更新不扩产的方案，3 年后又面临两个方案可供选择，即扩产还是不扩产。由此，可以绘出决策树，如图 5-6 所示。

结点①的期望值=0.7×[52.4+(3×6)]+0.3×[32.6+(3×4.5)]=63.1(万元)

结点②的期望值=0.7×[92.4+(3×12)]+0.3×[29.4+(3×3)]=101.4(万元)

扣除投资后，只更新不扩产方案的净收益为 28.1 万元，而更新、扩大规模同时进行方案的净收益为 41.4 万元。因此，应采取更新与扩大规模同时进行的方案。

3．不确定型决策方法

不确定型决策是指决策者所要解决的问题有若干个方案可供选择，但对发生的各种自然状态的概率无法预测，因而使决策结果具有不确定性。对这类问题的决策，最佳方案的选择主要取决于决策者的态度与经验。

【例 5-7】某厂准备生产某种新产品，有 3 个可行方案可供选择：新建一个车间、扩建原有的车间、改造原有车间生产线。今后市场销售状况出现高需求、中需求、低需求的概率都不能预知，3 个方案在 5 年内的收益或损失如表 5-9 所示。

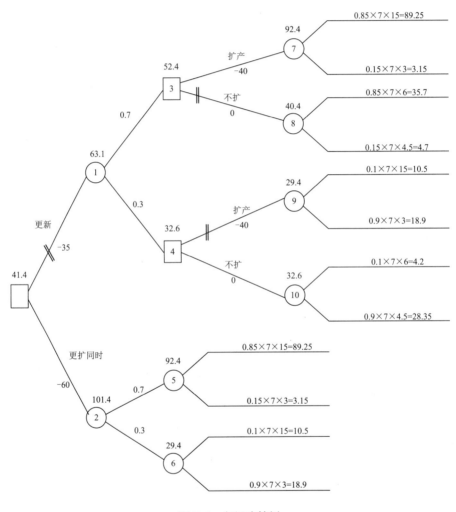

图 5-6　多级决策树

在这种情况下，决策者可根据不同的原则选择最佳方案。

1)　乐观原则(该原则也叫大中取大原则)

首先从每个方案中选取一个最大的收益值，记入新增的最大收益栏内，然后看最大收益栏内哪一个数据最大，就选择哪一个方案，结果如表 5-10 所示。按照这个原则选择方案，说明决策人对新产品的销售前景作了乐观估计，这样的决策显然是比较冒险的。

表 5-9　各方案预测收益值　　　　　　　　　　　　　　万元

收益值　自然状态　　　方案	高需求	中需求	低需求
新建	60	20	−25
扩建	40	25	0
改造	20	15	10

表 5-10　按乐观原则决策示意表　　　　　　　　　　　万元

收益值　自然状态　　　方案	高需求	中需求	低需求	最大收益
新建	60	20	−25	60
扩建	40	25	0	40
改造	20	15	10	20

2) 悲观原则(该原则也叫小中取大原则)

首先从每个方案中选取一个最小的收益值记入新增的最小收益栏内，然后再从这些最小收益值中选择一个最大值作为决策方案，如表 5-11 所示。按此原则选择方案，说明决策者对新产品销售前景作了悲观估计，是趋于保守的决策。

表 5-11　按悲观原则决策示意表

收益值　自然状态　　　方案	高需求	中需求	低需求	最小收益
新建	60	20	−25	−25
扩建	40	25	0	0
改造	20	15	10	10

3) 乐观系数原则

决策人以市场预测资料和经验判断确定一个乐观系数 a 做主观概率，其值为 $0 \leqslant a \leqslant 1$，然后计算各方案的期望收益值。

$$期望收益值 = a \times 最大收益值 + (1-a) \times 最小收益值 \tag{5-10}$$

最后根据各方案的期望收益来选择最优方案。设已确定 a 值为 0.6，则各方案的期望收益值为：

新建方案期望收益值 $= 0.6 \times 60 + (1-0.6) \times (-25) = 26$(万元)

扩建方案期望收益值 $= 0.6 \times 40 + (1-0.6) \times 0 = 24$(万元)

改造方案期望收益值=0.6×20+(1-0.6)×10=16万元

3个方案的期望收益值以26万元为最大，故决策选择新建方案。

4) 机会均等原则

这种原则假定3种自然状态发生的概率均相等，并在此基础上分别计算每个方案的期望收益值，据此选择最优方案。

新建方案期望收益值=$\frac{1}{3}$×(60+20-25)=18.33(万元)

扩建方案期望收益值=$\frac{1}{3}$×(40+25+0)=21.67(万元)

改造方案期望收益值=$\frac{1}{3}$×(20+15+10)=15(万元)

3个方案的期望收益值以21.67万元为最大，故决策选择扩建方案。

5) 最小后悔值原则(该原则也叫大中取小原则)

这种原则是以各个方案的机会损失的大小来判别方案的优劣。机会损失是由于市场上出现了高需求，而决策者采取了保守方案，或市场上出现了低需求，而决策者采取了投资较大方案所造成的收益差额，这个差额称为后悔值。如本例，当市场出现高需求时，如采用新建方案可获利60万元，这是最优方案；如果决策采用扩建方案只能获利40万元，由于未能采取最优方案将造成20万元的收益差额，决策人会感到后悔或遗憾。

用最小后悔值原则进行不确定型决策，首先要用各种自然状态下各方案收益值中最大的收益值分别减去各方案的收益值，求得后悔值，如表5-12所示。然后选出各方案的最大后悔值，最后在最大后悔值中找出最小者，具有最小后悔值的方案即为最优方案。

表5-12　按最小后悔原则决策示意表

方案 \ 自然状态 后悔值	高需求	中需求	低需求	最大后悔值
新建	60-60=0	25-20=5	10-(-25)=35	35
扩建	60-40=20	25-25=0	10-0=10	20
改造	60-20=40	25-15=10	10-10=0	40

比较3个方案的最大后悔值，扩建方案最小，故决策选择扩建方案。

本章思考题

1. 什么是决策？决策理论学派的代表人物西蒙(Simon)认为"管理就是决策"，你怎样理解？

2. 决策的特点和原则是什么？

3. 决策的过程包含哪些步骤？

4. 什么是程序化、非程序化决策，各自具有哪些特点？

5. 确定型决策、风险型决策和不确定型决策的方法有哪些？

6. 如何看待定性决策与定量决策在企业管理中的作用？

第六章

企业人力资源管理

本章导读：

人是管理的第一要素，人力资源管理的优劣将直接影响企业的经营效果，没有科学合理的人力资源管理，就不会有企业可持续发展的未来。本章介绍了有关人力资源的基本概念和理论，人力资源管理的内容，人力资源管理的基础工作，人力资源规划与招聘，企业人员培训及绩效考评的理论与方法。

学习目标：

明确人力资源、人才资源、人力资本、绩效管理等概念，了解人力资源管理的含义及内容，认识工作分析与工作设计在企业人力资源管理中的基础作用，了解人力资源规划的特点及程序，掌握企业人员招聘、培训开发、绩效评估与管理，学会正确运用有关方法解决企业人力资源管理问题。

关键词：

人力资源(human resources)　工作分析(job analysis)　人员招聘(staff recruitment)　培训开发(training development)　绩效考评(performance appraisal)

第一节　人力资源管理概述

一、人力资源

1. 人力资源的含义

人力资源是指在一定区域范围内具有智力劳动能力和体力劳动能力的人的总和。对企业而言，人力资源是指在生产过程中投入的具有劳动能力的人的总量。人力资源作为一种经济资源，包涵体能和智能两个基本方面。体能即人的身体素质，包括力量、速度、耐力、反应力等，亦即对劳动负荷的承载力和消除疲劳的能力。智能包括 3 个方面：首先是人认识事物、运用知识、解决问题的能力，亦即智力，包括观察力、理解力、思维判断力、记忆力、想象力、创造力等；其次为知识，是人类所具备的从事社会生产与生活实践活动的经验和理论；最后是技能，是人们在智力、知识支配和指导下实际操作、运用和推动生产资料的能力。

理解人力资源必须把握以下几点：

(1) 人力资源是总人口的一部分，是总人口中具有劳动能力的人口。

(2) 以体能和智能为基本内容的人力资源以人体为其载体，能够能动地运用物质资料，推动经济和社会的发展。

(3) 人力资源是总体概念，单个人难以称为人力资源。

(4) 人力资源是个时空概念，如某一时间某个国家或地区的人力资源，或者某个企业、部门的人力资源。

(5) 人力资源是质和量的统一，既有质的规定性，又有量的计算性。

2. 人力资源的特点

人力资源是一种特殊的经济资源，与物质资源相比，主要具有下述几个特点。

1) 人力资源的生物性

人力资源存在于人体之中，是有生命的"活"资源，与人的自然生理特征相联系。

2) 人力资源的能动性

人力资源的能动性体现在人活动的两个方面：一方面是人活动的目的性。人是有思想、情感和思维的，能够有意识、有目的地利用其他资源去实现自己的目标。而其他资源则是处于被利用、被改造的被动地位。另一方面是体现在人力资源的创造性上。人类的创造性思维使得人类社会不断地向前发展，过去的许多梦想甚至神话如飞天、登月等，经过一代又一代人的努力已经成为现实，人类的创造性使社会具有无限的发展潜力。

3) 人力资源的社会性

人力资源的实质是一种社会资源，人力资源总是与一定的社会环境相联系的，它的形成、配置、开发和使用都是一种社会活动。人类劳动是群体性劳动，不同的劳动者一般都分别处于各个劳动集体中，脱离了社会，人就不能正常地成长与发展，人类社会对人力资源的形成具有重要的作用。

4) 人力资源的时效性

人是人力资源的载体。人是有生命周期的，人的生命周期决定了人力资源开发的时效性，人力资源的开发利用必须遵循人的生命周期规律，以取得最好的效果。如果人的能力得不到及时地开发和利用，不仅荒废了人的年华，也浪费了最宝贵的人力资源。

5) 人力资源的再生性

人力资源的再生性体现在两个方面：一方面，自然资源被消耗后一般不会再生出来，而人力资源在劳动过程中被消耗后还可以通过人类的自身繁衍而连续不断地再生。另一方面，人力资源在使用过程中会产生有形和无形的损耗，有形损耗是指人自身的疲劳和衰老；无形损耗是指人的知识和技能落后于社会和科技的发展。但是人可以通过继续教育不断更新知识，提高技能，通过工作可以积累经验，充实提高。所以，人力资源能够实现自我补偿、自我更新、自我丰富和发展，在使用过程中实现其自身的增值。

6) 人力资源的资本性

人力资源是资本性资源，可以投资并得到回报。人力资本是一种活的资本，是劳动者能力和价值的资本化，有自己的意识、需要、权利和感情，可以能动地进行自我投资、自主择业和主动创业。人力资本可以自我增值、自我利用。

3. 人力资源的数量和质量

人力资源的构成有两个要素：一是人力资源的数量，是人力资源总量的基本指标，表现人力资源量的大小特征；二是人力资源的质量，是人力资源的素质指标，表现人力资源质的高低特征。

1) 人力资源的数量

人力资源的数量包括宏观和微观两种解释。

(1) 宏观的人力资源数量。包含以下内容：

① 劳动年龄内的在业人口，占据人力资源的大部分，称为"适龄就业人口"。

② 尚未达到劳动年龄但已经从事社会劳动的人口，即"未成年劳动者"或"未成年就业人口"。

③ 已经超过劳动年龄、继续从事社会劳动的人口，即"老年劳动者"或"老年就业人口"。

④ 处于劳动年龄之内、具有劳动能力并要求参加社会劳动的人口，这部分可以称作"求业人口"或"待业人口"。

⑤ 处于劳动年龄之内、正在从事学习的人口，即"就学人口"。

⑥ 处于劳动年龄之内、正在从事家务劳动的人口。

⑦ 处于劳动年龄之内、正在军队服役的人口。

⑧ 处于劳动年龄之内的其他具有劳动能力的人口。

上述①～③为社会在业人口，是已利用的人力资源；①～④为社会经济活动人口，是现实的人力资源；⑤～⑧部分为潜在的人力资源。

(2) 微观的人力资源数量，是指组织全部现任在岗工作人员的总和，长假长休(事假、病休)人员、停薪留职者、离退休人员不包含在内。

2) 人力资源的质量

人力资源质量是一国或地区拥有劳动能力的人口的身体素质、文化素质、专业知识和劳动技能水平以及劳动者的劳动态度的统一，具体如下述几个方面。

(1) 思想素质包括政治觉悟、思想水平、道德品质等。作为人力资源的质量内容，主要是指劳动者工作的责任心、事业心、敬业心、工作态度、思想状态(或称为时代素质，如是积极进取还是安于现状，勇于创新还是保守恋旧等)。

(2) 文化技术素质主要就智力、知识和技能而言，这是人力资源所具有的质的规定性的主要方面。

(3) 生理心理素质为前述体能和心理精神状态。

以上3方面素质的完整统一，构成人力资源的全部质量内容，缺一不可。其中，生理心理素质是基础，文化技术素质是关键，是人力资源的本质所在，而思想素质是人力作为资源要素发挥作用的必要前提条件和保障。

分析人口资源、人力资源、劳动力资源和人才资源的关系，有助于我们更准确的理解人力资源的实质、内涵及重要性。如图6-1和图6-2所示。

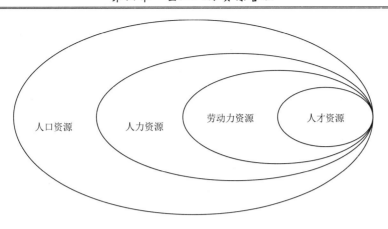

图 6-1　人口资源、人力资源、劳动力资源、人才资源四者的包含关系

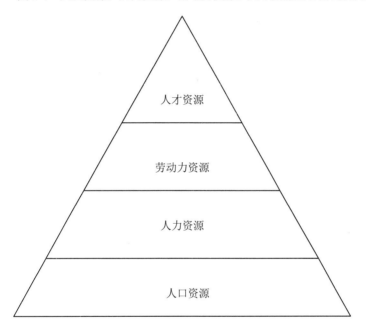

图 6-2　人口资源、人力资源、劳动力资源、人才资源四者的数量关系

由图 6-1 和 6-2 可以看出，人口资源是指一个国家或地区的人口总体、是一个数量概念、是一个最基本的底数，与之相关的人力资源、劳动力资源、人才资源皆以此为基础。劳动力资源是指一个国家或地区有劳动能力并在"劳动年龄"范围之内的人口总和，是指人口资源中拥有劳动能力且进入法定劳动年龄的那一部分。而人力资源是指一个国家或地区一切具有为社会创造物质财富和精神、文化财富的，从事脑力劳动和体力劳动的人口总称，它强调人具有劳动的能力，因而超过了劳动力资源的范围。人才资源则是指一个国家和地区具有较强的管理能力、研究能力、创造能力和专门技术能力的人们的总称，重点强调人的质量素质方面，强调劳动力资源中较杰出的、较优秀的那一部分人，表明一个国家和地区所拥有的人才质量，反映了一个民族的素质和这一民族的希望所在。

由此可见，人口资源与劳动力资源突出人的数量和劳动者数量。人才资源侧重人的质量。人力资源是人口数量与质量的统一，是潜在人力与现实人力的统一。中国人口众多，从数量上看，人口资源与劳动力资源居世界首位，人力资源数量也名列前茅。但从质量上看，人力资源和人才资源相对比较落后，人力资源的文化水平较低，素质较差。因此，人力资源的潜力很大，如何加以大力开发和合理使用，是理论和实践的重要课题。

二、人力资源管理

1. 人力资源管理含义

人力资源管理是根据心理学、社会学、管理学等所揭示的人的心理及行为规律，运用现代化的科学方法，对人力资源进行合理的组织、培训、开发与调配，使人力与物力保持协调，同时对人的思想、心理和行为进行激励和控制，充分发挥人的主观能动性，使人尽其才，事得其人，人事相宜，以实现组织的战略目标。

2. 人力资源管理的内容

在一个企业里，凡是与人有关的事情都与人力资源管理有关，作为人力资源管理部门，主要的工作内容涉及以下4个方面。

1) 选人

在人力资源管理过程中，选人包括人力资源的计划与招聘。选人是人力资源管理非常重要的第一步。选人者要有较高的素质和相应的专业知识。选人者只有知道什么是人才，才能鉴别人才，招聘到真正的人才。候选者来源应尽量广泛，候选者来源越广泛，越容易选出合适的人才。被选者层次结构要适当，选人时要考虑最合适的人选，而不是最高层次的人选，要避免岗位需求与任职者能力不匹配的现象。

2) 育人

在人力资源管理过程中，育人包括人力资源的培训与开发。育人是人力资源管理的重要内容之一。育人要因材施教，每个人的素质、经历、知识水平不同，应针对每个人的特点，采用不同的培训内容和方式。育人要坚持实用的原则，要同实践结合，学以致用。

3) 用人

用人主要包括组织结构的设计及通过职务分析，在每个职位上安排合适的人。用人要坚持量才录用的原则，用人不当，大材小用和小材大用都对企业不利。大材小用造成人才浪费，小材大用会给组织带来损失。岗位的设置要尽量使工作内容丰富化，枯燥、呆板的工作会降低人们的工作热情，从而降低工作效率。

4) 留人

人力资源管理的留人主要是对人的工作绩效进行科学公正的评价，给予合理的报酬和适当的奖励。留住人才是人力资源管理部门的重要职责，留不住人才是企业的损失，是人力资源管理部门的失职。主要应做好以下几方面工作：

(1) 合理的薪酬，薪酬不仅是衡量一个人贡献的大小，也是衡量一个人价值能否得到体现，事业是否成功的标准。

(2) 个人的发展前景，个人对发展前景的预测对留住人才很关键，应作好员工职业生

涯管理工作，完善各项人力资源管理制度。

(3) 企业文化，塑造良好的企业文化，有利于员工树立共同的价值观和使命感，便于统一认识和行动。在公平和谐的企业环境中，人际关系和谐，员工心情舒畅，工作会更有热情。

具体讲，人力资源管理的主要内容包括：人力资源规划、人员选聘、培训开发、绩效评价、奖酬与福利、安全与健康、劳动关系等，如图 6-3 所示。

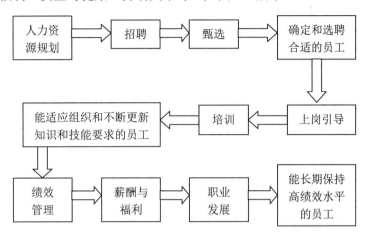

图 6-3　人力资源管理过程与内容

3．人力资源管理的演变与发展

要准确、全面的把握人力资源管理的真实面目，就必须将人力资源管理放回到其形成与发展的具体历史环境中去观察，这样有助于正确认识和理解人力资源管理。

1) 起源：福利人事与科学管理

人力资源管理起源于人事管理，而人事管理的起源则可以追溯到非常久远的年代。18世纪末，瓦特蒸汽机的发明与推广引发了工业革命，改变了以前家族制和手工行会制的生产方式，产生了大量实行新工厂制度的企业，竞争与发展要求这些企业进一步扩大规模，但劳工问题却成为制约企业主们扩大企业规模的主要瓶颈。

当时的人们不喜欢工厂的劳动方式，对劳动的单调性，一年到头按时上班等没有好感。为了招募到足够多的工人，尤其是技术工人，企业被迫采取各种各样的福利来吸引工人。为增进工人对企业的忠诚，消除工作的单调性，改进人际关系，一些企业开始采取各种各样的福利措施以留住工人，如利用传统的节日组织工人郊游和野餐等。

为解决劳工问题，有关福利人事措施逐步形成。所谓福利人事，即由企业单方面提供或赞助的旨在改善企业员工及其家庭成员的工作与生活的一系列活动和措施。福利人事是在"关心工人"和"改善工人境遇"的观念基础上建立的一种有关"工人应如何被对待"的思想体系，其基本信念是"福利工作是能强化诚信和提高工人士气的善举"，这会改善劳资关系，并有希望提高生产率。直至今天，我们仍能从人力资源管理中找到传统福利人事的影响，如企业设置澡堂和餐厅、提供医疗保健服务、修建各种娱乐和健身设施、兴办员工托儿所等。

同样关注劳工问题的泰罗认为，劳动组织方式和报酬体系是生产率问题的根本所在。他呼吁劳资双方都要进行一次全面的思想革命，以和平代替冲突，以齐心协力代替相互对立，以相互信任代替猜疑戒备。建议劳资双方都应将注意力从盈余的分配转到盈余的增加上，通过盈余的增加，使劳资双方都没必要再为如何分配而争吵。泰罗对此提出了一系列原则，形成了泰罗制的主要内容。泰罗的科学管理对人事管理概念的产生具有举足轻重的影响，推动了人事管理职能的发展。科学管理理论倡导管理分工，强调计划职能与执行职能分离，从而为人事管理职能的独立提供了依据和范例。企业管理的研究者和实践者认识到，过去由一线管理人员直接负责招聘、挑选、培养、支付薪酬、绩效评估、任命、奖励等工作方法，已不能适应企业组织规模扩大的现实，企业要做好人员管理这项工作，必须要有专业人士为一线管理人员提供建议，这为人事管理作为参谋部门而非直线部门的出现奠定了基础。从此，人事管理作为一个独立的管理职能正式进入了企业管理的活动范畴。

2) 演进：人事管理

人事管理是为企业对人员的管理提供支持的一种作用的体系，他关注的焦点在于建立、维护和发展特定体系，从而提供一种雇佣框架。这种体系作用于员工受雇于企业的整个过程，从受雇(招募与选聘等)、雇佣关系管理(奖励、评估、发展、劳资关系、申诉与违纪)，到雇佣关系的结束(退休、辞职、减员和解雇等)。

20世纪30年代的霍桑试验为人事管理的发展开拓了新的方向。霍桑实验证明：员工的生产率不仅受工作设计和员工报酬的影响，而且受到许多社会和心理因素影响。霍桑试验引发了整个管理学界对人的因素的关注，大量的研究成果在人事管理领域得到了广泛的运用，并推动了人事管理的迅速发展。人际关系学以"管理者应该更多的关心人而不是关心生产"为核心观点，认为从工艺技术方面来解释工作的意义和以讲究效率的经济逻辑作为衡量绩效的基础，会把个人的社会需求挤到次要的低位，最终会降低个人在工作中进行协作的能力。因此，其强调管理的社会和人际技能而不是技术技能，强调通过团体和社会团结来重建人们的归属感，重视非正式组织的作用，注意沟通，把员工满意度作为衡量人事管理工作的重要标准。

3) 蜕变：从人事管理到人力资源管理

20世纪80年代是一个充满了持续而快速的组织变革的时代，人事管理也进入了企业更高的层次，从关注员工道德、工作满意转变为关注组织的有效性。高级人事主管开始参与讨论与企业未来发展方向、战略目标等有关的问题，工作生活质量、工作团队、组织文化等成为人事管理的重要内容。竞争压力的变化要求企业在人力资源问题上有一个定义更广泛、全面和更具战略性意义的观点，要求从组织的角度和长远目标出发，把人当做一项潜在的资本，而并不仅仅看做是一种可变的成本。20世纪80年代以后人力资源管理研究的主要贡献集中在以下三个方面：

首先，由于20世纪80年代以后人才的竞争加剧，人们逐渐认识到，员工是与股东、管理层地位平等的一个主要利益相关者，这一观点显示了人力资源管理协调管理层和员工间利益冲突的重要性，大大扩展了人力资源管理所涉及的范围，直线经理(特别是总经理)

应承担更多的人力资源管理职责。

其次，全球化的发展使人们认识到，人力资源管理政策和实践的设计与实施，必须与大量的、重要的具体情境因素相一致。这些具体情境因素包括劳动力特征、企业经营战略和条件、管理层的理念等。通过分析这些具体情景因素，企业管理者将人的问题与经营问题有机地结合了起来，并使人力资源管理具有了战略价值。

再次，企业在人力资源管理方面的花费越来越多，使企业日益重视对人力资本投资收益的评估。但由于人力资本投资收益的长期性，使得准确评估成本收益非常困难。人力资源管理政策与实践的评估应是多层次的，人力资源管理政策与实践的长期效果则应从组织的有效性、员工福利和社会福利三个方面来考察。

总体而言，人事管理致力于建立一种对员工进行规范与监管的机制，以保证企业经营活动低成本的有效运行。而人力资源管理则将员工视为能创造价值的最重要的企业资源，致力于建立一种能把人的问题与企业经营问题综合考虑的机制。如果说人事管理是企业管理的一种职能，那么人力资源管理则无疑是一种新的企业管理模式。

4) 趋向：战略人力资源管理

进入 20 世纪 90 年代以后，企业经营环境变化日益频繁。从外部环境来看，技术创新加剧，国际竞争白热化，顾客需求多样化；从内部环境来看，员工素质日益提高，自我发展意识逐渐增强。企业开始从关注企业绩效的环境决定因素转为强调企业的内部资源、战略与企业绩效的关系。例如，企业能力理论认为，与外部条件相比，企业的内部因素对于企业获取市场竞争优势具有决定性的作用。由于人力资源的价值创造过程具有路径依赖和因果关系模糊的特征，其细微之处竞争对手难以模仿。所以，企业人力资源将是持久竞争优势的重要来源，有效的管理人力资源而不是物质资源，将成为企业绩效的最终决定因素。这一研究显著提高了人力资源在形成竞争优势方面的地位，促进了从提高企业竞争力角度对人力资源的研究，并直接导致了战略人力资源管理的兴起。

虽然，学者们对"战略人力资源"有着不同的认识。其中的分歧主要集中在是存在一种普适的人力资源模式，还是应该根据企业战略实施不同的人力资源管理实践。但是，战略人力资源管理却在基本理念上是一致的，那就是战略人力资源管理把人力资源管理视为一项战略职能，以"整合"与"适应"为特征，探索人力资源管理与企业组织层次行为结果的关系。战略人力资源管理强调：①人力资源管理应被完全整合进企业的战略中。②人力资源管理政策在不同的政策领域与管理层次间应具有一致性。③人力资源管理实践应作为企业日常工作的一部分被直线经理与员工所接受、调整和运用。战略人力资源管理正成为人力资源管理发展的一个新的趋向。

第二节 战略人力资源管理

目前，越来越多的企业认识到，人力资源对维持一个组织的竞争起着非常重要的作用。对实现组织战略起到关键作用的是具有价值性、稀缺性、不可模仿性和系统性的核心资源，而人力资源正是满足这四个条件的核心资源。

人力资源对获取组织竞争优势的作用日益关键，组织中的人力资源管理活动并非在真空中起作用，他是与外部环境和内部环境相互作用的。一方面，外部环境如法律和法规、工会运动和要求、经济条件等对组织的人力资源管理产生重要的影响；另一方面，组织的人力资源管理规划也受到组织战略与愿景、组织文化、发展阶段、工作性质等因素的影响。在组织内部，还存在财务、会计、研发、营销和生产等各项职能，人力资源管理作为一项重要的职能，与这些内部职能的相互作用决定了整个组织的效率。

一、外部环境的影响

1. 外部环境变化

1) 法律和法规

法律和法规是一个强有力的外部影响因素。当组织做出有关解雇、提升、绩效评估、裁员及惩罚等各项人事决策时，都必须权衡法律的影响。

2) 经济和技术变化

经济和技术变化改变了人力资源资源管理政策。职业雇佣的最主要变化是对雇员的需求正从制造业和农业逐渐向服务业和信息产业转变。这种变化意味着一些组织不得不削减雇员，同时吸引和留住那些拥有特殊技能、能够适应未来需要的雇员。未来社会是学习型社会，越来越多的人将从事知识的创造、传播和应用等活动，并通过这些活动为社会创造财富。在这样的社会里，知识管理能力成为企业核心竞争力的关键，知识成为企业竞争优势的来源，企业更加重视员工及员工技能与知识，真正将知识视为企业的财富。人力资源管理及相应的组织安排被纳入企业战略管理领域，持续的组织学习和持续的员工培训与开发被视为企业的战略武器。企业领导人考虑的战略性问题之一便是如何开发员工的创造力，如何将知识转化为智力资本和经营资本。传统的人事管理观念受到挑战，人特别是知识工作者被视为企业利润的源泉，所有花费在人力资源上的成本都将被视为有较高产出的投资。

3) 全球竞争

经济全球化也是影响人力资源管理变化的一个主要因素。经济全球化已经彻底改变了市场竞争的边界，使企业面临来自全球的、前所未有强度的挑战。经济全球化蕴涵着对新市场、新产品、新观念、企业竞争力和经营方式的新思考。一个成功的全球化企业应该具备独特的技能和视野，感知到世界市场和产品的微妙差别，能理解并接受世界范围内各种不同的文化和宗教差异，如为什么不能在印度卖牛肉汉堡？为什么俄罗斯人较难接受节假日加班，"三·八"国际妇女节为什么是俄罗斯人较重视的节日？能采取有效的激励政策来鼓励全球员工，并在世界范围内共享自己的构想和智慧。全球化给企业带来挑战，要求企业各部门的管理者和人力资源从业人士，以一种新的全球思维方式重新思考企业人力资源的角色和价值增值问题，建立新的管理模式和流程来培养全球性的灵敏嗅觉，从而提高企业效率与竞争力。

4) 高质量劳动力的短缺

未来，许多职业群体和产业都需要受过更好教育的劳动者。那些需要先进知识的岗位的数量预计比其他岗位的数量的增长要快得多。这种增长意味着没有相应专业的人将越来越处于一种劣势。很多研究项目都得出了相似的结论，那就是在许多产业中，雇主在获取拥有一定能力的劳动者将会面临困难。如果不提高劳动者的受教育程度，雇主将不可能找到足够多的高质量劳动者来满足正在增长的大量"知识岗位"。

5)　工作与家庭平衡

传统的工作时间安排，要求员工在公司里进行全职工作，每天工作 8 小时，一周工作工作 5 天，但这种传统的工作时间安排正在发生变化。许多公司都在试验一些可能的变革：一周 4 天，40 小时工作制；一周 4 天，32 小时工作制；一周 3 天工作制；弹性工作制。许多雇主在工作时间和地点的安排上采取了弹性的方式。这些根本的变化需要在人力资源规划时加以考虑。可供选择的工作时间安排使得组织能通过协调工作时间与工作需要从而更有效的利用员工。同时，员工们也更易于在工作与家庭责任之间找到平衡。

所有这些因素对人力资源管理的影响将着重体现在员工培训和激励方面。传统的人力资源教育培训重视知识、技能的传授和政策、法律的理解。现在，企业也许更应重视对员工解决问题、集体活动、交涉联系、领导指挥等能力和主动精神的培养。

二、内部环境影响

1. 战略与发展阶段

1)　组织战略目标

战略目标是指组织希望达到的长期关键目标。战略对公司的竞争地位和资源配置方式的影响很大。一些公司认为，公司的长期成功取决于如何帮助员工实现工作和生活之间的平衡。这些公司采取的措施能够让员工感到安全，帮助员工改善生活条件。比如星巴克，由于有完善的员工保险计划，保持了核心员工的忠诚度，并且在员工感激之余，自愿乘坐"红眼航班"为公司省钱。

组织的部门内部和部门之间经常存在目标不一致的现象。每个部门都会有类似于员工满意、适应变化之类的目标。在决策者看来，不同目标的重要性是不同的，因此不同部门有着不同的地位。在有些组织中，利润是最重要的目标，因此像员工满意度这样的目标就很难受到重视。在这些以利润为先的组织中，人事部门以及人事部门的目标很少受到关注。人力资源如果长期被忽视，则组织最终必定会出现许多问题，如高旷工率、绩效下降、高投诉率等。

2)　发展阶段

组织现期所处的生命周期会对其应使用的人力资源战略产生很大的影响。例如，一个规模很小、只有 3 年创业经验的高科技软件公司的人力资源需求会与一个大公司的人力资源需求大相径庭。组织生命周期与人力资源管理活动之间的关系如下：

组织在"婴儿期"，敢于冒险的企业家精神充斥着整个组织。因为创业者们通常只有为数不多的资金，基本工资很少，当公司需要某项技能时，就会招聘那些已经具备此项技能的人员，培训以及员工发展只在必要时才进行。

组织在"成长期",组织需要增加设备,扩大营销,增加人力资源来满足市场对其产品和服务的需求,从而需要对人力资本进行投资。通常,订货积压、时间冲突问题的出现预示着一个组织的发展速度已超出其能力所及的范围。这就需要通过招聘员工来满足不断膨胀的工作量。这时,制定人力资源计划及规划步骤是非常重要的。

组织在竞争淘汰期,整个行业发展迅速,并不是所有的企业都能存活下去。一些企业会被其他较大的公司兼并,另一些企业则会从行业中退出。对于处于竞争淘汰期的公司的人力资源管理来说,稳定并提高公司人力资源的竞争力是十分重要的,特别是那些处在企业重组、通过削减工作岗位来控制成本阶段的公司。必须监测报酬成本,但为了留住核心员工,短期或长期的激励刺激也是不可或缺的。人力资源发展计划的重点在于拥有高潜力、特殊技能的员工,因为这些员工是保证一个组织在竞争淘汰期不至落败的主要力量。

组织在"成熟期",组织发展及组织文化逐渐稳定,组织规模和往日的成功业绩使企业能够制定出更正式的规划、政策和程序。通常,在此期间,组织政策与人力资源活动不断丰富,报酬计划成为人力资源管理关注的焦点,更多的人力资源发展计划被实行,更多的内部员工培训计划被实施。

组织在"衰退期",组织显示出对外部变化的抵制。许多美国制造业的案例表明,在衰退期,公司不得不大幅裁员,关闭工厂,使用他们以前积累起来的利润进入其他行业。在衰退阶段,雇主们通常会采取一些特定的人力资源方案,如生产率提高计划、成本压缩计划。工人在此阶段会拒绝削减工资,并在合同中要求更多的工作安全保障。但是,雇主们却被迫以生产设备的磨损消耗、提前退休激励以及关闭主要设备等方式来裁员。

2. 组织文化

组织文化是组织成员所共同享有的价值观和信念,为组织成员提供了行为准则。组织文化从组织期望的员工行为、价值观、哲学、礼仪以及象征中得以体现。只有拥有一段历史,并且这段历史中的经验经过员工们长年累月的分享,企业才能结晶出一个稳固的组织文化。

管理者必须认真考虑组织文化,否则再完美的战略也会因其与组织文化不相融合而宣告失败。更进一步讲,正是组织文化密切影响着公司对优秀员工的吸引和保留。许多案例表明,组织中掌握核心技术、专业的人员及高级行政管理人员的辞职,都是由低估员工、不利于个人能力发挥的组织文化造成的。相比之下,一些公司却因为形成了一套尊重员工的组织文化,而成功地吸引、培训并留住了有用人才。如惠普公司的"惠普之道",默克公司的坚持"我们从事的是保存和改善生命的事业,药品旨在治病救人,不在求利……"高尚的价值观,吸引并留住了行业精英。

组织文化还影响着一个组织对外部力量的看法。有些组织文化将外部事件视为一种威胁,而有些组织文化则将分险和变化看做急需组织做出反应的外部挑战。后者将很可能成为企业竞争优势的来源,尤其在这种文化是企业独具的、其他企业难以模仿的情况下更是如此。

三、人力资源战略分类

1. 关注点不同的四类人力资源战略

目前，根据关注的重点不同，西方的人力资源战略可以归为四大类：利用战略、聚集战略、促进战略和投资战略，如表6-1所示。

表6-1　西方的四类人力资源战略

人力资源战略	重点关注
利用战略	怎样利用好每一个人，更多的是从挖掘现有人才的角度去考虑问题
聚集战略	通过现有人员进行人才的积累
促进战略	企业对个人投入，促进其成长
投资战略	企业在员工身上大量投入，同时对员工的期望和要求也非常高，既相互投资。

资料来源：孙健敏.MBA全景教程之三：人力资源管理[M].北京：北京大学出版社，2003.

2. 实施条件不同的三类人力资源战略

根据人力资源战略的特点和实施条件，西方的人力资源战略大致可以分为三种模式：以美国为代表的劳动契约型、以日本为代表的资源开发型和权变模式，三种模式的比较如表6-2所示。

表6-2　西方人力资源战略的三种模式

名　　称	定　　义	特　　点	实施条件
以美国为代表的劳动契约型	整个人力资源管理体系建立在以雇佣关系为基础的契约之上，企业与员工的关系完全是一种合同关系，或者说是一种契约关系，一切制度都以这个契约为前提	特别强调个人能力，不管过去和未来，只管签约合作的这一段时间，因此晋升特别快	整个社会的劳动雇佣体系是自由的
以日本为代表的资源开发型，也叫资历主义	通过个人能力的积累达到提高整体实力的目标	稳步晋升，终身雇佣制	劳动力市场非常发达，雇主有充分的选择余地，劳动力供大于求
权变模式	把能力跟资历结合起来	以上两种类型的结合	文化必须是个人主义的，因为合同是针对个人签订的

3. 企业生命周期不同阶段的人力资源战略

企业是一个生命的有机体，有其诞生、成长、壮大、衰退直到死亡的过程，在这个生命周期的不同阶段，企业的生产经营和人才使用有着不同的特点。企业生命周期通常被划

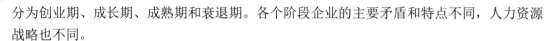

分为创业期、成长期、成熟期和衰退期。各个阶段企业的主要矛盾和特点不同，人力资源战略也不同。

1) 创业期的人力资源战略

创业时期就是一个新企业的诞生过程，这个时期企业的不利因素有很多，如产品质量不稳定、产量低、市场占有率低、产品成本高、产品价格高、经验管理、不规范、缺乏资金、知名度低。创业时期企业人员少，人才少，没有明确的分工，人员常常是以一当十，人才使用的特点是高低配置，即高级人才低位使用。因为是初创时期，所以大家不分彼此，对名誉、地位、金钱都不计较，靠的是创业者的极大热情和雄心以及极强的创新精神。这一时期人力资源战略的核心是：充分发挥创始人的人格魅力、创造力和影响力，向他人学习，向外单位学习；在工作中发现一批技术型和管理型人才，为以后企业向规范化、制度化方向发展打下坚实的基础；促进人才组织化，帮助员工设计自己的职业生涯。

2) 成长期的人力资源战略

这一阶段企业典型的特征是：产品有市场，销售量增加，企业的生产人员和销售人员也大量增加；企业人员的增长和销售量的增加使企业的规模迅速的扩大。企业的规章开始建立，企业的组织机构也开始明确，企业进入规范化管理阶段，企业有一定的创新能力和核心竞争力，顾客、社会开始关注这类企业，企业也开始注意自己的形象。企业在快速发展的同时，也存在大量的问题，结构脆弱、人才短缺，其表现是低级人才高位使用，主要原因是：新进人员熟悉企业环境慢、不能迅速认可企业文化；技术人员不能赶上技术发展趋势、技术优势减弱；市场人员不能充分了解产品和市场情况，服务能力不足，市场竞争力差；管理人员难以行使有效的职能；开发个人潜能少，难以满足个人发展的需要。这一时期人力资源战略的核心是完善组织结构，加强组织建设和人才培养，大量吸纳高级人才，让员工从事具有挑战性的工作，丰富工作内容，承担更多的责任；根据市场法则确定员工与企业双方的权力、义务和利益关系；企业与员工建立共同愿景，在共同愿景的基础上使核心价值观达成一致；员工对企业的心理期望与企业对员工的心理期望达成默契，在员工与企业间建立信任与承诺关系，实现员工的自我发展和管理。

3) 成熟期的人力资源战略

成熟期是企业生命周期中最辉煌的时期，规模、销量、利润、员工、市场占有率、竞争率、竞争能力、研发能力、生产能力、社会认可度等都达到了最佳状态，但企业也容易得"大企业病"，即企业易骄傲自满，沟通不畅、滋生官僚主义、创新精神减弱。人力资源方面出现高高配置，即高级人才高位使用。这一时期人力资源战略的核心是激励企业的灵活性，具体措施是：建立"学习型组织"，提供企业发展远景规划；建立人力资源储备库，采取比竞争对手更优秀的人才垄断战略；组织职位设计分析，明确人员职责；加强针对性培训，解决老员工知识老化问题；激励手段多样化，吸引、保留企业所需人才；制定关键人力资源"长名单"(即企业在关键职位上制定的两三个层级的后备接替人名单)，以防止关键员工跳槽或突发事件的发生。

4) 衰退期的人力资源战略

企业在衰退时期销售量和利润大幅度下降，设备和工艺落后，产品更新速度慢，市场

占有率下降，负债增加，财务状况恶化，员工队伍不稳定，员工士气不高，不公平感增强，员工对自己职业生涯发展的期望值降低，敬业精神弱化，企业缺乏激励上进的组织气氛。企业的人力资源是低低配置，即低级人才低位使用。此时的企业有两种前途：要么衰亡，要么蜕变。此时人力资源战略的核心是人才转型，对员工后期发展给予指导，在新的领域进行人才招聘和培训，实现企业的二次创业。

　　企业在生命周期的不同阶段有不同的矛盾和特点，其人力资源战略的重心有所不同，采取的措施也有所不同。企业必须根据自身的条件，不断解决这些矛盾，采取不同的人力资源战略，才有可能实现可持续发展。

第三节　人力资源管理的基础工作

　　企业的生产经营目标是依靠有组织的生产经营活动实现的，而生产经营活动又是通过具体的工作完成的。因此，人力资源管理人员首先要做的工作就是根据企业的生产经营目标进行工作设计。工作设计是为了达到特定组织目标所要进行的构造和设计具体工作活动的过程。工作设计主要说明工作将怎样做、由谁做和在什么地方做这些基本问题。工作分析则是指完整的确认工作整体，以便为管理活动提供各种有关工作方面的信息所进行的一系列工作信息收集、分析和综合的活动。人力资源规划是实施企业发展战略的基础性条件，是企业发展战略和年度计划的重要组成部分，也是企业人力资源管理中各项工作的依据。

一、工作分析

1. 工作分析的地位和作用

　　工作分析是整个人力资源管理与开发工作的基础。在人力资源管理中，常会遇到下述一些难以解决的实际问题：①某种职务或工作的职责和权限是什么；②具备何种素质能力的人才能胜任这一工作；③如何评定工作人员的工作绩效；④这一工作的相对重要性以及报酬标准是怎样的，等等。工作分析是解决这些问题的前提。工作分析的作用具体体现在以下几个方面。

　　1)　工作分析是预测人员需求，制定人力资源规划的基础

　　工作分析有助于制定适应企业战略目标的人力资源规划。例如，可以利用对现有工作分析的信息，预测未来工作的变化，重新设计工作，扩大工作内容，确定未来对雇员数量以及能力等的要求。此外，利用工作分析数据，还可以将某一特定工作所要求的技能与现有雇员的实际技能相比较，如果不能满足现有岗位需要，企业就可以采取一些措施来进行调整。如企业可以从外部招聘录用那些具备企业所需技能的人员来弥补不足；企业也可以有针对性地对现有雇员进行培训，提高或更新其技能；企业还可以对工作重新设计等等。

　　2)　工作分析为招聘录用提供了标准

　　明确的工作描述和工作规范为确定招聘人员的类型、工作内容、职责以及对知识、能力、经验、个人特质等方面的要求提供了基本标准。如果有明确的工作描述，求职者可以

将申请应聘的工作与劳动力市场上的同种工作进行比较，以便确定自己愿意接受的报酬水平等。否则，员工在应聘后有可能因对工作不满而跳槽，从而增加企业的招聘成本。如果有详细的工作规范，规定了对所聘人员的基本要求，就可以以此为标准来选择应聘人员。

3) 工作分析的内容可以作为雇员培训和发展的目标

工作分析规定了对雇员知识、能力、技能等要求。通过比较雇员在工作中实际表现出来的知识、能力和技能，可以发现二者之间有无差异。如果有差异，便可以确定雇员需要哪些方面的培训。从雇员职业生涯发展来看，雇员希望可以通过努力得到升迁。而不同的高一级职位升迁的要求是不同的，工作分析为企业中的每一职位确定所需的要求，这实际上是为雇员确定了晋升的路线和标准。

4) 工作分析为员工绩效评估确定了依据

工作分析中对工作的描述为以后评估从事这一工作的雇员绩效提供了标准。在进行员工绩效评估时，其标准必须是与工作相关的。如果评估标准与工作不相关，则容易导致不公正的评估。因此，使用或参照工作分析中对工作所要求的标准对员工绩效进行评估，更容易被员工接受。另外，工作分析有助于确定员工的报酬和有利于劳动保护工作的开展等。

2. 工作分析的过程和方法

工作分析主要包括以下几个主要阶段：工作信息的收集、工作信息的分析与综合、工作分析的结果表述。

1) 工作信息的收集

工作信息的收集通常采用以下几种方法：工作实践、典型事例法、观察法、座谈法、写实法。

(1) 工作实践。工作实践是指工作分析者从事所要研究的工作，在工作过程中掌握有关工作要求的第一手资料。采用这种方法可以了解工作的实际任务以及在体力、环境、社会方面的要求。这种方法适用于短期内可以掌握的工作，对那些需要进行大量训练才能胜任或有危害的工作则不适用。

(2) 典型事例法。典型事例法是指对实际工作中具有代表性的工作者的工作行为进行描述。比如把文秘人员的打字、收发文件等一系列行为收集起来进行归纳分类，得到有关工作内容、职责等方面的信息。

(3) 观察法。观察法是指工作分析者通过对特定对象的观察，把有关工作各部分的内容、原因、方法、程序、目的等信息记录下来，最后把取得的职务信息归纳整理为适用的文字资料。通过此种方法可以了解到广泛的信息，如工作活动内容、工作中的正式行为和非正式行为、工作人员的士气、价值观等隐含的信息。采用此方法取得的信息比较客观和准确。观察法的局限性主要表现在：要求观察者有足够的实际操作经验，不适用于工作循环周期长的工作，不能得到有关任职者资格要求的信息。

另外还有座谈法和写实法等。

2) 工作信息的分析与综合

(1) 工作名称分析。工作名称分析的目的是使工作名称标准化，力求通过名称就能使人了解工作的性质和内容。所以，工作名称要符合准确、美化的要求。

（2）工作规范分析。工作规范分析的目的是全面认识工作整体，包括工作任务分析、工作关系分析、劳动强度分析。

（3）工作环境分析。工作环境分析主要包括：①工作物理环境。主要是对工作场所的温度、湿度、噪音、粉尘、照明度、震动等以及工作人员每日与这些因素接触的时间所进行的分析。②工作安全环境。工作的安全环境包括该项工作的危险性、可能发生的事故、事故的原因以及对工作人员身体所造成的危害及其危害的程度、劳动安全卫生条件以及从事该项活动易患的职业病以及危害的程度等。③社会环境。社会环境分析包括工作所在地的生活方便程度、工作环境的孤独程度、直接主管的领导风格、同事之间的人际关系等方面的内容。

（4）工作执行人员必备条件分析。确定工作执行人员履行工作职责时应具备的最低资格条件，包括：必备知识分析、必备经验分析、必备操作能力分析、必备的心理素质分析等。

3）工作分析结果表达

分析结果的主要表达形式是工作说明书，并综合了工作描述和任职者说明两部分内容，包括工作性质和人员特性两个方面。工作描述一般用来表达工作内容、任务、职责、环境等，而任职者说明则用来表达任职者所需的资格要求，如技能、学历、训练、经验、体能等。

（1）工作说明书的内容。工作说明书主要有基本资料、工作描述、任职资格说明、工作环境四大部分组成。

基本资料包括：职务名称；直接上级职位；所属部门；工资等级；工资水平；所辖人员；定员人数；工作性质。

工作描述包括：工作概要；工作活动内容；工作职责；工作结果；工作关系。

任职资格说明包括：所需最低学历；培训的内容和时间；从事本职工作以及相关工作的年限和经验；一般能力；兴趣爱好；个性特征；职位所需的性别、年龄规定；体能要求；其他特殊要求。

工作环境包括：工作场所；工作环境的危险性；职业病；工作时间要求；工作的均衡性；工作环境的舒适程度。

（2）工作说明书的编制。工作说明书的内容可依据工作分析的目标加以调整，内容可简可繁。在形式上，工作说明书可以用表格形式表示，也可以采取叙述形式，但一般都应加注工作分析人员的姓名、人数栏目。工作说明书中，需要个人填写的部分，应运用规范术语，字迹要清晰，力求简洁明了，美观大方。企业应该根据工作分析的目标，选择编制适合的工作说明书。

二、职位评价

工作分析和职位评价，是企业实现科学管理的基础性工作，也是企业人力资源管理机制建立的平台。工作分析的作用在于对组织内所有职位的工作职责、内容、特征、环境和任职资格进行清晰明确的界定；而职位评价则是在对所有职位进行科学分析之后，来评定企业内各个职位之间相对价值的大小。它利用科学的评价手段得到各个岗位的薪点，以此作为员工薪酬支付的依据。所以，如何做好职位评价，不但涉及科学地把握企业运作规律的问题，还必须充分考虑到企业中人的因素。

从管理制度建立的过程来看，职位评价是介于工作分析和薪酬制度设计之间的一个环节。它以工作分析的结果作为评价的事实依据，同时，职位评价的结果——薪点，又是科学的薪酬制度设计的理论依据。在我国历史上企业职工的收入分配存在着一定的平均主义问题，一方面，岗位工资在职工收入中的比重不大，差距也不明显；另一方面，技能工资部分的差异主要由工龄的长短来决定。因此，传统上的岗位技能工资不能完全体现出"按劳分配，多劳多得"的原则，企业中员工干什么以及干得怎样无法得到充分体现。由于收入的平均化导致职工缺乏充分的激励因素，使职工的劳动积极性和劳动效率受到影响。所以，企业中工资的决定基础需要改变。从工龄工资转变到薪点工资，体现的正是科学管理在人们观念上引发的变革，而实现这种变革的一个重要的、不可或缺的工具，就是职位评价技术。

职位评价的根本目的是决定企业中各个岗位相对价值的大小。它包括为确定一个职位相对于其他职位的价值所做的示范的、系统的多因素比较，并最终确定该职位的工资或薪酬等级。如果企业决策者通过工资调查(或直接用职位评价技术)已经知道如何确定关键基准职位的工资水平，然后使用职位评价技术确定企业中同这些关键职位相关的其他所有职位的相对价值，那么决策者就能够公平地确定企业中所有职位的工资水平。需要强调的是，建立在职位评价基础上的薪酬体系，它体现的是一种组织内部的公平机制。

科学的职位评价有 4 种最基本的方法：因素比较法、因素计点法、分类法和排序法等。

三、工作设计

若原有的工作规范已不适应组织目标、任务和体制的要求，或现有人力资源在一定时期内难以达到工作规范的要求，或员工的精神需求与按组织效率原则拟定的工作规范发生冲突，这时就需要重新进行工作设计，以满足一个新的组织目标的需要。

1. 工作设计的内容

(1) 工作内容。即确定工作的一般性质问题。

(2) 工作职能。指每项工作的基本要求和方法，包括工作责任、权限、信息沟通、工作方法和协作要求。

(3) 工作关系。指个人在工作中所发生的人与人之间的关系，包括与他人的交往关系、建立友谊的机会和集体工作的要求。

(4) 工作结果。指工作的成绩与效果的高低，包括工作绩效和工作者的反应。前者是工作任务完成所达到的数量、质量和效率等。

(5) 工作结果的反馈。主要指工作本身的直接反馈和来自别人对所做工作的间接反馈，即指同级、上级、下属人员三个方面的反馈。

2. 工作设计方法

工作设计的方法主要有工作专业化、工作轮换制与工作扩大化、现代工作设计方法三种。

1) 工作专业化

工作专业化是一种传统的工作设计的方法。他是通过对动作和时间的研究，把工作分解为许多很小的单一化、标准化和专业化的操作内容及操作程序，并对员工进行培训和激励，使其保持较高的工作效率。此种工作设计的方法在流水线生产上应用最广泛，其主要特点是：机械动作的节拍决定员工的工作速度；工作具有简单重复性；对每个员工的技术要求比较低；每个员工只完成每件工作任务中很小的工序；员工被固定在流水线上的单一岗位，限制员工之间的社会交往；员工采用什么设备和工作方法，均有管理职能部门作出规定，员工只能服从。

专业化工作设计具有以下优点：①把专业化和单一化最紧密地结合在一起，从而可以最大限度提高员工的操作效率；②由于把工作分解为很多简单的高度专业化的操作单元，因此对员工的技术要求较低，可以节省大量的培训费用，并且有利于劳动力在不同岗位之间的轮换，而不致影响生产的正常进行；③专业化对员工技术要求较低，只需廉价的劳动力来完成工作设计所规定的岗位要求，可以大大降低生产成本；④由于机械化程度高，有标准化的工序和操作方法，加强了管理者对员工生产的产品数量和质量的控制，以保证均衡生产。

专业化工作设计的不足是，它只强调工作任务完成，而不考虑员工对这种方法的反应，因而专业化所带来的高效率往往会被因员工对重复单一工作的不满与厌恶所造成的缺勤、离职所抵消。

2) 工作轮换与工作扩大化

工作轮换是指定期地将员工从一种工作岗位转换到另一种工作岗位，同时保证工作流程不受损失。这种方法并不改变工作设计本身，而是使员工定期的进行工作轮换，这样可以使员工具有更强的适应能力，工作的挑战性和新鲜感能够激励员工做出更大的努力。不足之处在于：员工实际从事的工作并没有真正得到重大改变，只是一种为了解决员工对单调工作的厌烦所做的适当缓冲。但这种工作设计方法给员工提供了发展技术和一个较全面的观察与了解整个生产过程的机会。

工作扩大化是指通过增加职务的工作内容，使员工的工作变化增加、要求的知识和技能增多，从而提高员工的工作兴趣。通过工作扩大化可以提高产品质量，降低劳务成本，提高员工的满意度，改善整个工作效率，生产管理也变得灵活。工作扩大化的实质是增加每个员工应掌握技术的种类，目的是降低对原有工作的单调和厌烦问题，从而提高员工满意度，发挥其内在潜力。

3) 现代工作设计方法

现代工作设计方法的主要内容是工作丰富化和工作特征的再设计。工作丰富化是一种纵向的扩大工作范围，即向工作深度进军的工作设计方法。与横向扩展的工作设计方法相比较，这种工作设计方法的扩充范围更为广泛，主要是由于这种方法可以集中改造工作本身内容，使工作内容更加丰富化，从而使工作设计本身更富有弹性。工作丰富化主要通过增加职务责任、工作自主权以及自我控制，满足员工心理的多层次需要，从而达到激励的目的。

工作特征的再设计，这种设计方法主要表现为充分考虑个人之间的差异性，区别对待各类员工，以不同的要求把员工安排在适合他们独特需求、技术、能力的环境中去。因为不同的员工对同一种工作会有不同的反应，个人工作成效及其从工作中获得满足程度取决于工作设计的方式和对个人有重要影响的需求满足程度。

第四节　人力资源规划

一、人力资源规划的内容

人力资源规划包括两个层次，即总体规划和各项业务计划。总体规划是有关计划期内人力资源开发利用的总目标、总政策、实施步骤及总的预算安排。例如，根据企业发展战略，确定公司人员总数从目前的 3000 人扩大到 5000 人，其中专业技术人员比例占 15% 以上，90% 以上员工应达到高中或中专技术水平，劳动生产率达到人均 5 万元。总任务包括举办大规模培训、人员招聘等；总政策包括提高专业人员待遇、改革人事制度等；实施步骤，第一年补充 500 人，培训 500 人；第二年……总预算为人力投资总额每年 2500 万元(包括工资总额的增加及培训费用)，如此等等。

人力资源规划所属的业务计划是指通过对企业未来的人力资源需求和人力资源供给状况的分析和预测，制定必要的政策和措施，使企业的人力资源数量和质量能够满足企业发展的需要，从而保证企业的发展。人力资源业务计划包括配备计划、退休解聘计划、补充计划、使用计划、提升计划、教育培训计划、薪资计划、劳动关系计划、职业计划等。每项计划也都由目标、任务、政策、步骤及预算等部分组成，这些计划的执行结果应能保证人力资源总体规划目标的实现。人力资源规划的内容如表 6-3 所示。

从表 6-3 可以看出，人力资源各项规划都或多或少地涉及费用问题，要在制定各项分预算的基础上，制定出人力资源的总预算。

表 6-3　人力资源规划的内容

计划项目	主要内容	预算内容
总体规划	人力资源管理的总体目标和配套政策	预算总额
配备计划	中、长期内不同职务、部门或工作类型的人员的分布状况	人员总体规模变化而引起的费用变化
退休解聘计划	因各种原因离职的人员情况及其所在岗位情况	安置费

续表

计划项目	主要内容	预算内容
补充计划	需要补充人员的岗位、补充人员的数量、对人员的要求	招募、选拔费用
使用计划	人员晋升政策、晋升时间；轮换工作的岗位情况、人员情况、轮换时间	职位变化引起的薪酬、福利等支出的变化
培训开发计划	培训对象、目的、内容、时间、地点、教员等	培训总投入、脱产人员工资及脱产损失
职业计划	骨干人员的使用和培养方案	(含在上项)
绩效与薪酬福利计划	个人及部门的绩效标准、衡量方法；薪酬结构、工资总额、工资关系、福利项目以及绩效与薪酬的对应关系等	薪酬福利的变动额
劳动关系计划	减少和预防劳动争议，改进劳动关系的目标和措施	诉讼费用及可能的赔偿

资料来源：孙健敏，李原. 人力资源开发与管理卷[M]. 北京：中国人民大学出版社，1998.

　　人力资源各项规划是相互关联的，例如，培训计划、使用计划都可能带来空缺岗位，因而需要补充人员；补充计划要以配备计划为前提；补充计划的有效执行需要有培训计划、薪酬福利计划、劳动关系计划来保证；职业计划与使用计划相辅相成等。

二、人力资源规划的程序

　　一般来说，企业的人力资源规划分为 7 个步骤，如图 6-4 所示。

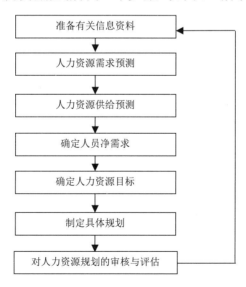

图 6-4　人力资源规划程序

1. 准备有关信息资料

信息资料是制定人力资源规划的依据，信息资料的质量将直接影响人力资源规划工作的质量。与人力资源规划有关的信息资料主要有：企业的经营战略和目标；职务说明书；企业现有人员情况；员工的培训、教育情况等。

2. 人力资源需求预测

人力资源需求预测的主要任务是分析企业需要什么样的人以及需要多少人。为此，分析人员首先要了解哪些因素可能影响到企业的人力资源需求，这些因素包括企业技术、设备条件的变化、企业规模的变化、企业经营方向的调整、原有人员的流动以及外部因素对企业的影响等。对人力资源需求进行预测的方法和技术比较多，常用的有下述几种。

(1) 管理人员判断法。管理人员判断法即企业各级管理人员根据自己的经验和直觉，自下而上确定未来所需人员。具体做法是：先由企业各职能部门的基层领导根据自己部门在未来各时期的业务增减情况，提出本部门各类人员的需求量，再由上一层领导估算平衡，最后由最高领导层进行决策。这是一种很粗的人力资源需求预测方法，主要适用于短期预测，若用于中、长期预测，则相当不准确。

(2) 经验比例法。企业中的保健人员、炊事员、政工人员等人员数量与员工总数直接有关。因此，可按经验比例确定，如每名炊事员负责 80 名就餐人员，那么根据员工总数就很容易确定炊事员的需求量。企业中行政管理人员、技术人员也可找到一些经验的比例。例如，机械行业设计人员与工艺人员比例通常为 1：2。

(3) 德尔菲法。德尔菲法是一种使专家们对影响组织某一领域的发展的看法(例如企业将来对劳动力的需求)逐步达成一致意见的结构化方法。这里所说的专家，既可以是来自第一线的管理人员，也可以是高层经理；既可以是组织内的，也可以是外部聘请的。专家的选择基于他们对影响组织的内部因素的了解程度。例如，一家软件公司在估计将来公司对程序员的需求时，可以选择技术人员、有经验的项目经理、公司高级管理人员作为专家。

人力资源需求预测的准确程度与工作的性质有关。对管理人员、研发人员等难以准确规定其劳动量的职位，需求预测的主观性很强，预测的结果不可能十分精确；对操作工等能够准确规定劳动量的职位，则可以得到精确的预测结果。

3. 人力资源供给预测

供给预测包括两方面：一是内部人员拥有量预测，即根据现有人力资源及其未来变动情况，预测出计划期内各时间点上的人员拥有量；二是外部供给量预测，即确定在计划期内各时间点上可以从企业外部获得的各类人员的数量。一般情况下，内部人员拥有量是比较透明的，预测的准确度较高；而外部人力资源的供给则有较高的不确定性。企业在进行人力资源供给预测时应把重点放在内部人员拥有量的预测上，外部供给量的预测则应侧重于关键人员，如高级管理人员、技术人员等。

无论需求预测还是供给预测，对做预测的人的选择都十分关键，因为预测的准确性与测者个人关系很大。应该选择那些有经验、判断力较强的人来进行预测。

4. 确定人员净需求

人员需求和供给预测完成后，就可以将本企业人力资源需求的预测情况与在同期内企业本身可供给的人力资源情况进行对比分析。从比较分析中可测算出各类人员的净需求情况。如果净需求是正的，则表明企业需要招聘新的员工或对现有的员工进行有针对性的培训；如果净需求是负的，则表明企业这方面的人员是过剩的，应该精简或对员工进行调配。需要说明的是，这里所说的"净需求"既包括人员数量，又包括人员结构、人员标准，即既要确定"需要多少人"，又要确定"需要什么人"，数量和标准需要对应起来。

5. 确定人力资源规划的目标

人力资源规划的目标是随企业所处的环境、企业战略与战术计划、企业目前工作结构与员工工作行为的变化而不断改变的。当企业的战略计划、年度计划已经确定，企业目前的人力资源需求与供给情况已经摸清，就可以据此制定企业的人力资源目标了。目标可以用最终结果来阐述，例如，"到明年年底，每个员工的年培训时间达到 40 小时"，"到明年年底，将人员精简 1/3"；也可以用工作行为的标准来表达，例如，"到培训的第三周，受训者应该会做这些事……"企业的人力资源目标通常都不是单一的，每个目标可能是定量的、具体的，也可能是定性的、比较抽象的。

6. 制定具体计划

包括制定补充计划、使用计划、培训开发计划等。计划中既要有指导性的政策，又要有可操作的具体措施。供求预测的不同结果，决定了应采取的政策和措施也不同。

第五节 招 聘

一、招聘概述

招聘是指通过多种方法，把具有一定能力、技巧和其他特点的申请者吸引到企业组织空缺岗位上的过程。它由两个相对独立的过程组成：一是招募(recruitment)，二是筛选(selection)。招募主要是以宣传来扩大影响，达到吸引人应征的目的；而筛选则是使用各种选择方法和技术挑选合格员工的过程。

1. 人员招聘的目的

招聘的直接目的就是获得企业需要的人，但除了这一目的外，招聘还有以下几个潜在目标。

1) 树立形象

招聘过程是企业代表与应聘者直接接触的过程，在此过程中，企业招聘人员的工作能力、招聘过程中对企业的介绍、散发的材料、面试的程序以及录用或者拒绝什么样的人等都会成为应聘者评价企业的依据。招聘过程既可能帮助企业树立良好形象、吸引更多的应聘者，也可能损害企业形象、使应聘者失望。

2) 降低受聘者在短期内离开公司的可能性

企业不仅要能把人招来，更要能把人留住。能否留住受聘者，既要靠招聘后对人员的有效培养和管理，也要靠招聘过程中的有效选拔。那些认可公司的价值观，在企业中能找到适合自己兴趣和能力的岗位的人，在短期内离开公司的可能性就比较小一些。而这有赖于企业在招聘过程中对应聘者的准确评价。

3) 履行企业的社会义务

提供就业岗位是企业的社会义务之一，招聘正是企业履行这一社会义务的过程。

2. 人员招聘的程序

人员招聘的步骤如图 6-5 所示。在以上程序中，人力资源计划和职务说明书是招聘的依据，人力资源计划决定了招聘的时间、人数和岗位等，职务说明书则明确了招聘人员的要求。根据人力资源计划和职务说明书，就可制定具体的招聘计划，从而指导招聘工作。

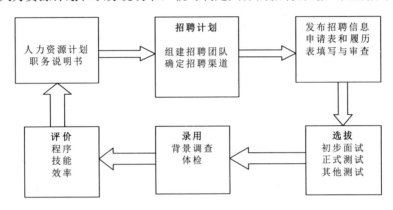

图 6-5 招聘的程序

3. 人员招聘的原则

1) 公开

招聘信息、招聘方法应公之于众，并且公开进行。这样做一方面可将录用工作置于公开监督之下，以防止不正之风；另一方面，可吸引大批的应聘者，从而有利于招聘到一流人才。

2) 因事择人

企业应根据人力资源计划进行招聘。无论多招聘，还是招聘错了人，都会给企业带来很大的负面作用，除了人力成本、低效率、犯错误等看得见的损失，由此导致的人浮于事还会在不知不觉中对企业文化造成不良影响，并降低企业的整体效率。

3) 平等竞争

对所有应聘者应一视同仁，不得人为地制造各种不平等的限制。要通过考核和竞争选拔人才。这样既可以选出真正优秀的人才，又可激励其他人员积极向上。

4) 用人所长

在招聘中，必须考虑有关人选的专长，量才使用，做到"人尽其才"、"事得其人"。这对应聘者个人以及企业发展都十分重要。

二、招募

招募是企业根据招聘计划，开始招聘工作的第一步。招聘任务较轻的单位一般由企业人力资源管理部门具体承办，任务较重的一般都临时组建招聘组织或招聘机构，专门负责组织和承办招聘事宜。招聘组织或机构一般由主管人力资源管理工作的企业负责人牵头，以人力资源管理部门为主，吸收有关部门和人员参加。招聘组织或机构负责招聘工作的全过程：申请招工指标，分发和宣传招聘简章，组织招聘测试或考核、考察筛选，张榜公布录取名单，办理录用手续等。

1. 招聘渠道与招录对象

当企业出现人员空缺时，既可以从公司内部挑选合适的员工，也可以从社会上招聘新员工。

1) 内部招聘

如果一个组织的员工招聘在过去是有效的，那么人才招聘的最好来源之一就是自己的员工。内部招聘可以通过四种途径来进行，即内部提升、调动、工作轮换和返聘。其中，内部提升指用现有员工来填补高于其原级别的职位空缺，调动指在平级的岗位中调换员工的工作。

2) 外部招聘

当新的企业或部门创立或内部招聘不能满足企业对人力资源的需求时，企业需要从外部挑选合格的员工。外部招聘也有多种方法，包括通过人才机构进行招聘、校园招聘、招聘会、互联网招聘以及自荐或员工推荐等。

内部招聘与外部招聘各有利弊，两者基本上是互补的，如表 6-4 所示。研究表明：内外部结合会产生最佳效果。具体的结合力度取决于公司的战略计划、招聘的岗位、上岗时间要求以及对企业经营环境的考虑等因素。至于从内部还是外部招聘，不存在标准的答案。例如，美国通用电器公司数十年来一直都是从内部选拔 CEO；日本企业的管理特色之一就是内部提拔；而 IBM、HP 等大公司的 CEO 则多是从外部招聘来的。

表 6-4　内部招聘与外部招聘的利弊

利　弊	内部招聘	外部招聘
优点	① 了解全面，准确性高 ② 可鼓舞士气，激励员工进取 ③ 应聘者可更快适应工作 ④ 使组织培训投资得到回报 ⑤ 选择费用低	① 人员来源广，选择余地大，有利于招到一流人才 ② 新雇员能带来新思想、新方法 ③ 当内部有多人竞争而难以作出决策时，向外部招聘可在一定程度上平息或缓和内部竞争者之间的矛盾 ④ 人才现成，节省培训投资
缺点	① 来源局限于企业内部，水平有限 ② 容易造成"近亲繁殖" ③ 可能会因操作不公或员工心理原因造成内部矛盾	① 不了解企业情况，进入角色慢 ② 对应聘者了解少，可能招错人 ③ 内部员工得不到机会，积极性可能受到影响

这里简单介绍一下猎头公司。猎头公司是一个英文直译(head hunter)名称,指那些以受托招聘为主要业务的公司。在国外,猎头服务早已成为企业获取高级人才和高级人才流动的主要渠道之一。我国的猎头服务近些年来发展迅速,有越来越多的企业逐渐接受了这一招聘方式。猎头服务的一大特点是推荐人才素质高。猎头公司一般都会建立自己的人才库,优质高效的人才库是猎头公司最重要的资源之一,对人才库的管理和更新是他们的日常工作之一,而搜寻手段和渠道则是猎头服务专业性最直接的体现。当然,选择猎头公司获取人才需要付出昂贵的服务费,猎头公司的收费通常能达到所推荐人才年薪的 25 %~35%。但是,如果把企业自己招聘人才的时间成本、人才素质差异等隐性成本计算进去,猎头服务或许不失为一种经济、高效的方式。

2. 制定招聘简章

招聘简章是企业组织招聘工作的依据,是招聘工作的重要内容之一。它既是招工的告示,又是招工的宣传大纲。起草招工简章应本着实事求是、热情洋溢、富有吸引力的原则,尽量表现企业的优势与竞争力。

一份完整的招聘简章一般包括:①招工单位概况;②工种或专业的介绍;③招工名额、对象、条件和地区范围;④报名时间、地点、证件、费用;⑤测试时间、地点;⑥试用期、合同期以及录取后的各种待遇。

制定招聘简章时有以下几点应该特别引起注意:

首先,对于工作职位的条件和待遇,无论是好的方面还是不好的方面,都应对应聘者做真实的介绍,即通常所指的"真实的工作预视"(realistic job preview)。按照传统做法,组织通过粉饰组织和工作以吸引应聘者,通常这样做会得到满意的选择比率。但是,由于最初的带有片面性的陈述往往会使新雇员产生过高的期望,因此容易产生新员工对组织的不满和随后的高流动率。

其次,要合理确定招聘条件。招聘条件是考核录用的依据,也是确定招聘对象与来源的重要依据。如果招聘条件定得过高,脱离了人力资源供给的实际,势必难以招到或招满员工;如果招聘条件定得过低,则不利于提高员工素质和今后工作开展。

最后,招聘简章的语言必须简洁清楚,还要留有余地,使应聘的人数比所需求的人数多一些。制定好招聘简章之后,下一步就是向可能应聘的人群传递组织将要招人的信息。

三、筛选

筛选是指从合格的应聘者中选择能胜任组织工作职位的人员的过程。工作分析、人力资源规划以及前面介绍的招募过程都是筛选过程有效的前提条件。同时,筛选过程本身也包括一系列的环节。

1. 申请表和履历表的审查

1) 申请表的审查

申请表也称工作申请表或入职申请表,它是组织为收集申请者与应聘岗位有关的全部信息而专门设计的一种规范化的表格,它可以使组织比较全面的了解申请者的历史资料。

一张设计并填写完整的申请表具有以下功能：①可以对一些客观的问题加以判断，如该申请者是否具备工作(岗位)所要求的教育及工作经验要求；②可以对申请者过去的成长情况加以评价；③可以从申请者的过去工作经历中了解其工作的稳定性；④初步作出该申请者是否适合某工作(岗位)及工作能否出色的预测。

2)　履历表的审查

履历表又称传记资料清单、个人履历或简历，是申请者职业经历、教育背景、成就和知识技能的总结。它既是个人一段生命历程的写照，也是个体的自我宣传广告。

尽管雇主通常都要求申请者提供履历，但对于履历在预测雇员绩效方面的价值却知之甚少。一些调查研究发现，30%的履历都包含言过其实的成分。筛选的目的是要把个人履历所反映的申请者概况与工作有关的要求进行比较，因而应把注意力集中在与工作有关的事件上，而且要保持清醒的头脑，不被"光彩照人"的履历所迷惑。此外，筛选履历表时应注意一个重要问题，就是履历表所提供的信息的真实性问题。履历造假可能出现在多个方面，常见的造假手法包括：学历作假，夸大或谎称拥有某些专业知识和经验等。

2. 面试

面试是企业最常用的也是必不可少的测试手段。调查表明，99%的企业在招聘中都采用这种方法。

1)　结构化和非结构化面试

根据面试的结构化程度，可分为结构化面试和非结构化面试。结构化面试的问题与回答均经过事先准备，主试人根据设计好的问题和有关细节逐一发问。为了活跃气氛，主试人也可以问一些其他方面的问题。这种方法适用于招聘一般员工和一般管理人员。非结构化面试则是漫谈式的，即主试人与应试人随意交谈，无固定题目，无限定范围，海阔天空，无拘无束，让应试者自由地发表议论、抒发感情。这种方法意在观察应试者的知识面、价值观、谈吐和风度，了解其表达能力、思维能力、判断力和组织能力等。非结构化面试是一种高级面谈，需要主试人有丰富的知识和经验，掌握高度的谈话技巧，否则很容易使面谈失败，该方法适用于招聘中高级管理人员。

2)　情境面试

情境面试是根据面试内容对面试进行分类，情境面试是结构化面试的一种特殊形式，它的面试题目主要由一系列假设的情境构成，通过评价求职者在这些情境下的反应情况，对面试者进行评价。情境面试的试题多来源于工作，或是工作所需的某种素质的体现，通过模拟实际工作场景，反映应试者是否具备工作要求的素质。表6-5是情境面试问题的示例。

表 6-5　情景面试问题的示例

问题：在你即将旅行的前一天晚上，你已经整装待发。就在准备休息时，你接到了单位的一个电话，单位出现了一个只有你能解决的问题，并被请求处理此事。在这种情形下，你会怎样做？
记录回答
评分指导：较好："我会去单位，以确保万无一失，然后我再去度假"；好："不存在只有我能处理的问题，我会确定另一个合适的人去那里处理问题的"；一般："我会试着找另一个人来处理"；差："我会去度假"。

3) 压力面试

压力面试的目标是确定求职者将如何对工作上承受的压力做出反应。在典型的压力面试中，主考官提出一系列直率(甚至是不礼貌)的问题，让求职者明显感到压力的存在。主考官通常寻求求职者在回答问题时的破绽，在找到破绽后，针对一薄弱环节进行追问，希望借此使应试者失去镇定。例如，一位客户关系经理职位的求职者在自我描述中提到他过去的两年里，从事了四项工作，主考官抓住这一问题，反问他频繁的工作变换反映了他的不负责任和不成熟的行为。面对这样的问题，求职者若对工作变换能做出平静清晰的说明，则说明他承受压力的能力较强；若求职者表现出愤怒和不信任，就可以认为在压力环境下，承受能力较弱。

4) 面试中常见的误区和错误

面试的有效性取决于如何实施面试，但在面试的实施过程中常常因为一些错误的操作影响面试的最终成效，下面简要说明一些面试中常见的错误：

(1) 首因效应。主考官通常在面试开始几分钟，就凭借对应试者的第一印象做出判断，随后的面试过程通常不能改变这一判断。

(2) 面试次序差异。面试次序错误是指对应试者面试次序的安排会影响对其的评定。在一项研究中，主考官在面试了数位"不合格的"应试者以后，被安排面试一位"仅仅是一般"的求职者，结果主考官对其的评价均高于他的实际能得到的评价。但当他被安排到一些优秀的应试者之中进行面试时，其结果会出现较大的差异。"次序问题"是面试过程的一个很突出的问题。一些研究发现，只有对小部分的求职者的评定是根据他的实际潜力做出的。多数求职者的评定是在与前面一位或几位求职者的比较的影响下做出的。

(3) 非语言行为。在面试中，作为主考官应尽量避免应试者的非语言行为对判断所造成的影响。例如，几项研究表明，表现出更大量眼神接触、头移动、微笑以及其他非言语行为的求职者得到的评价更高，但没有任何证据表明非语言行为和能力、素质有任何程度的相关性。因此在面试中应尽量避免非语言行为对判断造成影响。

另外，还有刻板效应、类我效应等。

3. 正式测试

如果要对应聘者进行更广泛、更深入的考察，了解他们的文化学识水平、技术技能、性格、气质、能力等，通行的方法就是测试。测试是指通过观察人的少数具有代表性的行为，依据一定的原则或通过数量分析，对贯穿于人的行为活动中的能力、个性、动机等心理特征进行分析推论的过程。有多种测试方法，包括人事测评的有关技术。所谓人事测评，就是测评主体采用科学的方法，收集被测评者在主要活动领域中的表征信息，针对某一素质测评目标作出量值或价值的判断的过程。人事测评常用的方法有申请表、笔试、工作模拟、评价中心、心理测试体验、背景调查等。

1) 成就测验

成就测验用来鉴定一个人在一般的或是某一特殊的方面，经过学习或培训后实际能力的高低。一般采用笔试和现场操作方式进行，了解应试者对该项工作"应知"、"应会"掌握的水平。成就测验适用于招聘专业管理人员、科技人员和熟练工人，特别适用于对应试者实际具有的专业知识和技能不能确认的情况，有利于应试者之间展开公平的竞争。

2) 人格测验

人格测验目的是为了了解应试者的人格特质。人格由多种人格特质构成，大致包括：体格与生理特质、气质、能力、动机、兴趣、价值观与社会态度等。人格测验主要采用自陈量法和投射法两种方法。

自陈量法就是按事先编制好的人格量表(若干问题)，由应试者本人挑选适合于描述个人人格特质的答案，然后从量表上所得分数判断应试者个人人格的类型。自陈量表种类很多，目前西方盛行的是明尼苏达多项人格测验。

投射法就是给应试者提供一些未经过组织的刺激材料，如模糊的图片或绘画等，让应试者在不受限制的条件下自由的表现出他的反应。

3) 笔试

笔试主要用来测试应聘者的知识和能力以及性格和兴趣等。知识和能力的测验包括两个层次，即一般知识和能力与专业知识和能力。一般知识和能力包括一个人的社会文化知识、智商、语言理解能力、数字才能、推理能力、理解速度和记忆能力等。专业知识和能力是与应聘岗位相关的知识和能力，如财务会计知识、管理知识、人际关系能力、观察能力等。性格与兴趣通常要运用心理测试的专门技术来测试，仅靠笔试中的部分题目很难得出准确的结论。

4) 工作模拟

工作模拟是模拟实际工作情境，使应聘者参与，从而对其作出评价的测试方法。工作模拟必须具体到工作，最常用的工作模拟方法有：文件筐测试法；无领导小组讨论法和商业游戏法。

5) 评价中心

人们在研究和实践中发现，某一方面的管理技巧和管理能力用某些测验方法来进行测试效果最佳。如测试经营管理技巧可采用文件篓测试法；测试人际关系技巧可用无领导小组讨论法、商业游戏法；测试智力状况可用笔试法；测试工作的恒心可用文件篓、无领导小组讨论、商业游戏等方法；测试工作动机可用想象能力测验法、面试、模拟法等；测试职业发展方向可用想象能力测验法、面试、性格考查等；测试依赖他人的程度可用想象能力测验法等。

评价中心是由几种工作模拟方法组合而成，利用现场测试或演练，由评估人员观察候选人的具体行为，并给予评分。评价中心尤其适用于复杂的属性和能力测试，是目前测试准确性最高的一种方法。

6) 背景调查

背景调查就是企业通过第三者对应聘者的情况进行了解和验证。这里的"第三者"主要是应聘者原来的雇主、同事以及其他了解应聘者的人员。背景调查的方法包括打电话、访谈、要求提供推荐信等。企业在运用这种方法时，需注意以下问题：第一，只调查与工作有关的情况；第二，慎重选择"第三者"；第三，要判断调查材料的可靠程度。

在确定招聘到合适的人员后，就可以做出录用决策并签署合同。

第六节　培训与开发

一、人力资源开发与培训

人力资源开发就是企业通过培训与其他工作，改进员工能力水平和企业业绩的一种有计划的、连续性的工作。有人认为人力资源开发就是培训，其实二者不能等同。

首先，培训的目的是使培训对象获得目前工作所需的能力和知识，例如，教一名新工人如何操作一台车床，教管理人员如何进行生产调度等；人力资源开发的目的比培训更广，它使开发对象掌握的知识和能力可能与目前工作有关，也可能无关，它着眼于更长期的目标。其次，培训是人力资源开发的主要手段，但不是唯一手段。人力资源开发不仅跟培训有关，而且跟人力资源管理的其他职能有关，特别是跟考核有关。通过考核，员工就能明确自己的长处和不足，并在上级的指导和帮助下加以改进，这也是一个重要的人力资源开发过程。

1. 培训的作用

人的素质的提高，一方面需要个人在工作中钻研和探索，另一方面也需要有计划、有组织的培训。发达国家、优秀企业毫无例外地高度重视人员培训。虽然企业也可以通过招聘获得自己需要的人才，但培训仍被视为 21 世纪企业最主要的竞争武器。

培训的重要性主要表现在以下几方面：

(1) 培训是调整人与事之间的矛盾，实现人事和谐的重要手段。从 20 世纪末开始，人类社会进入了高速发展的时代，随着科学技术的发展和社会的进步，"事"对人的要求越来越新、越来越高，人与事的结合处在动态的矛盾之中。总的趋势是各种职位对工作人员的智力素质和非智力素质的要求都在迅速提高。"蓝领工人"的比例不断下降，"白领职工"的比例不断上升。今天还很称职的员工，如不坚持学习，明年就有可能落伍。人与事的不协调是绝对的，是事业发展的必然结果。要解决这一矛盾，一要靠人员流动，二要靠人员培训。人员流动是用"因事选人"的方法实现人事和谐，而人员培训则是"使人适事"的方法实现人事和谐。即通过必要的培训手段，使其更新观念、增长知识和能力，重新适应职位要求，显然，这是实现人事和谐的更为根本的手段。

(2) 培训是快出人才、多出人才、出好人才的重要途径。所谓人才是指在一定社会条件下，具备一定的知识和技能，并能以其劳动对社会发展做出较多贡献的人。社会对人才的需要千变万化，对各层次人才的培养提出越来越高的要求，仅仅依靠专门的、正规的学校教育越来越难以满足要求，必须大力发展成人教育，而人员培训是成人教育的重点。

(3) 培训是调动员工积极性的有效方法。组织中人员虽然因学历、背景、个性的不同而有不同的主导需求，但就其大多数而言，都渴求不断充实自己，完善自己，使自己的潜力充分发掘出来。越是高层次的人才，这种需求就越迫切。在组织中得到锻炼和成长，已成为人们重要的择业标准。企业如能满足员工的这种自尊、自我实现需要，将激发出员工深刻而又持久的工作动力。国内外大量事实证明，安排员工参加培训、去国外子公司任职、去先进公司跟班学习以及脱产去高等学校深造、去先进国家进修，都是满足这种需求的途径。经过培训的人员，不仅提高了素质和能力，也改善了工作动机和工作态度。

(4) 培训有助于建立优秀的企业文化。通过培训，提高和增进员工对企业的认同感和归属感。员工培训的一个重要目的是使具有不同价值观、信念、不同工作作风及习惯的人，按照时代及企业经营要求，通过企业文化进行教育。在和谐、宽松的企业文化环境中正确认识自身能力、价值和企业组织对他们的承认和重视。当他们产生了强烈的对组织的认同感和归属意识之后，员工的能力和潜力才能得到真正而充分的发挥，进而表现为工作绩效的提高。

二、培训的形式

1. 新员工培训

在新员工到企业报到的一周至几周里，必须对其进行教育，这种教育主要由文化培训与业务培训构成。

在文化培训方面，首先立足于灌输企业传统、企业目的和宗旨、企业哲学、企业作风等。其次，要组织新员工认真学习企业的一系列规章制度等。再次，要让新员工了解企业的内外环境和企业环境内的纪念建筑和纪念品及其反映的企业精神和企业传统。通过文化培训，使新员工形成一种与企业文化相一致的心理素质，使个人适应组织，以便在工作中较快的与共同价值观相协调。

在业务培训方面，首先要组织新员工参观企业生产的全过程，请熟练技师讲解主要的生产工艺和流程，请企业的总工程师讲解生产中的基本理论知识。其次，由企业领导以及总工程师等高级管理人员给新员工开设专题讲座，以案例形式讲解本企业的生产经营活动、经验和教训，以期新员工掌握一些基本原则和工作要求，而后可进行有针对性的实习。再次，组织开展对新员工的"传、帮、带"活动。可以采取学徒制。"师傅带徒弟"是一种古今中外都流行的培训方法，一个师傅可以带一个徒弟，也可以同时带几个徒弟。师傅对徒弟的培训应该是全面的，不仅包括技术、工艺、操作、服务技巧、办事方法，而且包括思想、作风、伦理。这种方法通常能节省成本，因为学徒工的工资报酬相对较低，但该方法对师傅的要求比较高。另外，学徒期通常是固定的，要充分考虑到不同员工学徒前的技术水平以及学徒过程中学习速度的个体差异。

2. 在职培训

在职培训通常有以下几种：

(1) 不脱产的一般文化教育。员工根据自己的情况，在夜大、业余自修大学或通过电大、函大等继续完成学历教育，使职工文化素质提高一个层次。

(2) 换岗培训。工作换岗是指将某员工安排到另一个新的工作岗位，横向调整工作，目的在于让员工学习各种工作技术，使他们对于各种工作之间的依存和整个单位的活动有更深刻的了解。目前，我国企业的许多富余下岗人员也面临再就业问题，换岗培训对他们而言显的尤其重要，培训可以为其寻找新工作岗位创造必要的条件。

(3) 管理人员带职到学校或公司去培训。现代社会中，管理显得越来越重要。生产力由劳动者、劳动手段、劳动对象三个物质要素组成，也包括科学、技术、管理这三个非物质要素。非物质要素中的科学和技术必须物化在三个物质要素中，才能成为现实的生产力。管理与科学、技术不同，他不是物化在三个物质要素中，而是通过它把三个物质要素合理、有效、科学的组织起来。管理水平的高低，将直接影响生产力内部各要素的组合，从而影响经济效益。

世界各国对管理人员的培训虽各有差异，但总的内容和形式却有其相同的特点。就培训的依托对象而言，主要是企业委托大学、企业自办或企业与大学联合举办培训。这样可以发挥双方各自的优势，达到较好的效果。就培训的目的而言，主要是学历学位培训和岗位职务培训，始于美国至今已席卷全球的 MBA 教育是管理人员的最高层次培训。就培训的时间而言，长短不一，灵活机动。一般来说，在职培训期限较长的中、高级管理人员培训班，教学内容与战略问题有关；期限较短的为低层管理人员培训班，重点解决一两个技术问题。

3. 离职培训

离职培训就是让员工离开工作岗位到大学或其他单位，或在本单位专职学习一段时间的培训。一般为半年、一年或更长时间。离职培训的方法包括课堂教学、影视教学或模拟教学等。课堂教学特别适合于向员工传授专门知识，可以有效地提高员工解决技术问题的技能；影视教学适合用手示范技术；模拟教学可以帮助提高员工协调人际关系和解决问题的能力，可以采取案例分析、角色扮演等方式进行。

4. 其他培训方式

(1) 讨论会。这种方法适用于人数较少群体的培训。其长处是提供了双向讨论的机会，受训者比较主动，培训者也可以及时而准确地把握受训者对培训内容的理解程度。这种方法对提高受训者的责任感或改变工作态度特别有效。

(2) 录像。企业可以自制或购买培训用的录像资料。这种方法具有许多优势：可以激发受训者的兴趣；可以用来异地培训，从而节约旅行成本；可以对不同的对象重复使用而不增加成本。在行为模式化培训以及人际技巧培训中，这种方法更具有其他方法不可取代的优越性。受训者可以看到真实的行动从而去模仿，受训者自己的言行也可以被录像并立刻回放以给他们提供反馈。这种方法的主要缺点是录像资料的初期开发成本和后来进行调整的成本较高，有些情况下也可能比较费时。

(3) 模拟。模拟是以实际情况为模型的一种经过精心设计的练习，受训者可以参与其中并得到反馈。这种方法对于错误的风险和代价很高(如飞行员培训)以及缺乏直接的、可以看得见的反馈(如管理决策制定)的工作特别有用。模拟被经常用于管理培训，常用的模拟方法有以下几种。角色扮演；案例；决策竞赛和拓展训练。

(4) 内部网。多媒体工具、网络技术的发展为企业的培训工作提供了新的、便捷的手

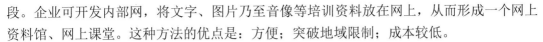

段。企业可开发内部网，将文字、图片乃至音像等培训资料放在网上，从而形成一个网上资料馆、网上课堂。这种方法的优点是：方便；突破地域限制；成本较低。

(5) 远程教育。远程教育是借助卫星、电视、网络等通信和视听手段，实现人员异地交互的一种教育培训方法。跟内部网方法不同的是，远程教育中人员彼此之间是可视的，并能实现适时的沟通，就像在同一个教室中一样。目前，不论在大学教育还是公司培训中，这种方法都在日渐推广。

(6) 自学。集体培训必须与自学相结合。企业既可要求员工通过内部网自学，也可指定甚至提供学习资料，提倡或要求员工利用业余时间自学。不少企业还用支付部分学费的方法鼓励员工自行参加社会组织的培训。

三、职业管理

1. 职业管理的有关概念

1) 职业生涯

职业生涯是指一个人从首次参加工作开始，一生中所有的工作活动和工作经历，按编年的顺序串接组成的整个过程。也有研究者把职业生涯定义为：以心理开发、生理开发、智力开发、技能开发、伦理开发等人的潜能开发为基础，以工作内容的确定和变化、工作业绩的评价、工资待遇、职称职务的变动为标志，以满足需求为目标的工作经历和内心体验的经历。

2) 职业计划

职业计划是指一个人对一生各阶段从事的工作、担任的职务及职业发展道路所进行的设计和规划。从管理的角度看，职业计划有个人与组织两个层次。从个人层次看，每个人都有从现在和将来的工作中得到成长、发展和获得满意的强烈愿望和要求，为了实现这种愿望和要求，他们不断地追求理想的职业，并希望在自己的职业生涯中得到顺利的成长和发展，从而制定了自己成长、发展和不断追求满意的计划，这个计划就是个人的职业计划。从企业的层次看，职业计划是指企业为了不断增强员工的满意感并使其能与企业组织的发展和需要统一起来而制定协调有关员工个人成长、发展与组织需求和发展相结合的计划。

3) 职业管理

职业管理是一种专门化的管理，即从组织角度，对员工从事的职业所进行的一系列计划、组织、领导和控制等管理活动，以实现组织目标和个人发展的有机结合。对这一概念，需要明确以下几点：第一，职业管理的主体是组织，在本书中，特指企业；第二，职业管理的客体是企业内员工及其所从事的职业；第三，职业管理是一个动态的过程；第四，职业管理是将组织目标同员工个人职业抱负与发展融为一体的管理活动，它谋求企业和个人的共同发展，同时也是促其得以实现的重要方式、手段和途径。

2. 企业怎样进行职业管理

1) 协调企业目标与员工个人目标

首先，树立人力资源开发思想。人力资源管理强调企业不仅要用人，更要培养人。职业管理正是培养人的重要途径。企业只有牢固树立了人力资源开发的思想,才能真正实施职业管理。其次,了解员工需求。员工的需求是多样化的,不同的员工有不同的主导需求,企业只有准确把握员工的主导需求,才能采取针对性措施满足其需求。特别是企业的骨干员工,他们在个人发展上的愿望更为迫切,职业计划更为清晰,企业尤其应注意重点了解和把握。最后,要使企业与员工结为利益共同体。企业在制定目标时,要使企业目标包含员工个人目标,还要通过有效的沟通使员工了解企业目标,让他们看到实现企业目标给自己带来的利益。在企业目标实现后,企业要兑现自己的承诺。

2) 帮助员工制定职业计划

第一,设计职业计划表。职业计划表是一张工作类别结构表,即通过将企业中的各项工作进行分门别类的排列,而形成的一个较系统反映企业人力资源配给状况的图表。借助这张表,公司的普通员工、中低层管理人员以及专业技术人员就可以瞄准自己的目标,在经验人士、主管经理的指导下正确选择自己的职业道路。图 6-6 是摩托罗拉公司技术人员的职业计划表。第二,为员工提供职业指导。企业为员工提供职业指导有 3 种途径:一是通过管理人员进行,这是管理人员的义务;管理人员长期与下属共事,对下属的能力和专长有较深入的了解,应在下属适合从事的工作方面给其提供有价值的建议,并帮助下属分析晋升及调动的可能性;二是通过外请专家进行;企业可以外请专家为员工进行职业发展咨询;三是向员工提供有关的自测工具;有许多工具可以帮助员工进行能力及个人特质方面的测试,企业可以购买这类工具,供员工使用。有的企业把这种工具装在内部网上,员工可以自己上网测试。

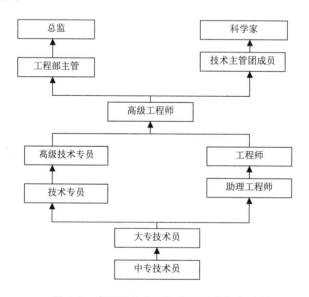

图 6-6 摩托罗拉公司技术人员的职业计划

资料来源:郭克莎. 中国最有影响的企业案例[M]. 北京:商务印书馆,2003.

3) 帮助员工实现职业计划

(1) 在招聘时重视应聘者的职业兴趣并提供较为现实的发展机会。企业在招聘人员时

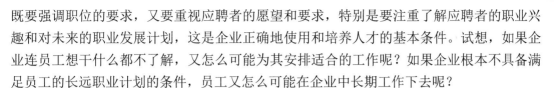

既要强调职位的要求，又要重视应聘者的愿望和要求，特别是要注重了解应聘者的职业兴趣和对未来的职业发展计划，这是企业正确地使用和培养人才的基本条件。试想，如果企业连员工想干什么都不了解，又怎么可能为其安排适合的工作呢？如果企业根本不具备满足员工的长远职业计划的条件，员工又怎么可能在企业中长期工作下去呢？

(2) 提供阶段性的工作轮换。工作轮换对员工的职业发展具有重要意义。它一方面可以使员工在一次次新的尝试中了解自己的职业性向和职业目标，更准确地评价自己的长处和短处；另一方面可以使员工经受多方面的锻炼，拓宽视野，培养多方面的技能，从而为将来承担更重要的工作打下基础。

(3) 多样化、多层次的培训。培训与员工职业发展的关系最为直接。职业发展的基本条件是员工素质的提高，而且这种素质不一定要与目前的工作相关，这就有赖于持续不断的培训。企业应建立完善的培训体系，使员工在每次职业变化时都能得到相应的培训。同时也应鼓励员工自行参加企业内外提供的各种培训。

(4) 为员工提供职业发展咨询。企业可以购买有关软件为员工进行职业性向等的测试，也可以聘请专家为员工进行咨询，企业的管理人员也可以在职业发展方面为员工提供有价值的建议。

(5) 以职业发展为导向的考核。许多人都认为考核的主要目的是评价员工的绩效、态度和能力，或者是为分配、晋升提供依据。其实，考核的根本目的应是保证组织目标的实现，激励员工进取以及促进人力资源的开发。考核不能满足于为过去做一个结论，更要使员工了解怎样在将来做得更好。以职业发展为导向的考核就是要着眼于帮助员工发现问题和不足，明确努力方向和改进方法，促进员工的成长与进步。为此，必须赋予管理人员培养和帮助下属的责任，把员工的发展作为衡量管理人员成绩的重要标准之一。应要求管理人员定期与员工沟通，及时指出员工的问题并与员工一起探讨改进的措施。

(6) 晋升与调动管理。晋升与调动是员工职业发展的直接表现和主要途径。企业应建立合理的晋升和调动的管理制度，保证员工得到公平竞争的机会。在招聘人员时，应允许企业内员工与外部人员平等竞争，在同等条件下，应优先录用内部员工。

第七节　绩效评估与管理

一、绩效的概念与特征

1. 绩效的概念

1) 什么是绩效

管理学中一般可以从组织、团体、个体三个层面定义绩效。层面不同，绩效所包含的内容、影响因素及其测量方法也不同。因为在绩效管理中主要研究的是如何通过对员工绩效的管理来达成组织的目标，所以在这里我们主要考察的是个体层面的绩效。员工绩效本质上是指一个员工做了或者没做什么。员工绩效取决于他们对组织的贡献，包括：产出数量、产出质量、产出的及时性、出勤率和合作精神。

2) 绩效的特征

(1) 有效性。绩效是人们行为的结果，是目标的完成程度，必须有实际的效果，无效劳动的结果不能称之为绩效。绩效应当体现投入与产出的对比关系。比如，每天生产 100 件产品的工人和生产 90 件产品的工人，如果前者废品率为 10%，而后者废品率为零，那么，即使数量上前者高于后者，其绩效也要低于后者。

(2) 工作性。绩效是一定的主体作用于一定的客体所表现出来的效用，即它是在工作过程中产生的。

(3) 可测性。绩效应当具有一定的可度量性。对于实际成果的度量，需要经过必要的转换方可取得，具有一定难度，这正是评价过程中必须解决的问题。因此，绩效是工作过程中的有效成果，是企业对成员最终期望的达到程度。

另外，还要注意"效果"和"效率"两个概念的区别。效果是指目标的达到程度，效率是指投入与产出之间的关系，是一种对资源成本最小化的追求；而绩效是员工对组织目标的贡献，和效果相比更具行为特征和主观能动性。

2. 绩效标准和关键绩效指标

1) 绩效标准

有关一位员工每天生产 10 件产品的信息并没有表明员工是否达到了满意绩效。一个绩效标准必须提供必要的比较信息。绩效标准定义绩效的水平，是"标杆"、"目标"、"任务"。实际的、可测量的、容易理解的绩效标准对组织和员工均有利。在工作实施之前确定判定标准是十分重要的，只有这样，参与工作的员工才能对所期望完成的目标有所了解。

2) 关键绩效指标

企业在进行绩效评估时经常遇到的一个很实际的问题是很难确定客观、量化的绩效标准。其实，对所有的绩效指标进行量化并不现实，也没有必要。通过行为性的指标体系，同样可以衡量企业绩效。企业关键绩效指标(key performance indications,KPI)是通过对组织内部流程的输入端、输出端的关键参数进行设置、取样、计算、分析，衡量流程绩效的一种目标式量化管理指标，是把企业的战略目标分解为可操作的工作目标的工具，是企业绩效管理的基础。KPI 可以使部门主管明确部门的主要责任，并以此为基础，明确部门人员的绩效衡量指标。建立明确的切实可行的 KPI 体系，是做好绩效管理的关键。

确定关键绩效指标有一个重要的 SMART 原则。SMART 是 5 个英文单词首字母的缩写：S 代表具体(specific)，指绩效考核要切中特定的工作指标，不能笼统；M 代表可度量(measurable)，指绩效指标是数量化或者行为化的，验证这些绩效指标的数据或者信息是可以获得的；A 代表可实现(attainable)，指绩效指标在付出努力的情况下可以实现，避免设立过高或过低的目标；R 代表现实性(realistic)，指绩效指标是实实在在的，可以证明和观察的；T 代表有时限(time-bound)，注重完成绩效指标的特定期限。

建立 KPI 指标的要点在于流程性、计划性和系统性。首先明确企业战略目标，并在企业会议上利用头脑风暴法和鱼骨分析法找出企业的业务重点，也就是企业价值评估的重点。然后，利用头脑风暴法找出这些关键业务领域的关键指标。接下来，各部门的主管需要依据企业级 KPI 建立部门级 KPI，并对相应部门的 KPI 进行分解，确定相关的要素目标，分析绩效驱动因素(技术、组织、人)，确定实现目标的工作流程，分解出各部门级的 KPI，以便确定评价指标体系。然后，各部门的主管和部门的 KPI 人员一起再将 KPI 进行进一步细分，分解为更细的 KPI 及各职位的绩效衡量指标。这些绩效衡量指标就是员工考核的要素和依据。这种对 KPI 体系的建立和测评的过程，就是统一全体员工朝着企业战略目标努力的过程，必将对各部门管理者的绩效管理工作起到很大的促进作用。

指标体系确定之后，还需设定评价标准。一般来说，指标指的是从哪些方面衡量或者评价工作，解决"评价什么"的问题；而标准指的是在各个指标上分别应该达到什么样的水平，解决"被评价者怎样做、做多少"的问题。绩效评估必须有标准，作为分析和考察员工的尺度。一般可分为绝对标准和相对标准。绝对标准如出勤率、废品率、文化程度等以客观现实为依据，不以考核者或被考核者的个人意志为转移的标准。相对标准如在评选先进时，规定 10% 的员工可选为各级先进，于是采取相互比较的方法，此时每个人既是被比较的对象，又是比较的尺度，因而标准在不同群体中往往就有差别，不能对每一个员工单独作出"行"与"不行"的评价。表 6-6 是关键绩效指标的例子。

表 6-6　客户服务经理的绩效标准

工作职责	增值产出	绩效标准
领导客户服务团队为客户提供服务	满意的客户(为客户解决的问题和提供的信息)	1.一个月内客户投诉次数不超过 5 次 2.一个月内没有在承诺的期限内解决的客户投诉次数不超过 1 次 3.95%以上的客户能够对服务中以下方面感到满意： 1)客服人员能够迅速到达 2)客服人员能够对所有问题作出正确回答 3)客服人员非常有礼貌 4)问题解决的结果
向领导和相关人员提供信息和数据	提供的信息和数据	一个季度内，信息接受者提出的投诉不超过 1 次；不满意可能来自于： 1)　不正确的数据 2)　想要的东西没找到 3)　提供的信息迟到
为解决问题提供建议	所提供解决问题的建议	1.　客户对解决问题的建议表示满意 2.　解决问题的方案
对下属的管理	下属的生产力和工作满意度	1.　下属有能力和按照时间表工作 2.　通过调查发现： 1)　员工能够理解公司的发展方向、部门的目标和自己的角色 2)　员工能够了解上司对自己的期望 3)　员工能够了解自己的工作表现以及在哪些方面需要改进 4)　员工拥有胜任工作的知识和技能

资料来源：武欣. 绩效管理实务手册[M]. 北京：机械工业出版社，2001. 81～82.

二、绩效管理与绩效考核

绩效管理,就是为了更有效的实现组织目标,由专门的绩效管理人员运用人力资源管理的知识、技术和方法与员工一道进行绩效计划、绩效沟通、绩效评价、绩效诊断与提高的持续改进组织绩效的过程。

绩效考核是指对员工的工作绩效进行评价,以便形成客观公正的人事决策的过程。绩效考核从制定绩效考核计划开始,确定考核的标准和方法,对员工前段时间的工作和业绩等进行分析评价,最后将考核结果运用到相关人事决策(晋升、解雇、加薪、奖金)中去。绩效考核实质上是一个将实际结果与计划进行比较的系统。

1. 绩效管理与绩效考核的联系

绩效考核是绩效管理的一个不可或缺的组成部分,通过绩效考核可以为组织改善绩效管理提供资料,帮助组织不断提高绩效管理的水平和有效性,使绩效管理真正帮助管理者改善管理水平,帮助员工提高绩效能力。绩效管理以绩效考核的结果作为参照,通过与标准比较,寻找之间的差距,提出改进的方案,并推动方案的实施。

2. 绩效管理与绩效考核的区别

(1) 绩效管理包括制定绩效计划、动态持续的绩效沟通、绩效考核、绩效的诊断与提高 4 个环节,是一个完整的绩效管理过程,而绩效考核只是这个管理过程中的局部环节和手段。

(2) 绩效管理具有前瞻性,能帮助组织和管理者前瞻性地看待问题,有效规划组织和员工的未来发展,而绩效考核仅仅是回顾过去的一个阶段的成果,不具备前瞻性。

(3) 绩效管理充分地考虑员工的个人发展需要,为员工能力开发及教育培训提供各种指导,注重个人素质能力的全面提升,而绩效考核只注重员工的考评成绩。

(4) 有效的绩效管理能建立绩效管理人员与员工之间合作伙伴关系,而单纯的绩效考核往往使绩效管理人员与员工站到了对立的两面,从而制造紧张的气氛和关系。

三、绩效考核的内容和程序

1. 绩效考核的内容

根据不同的目的,绩效考核的内容是不一样的。一般而言,一个有效的考评系统要对以绩为主的德、能、勤、绩诸方面进行全面综合测评。这是和考绩内涵一致的,但在实际运用时可以对不同方面有所侧重,而且要兼顾到可操作性。

(1) 德:包括思想品质、工作作风、道德水平等方面。"德"的考核对各级领导者尤为重要。

(2) 勤:包括积极性、主动性、责任感、纪律性、出勤率等方面。"勤"的考核侧重反映员工工作过程的特点,是一个人能力素质的外在体现。

(3) 能:指员工从事工作的能力,包括体能、学识、智能和技能等方面。体能主要是指年龄、性别、健康状况等因素。学识主要包括文化水平、专业知识水平、工作经验等项目。智能包括记忆、分析、综合、判断、创新等方面。技能包括操作、表达、组织领导、计划决策、监督控制等方面。

(4) 绩：指员工的工作效率与效果，包括完成工作的数量、质量、成本费用、时效性以及对组织的其他贡献。

有时，对一些特殊目的的考评还要求对被考评者的个性特征(如性格、兴趣、爱好等)进行评价。

上述几方面内容的考核，在实际操作时都是通过一项或几项具体的问题或称指标来反映的，所有这些指标构成了一个绩效考核指标体系。一个考核系统设计得是否有效、科学，指标体系的设计是非常重要的一环。在考虑考评内容的全面性时，要注意考评对象是有着某种具体工作岗位的在职员工，指标设计只应限于与该具体工作岗位的职务活动有关的内容。此外还应注意以下几点：考核指标的数目虽然主要取决于考评方法，但在保证公正评价的前提下，指标应尽量减少；指标的内容应简单明确；当对不同单位或岗位的人员的同一指标项目进行考评时，原则上指标内容应有所不同(但态度评价指标可不受此限制)；应避免内容重复的指标。

2. 绩效考核的一般程序

绩效考核的效果很大程度上取决于考评系统的设计、考核方法的选择和实施过程的安排。一般而言，完整的绩效考核程序必须包括以下步骤，如图6-7所示。

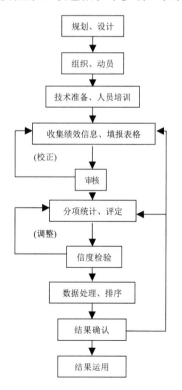

图6-7　绩效考核的一般程序

(1) 规划、设计：一旦要对员工进行考评，单位领导人和人事主管部门应着手制定考评活动的实施规划，明确考评的目的、要求和内容，涉及考评方案和具体执行办法，发布相应的文件。

(2) 组织、动员：成立相应的组织机构和工作小组，指定工作人员，明确职权划分。在考评对象或全体工作人员范围内进行实际操作前的动员，说明考评的目的、内容、方法、要求及考评结果的运用方式，以端正态度、消除有意无意地抵制情况和抗拒心理。

(3) 技术准备和人员培训：根据工作(职务)分析的结果确定具体的考评标准、制备考评所需的各种表格和工具。对考评工作人员进行特别的培训，提高他们的业务能力，减少评定中人为的非正常误差。培训的内容一般包括两个方面：

① 培养正确的态度：提高对绩效考评及其意义、人力资源开发与管理和考评关系的认识。

② 提高专业知识和技术水平：包括考评中容易产生错误的原因及其防止对策、考评方法、文件资料和数据处理的方法、专用工具与设备的使用技术等等。

(4) 收集绩效信息、填报表格：按照拟定的考评方案，收集考评所必需的绩效信息(其中包括日常工作记录等资料)；安排有关人员填写各种考评表格，以期全面反映考评对象的绩效情况。

(5) 审核：对收集和填报的初始信息资料进行审查与核实，剔除虚假信息，修正有误差的资料。

(6) 分项统计与评定：对不同的考评指标，按标准或专门设计的方法进行分项计数或计量统计计数。而对不可直接统计分析的指标项目，由特定的评议委员会(小组)按照标准系统设计的规则和数据加以评定。

(7) 信度检验：对分项统计和评定质量进行检查和验证，提高统计的准确性和评定的一致性。如若发现统计和评定质量不符合要求，应及时反馈调整，复核统计或重新评定。

(8) 数据处理和排序：按一定的规划，将分项统计和评定的结果加以综合运算，根据运算结果区分绩效水平的优劣、等级，作为相关决策的依据。

(9) 考评结果的确认和通告：对排序得出的人员考评的初步结果加以确认，对不合理的考评结果与排序需通过复议予以调整或重新评定和分析。然后将最终结果在一定的范围(大到全体员工，小到考评对象本人)进行通告。如有人对考评结果不服，必要时可以再次进行复议。

(10) 结果运用：按最终确定的考评结果，对考评对象的职务、职称、工资、奖惩、培训等做出合理的安排。

四、绩效考核的几种方法

任何一种绩效考核方法都具有优点和缺点，有其特定的使用范围。美国著名的人力资源管理专家韦恩·卡肖指出："多少年来，有些人事管理专家一直在煞费苦心地寻找一种'完美无缺'的绩效评估方法，似乎这样的方法是万应灵药，它能医治好组织的绩效系统所患的种种顽疾。不幸的是这样的方法并不存在。"绩效考评应用比较广泛的方法有以下几种。

1. 民意测验法

民意测验法就是请被考核者的同事、下级及有工作联系的人对被考核者从几个方面进行评价，从而得出被考核者绩效的考核结果。民意测验法在我国许多企业和事业单位被广泛应用，该方法的优点是具有民主性、群众性，能够了解到广大基层员工，特别是与被考核者有直接工作联系的人员对被考核者的看法。缺点是只有由下而上，缺乏由上而下，受群众素质局限。如果某一位管理者工作积极，具有开拓性，对于企业绩效来说可能是做了很大的贡献，但是却很可能由于影响了部分人的眼前利益而得不到多数人的理解与支持，他在民意测验中就难以得到比较好的评价结果。民意测验法适用于对管理者的考评。

2. 共同确定法

最典型的共同确定法是大学、科研部门和企业都在采用的评价科学技术人员、教师的工作绩效，特别是评定职称中所采用的方法。基本过程是：先由基层考评小组推荐，然后进行学科(专业)考核小组初评，再由评定分委员会评议投票，最后由评定总委员会审定。这一方法的优点是通过专家进行评价，能保证被考核人的水平、能力、素质等方面确实符合要求，得到比较公正的考核结果；不足之处是考核的结果可能受考核者的主观因素影响过多。

3. 配对比较法

配对比较法就是将被考核者进行两两逐对比较，绩效更好的得 1 分，绩效不如比较对象的得 0 分。在进行完所有比较后，将每个人的得分加总就是这个人的相对绩效，根据每个人的得分，评价出被考核者绩效的优劣次序，如表 6-7 所示。

表 6-7　配对比较法

	得　分					
	张三	李四	王五	赵六	刘七	得分总数
张三	—	1	1	0	1	3
李四	0	—	1	0	1	2
王五	0	0	—	0	1	1
赵六	1	1	1	—	1	4
刘七	0	0	0	0	—	0

考核结论：被考核的 5 名员工按绩效从优至劣次序为：赵六、张三、李四、王五、刘七。

资料来源：张德.人力资源开发与管理[M]. 北京：清华大学出版社，1996.

该方法的主要缺点是当评定对象较多时会很麻烦，如同时考核 N 个员工就需要进行 $N(N-1)/2$ 次比较，因此，该方法适用于被考核者人数不多的情况下。配对比较法的其他缺点有：难以得出绝对评价，只能给出相对的比较次序；有时会造成循环，如 3 个人的绩效 A 优于 B、B 优于 C、C 又优于 A，则每人都得 1 分，这将给评估带来困难。该方法的优点是准确度比较高。

4. 等差图表法

绩效考评的等差图表法在实际操作中要重点考虑两个因素：一是考核项目，即要确定从哪些方面对员工的绩效进行考核；二是评定分等，即对每个考核项目分成几个等级。在确定了考核项目和等级后，即可由考核者按照评定要求对被考核者给出分数。表 6-8 就是按照工作质量、工作数量、工作知识和工作协调 4 个方面，每个方面分为 5 档对员工用等差图表法进行考核的例子。

表 6-8   等差图表法

姓名：   职务：

考核项目	评级记位					得分
工作质量	太粗糙	不精确	基本精确	很精确	最精确	
工作数量	完成任务极差	完成任务较差	完成任务	超额任务	超额完成一倍	
工作知识	缺乏	不足	一般	较好	很好	
工作协调	差	较差	一般	较好	很好	
总分						

资料来源：张德. 人力资源开发与管理[M]. 北京：清华大学出版社，1996.

等差图表法的优点是：考核内容全面，打分档次设置比较灵活；若恰当地加以辅助要求，比如在某一档次的不能超过或少于一定的比例，可以要求考核者给出具有一定区别性的考核成绩；简单实用；开发成本小。

等差图表法的缺点是：受主观因素影响，因为每个考核者给出的分数都是个人的主观意见，难免会产生一定的片面性；没有考虑加权，各考核因素对于考核结果的影响是一样

的；图表不能指导行为，员工不知道自己该如何做才能得到高分。该方法不适合为绩效考核面谈提供信息，比如，面谈中你告诉下属"考核结果反映出你为人不够可靠"，这会引起员工的困惑、不解甚至不满。如果通过其他考核方法提供的信息向他明确指出："上周有6位顾客投诉你没有及时回电话"，那么员工就会知道自己具体哪方面做得不好，应如何改进。因此，等差图表法适用于考核工作行为和结果都比较容易被了解的员工，如基层的工人和职员等。

5. 欧德伟法

欧德伟法在我国应用比较广泛，它与西方所用的关键事件法(critical incident method)实际上是相同的。每人以一定的分数(如70分)为基本分，然后根据一系列加分和减分项目进行计算得出考核总分。一般是由主管人员将每一位下属员工在工作活动中所表现出来的非同寻常的好行为或非同寻常的不良行为(或事故)记录下来，然后在某一段固定的时间(比如6个月)里，根据所记录的特殊事件来决定下属的工作绩效。

在运用欧德伟法进行奖惩决策时，先确定一个奖惩分数范围，比如超过80分的员工将获得奖励或晋升，低于70分的员工将受到警告、处罚或辞退等。这种方法的优点是：排除了主观因素的影响，使绩效考核的结果有确切的事实依据；避免了近因效应，因为它所依据的是员工在整个年度或一段时间中的表现，而不是员工在最近一段时间的表现；由于考评项目明确，能为绩效改善提供依据。

在使用欧德伟法时，可以将其与工作计划、工作目标及工作规范结合起来使用。如表6-9所示，一位厂长助理的职责之一是监督工作流程和使库存成本最小化，考评结果表明，他使库存成本上升了15%，说明他工作中急需改善的是库存管理水平。

表6-9　欧德伟法举例：对厂长助理的绩效考核(部分)

职　责	目　标	关键事件(加分、减分项目)
安排企业的生产计划	充分利用企业中的人员和设备，及时发布各种指令	为企业建立了新的生产计划系统；上个月的指令延误率降低了10％；上个月的设备利用率提高了20％
监督原材料采购；库存控制	在保证充足的原材料供应前提下，使原材料的库存成本降低到最小	上个月原材料库存成本上升了15%；"A"部件和"B"部件定购富余了20%；"C"部件的定购短缺了30%
监督设备的维修保养	不出现因设备故障而造成的停产	为企业建立了一套新的设备维护和保养系统；由于及时发现设备故障避免了设备的损坏

资料来源：Gary Dessler. 刘昕等译. 人力资源管理[M]. 北京：中国人民大学出版社，1999.

6. 情景模拟法

情景模拟法是美国心理学家茨霍恩等首先提出的。情景模拟是为了适应管理和执行工作的发展而提出来的。工作中完成每一项任务都需要多方面的素质和能力，而不同任务所需要的素质和能力又是不同的。利用仿真评价技术，通过计算机仿真、模拟现场、代理职务等真实现场的考核，可以了解被考评者是否具备所需要的素质、能力和水平。该方法的优点是被考核者真实面对实际工作，能够表现出自己的实际水平；缺点是成本高，费时费力。这种方法适用于关键岗位或特殊岗位的员工。

本章思考题

1. 简述企业人力资源管理的内容。
2. 人力资源管理发展各阶段的特点有哪些？
3. 简述企业生命周期不同阶段的人力资源战略。
4. 如何进行工作分析、职位评价与工作设计？
5. 人力资源规划的内容有哪些？
6. 人员招聘的途径及各自的优缺点是什么？
7. 企业进行人员培训可采用哪些方法？
8. 企业如何进行职业管理？
9. 企业如何选择适用的绩效评估方法？

第七章

企业运营系统设计

本章导读：

本章介绍了生产运作的分类、生产类型、生产运营系统设计的原则、组织生产过程的要求、零件在加工过程中的移动方式及先进的生产方式等。

学习目标：

理解生产运营系统的概念，明确生产运营的分类和各种生产类型的特点，掌握生产运营系统设计的原则及组织生产过程的要求，熟悉零件在加工过程中的移动方式及各自的优缺点，对生产方式尤其是先进的生产方式有全面的了解和把握。

关键词：

运营系统(operation system)　生产类型(types of production)　生产方式(production mode)　生产过程(production process)

运营系统是指使输入→转换→输出过程得以实现的手段，包括各种设施、机械、运输工具、仓库、信息传递媒介等。生产运作系统的设计包括产品或服务的选择和设计、生产运作设施的定点选择、生产运作设施布置、服务交付系统设计和工作设计。生产运作系统的设计一般在设施建造阶段进行。但是，在生产运作系统的生命周期内，不可避免地要对生产运作系统进行更新，包括扩建新设施、增加新设备，或者由于产品和服务的变化，需要对生产运作设施进行调整和重新布置。生产运作系统的设计对其运行有先天性的影响，因此，企业应十分重视。

第一节　生产运作分类

可以从不同角度对生产运作进行分类。从管理角度，生产运作可分为制造性生产和服务性生产。

一、制造性生产

制造性生产是通过物理和(或)化学作用将有形输入转化为有形输出的过程。例如，通过锯、切削加工、装配、焊接、弯曲、裂解、合成等物理或化学过程，将有形原材料转化为有形产品的过程，属于制造性生产。通过制造性生产能够产生自然界原来没有的物品。

1. 按工艺过程的特点制造性生产分为连续性生产与离散性生产

(1) 连续性生产是指物料均匀、连续地按一定工艺顺序运动，在运动中不断改变形态和性能，最后形成产品的生产。连续性生产又称为流程式生产，如化工(塑料、药品、肥皂、肥料等)、炼油、冶金、食品、造纸等的生产过程。

(2) 离散性生产是指物料离散地按一定工艺顺序运动，在运动中不断改变形态和性能，最后形成产品的生产，如轧钢和汽车制造。轧钢是由一种原材料(钢锭)轧制成多个产品(板材、型材、管材)；汽车制造是由多种零件组装成一种产品，这样的离散性生产又称为加工装配式生产。机床、汽车、柴油机、锅炉、船舶、家具、电子设备、计算机、服装等产品的制造，都属于加工装配式生产。在加工装配式生产过程中，产品是由离散的零部件装配而成，这种特点使得构成产品的零部件可以在不同地区，甚至不同国家制造。加工装配式生产的组织十分复杂，是生产管理研究的重点。

流程式生产与加工装配式生产在产品市场特征、生产设备、原材料等方面有着不同的特点，如表 7-1 所示。

表 7-1　连续性生产和离散性生产的比较

特　征	连续性生产	离散性生产
用户类型	较少	较多
产品品种数	较少	较多
产品差别	有较多标准产品	有较多用户要求的产品
营销特点	依靠产品的价格与可获性	依靠产品的特点
资本/劳动力/材料密集	资本的密集	劳动力、材料密集
自动化程度	较高	较低
设备布置的性质	流水式生产	批量或流水生产
设备布置的柔性	较低	较高
生产能力	可明确规定	模糊的
扩充能力的周期	较长	较短
对设备可靠性要求	高	较低
维修的性质	停产检修	多数为局部修理
原材料品种数	较少	较多
能源消耗	较高	较低
在制品库存	较低	较高
副产品	较多	较少

由于流程式生产与加工装配式生产的特点不同，导致生产管理的特点也不同。对流程式生产来说，生产设施地理位置集中，生产过程自动化程度高，只要设备体系运行正常，工艺参数得到控制，就能正常生产合格产品，生产过程中的协作与协调任务也少。但由于高温、高压、易燃、易爆的特点，对生产系统可靠性和安全性的要求很高。相反，加工装

配式生产的生产设施地理位置分散，零件加工和产品装配可以在不同地区甚至不同国家进行。由于零件种类繁多，加工工艺多样化，又涉及多种多样的加工单位、工人和设备，导致生产过程中协作关系十分复杂，计划、组织、协调任务相当繁重，生产管理大大复杂化。因此，生产管理研究的重点一直放在加工装配式生产上。在讨论制造业生产方面，本书也将以加工装配式生产为主要内容。

2. 按企业组织生产的特点制造性生产分为备货型生产(Make-to-stock，MTS)与订货型生产(Make-to-order，MTO)

(1) 备货型生产是指在没有接到用户订单时，按已有的标准产品或产品系列进行的生产。生产的直接目的是补充成品库存，通过维持一定量成品库存来满足用户的需要。例如，轴承、紧固件、小型电动机等产品的生产，属于备货型生产。

(2) 订货型生产是指按用户订单进行的生产。用户可能对产品提出各种各样的要求，经过协商和谈判，以协议或合同的形式确认对产品性能、质量、数量和交货期的要求，然后组织设计和制造。例如，锅炉、船舶等产品的生产，属于订货型生产。

流程式生产一般为备货型生产，加工装配式生产既有备货型又有订货型。

为了缩短交货期，还有一种"按订单装配"式生产(Assemble-to order，ATO)，即零部件是事先制作的，在接到订单之后，将有关的多零部件装配成顾客所需的产品。很多电子产品的生产属于按订单装配式生产。服务业也有很多按订单装配式生产的例子，例如，餐馆按顾客的点菜来炒菜，每种菜的原料是事先准备好的。按订单装配式生产必须以零部件通用化、标准化为前提。

以往，对生产计划与控制方法的研究大都以备货型生产为对象。人们认为，对备货型生产所得出的计划与控制方法，也适用于订货型生产。其实不然，例如，用线性规划方法优化产品组合，适用于备货型生产，但一般不能用于订货型生产。原因很简单，用户不一定按工厂事先优化的结果来订货。表 7-2 列出了备货型生产与订货型生产的主要区别。

表 7-2　MTS 与 MTO 的主要区别

项　目	MTS	MTO
产品	标准产品	按用户要求生产，无标准产品，大量的变形产品与新产品
对产品的需求	可以预测	难以预测
价格	事先确定	订货时确定
交货期	不重要，有成品库随时供货	很重要，订货时确定
设备	多采用专用高效设备	多采用通用设备
人员	专业化人员	需多种操作技能

值得一提的是，订货型生产与订合同是有区别的。无论是订货型生产还是备货型生产，订货方与供货方都要签订合同，但签订合同后如果企业直接从成品库存供货，则不是订货型生产，而是备货型生产。

二、服务性生产

服务性生产又称做非制造性(non-manufacturing)生产，它的基本特征是提供劳务，而不是制造有形产品。但是，不制造有形产品不等于不提供有形产品。

1．服务生产的分类

(1) 按照是否提供有形产品可将服务性生产分成纯劳务生产和一般劳务生产两种。纯劳务生产不提供任何有形产品，如咨询、法庭辩护、指导和授课。一般劳务生产则提供有形产品，如批发、零售、邮政、运输、图书馆书刊借阅。

(2) 按顾客是否参与也可将服务运作分成两种：顾客参与的服务生产和顾客不参与的服务生产。前者如理发、保健、旅游、客运、学校、娱乐中心等，没有顾客的参与，服务不可能进行；后者如修理、洗衣、邮政、货运等，顾客参与的服务运作管理较为复杂。

(3) 按劳动密集程度和与顾客接触程度可将服务运作分成 4 种：大量资本密集服务、专业资本密集服务、大量劳动密集服务和专业劳务密集服务，如图 7-1 所示。

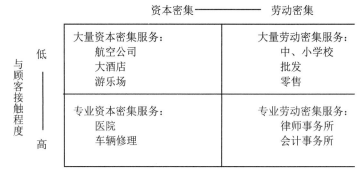

图 7-1　按劳动密集程度和与顾客接触程度对服务业分类

2．服务性生产的特点

服务业以提供劳务为特征，但服务业也从事一些制造性生产，只不过制造性生产处于从属地位，例如饭馆，它需要制作各种菜肴。

由于服务业的兴起，提高服务运作的效率日益引起人们的重视。然而，服务性生产的管理与制造性生产的管理有很大不同，不能把制造性生产的管理方法简单地照搬到服务业中。与制造性生产相比，服务性生产有以下几个特点。

(1) 服务性生产的生产率难以测定。一个工厂可以计算它所生产的产品数量，一个律师的辩护则难以计量。

(2) 服务性生产的质量标准难以建立。

(3) 与顾客接触是服务性生产的一个重要内容，但这种接触往往导致效率降低。

(4) 纯服务性生产不能通过库存来调节。理发师不能在顾客少时存储几个理过发的脑袋(人)，以便顾客多时提供极快的服务。

因此，需要专门对服务性生产的管理进行研究。

第二节　生产类型

产品和服务千差万别，产量大小相差悬殊，工艺过程又十分复杂，如何按照其基本特征将其分类，以把握各种生产类型的特点和规律，是进行生产运作管理的基本前提。

一、生产类型的划分

可以根据产品或服务的专业化程度和工作地的专业化程度来划分生产类型。

1. 按产品或服务的专业化程度划分生产类型

产品或服务的专业化程度可以通过产品或服务的品种数多少，同一品种的产量大小和生产的重复程度来衡量。显然，产品或服务的品种数越多，每一品种的产量越少，生产的重复性越低，则产品或服务的专业化程度就越低；反之，产品或服务的专业化程度则越高。按产品或服务专业化程度的高低，可以将生产划分为大量生产、成批生产和单件小批生产三种生产类型。

由于大批生产与大量生产的特点相近，所以，习惯上合称"大量大批生产"；小批生产的特点与单件生产相近，习惯上合称"单件小批生产"。有的企业，生产的产品品种繁多，批量大小的差别也很大，习惯上称为"多品种中小批量生产"。"大量大批生产"、"单件小批生产"和"多品种中小批量生产"的说法比较符合企业的实际情况。

对于服务性生产，也可以划分为与制造性生产类似的生产类型。医生看病，可以看做是单件小批生产，因为每个病人的病情不同，处置方法也不同；而学生体检，每个学生的体检内容都一致，可以看做是大量大批生产。中、小学教育，可以看做是大量大批生产，因为课程、课本相同，教学大纲也相同。大学本科生的教育可看做中批生产，因专业不同课程设置不同，但每个专业都有一定批量。硕士研究生只能是小批生产，而博士研究生则是单件生产。

2. 按工作地的专业化程度划分生产类型

工作地是工人运用机器设备和工具对物料进行加工制作或为顾客服务的场所。工作地专业化程度是指工人从事同样的操作的重复程度，它可以通过工作地所执行的工序数(m)或工序大量系数(K_B)来表示。K_B 是 m 的倒数，$K_B=1/m$。划分工作地生产类型可参照表 7-3 确定。

表 7-3　划分工作地生产类型的 m 及 K_B 参考数据

工作地生产类型	m	K_B
大量生产	1~2	0.5 以上
大批生产	2~10	0.1~0.5

续表

工作地生产类型	m	K_B
中批生产	10~20	0.05~0.1
小批生产	20~40	0.025~0.05
单件生产	40 以上	0.025 以下

当所有工作地的生产类型确定之后，可按"比重最大"的原则和"自下而上"的方法确定工段、车间以及工厂的生产类型。即根据比重最大的工作地生产类型，决定工段的生产类型，再根据比重最大的工段生产类型，决定车间的生产类型，依次类推。

按产品或服务的专业化程度划分生产类型与按工作地的专业化程度划分生产类型，其结果应该基本一致。当产品品种数少、产量大，生产重复程度高时，工作地的分工应当精细，工作地所执行的工序数(m)必然少，某种零件(顾客)占工作地的有效工作时间的份额(K_B)必然大；反之，则工作地执行的工序数必然多，各种零件(顾客)占工作地的有效工作时间的份额必然都不大。因此一般可按工作地专业化程度划分生产类型。

但是，按产品或服务的专业化程度划分生产类型与按工作地的专业化程度划分生产类型也不完全一致，它还与组织生产过程的方法有关。如果按产品或服务的专业化程度划分为大量大批生产类型，但生产设备是通用设备，设备布置是机群式的，则工作地专业化程度并不高。按 m 与 K_B 的值判断，则不一定是大量大批生产。早期福特汽车公司的生产由全能技工包干，就属于这种情况。

然而，出现这种情况是不合理的。如果产品或服务的专业化程度很高，而工作地的专业化程度不高，则生产效率必然低下，适应不了市场需求；反之，如果工作地的专业化程度很高，而产品或服务的专业化，程度不高，则生产系统缺乏柔性，适应不了市场变化，也会造成人工与设备的浪费。

采用何种设备布置形式是与产量(销量)密切相关的。图 7-2 描述了这种关系。从固定成本考虑，流水线布置最高，功能布置次之，固定位置布置最低。从变动成本考虑，固定位置布置最高，功能布置次之，流水线布置最低。当产量小于 V_1，采用固定位置布置总成本最低，产量大于 V_2，流水线布置的总成本最低，产量介于 V_1 与 V_2 之间，功能布置总成本最低。

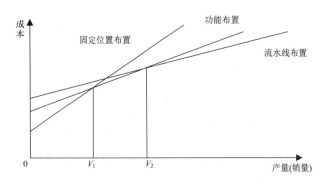

图 7-2　不同布置下产量与成本的关系

图 7-2 反映了市场需求与工厂内部组织生产的关系，产量高低是由市场决定的，销售高则产量应该高，产量越高，则采用流水线布置越经济。

　　由此也可以看出，产品专业化程度单看品种数多少是不够的，还要看产量大小。如果一个企业仅生产一种产品，生产的重复程度可以很高，但产量很小，达不到一定的生产规模，是不能称作大量生产的。即使采用精细分工、专用设备和流水线布置，生产也是不经济的。

二、不同生产类型的特征

　　不同生产类型对设计、工艺、生产组织和生产管理的影响是不同的，因而导致生产效率上的巨大差别。一般来讲，大量大批生产容易实现高效率、低成本与高质量，单件小批生产则难以实现高效率、低成本与高质量。

1. 大量大批生产类型的特征

　　大量大批生产的品种数少、产量大，生产的重复程度高。这一基本特点使它具有以下几个方面的优势。

　　(1) 设计方面。由于可以采用经过多次制造和使用检验的标准图纸生产，不仅大大减少了设计工作量(重复生产时，图纸只需作小的修改)，节省了设计阶段所需的时间，而且保证了设计质量，也节省了设计人员。

　　(2) 工艺方面。由于设计图纸变化小，产品结构相对稳定，可以编制标准制造工艺，标准工艺经过反复生产验证，其质量可不断提高。由于减少以至消除了重复编制工艺的工作，不仅大大减少了工艺编制的工作量，缩短了工艺准备周期，而且节省了工艺人员。由于产量大，生产重复程度高，可设计专用、高效的工艺装备，便于且宜于精确制定材料消耗定额，减少原材料消耗。

　　(3) 生产组织方面。可进行精细分工，工作地专业化程度高，工人操作简化，可推行标准操作方法，提高工作效率。宜于购置专用高效设备，采用流水线、自动线等高效的组织生产的形式。

　　(4) 生产管理方面。便于且宜于制定准确的工时定额。由于产品品种及产量稳定，原材料、毛坯变化小，易与供应厂家和协作厂家建立长期稳定的协作关系，质量与交货期容易得到保证。例行管理多，例外管理少，计划、调度工作简单，生产管理人员易熟悉产品和工艺，易掌握生产进度。

　　由于大量大批生产具有上述优势，它可给企业带来很多好处。

　　(1) 从设计到出产的整个生产周期短，加快资金周转。大量大批生产一般是备货型生产，生产周期短使得用户的订货提前期短，从而加快了整个社会的生产速度。

　　(2) 用人少，机械化、自动化水平高，产出率高，劳动生产率高。

　　(3) 人力、物力消耗少，成本低。

　　(4) 产量、质量高而稳定。

　　大量大批生产是基于美国福特汽车公司的创始人亨利·福特的"单一产品原理"。按

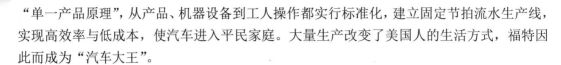

"单一产品原理"，从产品、机器设备到工人操作都实行标准化，建立固定节拍流水生产线，实现高效率与低成本，使汽车进入平民家庭。大量生产改变了美国人的生活方式，福特因此而成为"汽车大王"。

2．单件小批生产类型的特征

单件小批生产类型具有完全不同的特点。单件小批生产品种繁多，每一品种生产的数量甚少，生产的重复程度低，这一基本特征带来了一系列的问题。

(1) 设计方面。每生产一种新产品都必须重新设计，绘制新图，或作较大修改。因此，设计工作量大，设计周期长，需要的设计人员多。因图纸得不到制造过程和使用过程的检验，设计质量也不易提高。

(2) 工艺方面。必须为每种新设计的产品编制工艺，需要设计、制造新的工艺装备，编制工艺的周期长。由于生产的重复程度低，材料消耗定额也不易或不宜准确制定。工艺质量不易提高，需要的工艺人员多。

(3) 生产组织方面。只能进行粗略分工，工作地专业化程度不高。工人需完成多种较复杂的操作，需较长时间培训。多品种生产只适于使用通用设备，效率低，工作转换时间长。一般只能采用按功能布置(机群式布置)，零件运输路线长。

(4) 生产管理方面。只能粗略制定工时定额。原材料、毛坯种类变化大，不易建立长期稳定的协作关系，质量与交货期不易保证。计划、调度工作复杂，例行管理少，例外管理多，需要管理人员多。

由于以上问题，使单件小批生产具有很多缺点：①产品制造周期长，资金周转慢，用户订货提前期长。②用人多，生产效率低，劳动生产率低。③成本高。④产品质量不易保证。

中批生产类型的特点介于大量大批生产与单件小批生产之间。

劳务性生产的不同类型也有类似于制造性生产不同生产类型的特点，也是大量大批生产容易实现高效率、低成本与高质量。

由于大量大批生产具有很大的优势，而单件小批生产具有很大的劣势，从企业内部组织生产的角度看，单一品种大量生产最有效。然而，"单一产品原理"的应用有一个先决条件，即所选定的单一产品必须是市场上在较长时间内大量需要的产品。离开了市场需要谈效率，只能得到相反的效果。效率越高，生产越多，销售不出去则浪费越大。标准件是长期大量需要的产品，应该采用大量生产方式，若采用单件小批生产方式去生产，不仅价高质劣且满足不了市场需要。因此，如果看准了市场需求，就没有必要搞低效率的多品种生产。然而，如果不是市场长期大量需要的产品，而采用了大量生产方式，将会冒很大的风险。福特汽车公司曾因生产 T 型车一个车种而兴旺，但也正因为它长达 19 年生产的 T 型车而陷入困境，因为居民消费水平的提高，使曾经畅销一时、朴素、坚固、价廉的 T 型车逐渐不受欢迎。可见，大量大批生产类型的致命弱点是难以适应市场变化，相反，单件小批生产类型却具有"以不变应万变"的优点。然而，它的低效率又是其根本缺陷。如何提高单件小批生产类型的效率已成为当今生产管理理论界和实业界所关注的问题。

三、提高多品种小批量生产类型效率的途径

产品多样化给制造与管理带来了一系列的问题，它将导致零件种类和装配工作复杂性的迅速增加，并引起设计工作、工艺工作、工装设计与制作、设备种类、毛坯和原材料种类、协作任务、库存量、采购活动、管理工作以及人员的大量增加。其结果是固定成本、变动成本上升，质量和生产率下降，利润减少乃至亏损。因此，谁能提高多品种小批量生产的效率，谁就会在竞争中占优势。

提高多品种小批量生产效率的途径有两条：减少零件变化与提高生产系统的柔性。产品多样化的动因来自市场，企业只能去适应它，而不能改变它。对加工装配式生产，如何变产品的多品种为零件的少品种，是适应市场变化的主动办法。被动的办法是提高生产系统的柔性。生产系统的柔性就是处理加工对象变化的能力。能加工不同零件的种数越多，而且加工不同零件的转换时间越短，生产系统的柔性就越高。尽管提高生产系统的柔性是一种被动的方法，但也是不可缺少的方法。因为无论采取什么办法，零件的变化总是存在的。

1. 减少零件变化

要减少零件的变化，可以通过三种途径：推行三化(产品系列化、零部件标准化、零部件通用化)，推行成组技术和变化减少方法(variety reduction program，VRP)。

推行产品系列化可以减少产品的品种数，用户的多种要求可以通过产品系列化得到满足。例如，人的脚的尺寸是一个连续的量，但生产厂家却不能制造无限多不同尺码的鞋，只能生产一个尺码系列的鞋。顾客选用最接近其脚大小的鞋，便可满足使用要求。产品系列化导致品种数减少，从而导致零件数减少。

零部件标准化、通用化可以直接减少零件的变化。标准化、通用化的零件可供不同的设计者选用。大家选用的结果，使零件变化减少，标准、通用的零件大量增加，从而可以组织大量生产，降低成本，提高质量。选用标准零件、通用零件多的产品，一般来说，其制造质量好，成本低。

推行成组技术，并不能直接减少零件的变化。成组技术是一种利用零件相似性来组织多品种小批量生产的方法。从设计属性和制造属性考虑，很多不同零件具有相似性。将相似零件归并成零件族，就可以采用相同或相近的方法处理，从而减少重复工作，节省时间，提高效率，改进工作质量和产品质量。可见，成组技术并不是用来减少零件变化的，而是从现有的零件出发，发掘其相似性。但是，在运用零件分类编码系统设计零件时，可以减少零件的变化，设计者只要花几分钟时间对其所构思的零件进行编码，然后按编码去检索已有的设计。如果已有相近的设计，则不必重新设计新零件。这样不仅减少了设计工作量，而且促进了设计标准化。

VRP 是一种崭新的面向市场多样化需求的制造工程思想和方法。VRP 从分析产生产品"变化性"的根源入手，本着"以不变应万变"的思想，变产品的多品种为零件、工艺的少品种；创造性地将产品成本分为"功能成本"、"变化成本"和"控制成本"，通过寻求三种成本间的平衡来达到控制产品成本、生产多样化产品的目的。它运用统计方法，区分产

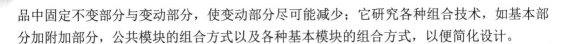

品中固定不变部分与变动部分，使变动部分尽可能减少；它研究各种组合技术，如基本部分加附加部分，公共模块的组合方式以及各种基本模块的组合方式，以便简化设计。

2. 提高生产系统的柔性

一般地说，系统柔性(system flexibility)是指系统处理外界变化的能力。生产系统柔性包括两方面的含义，一是能适应不同的产品或零件的加工要求。从这个意义上讲，能加工的产品(零件)种类数越多，则柔性越好。二是指转换时间。加工不同零件之间的转换时间越短，则柔性越好。

要提高生产系统的柔性，可以采用两种办法：硬办法和软办法。硬办法是提高机床的柔性，软办法是采用成组技术。

为了提高机床的柔性，自20世纪50年代起。人们一直在研究数控(numerical control，NC)机床。数控机床就是通过由数字、字符构成的指令程序控制工件加工的机床。通过改变指令程序来适应不同的工件的加工，比改变机床和工艺装备来适应不同工件的加工要容易得多。因此，数控机床具有柔性。

柔性制造系统(flexible manufacturing system，FMS)是20世纪70年代初出现的。柔性制造系统是由自动化物料传送系统联结起来的、在计算机控制下运行的一组数控机床构成的、能完成数个零件族加工的制造系统。柔性制造系统是为了弥补自动生产线和数控机床两者的不足而产生的。自动生产线生产率很高，但缺乏柔性，它适于大量大批生产类型。单台数控机床具有很高的柔性，但它的生产率很低，利用率一般也低于50%，它适于多品种小批量生产类型。对于中等批量生产，两者都不太合适。柔性制造系统正是为适应中等批量生产而出现的。

提高生产系统柔性采用的软办法就是推行成组技术(group technology，GT)，利用成组技术将相似零件构成零件族，同族零件具有相似的制造属性或(和)设计属性，同族零件在一起加工可以减少机器的调整准备时间，从而使生产系统较快地从一种零件转向生产另一种零件。

值得提出的是，将硬办法与软办法相结合——"软硬兼施"，对提高生产系统的柔性效果最好。不推行成组技术，柔性制造系统的利用率也不会高；采用成组技术，可使柔性制造系统的利用率提高到80%以上。

第三节 生产过程的组织

产品的生产过程是指从原材料投入到成品出产的全过程，通常包括工艺过程、检验过程、运输过程、等待停歇过程和自然过程。

其中，工艺过程是生产过程的最基本部分。对于机械制造工艺过程，一般可划分为毛坯制造、零件加工和产品装配三个阶段。每一阶段又可划分为若干工序，工序是工艺过程最基本的组成单位。对机械加工来讲，工序是在一个工作地上工人利用一次装卡所完成的加工作业。

检验和运输过程也是必不可少的，但应该尽可能缩短。等待停歇过程如属于制度规定，则是合理的；若由于组织管理不善造成，则应该消除。自然过程，如冷却、干燥、发酵、时效，是技术上要求的，是不可免的。

一、生产系统设计的原则

生产系统设计的原则有三个：工艺专业化原则、对象专业化原则和综合原则。

1. 工艺专业化原则

按照工艺特征建立生产单位，称作工艺专业化原则。按工艺专业化原则，将完成相同工艺的设备和工人放到一个厂房或一个区域内，这样构成诸如铸造厂、锻造厂、热处理厂、铸造车间、锻造车间、机械加工车间、热处理车间、车工工段、铣刨工段等生产单位，如图 7-3 所示。

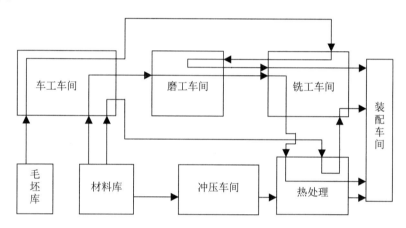

图 7-3　按工艺专业化原则布置的车间零件运动情况

(1) 优点：对产品品种变化的适应能力强；生产系统的可靠性较高；工艺及设备管理较方便。

(2) 缺点：工件在加工过程中运输次数多，运输路线长；协作关系复杂，协调任务重；只能使用通用机床、通用工艺装备，生产效率低；在制品量大，生产周期长。

2. 对象专业化原则

按照产品(或零件、部件)建立生产单位，称作对象专业化原则。按对象专业化原则，将加工某种产品(零部件)所需的设备、工艺装备和工人放到一个厂房或一个区域内，这样构成诸如汽车制造厂、发动机分厂(车间)、电机车间、齿轮工段、曲轴工段等生产单位，如图 7-4 所示。

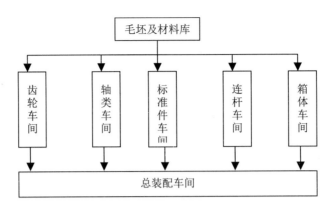

图 7-4 按对象专业化原则布置的车间零件移动情况

(1) 优点：可减少运输次数，缩短运输路线；协作关系简单，简化了生产管理；可使用专用高效设备和工艺设备；在制品少，生产周期短。

(2) 缺点：对品种变化适应性差；生产系统的可靠性较差；工艺及设备管理较复杂。

3. 综合原则

取上述两者的优点，在应用形式有两种。

(1) 在对象专业化原则的基础上采用工艺原则，如锅炉厂的铸造车间、锻造车间。

(2) 在工艺专业化原则的基础上采用对象原则，如铸造厂的箱体造型工段、床身造型工段等。如图 7-5 所示。

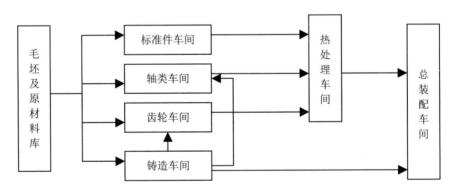

图 7-5 按综合原则布置的车间零件移动情况

二、组织生产过程的基本要求

组织生产过程是企业内部的工作，它必须与外界需求相适应。合理组织生产过程的基本要求，是要使生产过程保持连续性、比例性、平行性、均衡性(节奏性)与准时性。这些要求是现代化大生产所决定的，只有按这些要求去做，才能取得好的经济效益。

1. 生产过程的连续性

生产过程的连续性是指物料处于不停的运动之中，且流程尽可能短，它包括空间上的连续性与时间上的延续性。时间上的延续性是指物料在生产过程的各个环节的运动，自始至终处于连续状态，没有或很少有不必要的停顿与等待现象。空间上的连续性要求生产过程各个环节在空间布置上合理紧凑，使物料的流程尽可能短，没有迂回往返现象。

提高生产过程的连续性，可以缩短产品的生产周期，降低在制品库存，加快资金的流转，提高资金利用率。

为了保证生产过程的连续性，首先需要合理布置企业的各个生产单位，使物料流程合理。其次要组织好生产的各个环节，包括投料、运输、检验、工具准备、机器维修等，使物料不发生停歇。

2．生产过程的平行性

生产过程的平行性是指物料在生产过程中实行平行交叉作业。加工装配式生产使实现生产过程的平行性成为可能。平行作业是指相同的零件同时在数台相同的机床上加工；交叉作业是指一批零件在上道工序还未加工完时，将已完成的部分零件转到下道工序加工。平行交叉作业可以大大缩短产品的生产周期。

3．生产过程的比例性

生产过程的比例性是指生产过程各环节的生产能力要保持适合产品制造的比例关系。它是生产顺利进行的重要条件，如果比例性遭到破坏，则生产过程必将出现"瓶颈"。瓶颈制约了整个生产系统的产出，造成非瓶颈资源的能力浪费和物料阻塞，也破坏了生产过程的连续性。

4．生产过程的均衡性(节奏性)

生产过程的均衡性是指产品从投料到完工能按计划均衡地进行，能够在相等的时间间隔内完成大体相等的工作量。节奏性与均衡性的含义基本相同，只不过它的时间间隔取的较小。均衡性一般取月、旬、日，节奏性则以小时、分、秒计。节奏性一般用于大量大批生产。

生产不均衡会造成忙闲不均，既浪费资源，又不能保证质量。还容易引起设备、人身事故。保持生产过程的均衡性，主要靠加强组织管理。

5．生产过程的准时性

生产过程的准时性是指生产过程的各阶段、各工序都按后续阶段和工序的需要生产。即，在需要的时候，按需要的数量，生产所需要的零部件。企业所做的一切都是为了让用户满意，用户需要什么样的产品，企业就生产什么样的产品，需要多少就生产多少，何时需要，就何时提供。要做到让用户满意，企业的生产过程必须做到准时，只有各道工序都准时生产，才能准时地向用户提供所需数量的产品。

三、零件在加工过程中的移动方式

零件在加工过程中可以采用三种典型的移动方式，即顺序移动、平行移动和平行顺序移动。

1. 顺序移动方式

特点：一批零件只有在上道工序全部加工完毕后才整批地转移到下道工序继续加工。其加工周期 $T_顺$ 为：

$$T_顺 = n\sum_{i=1}^{m}t_i \tag{7-1}$$

式中，n 为零件加工批量；t_i 为第 I 工序的单件工序时间；m 为零件加工的工序数。

【例 7.1】(如图 7-6 所示)已知 $n=4$ $t_1=10$ 分钟，$t_2=5$ 分钟，$t_3=15$ 分钟，$t_4=10$ 分钟，求 $T_顺$。

解：$T_顺 = 4\times(10+5+15+10) = 160$(分钟)

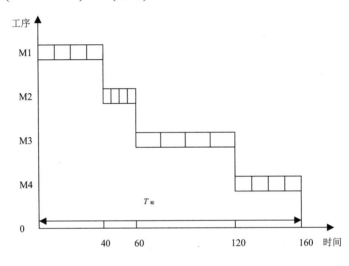

图 7-6 顺序移动方式

2. 平行移动方式

特点：当每个零件在前一道工序加工完毕后，立即转移到下一道工序去加工，这样就形成一批零件同时在各个道工序进行加工，如图 7-7 所示。

其加工周期为：

$$T_平 = \sum_{i=1}^{m}t_i + (n-1)t_l \tag{7-2}$$

式中，t_l 为最长的单件工序时间；其他字母含义同上。

将例 7.1 数据代入式(7-2)，可得：

$T_平 = (10+5+15+10)\times(4-1)\times15 = 85$(分钟)

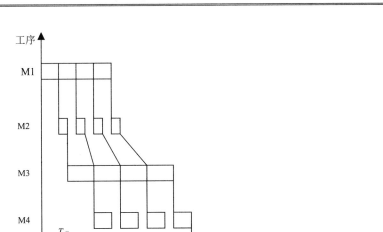

图 7-7　平行移动方式

3. 平行顺序移动方式

特点：综合上述两种移动方式的优点，既要求每道工序连续加工，但同时又要求各道工序尽可能平行加工。具体做法如下：

(1) 当 $t_i \geqslant t_{i+1}$，按顺序移动方式移动。即以 i 工序最后一个零件的完工时间为基准，往前推移$(n-1) \times t_{i+1}$ 的时间作为零件在$(i+1)$工序的开始加工时间。

(2) 当 $t_i < t_{i+1}$ 时，按平行移动方式移动。如图 7-8 所示。

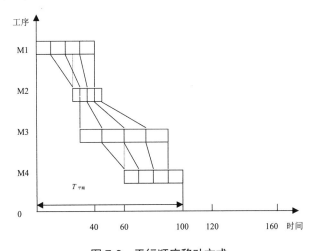

图 7-8　平行顺序移动方式

其加工周期为：

$$T_{平顺} = n\sum_{i=1}^{m} t_i - (n-1)\sum_{j=1}^{m-1} t_{sj} \tag{7-3}$$

式中，t_{sj} 为相邻两工序中较短的工序时间。

将例 7.1 数据代入(7-3)，可得：

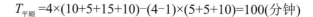

$$T_{\text{平顺}}=4\times(10+5+15+10)-(4-1)\times(5+5+10)=100(\text{分钟})$$

4. 三种移动方式比较

三种移动方式各有其优缺点,如表 7-4 所示。

表 7-4 三种移动方式比较

比较项目	平行移动	平行顺序移动	顺序移动
生产周期	短	中	长
运输次数	多	中	少
设备利用	差	好	好
组织管理	中	复杂	简单

5. 选择零件移动方式应考虑的因素

在实际生产中,选择零件的移动方式需要考虑许多因素有:零件大小、加工时间、批量大小,以及生产单位的专业化形式等,如表 7-5 所示。

表 7-5 选择零件移动方式应考虑的因素

移动方式 \ 因素	零件尺寸	加工时间	批量大小	专业化形式
平行移动	大	长	大	对象专业化
平行顺序移动	小	长	大	对象专业化
顺序移动	小	短	小	工艺专业化

第四节 运营管理的发展历程

在本节中,我们不再赘述所有的细节,因为如果这样做的话,将不得不再细述整个工业革命。所以本节将重点关注 20 世纪 80 年代以来一些主要的与运营相关的理念。在适当的地方,还将给出新理念与旧理念之间的联系。

一、精益生产、准时制和全面质量控制

20 世纪 80 年代爆发了生产管理思想和技术革命,由此推动了生产的发展。准时制(just in time,JIT)是制造思想的重大突破,由日本人率先提出,又称作无库存生产方式(stockless production)或超级市场生产方式(supermarket production),它的基本思想可用现在已广为流传的一句话来概括:"只在需要的时候,按需要的量,生产所需要的产品",这也就是 JIT 所要表达的含义。这种思想与全面质量控制(TQC)都积极地发现并消除生产缺陷,现在,这种思想已经成为制造性生产实践中的基础。

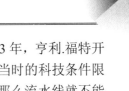

当然，这种高度集成并且有效的生产系统并不是日本人首创的。1913 年，亨利.福特开发了制造 T 型车的组装线，福特当时开发的这套系统仅受工人的能力和当时的科技条件限制。质量是福特生产线的首要前提，如果部件质量不能一直保持优质，那么流水线就不能以平稳速度运行。及时送货对福特来说也同样重要，要用源源不断的原料输入保持工人和机器的忙碌状态，计划就显得非常重要了。产品、生产过程、物料、物流和员工很好地整合在工厂运营和规划中，并在其中相互平衡。

二、制造战略范式

20 世纪 70 年代末 80 年代初，哈佛商学院的研究人员开发出制造范式。这是由威廉·阿伯纳斯(William.Abernathy)、吉姆·克拉克(Kim.Clark)、罗伯特·海斯(Robert.Hayes)和史蒂芬·惠尔莱特(Steven.Wheelwright)教授完成的研究成果。该成果着重探讨了制造业的经理如何将他们工厂的生产能力变成战略竞争的武器，其思想的核心是集中制造和制造权衡的观点。他们认为，既然工厂不能在所有的方面都达到最优，那么就可以实施集中战略，建立一个重点工厂，完成它能做得很好的有限的一些任务。因此，需要在工厂设计和管理中的成本、高质量及高柔性等各项指标之间做出权衡。事实上，福特比哈佛的教授们早 60 年实现了这个目标。

三、服务质量和生产率

随着经济的发展，服务业逐渐成为经济社会的主导。而服务业的多元化程度越来越广泛，从航空公司到动物园，其中呈现不同的类型(详见前文)。因此，很难说是某位创新者或者发展者对整个行业产生重大影响。然而，麦当劳在质量和生产率方面采用的独到的方式使其获得了巨大的成功，因而它成为提供大量标准化服务方面的借鉴榜样。

四、全面质量管理和质量认证

运营管理另外一个重大的飞跃是 20 世纪 80 年代末 90 年代初提出的全面质量管理(TQM)。几乎所有的运营经理都意识到了由质量大师 W.爱德华·戴明(W.Edwards Deming)、约瑟夫·M.朱兰(Joseph M.Juran)和菲利普·克劳斯比(Philip Crosby)推动的质量潮流。有趣的是，这些人都是 20 世纪 30 年代的休哈特(Shewhart)、道奇(Dodge)、罗米格(Romig)的学生(有时候继续研究常常需要一代人的努力)。波里奇(Baldrige)国家质量奖进一步推动了质量运动向前发展，这一奖项设立于 1987 年，由美国国家标准与技术研究机构指导。波里奇奖每年都颁发给在质量管理方面有突出表现的公司。

国际标准化组织颁布的 ISO 9000 认证标准在全球制造业的质量标准制定中发挥了重要的作用。许多欧洲公司要求它们的供应商达到这些标准，并将这一要求作为签订合同的一个条件。

五、六西格玛质量管理

在 20 世纪 80 年代，六西格玛管理本是全面质量管理中的一部分。在 90 年代，六西格玛被看做一系列质量诊断工具而得到空前发展。在许多公司,这些工具以"绿带与黑带课程"的方式传授给管理人员。现在,这些工具不仅在制造业有著名的运用,而且在一些非制造业流程如应收账款、销售以及研发中都有应用。六西格玛已经应用在环保、健康医疗和公司安全保障服务中,同时,也将应用延伸到研发、财务、信息系统、法律、市场营销、公共关系和人力资源管理等方面。

六、供应链管理

供应链管理的核心思想是利用集成系统方法,管理从原材料供应商,经过加工工厂和储存仓库,直到最终用户所构成的供应链上的信息、物料和服务流。外部环境的快速变化迫使企业寻找能满足顾客需求的柔性方法。其关键在于优化调整核心活动,尽量以最快的速度响应顾客需求的变化。

七、电子商务

20世纪90年代后期,因特网和万维网的迅速普及令人瞩目。电子商务在业务活动中把因特网作为最基本的元素。因特网由美国政府网络 ARPANET 发展而来。ARPANET 于1969年由美国国防部建成。网页、表格以及交互搜索工具的使用,正在改变着人们收集信息、商务交易和流通的方式,也改变了运营经理协调执行生产和分销职能的方式。

八、服务科学

服务业成长带来的一个最直接的结果就是一个名为服务科学管理与工程(service science management and engineering, SSME)项目的发展,主要以工业和大学为主。SSME致力于信息技术中最新观念的应用,以提高技术型组织的服务效率。发展这个项目的 IBM 团队领导人吉姆·斯伯热(jim spohrer)提出了一个有趣的问题:一旦服务业的效率提高了,那么多余劳动力将何去何从?"答案就是去新兴的服务工业和商业——服务业种类很多,而且一天比一天多。想想以下这些服务业的增长:零售业、通信业和信息产业,就更不用提发展中国家中新出现的服务业了。新型工业和商业中的服务创新能力还并未被完全开发"。

本章思考题

1. 举例说明什么是大量生产、单件小批生产,并描述其特点。
2. 说明流程式生产与加工装配式生产、订货型生产与备货型生产的特点。
3. 服务型生产主要有哪些特点?与制造业有何不同?
4. 生产运作系统设计的基本原则有哪些?
5. 组织生产过程的基本要求是什么?
6. 运营管理的发展历程及趋势是什么?

第八章

物 流 管 理

本章导读：

将系统的观点和方法运用于物流管理是现代物流最基本的要求。物流管理的微观主体是物流企业，应在掌握物流基础知识前提下，了解单个企业物流成本的管理方法与技术和多个企业进行联合物流管理的方法与技术是非常必要的。本章系统介绍了物流管理的基本概念、物流成本的基本控制方法以及物流发展到高级阶段即供应链管理阶段的较新的理论观点等。

学习目标：

了解物流的发展史，掌握物流和物流管理的基本概念、物流管理的主要内容、企业物流管理的供应物流、生产物流、销售物流的基本含义及其成本控制方法，掌握供应链管理的基本思想、原则及主要的供应链管理方法，学会各种控制管理方法的应用。由于本章各节之间的关联度和逻辑性较强，分析性和探讨性内容较多，学习中应充分发挥主观认知能力，积极思考，大胆创新。

关键词：

物流(logistics)　物流成本管理(logistic cost management)　供应链管理(supply chain management)　准时制(just in time，JIT)

第一节　物流管理概述

一、物流的产生和发展

近年来"物流"成为一个非常热门的话题，形形色色的物流公司如雨后春笋纷纷成立，2006 年被誉为中国十大热门专业之一。虽然人们对"物流"一词已经习以为常，但是一直到 20 世纪初"物流"这个概念才被提出。

20 世纪以前，从整个社会看，总的产品数量还是很有限的，市场呈现需大于求的现象。产品生产出来不需要采取特别的物流方式就可以分销出去。所以，人们的注意力都放在怎样改造生产技术、尽量多生产产品上，因而也不会产生物流的概念。物流概念最早起源于 20 世纪初的美国。从 20 世纪初到现在近一个世纪的时间内，物流概念的产生和发展经历了 3 个阶段。

1. 物流概念的孕育阶段(20 世纪初～50 年代)[①]

这一阶段的特点主要有 3 点:第一是局部范围,主要是在美国。第二是少数人提出来的。第三是意见不统一。

1) 营销学派关于物流的概念

美国市场营销学者阿奇·萧(Arch W.Shaw)于 1915 年提出的物流概念,叫做 physical distribution,他在 1915 年由哈佛大学出版社出版的"Some Problems in Marking Distribution"一书中指出,在市场分销中,存在两类活动,一类叫做创造需求,一类叫做物资实体分配(physical distribution of goods)。他认为,这两类活动是不同的,但是在市场分销中是互相平衡、互相依赖的。他认为市场分销中发生的重大失误,往往是由于在这两类活动之间缺乏协调造成的。

2) 军事后勤学派关于物流的概念

美国少校琼西·贝克(Chauncey B.Baker)于 1905 年在其所著的《军队和军需品运输》一书中提出的物流概念,叫做 logistics。他是从军事后勤的角度提出的,称 logistics 是"与军备的移动与供应有关的战争的艺术的分支"。应该说,两个概念的实质和内容是不一样的。阿奇·萧是从市场营销的角度来定义物流。physical distribution,应该翻译为"实体分配",但是这种翻译不太符合中国人的语言习惯,一般翻译为"分销物流"。他实际上就是指把企业的产品怎样分送到客户手中的活动。而琼西·贝克则是从军事后勤的角度来定义物流的,他所关心的是军备物资的运输、储存、供应问题。

2. 分销物流学(physical distribution)阶段(20 世纪 50 年代中期～80 年代中期)

这个阶段的基本特征,是分销物流概念得到发展并占据了统治地位,从美国走向了全世界,形成了一个比较统一的物流概念,并且也形成了物流学派、物流产业和物流领域。特别是 20 世纪 60 年代,随着计算机应用的普及和推广,人们逐渐把计算机应用到制定生产计划上来。美国生产管理和计算机应用专家 Oliver W.Wight 和 George W.Plosh 首先提出了物料需求计划(material requirement planning,MRP)的概念,到了 80 年代,发展到了 MRP Ⅱ、MRPⅢ。在 MRP 发展的基础上,受 MRP 思想原理的启发,80 年代又产生了应用于分销领域的物资资源配置技术(distribution requirement planning,DRP),并且相应又发展出 DRP Ⅱ、DRPⅢ。20 世纪 90 年代又出现了物流资源计划(logistics resources planning,LRP)和企业资源计划(enterprise resources planning,ERP)。这一时期日本丰田公司创造的准时化生产技术(JIT)以及相应的看板技术是生产领域物流技术被广泛接受最有力的证明。

特别是到 20 世纪 80 年代中期,随着物流活动进一步集成化、一体化、信息化的发展,改换物流概念的想法就更加强烈了。

---

① 现代物流的起源有三种说法,第一种说法是 1901 年约翰·格鲁威尔在美国政府《农产品流通产业委员会报告》中提出的;第二种说法是 1905 年琼西·贝克提出的;第三种说法是 1915 年阿奇·萧提出的。

3．现代物流学(logistics)阶段(20世纪80年代中期至今)

这个阶段的特点，是随着物流业的发展，物流已经不仅仅限于分销领域，而已经涉及企业的物资供应、企业生产、企业分销以及企业的废弃物再生等范围和领域。logistics 是后勤学的意思，包括了企业的供、产、销的全范围的物资管理和物流问题，比较切合新时期物流学发展的实际情况，因此用 logistics 作为新时期的物流概念比较合适。这个阶段的 logistics 不能翻译为后勤学，更不能翻译为军事后勤学，而应当翻译为现代物流学，它是一种适用新时期所有企业，包括军队、学校、事业单位的集成化、信息化、一体化的物流学。

20世纪80年代中期以来，企业内部的集成化物流越来越受到人们的关注。MRPⅡ是把生产管理与生产能力管理、仓储管理、车间管理、采购管理、成本管理等集成起来；DRP是把分销计划、客户管理、运输管理、配送管理、车辆管理、仓储管理、成本管理等集成起来；LRP 是把 MRP 和 DRP 集成起来；ERP 是把 MRPⅡ与人事管理、设备管理、行政办公等系统集成起来等。物流外包和第三方物流的产生，进一步导致物流专业化、技术化和集成化，实现了生产和物流的分工合作，提高了各自的核心竞争力。

20世纪90年代供应链理论的诞生，供应链管理系统的形成，进一步导致物流管理的联合化、共同化、集约化和协调化。

二、物流的概念

1. 关于物流的定义

现在世界各国对物流的定义有多种表述，就是在我国，关于物流定义的表述也不尽统一。虽然表述的文字并不统一，但其丰富的内涵，对于我们对物流的了解有很好的参考价值。

美国物流管理学会 1985 年对物流下的定义为："物流是对货物、服务及相关信息从起源地到消费地进行有效率、有效益的流通和储存，以满足顾客要求的过程，并对这个过程进行计划、执行和控制。这个过程包括输入、输出、内部和外部的移动以及以环境保护为目的的物料回收。"

欧洲物流协会的定义是："物流是在一个系统内对人员和商品的运输、安排及与此相关的支持活动进行计划、执行和控制，以达到特定的目的。"

日本后勤系统协会专务理事稻束原树 1997 年在《这就是后勤》一书中对"后勤"下的定义是："'后勤'是一种对于原材料、半成品和成品的有效率的流动进行计划、实施和管理的思路，它同时协调供应、生产和销售各部门的利益，最终达到满足顾客的需求。换言之，'后勤'意味着：按要求的数量，以最低的成本送达要求地点，以满足顾客的需要作为基本目标。"

我国国家标准的定义是："按用户要求，将货物从供应地向需求地转移的过程。它是运输、储存、包装、装卸、流通加工、信息处理等相关活动的结合。"

2. 关于第三方物流的概念

随着现代企业生产经营方式的变革和市场外部条件的变化，"第三方物流"(third party logistics)开始引起人们的重视，并对此表现出极大的兴趣。在西方发达国家，先进企业的物流模式已开始向第三方物流甚至第四方物流方向转变。

第三方物流(third party logistics)又被称为外包物流、合同物流或契约物流。它是由物流劳务的供方、需方之外的第三方去完成物流服务的运作方式，它是社会分工下物流专业化的一种表现形式，从其运作内容来看，不仅包括仓储、运输和电子数据交换(EDI)，也包括订货与自动补货、选择运输工具、包装与贴标签、产品组配等。从第三方物流的定义中可以看出，第三方物流的范围包括任何一种物流服务的外部采购，包括在交易基础上对运输和仓储服务的传统采购，也包括对非传统物流服务的购买行为。从严格意义来说，第三方物流是指多项物流活动的采购行为，是对多种或综合服务的采购，涉及计划、控制和实施过程的采购，通常涉及长期业务关系。第三方物流基本的价值增值来自于管理信息和知识。

目前的物流企业无法满足网站的要求，新兴的大型的物流公司正在出现，社会舆论及在线公司也越来越重视这个问题。当很多人对一个行业具有强烈的需求，同时这个行业也能带来较高的利润时，社会上就会有很大一批财力、人力、物力自发地投入到这个产业中去。第三方物流的出现与 B2B 和 B2C[①]模式减少中间环节的初衷是否矛盾呢？实行第三方物流正是为了节约配送成本和管理成本。在网络公司自身运输能力薄弱，且无专业的大规模的仓储条件下，进行物流的成本必将是十分巨大的，而这一费用转接到消费者身上或是由网络公司自己承担都是非常危险的，所以必须交给专业的物流公司。

现代的物流商应该提供不只是单单送货的服务，而且应该包括订货信息的处理、仓库的管理及售后服务。除此之外物流商还应该有自己的运输系统，以及有一定素养的客户服务人员，及时处理顾客提出的换货和退货要求。而物流商的利润就是根据订单的佣金取得。当一个物流商在各个地区都形成了一定的规模后，其利润是难以估量的。应当指出的是，信息流、资金流在电子工具和网络通信技术支持下，可通过轻轻点击瞬息完成。而物流，物质资料的空间位移，即具体的运输、储存、装卸、保管、配送等各种活动是不可能直接通过网络传输的方式来完成的。虽然在现今物流体系处于较为混乱的状况下，存在着各种配送方法，但第三方物流作为一个新兴的产业，对 B2B 和 B2C 电子商务的影响必将是巨大的。而消费者到时自然可以享受真正的网上购物所带来的方便，可以享受优质的甚至是个性化的服务。目前第三方物流的概念已广泛地被西方流通行业所接受。

3. 关于第四方物流

当第三方物流仍处于发展壮大阶段的时候，第四方物流的概念又横空出世。虽然它还处于萌芽阶段，而且各方对它莫衷一是，但随着对物流服务更深层次、更全面要求的提高，第四方物流必将会有广阔的发展前景。

第四方物流(FPL)是一个供应链的集成商，它对公司内部和具有互补性的服务提供商所

---

① B2B 和 B2C 是指 business to business 和 business to customer,是指商业到商业,商业到消费者(顾客)。

拥有的资源、能力和技术进行整合和管理，以提供一整套供应链解决方案。又称为"总承包商"或"领衔物流服务商"。

第四方物流概念是安德森咨询公司提出并注册的，许多服务商都对第四方物流心驰神往，他们希望与客户建立长期稳固的伙伴关系。真正的第四方物流不仅控制和管理特定的物流服务，而且对整个物流过程提出策划方案，并通过电子商务将这个过程集成起来。 到目前为止，很少有制造商以这种信任程度将其对物流控制权交给他人(物流服务商)，即使是与他们有伙伴关系的服务商也不例外，但并不是一家都没有。鹿特丹的 KPMG 公司最近出版了名为"外筹物流的发展战略"的研究报告，报告指出，第四方物流可以使迅速、高质量、低成本的产品运送服务得以实现。

关于第四方物流目前争论还比较多，但争论归争论，问题要看实质。实质就是必须有一个组织能为货主企业和第三方物流提供方案集成的服务。其实，企业名称是否冠以"物流"两字并不重要，一个公司是否叫做第四方物流也不是很重要，关键在于了解第四方物流的本质及其所具有的服务功能，从中发现有价值的物流运作新思路、新理念，并为企业所用，把科学的、建立在高新技术基础上的物流理念交给企业。现在有很多专家和学者甚至提出了第五方物流和第六方物流[①]的概念。

三、物流管理的概念及其主要内容

1. 物流管理的概念

物流管理是为了以最低的物流成本达到客户所满意的服务水平，而对物流活动进行计划、组织、协调和控制。亦即物流管理就是对原材料、半成品和成品等物料在企业内外流动的全过程所进行的计划、实施、控制等活动。这个全过程就是指物料经过的包装、装卸搬运、运输、存储、流通加工、物流信息等物流运动的全过程。

2. 物流管理的主要内容

物流管理主要包括 3 个方面的内容，即对物流活动诸要素的管理，包括运输、存储、装卸、配送等环节的管理；对物流系统诸要素的管理，即对其中的人、财、物、设备、方法和信息这六大要素的管理；对物流活动中具体职能的管理，主要包括物流计划、质量、技术、经济等职能的管理等。

3. 关于对"物流"和"物流管理"的理解

从上述物流和物流管理的定义可以看出，各国关于物流定义的各不相同。

美国定义认为物流研究的目的是"满足客户需求"，研究对象是"货物、服务及相关信息"，也就是说美国定义认为， 物流的研究对象不仅仅是"物"，还包括与"物"相关的"服务及相关信息"；同时又强调对整个过程的"计划、执行和控制"。众所周知，计划、执行和控制是管理的基本职能，也就是说，美国有关物流的定义也就是物流管理的定义。

[①] 第五方物流、第六方物流的概念至今为止还处于探讨阶段。

欧洲物流协会认为物流研究的对象是"人员和商品",明显将人员的流动加入到物流的范畴,同时认为只有"商品"的流动才属于物流研究的范畴, 而美国的定义却是"货物",两者有本质的区别。在定义的结尾也强调了"计划、执行和控制",明显加上了"管理"的色彩。

日本有关物流的定义认为"物质资料"才是物流研究的对象,定义明显削弱了"管理"的思想。应该讲,日本的定义更像是"物流"的定义,而不是"物流管理"的定义。

中国的定义认为"物品"为物流研究的对象,同时明确了物流的基本功能,最后的"有机结合"仍旧没有逃出"管理"的范畴。

由上述分析可以看出:

(1) 除日本定义外,其他国家对"物流"下的定义即对"物流管理"下的定义。由此可见,大部分的教材中"物流"和"物流管理"是没有本质区别的。

(2) 物流研究的范畴不仅仅是我们传统认为的运输和仓储。与物品移动有关的直接和间接因素皆属于物流研究的范畴。准确把握物流的定义是物流研究的基础。

第二节　企业物流成本管理

物流成本[①]是指在实物运动过程中,如运输、包装、储存、流通加工等各个环节所支出的人力、物力和财力的总和。物流成本也可定义为物流各个环节的活劳动和物化劳动的货币表现形式,所以也有人称为物流费用。物流成本是社会财富的一种扣除,加强对物流费用的管理,对降低物流成本,提高物流活动的经济效益具有非常重要的意义。

所谓物流成本管理不是管理物流成本,而是通过成本去管理物流。可以说是以成本为手段的物流管理,通过对物流活动的管理降低物流费用。物流成本是以物流活动的整体为对象,是唯一基础性的、可以共同使用的基本数据。可以说,物流成本是进行物流管理,是物流合理化的基础。如能准确的计算物流成本,就可以运用成本数据大大提高物流管理的效率。有关物流成本的学说有很多,这里主要介绍以下 4 种。

1. 黑暗大陆学说

1962 年,美国的管理学家彼得·德鲁克在《财富》杂志上发表了一篇文章,在文章中指出"流通是经济领域里的黑暗大陆"。德鲁克泛指的是流通,由于流通领域中的物流活动的模糊性尤其突出,是流通领域中人们更认识不清的领域,所以"黑暗大陆"的说法现在转向主要针对物流而言。正是因为物流是"经营的黑暗大陆",因此德鲁克认为,物流是"降低成本的最后处女地"。由于企业之间的竞争十分激烈,生产领域成本的下降空间已经十分有限,因此物流领域的成本控制与竞争成为企业降低总成本的新契机。

---

① 企业物流可以分为供应物流、生产物流、销售物流和回收物流(回收物流是一种逆向物流)。本章在研究物流成本控制的时候,只研究供应物流、生产物流和销售物流。

2. 第三利润源说

1970 年，日本早稻田大学的西泽修教授提出了"第三利润源"的概念。

从历史的发展来看，人类历史上曾经有过两个大量提供利润的领域："第一利润源"是指物质资源的降低，主要是指节约原材料；"第二利润源"指减少劳动消耗，主要是指提高劳动生产率。西泽修教授在此基础上提出了"第三利润源泉"的概念，即整合生产和流通的资源，使之合理、高效、从而产生更高的利润。这一学说的提出使人们认识到，从前两个的利润源获得更高的利润越来越困难，因此，物流领域的潜力越来越受到人们的重视。

3. 物流冰山说

物流成本的冰山理论也是西泽修教授提出的。他把物流的成本比做"物流冰山"，即大部分物流成本是沉在水面以下我们看不到的黑色领域，而我们能看到的不过是物流成本中的一小部分。

4. 效益背反

"效益背反"又称为二律背反，是物流领域中很经常、很普遍的现象，是这一领域中内部矛盾的反映和表现。这是一种此涨彼消，此盈彼亏的现象，虽然在许多领域中这种现象都是存在着的，但物流领域中，这个问题似乎尤其严重。

一、企业供应物流成本管理

供应物流，即企业的采购供应，是企业为保证本身生产的节奏，不断组织原材料、零部件、燃料、辅助材料供应的物流活动，这种物流活动对企业生产的正常、高效进行起着重大作用。

1. 采购与供应物流管理的职能与作用

1) 企业采购的概念

所谓采购，是指通过商品交换和物流手段从资源市场取得资源的过程。从学术上看，它一般包含以下一些基本的含义：所有采购，都是从资源市场取得资源的过程；采购，既是一个商流过程，也是一个物流过程；采购，是一种经济活动，它是企业经济活动的主要组成部分。

2) 采购的职能

过去采购常常被认为只是一个服务职能。采购的职责就是通过购买活动满足制造职能或其他内部职能的需要，而其他事情都不是采购的职责。现在，我们认为：采购活动的本质是要求在恰当的时间和条件下，以恰当的价格，从恰当的供应商处取得恰当数量的产品和服务。现代观点是站在供应链整体运作和企业战略的高度来看待采购与供应链管理，其职能范围扩展到企业全局。

2. 采购与供应链管理的关系

供应链管理是从最终用户到提供产品、服务和信息的供应商的商业过程整合。而采购在供应链管理中起到一个衔接的作用。它的上游是各级供应商,下游是对物料的管理、生产、实物配送、营销销售直至最终用户。采购活动主要负责资源流入或称为上游渠道活动,而物流活动涵盖资源的流入和流出。同时,采购对顾客的满意程度有着重要的意义。过去,人们常常把采购活动与企业的最终用户区分开来。然而,以合理的成本及时地为客户提供高质量、可靠的产品和服务会直接影响客户的满意水平。很好地理解客户的需求是很重要的。这种理解有助于帮助采购人员做出正确的决策。由此可见,采购在供应链管理当中起着一个非常重要的作用。

3. JIT采购(零库存)

零库存采购(stockless purchasing)是一种减少与材料有关的成本的方法,包括单位采购价格、运输成本、库存成本以及管理费用。买卖双方每隔一段时间就签订一次批量采购协议。供应商和需求方的合作关系是一张长期的合作关系,而传统的采购关系是一种合同关系,是短期的合作关系。这样,供需双方可以同时管理采购的运作。这样做就大大地简化了重复性交易过程,降低了交易成本。

JIT,称作准时制,又称做零库存,由于在实际运作过程中要实现库存量的绝对为零不现实,所以现在称作准时制是一种较为流行的说法。传统上企业采购的特点和JIT采购的特点有很大的不同。两者之间在许多方面是截然相反的。JIT采购打破了传统上企业的采购常规要求,提出了小批量、高频率,准时、准确、快速的采购模式。两者之间特点的对比关系如表8-1所示。

表8-1 JIT采购与传统采购特点的区别

项　目	JIT采购	传统采购
供应商与需求方的关系	单源供应、长期合作	多源供应、合同关系
采购方式	小批量、高频率	大批量、低频率
供应商评价	具有长期有效供应能力	合同履行能力
运输	准时送货、运量较小、运输频率高	按时送货、运量较大、运输频率相对较低
包装	特定要求	常规包装
信息交换	快速、准确、共享	信息独享、暗箱操作

零库存采购特别适用于低价值、频繁的采购活动。通常情况下,管理费用、订货费用和库存持有成本总和会超出商品本身价值。零库存采购可以获得较大的供应折扣,减少订货费用,提高供货保障水平。

4. 供应商关系管理

随着世界经济的人们消费水平的不断进步,企业面对的市场压力越来越大,所以供应商寻求长期的合作伙伴共同抵御市场带来的压力成为现代公司增强市场竞争力的一种重要手段。合作伙伴关系(partnership)是在相互信任、公开、共担风险、共享利益的基础上建立一种定制化的商业关系。这种关系会创造竞争优势，产生比单个公司所能达到的绩效更大的绩效。

具体来讲，供应商伙伴关系的含义包括：供应商和需求方之间是一种长期的、相互依存的关系；双方有着共同的目标，同时制定连续改进计划；双方互相信任、有机结合、共担风险；沟通频繁、信息共享、互相帮助。

通常促成合作伙伴关系建立的因素有 3 个：驱动因素、促进因素和组成因素。驱动因素(driver)是双方的直接动因；促进因素(facilitator)是促进合作伙伴关系产生和发展的环境因素；组成因素(component)则是建立和维持合作伙伴关系的活动过程。驱动因素中促使合作的主要潜在收益包括：资产和成本的效果、客户服务能力、营销策略、利润的稳定性等；促进因素一般包括：双方企业的兼容可能、双方企业的管理理念和技术方面融合的可能性、建立良好关系的可能性及双方企业的互补能力等；组成因素包括：双方的发展规划、共同运作的控制能力、信息的日常传递情况、共担风险/利益共享的承受能力、双方的相互信任水平等。

至今为止，合作伙伴关系没有一种理想的或通用的模式。因为每一个合作伙伴关系的动力机制、运行环境、持久性等是不尽相同的，并且还在不断的发展变化之中。通常以短期协调、长期合作和永久合作 3 种类型最为常见。不管是哪一种合作关系，都必须对产生的结果进行必要的评估和调整。最关键的一点是评估双方利益的实现程度。以此为切入点，就能准确地得到与每个驱动因素有关的评估方案和指标。这些方案和指标就成为评估合作伙伴关系结果的标准。通过反馈信息，调整双方的合作伙伴关系，以达到更稳定的目的。

5. 电子网络环境下的供应物流

随着信息技术，特别是计算机技术和网络技术的不断发展，传统的供应物流模式在不断的发生变化，快速响应(QR)和连续补货程序(CRP)等高效的供应物流方法，就是在信息技术不断发展的基础上发展起来的。

二、企业生产物流成本管理

企业生产物流是指企业在生产工艺中的物流活动。这种物流活动是与整个生产工艺过程伴生的，实际上已构成了生产工艺过程中的一部分。

1. 企业生产过程与物流管理

企业的生产系统实质上也是一个物流系统。在企业生产过程中，产品的生产过程是企业生产系统的核心部分。生产过程的投入包括人力、物力、财力等多种资源因素。产出有无形产品和有形产品。无形产品是指某种形式的服务，有形产品是指物质产品。生产物流最基本的职能，就是创造物资的形质效用。同时为企业外部的供应物流系统和分销物流系统的存在提供了物质基础，还直接或间接地导致废弃物流和回收物流。

生产物流和生产流程同步，是从原材料购进开始直到产品发送为止的全过程的物流活动。原材料、半成品等按照工艺流程在各个加工点之间不停地移动、转移，就形成了生产物流。如果生产物流中断，那么生产也将随之停止。由此可以发现，无论是有形产品还是无形产品，在其生产过程中，都伴随着物流管理和物流活动，正是在物流的带动下，实现了产品的价值增值，为企业带来利润。

2. 物料流动的管理与控制

物料管理是生产物流运作中的一项重要管理内容，它是由各项相互联系、相互制约的职能组成的组织体系。物料管理的目的是通过协调各种物料职能的绩效，从整个公司的角度解决物料问题。它通常下由以下 4 项基本活动组成：预测物料需求、寻找货源和获得物料、把物料引入组织中和把物料视为现有资产监控其状态。

物料管理主要是以降低成本、高服务水平、质量保证、低的资金占用水平及其他职能支持为目标的。每个目标都与公司的整体目标密切相关。其中，物料流动的管理与控制是物料管理的主要组成部分。

1) 物料流动与全面质量管理

全面质量管理(total quality management，TQM)代表组织持续改善的一个理念和一套指导原则。TQM 利用大量人力资源提高供应给组织的物料服务水平，改善组织的所有流程和客户满意度。它将基本方法、现有的改善工作和技术工具整合起来实现持续改善。传统管理与 TQM 的比较如表 8-2 所示。

表 8-2　传统管理与 TQM 的比较

传统管理	TQM
寻求"快速解决问题"的途径	采用新的管理思想
冒进主义	使用结构化的、严格的操作方法
用旧方法	倡导创新
很少采用改进方法	通过管理行动来"做示范"
着重短期	强调长期、持续改善
查出错误	预防错误
投入资源	用人是为了增加价值
利润驱动	关注客户，提高服务质量
依赖计划	持续改善的方针

TQM 法强调从系统、程序、产品及人员的持续改善中获得长期受益。它与物流有着极为密切的关系。TQM 的焦点在于持续改善，主要靠员工的参与和高层管理者的支持。在物料管理中，质量比成本更为重要。因此，用 TQM 去管理和控制物料流动是很重要的。

2) MRP 系统

MRP 通常指物料需求计划(MRPⅠ)和制造资源计划(MRPⅡ)。在 MRPⅠ的基础上加上财务、营销、采购等方面的内容，就发展成了 MRPⅡ。

(1) 物料需求计划。物料需求计划(material requirements planning，MRPⅠ)是 20 世纪60 年代在美国出现并于 20 世纪 70 年代在生产制造业发展起来的一种管理技术和方法。它的基本原理是：根据需求和预测来确定未来物料供应和生产计划与控制的方法，它提供了物料需求的准确时间和数量。

在 MRP Ⅰ 问世之前，库存计划通常采用订货点法。但是订货点法只能保证稳定均衡消耗情况下不出现短缺，不能保证消耗多变情况下不出现短缺，也无法起到降低库存的作用。为了解决这个矛盾，美国生产管理和计算机应用专家首先提出了物料需求计划，IBM 公司首先在计算机上实现了 MRP 处理。由主生产进度计划(master production schedule，MPS)和主产品的层次结构逐层逐个地求出产品所有零部件的出产时间、出产数量。以每个物品为计划对象，以定工日期为时间基准倒排计划，按提前期长短区别各个物品下达计划时间的先后顺序。其目标是围绕物料转换组织制造资源，实现按需要的准时生产。如果是自己加工，就形成了加工任务单，如果是向外采购，就形成了采购任务单。

MRP 的基本任务是从最终产品的生产计划(独立需求)导出相关物料(原材料、零部件等)的需求量和需求时间(相关需求)；根据物料需求时间和生产(订货)周期确定其开始生产(订货)的时间。MRP Ⅰ 的基本任务是编制零件的生产计划和采购计划。然而，要正确编制零件计划，首先必须落实产品的主生产进度计划，这是 MRP 展开的依据。 MRP 还需要知道产品的零件结构，即物料清单，才能把主生产计划展开成零件计划。同时，还必须知道所需物料的库存数量信息才能准确计算出零件的采购数量。

(2) 制造资源计划。制造资源计划(manufacturing resource planning，MRP Ⅱ)是在闭环 MRP 基础上将其信息共享程度扩大，使生产、销售、财务、采购、工程紧密结合，共享有关数据，组成了一个全面生产管理的集成化模式，这就是制造资源计划。MRP Ⅱ 的优点包括：库存减少量由原来的 1/4 增到 1/3；库存周转率更高；改善了准时送达客户的一贯性；较少的加快装运带来了采购成本的降低；加班减少。这些优点能够更好的节约公司成本。

3. 物料流动和准时制 JIT

在供应物流中谈论了 JIT 采购，在此，进一步讨论生产过程中的 JIT 并给出完整的理念。

生产中的 JIT 是一项生产战略，它通过消除浪费和高效利用公司现有资源达到显著降低制造成本和提高产品质量的目的；JIT 是一种理念，原理是在恰当的时间、恰当的地点得到恰当的物料；JIT 是一个计划，目的是取消无价值的生产活动，生产高质量产品，获得高生产率，降低库存水平并且改进与渠道客户的长期关系。JIT 的核心是消除浪费，这与传统的"Just-In-Case[①]"理念形成鲜明对比。后者认为应持有大量库存或安全库存，以备不时之需；而在 JIT 中，安全库存是没有必要的，应该消除任何库存。但是，在 JIT 的实施过程中也有许多的影响因素。因此在实施 JIT 时必须注意以下几点：

(1) JIT 的正确实施要求公司充分整合所有的物流活动,如果没有整个物流管理部门的协作，JIT 系统就不可能被充分的实施。

(2) 在 JIT 系统下，运输变成物流一个更重要的组成部分。在这样的环境里，对公司

---

① Just-In-Case 是指按订单生产，这是一种最折中的方法，要求保有一定量的库存。

运输网络的需求就变得更重要，包括较短的、更稳定的运转次数，更好的通信，使用有长期关系的更少的承运人，还包括对高效的运输和物料处理设备的需求以及运输工具的选择决策。

(3) 库房充当了合并设施而非存储设施。因为许多产品以较短的时间间隔进入制造过程，因而需要的存储空间更少，但必须有更强的能力处理和保存物料。可能需要不同类型的物料处理设备来使许多产品小批量的移动。储存输入物料的仓库位置，可能会有些变化，因为 JIT 系统中零部件供应商的位置常常离生产设施比较近。

零库存也称之为准时制库存[①]。零库存的说法不太确切，称为准时制库存更为准确。它与传统的库存模式有着本质的区别。准时制库存认为，在准确计算、规划和严密的控制下，库存是没有必要的。而传统的库存模式认为，为防止意外情况的发生，仓库需要保有一定量的库存。两者在本质上是有区别的。准时制库存与传统存货管理的比较如表 8-3 所示。

表 8-3　准时制库存与传统存货的管理的比较

因　素	传统存货	准时制库存
存货	资产	负债
安全存货	有	无
生产时间	长	短
批量	经济批量	一对一
排队	消除	必须
备货时间	可以忍受	较短
质量检验	重要	100%
供应商/顾客	交易关系	合作关系

虽然说 JIT 的概念没有形成统一，但是在每一个概念当中都有 4 个主要因素即：无存货、备货期短、高频率小批量补货、高质量无缺陷。JIT 的基本思想就是彻底的杜绝浪费。

应该讲，虽然 JIT 处处表现出它的优越性，但是不是所有的企业都适应。企业需要根据自身的情况决定采用哪种方法来进行管理。

4. 库存管理控制技术

1) 库存成本 ABC 分析管理法[②]

库存成本 ABC 分析管理法通常将库存按照不同的重要程度分为 A、B、C，这 3 大部分来分别进行控制。这种分析管理法的特点如表 8-4 所示。

---

① 库存是指处于储存状态的物品或商品。

② ABC 分析法又称为帕累托分析法。

表 8-4　库存成本 ABC 分析管理法的特点

类别	划分标准		控制方法	适用范围
	占储存成本比重	实物量比重		
A 类	70%左右	不超过 20%	重点控制	品种少、单位价值高
B 类	20%左右	不超过 30%	一般控制	介于二者之间的材料
C 类	10%左右	不超过 50%	简单控制	品种多、单位价值低

按照 ABC 分析法要求，A 类项目重点控制，必须逐项严格控制；B 类一般控制，可分不同情况采取不同措施；C 类不是控制的主要对象，只需采取简单的控制。

2)　库存成本经济批量管理方法

通常在进行经济订货批量控制模型[①]的计算过程中，一般考虑取得成本、储存成本和短缺成本 3 部分。

首先，求解存货总成本。

(1)　取得成本：取得某种存货而支出的成本，用 TC_a 表示。

订货成本是指为取得某种存货而指出的成本。它通常包括两个部分，其中一部分与订货次数无关，称为固定成本，用 F_1 表示；另一部分则与订货次数有关，称为变动成本，用 K 表示。每次订货的变动成本用 K 来表示，订货次数等于存货年需要量 D 除以每次进货量 Q 的商。即：

$$订货次数=\frac{存货年需要量D}{每次进货量Q} \tag{8-1}$$

购置成本：购置成本 DU =年需要量 D × 单价 U

取得成本 TC_a =订货成本＋购置成本

(2)　储存成本：保持存货而发生的成本，用 TC_c 表示；固定成本用 F_2 表示，变动成本用 K_c 表示。

(3)　短缺成本：由于存货供应中断而造成的损失，用 TC_S 表示。

存货总成本 TC =取得成本 TC_a +储存成本 TC_c +短缺成本 TC_S

$$=订货成本(\frac{D}{Q} \cdot K + F_1)+购置成本(DU)+储存成本(F_2 + K_c \cdot \frac{Q}{2})+短缺成本$$

$$TC_S = F_1 + \frac{D}{Q} \cdot K + DU + F_2 + K_c \cdot \frac{Q}{2} + TC_s \tag{8-2}$$

各类成本之间的关系如图 8-1 所示。

从图 8-1 可以看出，随着订货批量的增加，储存成本呈现出一种上升的趋势，而订货成本随着订货批量的增加而呈现出一种下降的趋势，而总成本是随着订货批量的增加，先下降，当订货批量达到一定值的时候，又开始上升。所以，只要求出使总费用最小的那个点，就是要求的经济订货批量的点。

---

① 经济订货批量控制模型也可以称为库存模型。

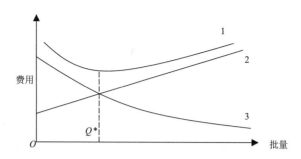

图 8-1 储存成本、订货成本与总成本的关系图

1—总成本；2—储存成本；3—订货成本

经济订货批量控制(库存模型)模型大致包括以下 4 种情况：无缺货、瞬时进货；无缺货、持续到货；允许缺货、瞬时到货和允许缺货、持续到货 4 个模型。下面分别来对 4 种模型的计算方法进行逐个分析。

(1) 无缺货，瞬时进货。即仓库中的货物不存在缺货情况，同时，订购的货物的入库是瞬时的。这样就不存在缺货问题。由此可知，缺货成本为零，即 TC_s 一项为零。

对公式 $T_c = F_1 + \dfrac{D}{Q} \cdot K + DU + F_2 + K_c \cdot \dfrac{Q}{2} + TC_s$ 求导可得：

$$Q^* = \sqrt{\frac{2KD}{K_c}} \qquad (8\text{-}3)$$

以式(8-3)为基础，可推导出其他的计算公式：

每年最佳订货次数公式：$N^* = \dfrac{D}{Q^*} = \sqrt{\dfrac{DK_c}{2K}}$ \qquad (8-4)

最低存货总成本公式：$TC(Q^*) = \sqrt{2KDK_c}$ \qquad (8-5)

最佳订货周期计算公式：$t^* = \dfrac{1}{N^*} = \dfrac{1}{\sqrt{\dfrac{DK_c}{2K}}}$ \qquad (8-6)

经济订货占用资金公式：$I^* = \dfrac{Q^*}{2} \cdot U = \sqrt{\dfrac{KD}{2K_c}} \cdot U$ \qquad (8-7)

(2) 无缺货、持续到货库存模型。这里，用另外一种方法来分析无缺货、持续进货库存模型的计算。

无缺货、持续进货是指仓库里的货物不存在缺货问题，但是所订购货物批量比较大，或是供货商的交货能力比较低时，每次的订货不是一次全部到达，而是按一定的速率逐渐增值最大，所以说，货物的入库是需要一段时间的。

无缺货持续到货的库存曲线和各种参数，如图 8-2 中所示，R 表示出货速度、Q 表示仓库中在无出货的情况下的理想中应该达到的最大库存量、J 表示订货速度、Q_m 表示仓库中实际达到的最大库存量、$J - R$ 表示实际的进货速度、t_1 表示仓库中达到最大库存量的时间点、T 表示一个订货周期。

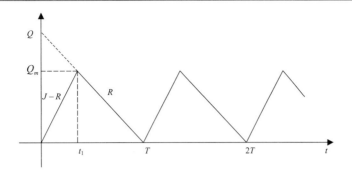

图 8-2　无缺货、持续到货示意图

假设 C_1 为单位时间单位货物的保管费用；一次订货批量为 Q，$Q = Jt_1 = RT$，由此推得：

$$t_1 = \frac{RT}{J} = \frac{Q}{J}$$

实际达到的最高库存量：$Q_m = R(T - t_1) = R\left(T - \frac{RT}{J}\right) = \frac{J-R}{J} \cdot Q$

T 其间的单位时间平均保管费用为：$\frac{Q}{2}\left(\frac{J-R}{J}\right) \cdot C_1$

T 时间内订货之发生一次，订货费为 C_p；T 时间内平均订货费为 $\frac{C_p}{T}$。

T 时间内单位时间平均订货与保管总费用：$C = \frac{C_p}{T} + \frac{Q}{2}\left(\frac{J-R}{J}\right) \cdot C_1$

对 Q 求导，得极值：

$$Q^* = \sqrt{\frac{2C_p R}{C_1}\left(\frac{J}{J-R}\right)} \tag{8-8}$$

按照这种方法对照瞬时进货模型可以发现，持续进货模型的经济订货批量多了一个因子：$\sqrt{\frac{J}{J-R}}$，称为持时因子。也就是说，持续进货的经济批量较瞬时进货的批量大，并且，持续进货的实际最大库存量也比瞬时进货的最大库存量少，平均库存量也是持续进货的情况少。

将求得的经济订货批量代入相应的关系式，可以得到最佳进货时间、最佳订货周期和单位时间最低订货与保管总费用：

$$t^* = \frac{Q^*}{J} = \sqrt{\frac{2C_p R}{C_1} \cdot \frac{1}{J(J-R)}} \tag{8-9}$$

$$T^* = \sqrt{\frac{2C_p}{C_1 R}} \cdot \sqrt{\frac{J}{J-R}} \tag{8-10}$$

$$C^* = \sqrt{2C_p C_1 R} \cdot \sqrt{\frac{J-R}{J}} \tag{8-11}$$

(3) 允许缺货、瞬时到货模型。允许缺货、瞬时到货是指仓库内有一段时间是没有存货的，也就是说，当库存量降为零时，可以有一段时间不补充货物。这种情况下，可能会造成缺货损失，例如没有履行供货合同、赔偿客户的损失、丧失了销售机会、减少了应得利润等。这里我们首先来研究所订购的货物的入库是瞬时的。允许缺货、瞬时到货模型的库存曲线如图 8-3 所示。

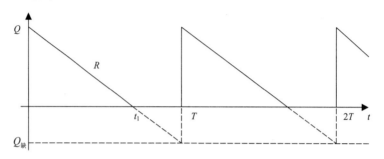

图 8-3　允许缺货、瞬时到货示意图

从图 8-3 中可以看出：$Q = Rt_1$，故：$t_1 = \dfrac{Q}{R}$；t_1 时间内平均库存量为 $\dfrac{Q}{2}$。因为 $(T - t_1)$ 时间内库存为 0，故保管费用为：

$$\frac{Q}{2} \cdot t_1 \cdot C_1 = \frac{Q}{2} \cdot \frac{Q}{R} \cdot C_1 = \frac{Q^2}{2R} C_1$$

T 时间内的订货费用就是一次订货费用 C_p；

最大缺货量为：$R(T - t_1) = R\left(T - \dfrac{Q}{R}\right) = RT - Q$

$(T - t_1)$ 时间内的平均缺货量为：$\dfrac{1}{2}(RT - Q)$

那么缺货费用为：$\dfrac{1}{2}(RT - Q)(T - t_1)C_2 = \dfrac{C_2}{2R}(RT - Q)^2$。

这样，T 时间内单位时间的平均总费用为：

$$C = \frac{1}{T}\left[C_p + \frac{C_1 Q^2}{2R} + \frac{C_2}{2R}(RT - Q)^2\right]$$

式中有两个独立的自变量 Q 和 T，由二元函数求极值的方法，

令：$\dfrac{\partial C}{\partial Q} = \dfrac{\partial C}{\partial T} = 0$

可得：

$$Q^* = \sqrt{\frac{2C_p R}{C_1} \cdot \frac{C_p}{C_1 + C_2}} \tag{8-12}$$

$$T^* = \sqrt{\frac{2C_p}{C_1 R} \cdot \frac{C_1 + C_2}{C_2}} \tag{8-13}$$

$$C^* = \sqrt{\frac{2C_p C_1 C_2 R}{C_1 + C_2}} \tag{8-14}$$

对比不许缺货瞬时到货的情况，允许缺货模型的经济订货批量和最低订货与保管总费

用的公式中，多了一个小于 1 的因子：$\sqrt{C_2/(C_1+C_2)}$，计算最佳进货时间的公式中多了一个大于 1 的因子：$\sqrt{(C_1+C_2)/C_2}$。允许缺货时，经济订货批量与平均库存总费用均小于不许缺货模型。

(4) 允许缺货、持续到货模型。允许缺货、持续到货综合了模型(2)和模型(3)两种情况，即仓库能有一段时间是没有货物的，同时所订购的货物的入库是需要一段时间的。允许缺货、持续到货模型的库存曲线如图 8-4 所示。

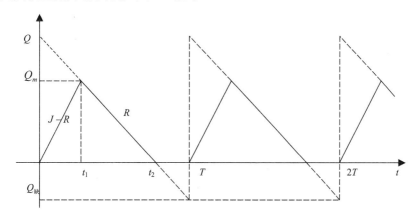

图 8-4 允许缺货、持续到货示意图

从图 8-4 中可以看出，T 期间的保管费用为：

$$\frac{Q}{2}\left(1-\frac{R}{J}\right)t_2 \cdot C_1 = \frac{C_1 Q^2}{2R}\left(1-\frac{R}{J}\right)$$

假设 T 期间发生一次订货费 C_p；T 期间内的缺货费为：

$$Q_{缺} = \frac{1}{2}(RT-Q)(T-t_2)C_2 = \frac{C_2}{2R}(RT-Q)^2$$

T 期间内单位时间总平均费用为：

$$C_{总} = \frac{1}{T}\left[C_p + \frac{C_1 Q^2}{2R}\left(1-\frac{R}{J}\right) + \frac{C_2}{2R}(RT-Q)^2\right];$$

式中有两个独立的变量 T 和 Q，由二元函数求极值的方法，

令：$\dfrac{\partial C_{总}}{\partial T} = \dfrac{\partial C_{总}}{\partial Q} = 0$

可得：

$$Q^* = \sqrt{\frac{2C_p R}{C_1} \cdot \frac{J}{J-R} \cdot \frac{C_2}{C_1\left(1-\dfrac{R}{J}\right)+C_2}} \qquad (8\text{-}15)$$

$$T^* = \sqrt{\frac{2C_p R}{C_1 R} \cdot \frac{J}{J-R} \cdot \frac{C_1\left(1-\dfrac{R}{J}\right)+C_2}{C_2}} \qquad (8\text{-}16)$$

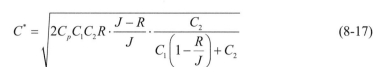

$$C^* = \sqrt{2C_p C_1 C_2 R \cdot \frac{J-R}{J} \cdot \frac{C_2}{C_1\left(1-\dfrac{R}{J}\right)+C_2}} \tag{8-17}$$

3) 最优生产批量控制

最优生产批量控制是指成批生产的企业全年应分几批组织生产，每批应该生产多少件产品才最为经济合理的控制问题。对于这类问题的控制，主要考虑两个相关成本因素，即调整准备成本和储存成本。

所谓调整准备成本是指每批产品投产前为做好准备工作而发生的成本。这类成本每次发生的额基本相等，它与生产数量没有直接的关系，而与批次成正比：批次越高，调整准备成本就越高；反之，越低。用公式表示如下：

销售物年调整准备成本(T_s)=每批调整准备成本×批次=S_n (8-18)

年维持成本是指单位产品或部件在储存过程中所发生的年成本。这类成本与批次的多少无直接关系，而与生产批量成正比变化：批次越大，年维持成本越高；反之，越低。

二者之间的关系用工时表示如下：

年储存成本T_c=单位维持成本×年平均维持量

$$=单位维持成本×\frac{1}{2}×每批生产终了时的最高储量$$

$$=\frac{1}{2}×单位维持成本×每批产量×\left(1-\frac{每天领用量}{每天产量}\right)$$

$$=\frac{CQ}{2}\left(1-\frac{d}{p}\right) \tag{8-19}$$

显然，调整准备成本与维持成本是性质相反的两类成本，由于调整成本与批量无关，而与批次成正比，以此要想降低全年的调整准备成本，必须减少批次，而批次的减少，必将引起批量的增长，从而提高全年的平均维持成本。在这种情况下，就存在最优生产批量的控制问题。最优生产批量的控制就是要寻求一个适当的生产批量，使其全年的调整准备成本与其全年的平均储存成本之和最低。

5. 精益生产与工厂布置

设施模块化以及动态优化布置来自于精益生产思想与丰田公司的实践。

丰田公司的工厂布置不设在制品中间库，无需也无法存放超量生产的在制品。少量的在制品置于生产现场的固定位置，并严格限定占地范围。

(1) 工厂总体上采用联合大厂房，厂房之间平行布置、紧密排列，门门相对，这样既节省占地又减少了物流损耗。

(2) 在车间设备的布置上，总装配线采用"河流水系"状，各个分流实行同步化均衡生产，如同一条河流，最终流入总装配线，这种方式物流运距短且流畅，易于达到准时生产和低物流成本的目的；对于单条生产线实现"混流"生产，即多条单条生产线混成一条，一条生产线上混合生产多种不同的产品，既减少了生产线条数、工作地个数和占地面积，又减少了库存，同时，将传统"一"字形的设备布置方式改为 U 型布置方式，工人可以同时操作几道工序，这种布置模式虽然对工人提出了更高的要求，但是缩短了工作周期，减少了工人数量，提高了工作效率。

(3) 在库存方面，存储数量始终介于最高与最低的储备量之间。但到达最高储备数量时就立即停止生产或运输，当低于最低储备数量时就立即组织生产进行补充。

(4) 在企业内部物流系统设计上，通常采用系统布置设计(SLP)与搬运系统分析(SHA)相结合的方法。

三、企业销售物流(零售物流)成本管理

企业销售物流是企业为保证本身的经济效益，不伴随销售活动将产品所有权转给用户的物流活动。销售物流的空间范围很大，这便是销售物流的难度所在，其研究的领域是很宽的。

销售物流的主要环节包括：

(1) 包装。通常情况下，我们一般把包装分为两大类，即商业包装和工业包装。商业包装又称为消费者包装、销售包装及内包装，主要应用于 B～C 这种商务模式中，它是和消费者直接接触的那部分包装，目的是向消费者展示、吸引顾客及方便零售；工业包装又称为运输包装、物流包装及外包装，主要应用于 B～B 商业模式中，目的是保护商品，便于运输、装卸搬运和储存。

在物流领域，包装的标志一般称为唛头。所谓唛头，广义地说，是指包装上所表示的图形、文字、数字、字母及件号的总称。刷唛(marking)：是指在包装容器上用油墨、油漆或以模板(stencil)加印唛头或标志(marking, shipping mark)，用以区别其他货物。

(2) 储存。储存是满足客户对商品可得性的前提。通过仓储规划、库存管理与控制、仓储机械化等，提高仓储物流工作效率、降低库存水平、提高客户服务水平。帮助客户管理库存，有利于稳定客源、便于与客户的长期合作。

(3) 货物运输与配送。运输是解决货物在空间位置上的位移。通常我们认为有铁路、公路、航空、水运和管道五种运输方式，选择时应综合考虑，扬长避短，充分发挥每种运输方式的优势。运输方式的选择应满足运输的基本要求，即经济性、迅速性、安全性和便利性。根据运输对象、运输距离和运输时限的不同来选则不同的运输方式。

配送是在局部范围内对多个用户实行单一品种或多品种的按时按量的送货。通过配送，客户得到更高水平的服务；企业可以降低物流成本；减少城市的环境污染等。

在实际的运作中，要考虑制定配送方案、提高客户服务水平的方法和措施。

(4) 装卸搬运。装卸是物品在局部范围内以人或机械装入或卸下运输设备。搬运是对物品进行水平移动为主的物流作业。主要考虑：提高机械化水平；减少无效作业；集装单元化；提高机动性能；利用重力和减少附加重量；各环节均衡、协调、系统效率最大化。

(5) 流通加工。根据需要进行分割、计量、分拣、刷标志、挂标签、组装等作业的过程。主要考虑：流通加工方式、成本和效益、与配送的结合运用、废物再生利用等。

(6) 订单及信息处理。客户在考虑批量折扣、订货费用和存货成本的基础上，合理地频繁订货，企业若能为客户提供方便、经济的订货方式，就能引来更多的客户。

(7) 销售物流网络规划与设计。销售物流网络，是以配送中心为核心，连接从生产厂出发，经批发中心、配送中心、中转仓库等，一直到客户的各个物流网点的网络系统。主要考虑市场结构、需求分布、市场环境等因素。

本节主要讨论分销渠道、配送管理、配送中心和销售物流模式。

1. 分销渠道

分销渠道(distribution channel)是指企业内部和外部代理商和经营商(批发和零售)的组织结构，通过这些组织，商品(产品和劳务)才得以上市销售。分销渠道的成员可以包括：产品和服务供应商、中间商(取得商品所有权)、代理商(不取得商品所有权)、顾客。

分销渠道出现的原因有以下几个方面：中间商在交换过程中逐渐发展起来，因为它们能够帮助节省时间、空间、提高效率；渠道中间商能够及时通过理货和分类调节供求缺口；代理商形成了渠道安排，使得市场交易规范化；渠道方便了消费者的搜索过程。

2. 配送管理

1) 配送概述

配送是在经济合理区域范围内，根据用户要求，对物品进行拣选、加工、包装、分割、组配等作业，并按时送达指定地点的物流活动(见《物流术语国家标准》)。

也就是说，配送是指将从供应者手中接受的多品种、大批量货物，进行必要的储存保管，并按用户的订货要求进行分拣、配货后，将配好的货物在规定的时间内，安全、准确的送交需求用户的一项物流活动。配送是销售物流运作中主要内容之一。配送作为一种特殊的物流活动方式，几乎涵盖了物流中所有的要素和功能，是物流的一个缩影或某一范围内物流全部活动的体现。但是，配送的区域与物流区域存在着较大的差异。从与顾客关系的要素来看，配送与顾客的关系更紧密，是"最终配置"。

2) 配送过程

配送过程是指配送的工作过程。在实际运作过程中，由于产品形态、企业状况及顾客要求存在差异。配送过程会有所不同。完整的配送工作流程如图 8-5 所示。

整个配送过程从货物的供应开始，也就是进货的过程，这个过程必然包括装卸搬运。当然，这个过程可能会有分拣和验收的过程，这个过程可以根据实际情况确定它的有无。进货后进行存储，等到需要配送的时候，根据订单进行分拣，也称为拣货。这个过程同时伴随着客户的订单处理过程，计算出客户需要的数量、种类、货物抵达时间、质量等；同时观察是否需要补货。分拣出来以后，进行送货，直至客户要求货物抵达的地点。

这只是配送的一个工作流程，看似好像很简单，其实里面包括了大量的物流技术的使用。比如：使用什么样的装卸搬运工具、采用何种储存方法、选择分拣方法、如何确定补货程序、如何确定订货点、用哪种模型进行经济订货批量的确定、怎样选择配送路线等。配送是一个非常复杂的物流过程。

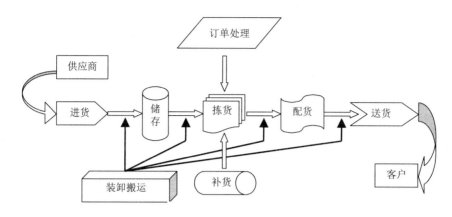

图 8-5　配送作业流程图

3) 配送的作业目标

配送作业的总体目标，可以简单地概括为 7 个恰当(right)，即在恰当的时间、地点和恰当的条件下，将恰当的产品以恰当的成本和方式提供给恰当的消费者。为达到 7R 这一目标，提高配送的服务质量和客户的满意度，降低配送成本，在实际的配送作业过程中，还要建立具体目标：快捷响应，即对客户的要求进行快速有效的服务；最低库存，即尽量减少库存，以此来降低成本，最理想的库存模式是零库存，或者说在库存尽量小的情况下，做到准时制；整合运输，即将各种运输方式快捷有效的结合，比较流行的是多式联运，比如陆铁联运、海陆、海铁联运等。

4) 配送的种类划分

配送的种类的划分方法主要有以下几种：按配送商品种类及数量划分，可以分为多品种、少批量配送和少品种、大批量配送；按配送时间及数量划分，可以分为定时配送、定量配送、定时定量配送、定时定量定点配送和即时配送；按配送地点划分，可以分为配送中心配送、仓库配送、商店配送、生产企业配送和配送点配送。

5) 配送模式

配送模式是企业对配送所采取的基本战略和方法。根据国内外的发展经验及我国配送理论与实践，目前主要形成了自营配送、共同配送、互用配送、第三方配送等几种配送模式。

(1) 自营配送模式。企业物流配送的各个环节由企业自身筹建并组织管理，实现对企业内部及外部货物配送的模式，称为自营配送。这种模式有利于企业供应、生产和销售的一体化作业，系统化程度相对较高。既可满足企业内部原材料、半成品及成品的配送需要，又可满足企业对外进行市场拓展的需求。不足之处表现在，企业为建立的配送体系的投资规模将会大大增加，在企业配送规模较小时，配送的成本和费用也相对较高。

(2) 共同配送模式。共同配送是物流配送企业之间为了提高配送效率以及实现配送合理化所建立的一种功能互补的配送联合体。进行共同配送的核心在于充实和强化配送的功能，共同配送的优势在于有利于实现配送资源的有效配置，弥补配送企业功能的不足，促使企业配送能力的提高和配送规模的扩大，更好地满足客户需求，提高配送效率，降低配送成本。

共同配送的核心在于充实和强化配送的功能，提高配送效率，实现配送的合理化和系统化。通常，共同配送模式要坚持功能互补、平等自愿、互惠互利和协调一致的原则。

(3) 互用配送模式。互用配送模式是几个企业为了各自利益，以契约的方式达到某种协议，互用对方配送系统而进行的配送模式。其优点在于企业不需要投入较大的资金和人力，就可以扩大自身的配送规模和范围，但需要企业有较高的管理水平以及与相关企业的组织协调能力。互用配送模式比较适合于电子商务条件下的 B2B 交易方式。

共同配送模式旨在建立配送联合体，以强化配送功能为核心，为社会服务；而互用配送模式旨在提高自己的配送功能，以企业自身服务为核心。这种配送模式强调联合合作的共同作用，而互用配送模式旨在强调企业自身的作用。共同配送模式的稳定性较强，而互用配送模式的稳定性较差。共同配送模式的合作对象需是经营配送业务的企业，而互用配送模式的合作对象，既可以是经营配送业务的企业，也可以是非经营业务的企业。

(4) 第三方配送模式。随着物流产业的不断发展以及第三方配送体系的不断完善，第三方配送模式应成为工商企业和电子商务网站进行货物配送的一个首选模式和方向。

6) 配送模式的选择。企业选择何种配送模式主要取决于以下几方面的因素：配送对企业的重要性、企业的配送能力、市场规模与地理范围、保证的服务及配送成本等，一般来说，企业配送模式的选择方法主要有矩阵图决策法、比较选择法等。

3. 配送中心

1) 配送中心的概念

在实际生活中，配送和其他经济活动一样，通常也是由专业化的组织来进行安排和操作的。配送中心(指从事配送业务的物流场所或组织)是从供应者手中接受大量的货物，进行分类、保管、流通加工，并按顾客的订货要求经过分拣、配货后把货物送交顾客的组织机构和配送设施。

2) 配送中心的类型

目前国外比较盛行的配送中心的分类方式是将配送中心分为以下 9 种。

(1) 专业配送中心。这种配送中心大体上有两个含义：一是配送对象、配送技术属于某一专业范畴；二是以配送为专业化职能，一般不从事经营的服务性配送中心，如蒙克斯帕配送中心。

(2) 柔性配送中心。这种配送中心在某种程度上是和上述专业配送中心的第二重含义相对立的，这种配送中心不是向固定化、专业化方向发展，而是向随时能变化、对用户要求有很强的适应性、不固定供需关系、不断向发展配送用户和改变配送用户的方向发展。

(3) 供应配送中心。这种配送中心是指专门为某个或某些用户组织供应的配送中心。例如专门为大型连锁超级市场组织供应的配送中心；代替零件加工厂送货的零件配送中心等。

(4) 销售配送中心。这种配送中心是指以销售为经营目的，以配送为手段的配送中心。销售配送中心大体上有 3 种：第一种是生产企业为本身产品直接销售给消费者的配送中心；第二种是流通企业作为本身经营的一种方式，建立配送中心以扩大销售；第三种是流通企

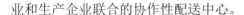

业和生产企业联合的协作性配送中心。

(5) 城市配送中心。这种配送中心是指以城市为配送范围的配送中心，由于城市一般处于汽车运输的经济里程，这种配送中心可以直接配送到最终用户，且采用汽车进行配送。所以，这种配送中心往往和零售经营相结合，由于运距短，反应能力强，因而从是多品种、少批量、多用户的配送较有优势。

(6) 区域配送中心。这种配送中心是指以较强的辐射能力和库存准备，向省际、全国乃至国际的用户配送的配送中心。这种配送中心配送规模较大。这种配送中心配送规模较大，一般而言，用户也较大，配送批量也较大，而且，往往是配送给下一级的城市配送中心，也配送给营业所、商店、批发商和企业用户，虽然也从事零星的配送，但不是主体形式。这类配送中心在国际上很普遍。譬如阪神配送中心、美国马特公司的配送中心、蒙克斯帕配送中心等。

(7) 储存型配送中心。这种配送中心是指有很强储存功能的配送中心。我国目前拟建的配送中心，都采用集中库存形式，库存量较大，多为储存型。瑞士 GIBA—GEIGY 公司的配送中心拥有世界上规模居于前列的储存库，可储存 4 万个托盘；美国赫马克配送中心拥有一个 163000 个货位的储存区，可见存储能力之大。

(8) 流通型配送中心。这种配送中心是指基本上没有长期储存功能，仅以暂存或随进随出的方式进行配货、送货的配送中心。这种配送中心的典型方式是，大量货物整进并按一定批量零出，采用大型分货机，进货时直接进入分货机传送带，分送到各用户货位或直接分送到配送汽车上，货物在配送中心里仅做少许停滞。

(9) 加工配送中心。加工型配送中心是以加工产品为主，因此，在其配送作业流程中，储存作业和加工作业居主导地位。由于流通加工多为单品种、大批量产品的加工作业，并且是按照用户的要求安排的，因此，对于加工型的配送中心，虽然进货量比较大，但是分类、分拣工作量并不太大。此外，因为加工的产品品种较少(指在某一个加工中心内加工的产品品种)，一般都不单独设立拣选、配货等环节。通常，加工好的产品(特别是生产资料产品)可直接运到按用户户头划定的货位区内，并且要进行包装和配货。

许多资料都指出配送中心的加工功能，但是加工配送中心的例子目前不多，我国上海市和其他城市已开展的煤炭配送，在配送点中进行配煤加工。

4. 销售物流模式

销售物流有三种主要的模式：生产者企业自己组织销售物流；第三方物流企业组织销售物流；用户自己提货的形式。

1) 生产企业自己组织销售物流

这是在买方市场环境下主要销售物流模式之一。也是我国当前绝大部分企业采用的物流形式。

生产企业自己组织销售物流，实际上把销售物流作为企业生产的一个延伸或者是看成生产的继续。生产企业销售物流成了生产者企业经营的一个环节。而且，这个经营环节是和用户直接联系、直接面向用户提供服务的一个环节。在企业从"以生产为中心"转向以

"市场为中心"的情况下，这个环节逐渐变成了企业的核心竞争环节，不再是生产过程的继续，而是企业经营的中心，生产过程变成了这个环节的支撑力量。

生产企业自己组织销售物流的好处在于，可以将自己的生产经营和用户直接联系起来，信息反馈速度快、准确程度高，信息对于生产经营的指导作用和目的性强。企业往往把销售物流环节看成是开拓市场、进行市场竞争中的一个环节，尤其在买方市场前提下，格外看重这个环节。

生产企业自己组织销售物流，可以对销售物流的成本进行大幅度的调节，充分地发挥它的"成本中心"的作用，同时能够从整个生产者企业的经营系统角度，合理安排和分配销售物流环节的力量。

在生产企业规模可以达到销售物流的规模效益前提下，采取生产者企业自己组织销售物流的办法是可行的，但不一定是最好的选择。主要原因，一是生产者企业的核心竞争力的培育和发展问题，如果生产者企业的核心竞争能力在于产品的开发，销售物流可能占用过多的资源和管理力量，就对核心竞争能力造成影响；二是生产企业销售物流专业化程度有限，自己组织销售物流缺乏优势；三是一个生产企业的规模终归有限，即便是分销物流的规模达到经济规模，延伸到配送物流之后，也很难再达到经济规模，因此，这可能反过来影响市场更广泛、更深入的开拓。

2) 第三方物流企业组织销售物流

由专门的物流服务企业组织企业的销售物流，实际上是生产者企业将销售物流外包，将销售物流社会化。

由第三方物流企业承担生产企业的销售物流，其最大优点在于，第三方物流企业是社会化的物流企业，它向很多生产企业提供物流服务，因此可以将企业的销售物流和企业的供应物流一体化，可以将很多企业的物流需求一体化，采取统一解决的方案。这样可以做到：第一是专业化；第二是规模化。这两者可以从技术方面和组织方面强化成本的降低和服务水平的提高。在网络经济时代，这种模式是一个发展趋势。

3) 用户自己提货的形式

这种形式实际上是将生产企业的销售物流转嫁给用户，变成了用户自己组织供应物流的形式。对销售方来讲，已经没有了销售物流的职能。这是在计划经济时期广泛采用的模式，将来除非十分特殊的情况下，这种模式不再具有生命力。

4) 电子网络环境下的销售物流

信息技术环境下，销售物流更注重对客户的快速反应和服务质量，有效客户反应(ECR)和销售时点系统(POS)等有效的管理方法越来越被人们所关注。

第三节　物流供应链管理

一、供应链管理概述

美国的 Stevens 认为："通过增值过程和分销渠道控制从供应商的供应商到用户的流就

是供应链，它开始于供应的源点，结束于消费的终点。"

美国的 Harrison 认为："供应链是执行采购原材料、将它们转换为中间产品和成品，并将成品销售到用户的功能网链。"

《中华人民共和国国家标准物流术语》则把供应链定义为"生产级流通过程中，涉及产品或服务提供给最终用户活动的上游和下游企业，所形成的网链结构。"

1. 供应链

简单地讲，供应链就是将供应商、制造商、分销商、零售商，直到最终用户密切联系而形成的一个网链状结构，并且基于这种网链状结构而进行价值创造的管理模式，是不同企业的集成，也是提高群集价值或整个行业效益的管理模式。

2. 供应链管理

简言之，供应链管理是对供应链增值的管理，它采用了集成化的管理思想和方法，执行从供应商到最终用户总体过程中的计划、组织、指挥、协调和控制职能。

供应链管理是对供应链中的物流、信息流、资金流、增值流、业务流以及贸易伙伴关系等进行的计划、组织、协调和控制一体化管理过程。供应链管理覆盖了从供应商的供应商到客户的客户全部过程，其主要内容包括外购、制造分销、库存管理、运输、仓储、客户服务等。

供应链是物流发展到集约化阶段的产物。现代供应链管理即通过综合从供应者到消费者供应链的运作，使物流与信息流达到最优化。企业追求全面的系统的综合效果，而不是单一的、孤立的、片面观点。供应链实质含"供"与"需"两方面，亦可理解为"供需链"。物流从供方开始，沿着各个环节向需方移动。每一环节都存在"需方"与"供方"的对应关系。企业通过与供应链中的上游，下游企业的整合，形成先进的物流系统。作为一种战略概念，供应链也是一种产品，而且是可增值的产品。其目的不仅是降低成本，更重要的是提供用户期望以外的增值服务，以产生和保持竞争优势。从某种意义上讲，供应链是物流系统的充分延伸，是产品与信息从原料到最终消费者之间的增值服务。各种物料从采购到制造到分销，是一个不断增加其市场价值或附加值的增值过程，各环的价值增值也不尽相同。一个环节有多重要，主要取决于它能带来多大的增值价值。供应链管理实际上就是把物流和企业全部活动作为一个统一的过程来管理。

3. 供应链物流管理方法

1) 快速反应

快速反应(quick response，QR)是美国纺织服装业发展起来的一种供应链管理方法。它的目的是减少整个供应链上的时间和库存，最大限度地提高供应链管理的运作效率。

(1) 快速反应的概念。美国纺织服装联合会对 QR 的定义："制造者为了在精确的数量、质量和时间的条件下为顾客提供产品，将订货提前期、人力、材料和库存的花费降到最小；同时，为了满足竞争市场不断变化的要求而强调系统的柔性。"我国国家标准《物流术语》对 QR 的定义：物流企业面对多品种、小批量的买方市场，不是储备了"产品"，而是准备了各种要素,在顾客提出要求时,能以最快速度抽取要素,及时"组装",提供所需服务或产品。

(2) 快速反应的实质。供应链是涉及将产品或服务提供给最终消费者过程和活动的上游及下游企业组织所构成的网络。快速反应供应链的实质就是在供应链企业之间建立战略合作伙伴关系,使整个供应链体系能够及时对需求信息做出反应,为消费者提供高价值的商品和服务。它的基本思想是为了在以时间为基础的竞争中占优势。企业必须建立一个对市场环境能够反应敏捷和迅速的系统。

(3) 实施快速反应成功的条件。第一是改变传统的经营方式、企业经营意识和组织结构;第二是开发和应用现代信息处理技术;第三是与供应链各方建立战略伙伴关系;第四是改变传统的对企业商业信息保密的做法;第五是供应方必须缩短生产周期,降低商品库存。

2) 有效客户反应

我国国家标准《物流术语》中对有效客户反应(efficient customer response,ECR)的定义为:以满足客户要求,最大限度降低物流过程费用为原则,能及时做出迅速、准确反应,使提供的物品供应或服务流程最佳化而组成的协作系统。定义包括了有效客户反应活动的两个主要方面:一是树立以顾客为主的经营理念,相信持续的经营业绩只能从向顾客提供能满足或超越他们要求的商品及服务里达到;二是协作,相信只有当供应链上不同环节的成员联合起来形成协同商务,才能达到更高的效率,创造最大的顾客价值。

有效客户反应的内容主要包括以下 4 点:

(1) 高效产品引进,通过采集和分享供应链伙伴间时效性强的更加准确的购买数据,提高新产品的成功率。

(2) 高效商品组合,通过有效的利用店铺的空间和店内布局,来最大限度地提高商品的获利能力,如建立空间管理系统,有效的商品品种等。

(3) 高效促销,通过简化分销商和供应商的贸易关系,使贸易和促销的系统效率最高,如消费者广告(优惠券、货架上标明促销)、贸易促销(远期购买、转移购买)。

(4) 高效补货,从生产线到收款台,通过 EDI,以需求为导向的自动连续补货和计算机辅助订货等技术手段,使补货系统的时间和成本最优化,从而降低商品的售价。

有效客户反映都具有相似的特征:

(1) 管理意识的创新,传统的产销双方是一赢一输(Win-Lose)的竞争关系,而 ECR 的交易双方是一种双赢(Win-Win)关系。

(2) 供应链整体协调,有效客户反映突破了传统物流观念,追求的是物流的整体效应,即供应链上各个组成部分从管理上、资源上的整合,以求达到供应链的整体协调性。

(3) 涉及范围广泛,有效客户反应打破了供应链环节上的条块分割,要求供应链上的各个环节密切配合,因此几乎涉及供应链上每个环节,所涉及的内容和范围是很广泛的。

(4) 优化供销关系,建立有效的客户反应系统,提高了货物通过速度,使需求方可以在需要的时间或恰当的时间得到恰当的产品,并且保证了货物在物流环节上的质量,提高了服务水平。因此,对于改善供应方、需求方和生产方等多方关系具有重要的意义。

3)　物料需求计划

在物料需求计划(MRP)问世之前,库存计划通常采用订货点法[①]。但是订货点法只能保证稳定均衡消耗情况下不出现短缺,不能保证消耗多变情况下不出现短缺,也无法起到降低库存的作用。为了解决这个矛盾,美国生产管理和计算机应用专家首先提出了物料需求计划,IBM 公司首先在计算机上实现了 MRP 处理。

4)　企业资源计划

企业资源计划(ERP)是建立在信息技术基础上,以系统化的管理思想,为企业决策层及员工提供决策运行手段的管理平台。集中信息技术与先进的管理思想于一身,成为现代企业的运行模式。ERP 主要从 3 个方面来理解:

(1)　实质是在 MRPⅡ(制造资源计划)基础上发展起来。

(2)　综合应用了计算机/服务器体系、关系数据库结构、面向对象技术、图形用户界面、第四代语言、网络通信等信息产业成果,以 ERP 管理思想为灵魂的软件产品。

(3)　ERP 整合了企业的管理理念、业务流程、基础数据、人力物力、计算机硬件和软件于一体的企业资源管理系统。

ERP 的应用可以有效地促进现有企业管理的现代化、科学性、适应竞争日益激烈的市场要求,是大势所趋。

5)　准时制

准时制(JIT)是按照需求方要求的品种、规格、质量、数量,将物品在规定的时间配送到指定的地点。不多送也不少送,不早送也不晚送,所配送的物品要保证质量,不能有废品。准时制大多是双方事先约定供应的时间,确认供应计划,因而有利于双方做好供应物流和接货的组织准备工作。JIT 是在日本丰田汽车公司生产方式的基础上发展起来的一种先进管理模式,它不仅是一种组织生产的新方式,而且是一种旨在消除一切无效劳动与浪费,实现企业资源优化配置,全面提高企业经济效益的管理哲理。据此,一个企业中的所有活动只有当需要进行的时候才开始,即只有在需要的时候,才按需要的品质和数量提供所需要的产品和服务。

二、供应链的库存管理模式

1. VMI 管理

供应商管理库存(vender managed inventory,VMI)作为一种目前国际上前沿的供应链库存管理模式对整个供应链的形成和发展都产生了影响。VMI 是一种以用户和供应商双方都获得最低成本为目的,在一个共同的协议下由供应商管理库存,使库存管理得到持续改进的合作性策略系统 VMI 的核心思想在于零售商放弃商品库存控制权,而由供应商掌握供应链上的商品库存动向,即由供应商依据零售商提供的每日商品销售资料和库存情况来集中

---

①　订货点法又称为订购点法,是一种库存下降到一定数量(这个数量称为订货点)时,就进行订货,以期在库存耗尽之时所订物资正好到货的方法。

管理库存，替零售商下订单或连续补货，从而实现对顾客需求变化的快速反应。

2. 联合库存管理

联合库存管理(jointly managed inventory，JMI)：JMI 是在合计预测与补给 AFR(aggregate forecasting and replenishment，AFR)和供应商管理库存(vendor managed inventor，VMI)的基础上发展起来的。AFR 是一种比较传统的供应链库存管理方法，它要求客户主导其分销中心及库存的管理，是商业贸易伙伴交互作用中应用最广泛的方法，用于预测的核心数据主要来自于销售历史数据，AFR 缺乏集成的供应链计划，可能会导致高库存或低订单满足率。VMI 则要求供应商来参与管理客户的库存，供应商拥有和管理库存，下游企业只需要帮助供应商制定计划，从而下游企业实现零库存，供应商的库存也大幅度减小。VMI 方法可以避免 AFR 的一些问题，虽然有诸多优点，但却缺乏系统集成、对供应商依存度较高等问题。JMI 则要求双方都参与到库存的计划和管理中去，供需双方在共享库存信息的基础上，以消费者为中心，共同制定统一的生产计划与销售计划，将计划下达到各个制造单元和销售单元执行。

JMI 可以看做是 VMI 的进一步发展与深化，通过共享库存信息联合制定统一的计划，加强相互间的信息交换与协调，有利于改善供应链的运作效率，增强企业间的合作关系。JMI 在每个企业内增加了计划执行的集成，并可以在消费者服务水平、库存风险和成本管理方面取得显著的效果。JMI 的流程图如图 8-6 所示。

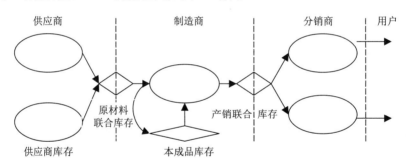

图 8-6　JMI 流程图

联合库存管理策略是合理分担库存责任、防止需求变异放大的先进方法。在供应商管理库存的环境下，销售商的大库存并不需要预付款，不会增加资金周转压力，相反的，大库存还会起到融资作用，提高资本收益率，甚至大库存还能起到制约供应商的作用，因此它实质上加剧了订货需求放大，使供应商的风险异常加大。联合库存管理则对此进行修正，是供应商与销售商权利责任平衡的一种风险分担的库存管理模式，它在供应商与销售商之间建立起了合理的库存成本、运输成本与竞争性库存损失的分担机制，将供应商全责转化为各销售商的部分责任，从而使双方成本和风险共担，利益共享，有利于形成成本、风险与效益平衡，从而有效地抑制了"牛鞭效应"的产生和加剧。

三、信息化的供应链管理

1. 电子商务与供应链管理

1) 条码自动识别技术

条形码简称条码，是由一组黑白相间、粗细不同的条状符号组成，条码隐含着数字信息、字母信息、标志信息、符号信息，主要用以表示商品的名称、产地、价格、种类等，是全世界通用的商品代码的表示方法。

一维条码的条纹由一组宽度不同、反射率不同的黑色的条和白色的空按规定的编码规则组合起来的。国际上通用和公认的物流条码码制主要是 UPC 条形码和 EAN 条形码。我国制定的通用商品条形码结构与 EAN-13 条形码结构相同。它是由 13 位数字及相应的条码符号组成。

二维条形码是由一种"点单元"组成的图形。用它来表示商品时，一个符号可以将商品的所有属性表示出来，如我们可以将货物的名称、尺寸、重量、发货地、发货人、收货地、收货人、运输方式等 1K 以上的数据，全部存储在一个二维条形码中。

如果说一维条形码是商品的身份证，二维条形码则是商品便携的数据库。二维条形码具有高密度、大容量、安全性强的特点。我国采用的是 PDF417 二维条码。

2) 销售时点系统

销售时点系统(point of sales，POS)是通过一套红外线光电传感器从条形码上自动阅读与扫描的收银机的设备获取信息，以取代过去传统的单一功能的收银机，它除了能够计算商品货款外，还能分门别类地读取和收集各种销售、进货、库存等数据的变化信息，资料经所连接的计算机处理、分析后，打印出各种报表，提供给管理层作为决策的依据。

POS 系统作业流程主要包括购销存 3 个功能。完整的 POS 系统包括以下几部分：收银系统、销售系统、库存系统、采购系统、验收系统、价格系统、盘点系统、安全控制系统。

3) 电子订货系统

电子订货系统(electronic ordering system，EOS)是指不同组织间利用通信网络和终端设备以在线链接方式进行订货信息交换的体系。即通过计算机通讯网络链接的方式将批发商、零售商所发生的订货数据输入计算机后传送至总公司、批发商、商品的供货商或制造商处。

EOS 系统的基本流程：在零售店的终端利用条形码阅读器获得准备采购的商品条形码，并在终端机上输入订货资料；利用电话线或网线通过调制解调器传到批发商的计算机中；批发商开出提货传票，并根据传票同时开出拣货单，实施拣货，然后依据送货传票进行商品发货；送货传票上的资料就成为零售商的应付账款资料及批发商的应付账款资料，并接到应收账款的系统中去；零售商对送到的货物进行检验后，就可以销售了。

4) 连续补货程序

连续补货程序(continuous replenishment program，CRP)是利用及时准确的销售时点信息确定已销售的商品数量，根据零售商或批发商的库存信息和预先规定的库存补充程序确定发货补充数量和配送时间的计划方法。

CRP 将传统的零售商制作订单的补货程序改变为供应商与零售商建立伙伴关系。它是由供应商根据顾客库存量和销售数据决定补充货物的数量。为了适应客户快速反应、经营者降低库存的要求，供应商与零售商缔结伙伴关系，双方进行库存报告、销售预测报告和订单报告等有关商业信息的最新数据交换，使得供应商从过去单纯地执行零售商的订购任务转向主动为零售商分担补充存货的责任，主动向零售商频繁补充销售点或仓库的商品，并缩短从订货到交货之间的时间间隔。实施 CRP 的目的是降低整个货物补充过程的存货；改善服务，最大限度地满足客户的要求；提高运输效率。

5) 射频技术

射频技术(radio frequency，RF)是一种基于电磁理论的通讯技术，利用无线电波对记录媒体进行读写。射频系统的优点是不局限于视线，识别距离比光学系统远。射频识别卡具有可读写能力、可携带大量数据、难以伪造和有智能等功能。射频识别技术适用领域为物料跟踪、运载工具和货架识别等要求非接触数据采集和交换的场合，要求频繁改变数据内容的场合尤为适用。

射频识别系统一般都由信号发射机、信号接收机、发射接收天线几部分组成。射频卡和其他自动识别技术，如条码、磁卡、IC 卡等相比，具有非接触、工作距离长、适于恶劣环境、可识别运动目标等优点，因此完成识别工作时无须人工干预，适于实现自动化且不易损坏，可以识别高速运动物体并可同时识别多个射频卡，操作快捷方便。射频卡不怕油渍、灰尘污染等恶劣的环境，短距离的射频卡可以在这样的环境中代替条码，长距离的射频卡多用于交通上。

6) 自动化立体仓库

自动化立体仓库(automatic stereoscopic warehouse，ASW)是指利用电子计算机管理和控制，不需要人工搬运工作而实现收发作业的，采用高层货架配以货箱或托盘存储货物，用巷道堆垛起重机及其他机械进行作业的仓库。在此类仓库中，货架的高度一般大于单层库房高度，且经常会采用机械手臂与更复杂的机器人参与作业。

7) 语音识别技术及计算机智能化技术

语音识别技术是一门交叉学科，就是让机器通过识别和理解过程把语音信号转变为相应的文本或命令的高技术。语音识别技术正逐步成为信息技术中人机接口的关键技术，语音识别技术与语音合成技术结合，使人们能够甩掉键盘，通过语音命令进行操作。一个完整的语音识别系统可大致分为 3 部分：语音特征提取；声学模型与模式匹配；语言模型与语言处理。

8) 机电一体化技术

机电一体化是在机械技术的基础上，从系统的观点出发根据系统功能目标和优化组织结构目标，使整个系统有机结合于综合集成，实现多种技术功能复合的最佳功能价值系统工程技术。

2. 物流信息技术与供应链管理

1) 全球定位系统

全球定位系统(global positioning system，GPS)是美国从 20 世纪 70 年代开始研制，历

时 20 年，耗资 200 亿美元，于 1994 年全面建成，具有在海、陆、空进行全方位实时三维导航与定位能力的新一代卫星导航定位系统，且具有全天候、高精度、自动化、高效益等显著特点。GPS 由美国国防部发射的 24 颗卫星组成，这 24 颗卫星分布在高度为 2 万公里的 6 个轨道上绕地球飞行。每条轨道上拥有 4 颗卫星，在地球上任何一点，任何时刻都可以同时接受到来自 4 颗卫星的信号。也就是说 GPS 的卫星所发射的空间轨道信息覆盖着整个地球表面。用户通过测量到太空各可视卫星的距离来计算他们的当前位置，卫星的坐标相当于精确的已知参考点。每颗 GPS 卫星每一时刻发布其位置和时间数据信号，用户接收机可以测量每颗卫星信号到接收机的时间延迟，根据信号传输的速度就可以计算出接收机到不同卫星的距离。同时收集到至少 4 颗卫星的数据时就可以解算出三维坐标、速度和时间。

GPS 系统主要有 3 个部分组成：空间部分，有 21 颗工作卫星，3 颗备用卫星；地面支撑系统，有 1 个主控站，3 个地面天线站(注入站)，5 个全球监控站(监测站)；用户设备部分，接收 GPS 卫星发射信号，以获得必要的导航和定位信息，经数据处理，完成导航和定位工作。GPS 接收机硬件一般由主机、天线和电源组成。

GPS 的应用包括：进行车辆、船舶跟踪导航；城市交通疏导；固定点的定位测量；车辆监控系统。

GPS 作为目前最先进的导航与定位系统，将会越来越普遍地应用到供应链管理中，包括：用于汽车自定位、跟踪调度、陆地救援；用于内河及远洋船队航线的测定、航向的调度、监测及水上救援；用于空中交通、进场着陆、航路导航；用于铁路运输管理；货物跟踪管理。

2) 地理信息系统

地理信息系统(geographic information system，GIS)是用于采集、模拟、处理、检索、分析和表达地理空间数据的计算机信息系统。地理信息系统是以地理空间数据为基础，采用地理模型分析方法，适时地提供多种动态的空间地理信息的计算机技术系统，其基本功能是将表格型数据转换为地理图形显示，以地理模型方法为手段，具有区域空间分析、多要素综合分析和动态预测能力。由计算机系统支持进行空间地理数据管理，并由计算机程序模拟常规的或专门的地理分析方法，作用于空间数据，产生有用信息。

最普通的 GIS 软件是数字化(电子)地图。顾名思义，地理信息系统是处理地理信息的系统。地理信息是指直接或间接与地球上的空间位置有关的信息，又常称为空间信息。最普通的 GIS 软件是数字化(电子)地图。一般来说，GIS 可定义为："用于采集、存储、管理、处理、检索、分析和表达地理空间数据的计算机系统，是分析和处理大量地理数据的通用技术。"从 GIS 系统应用角度，可进一步定义为："GIS 由计算机系统、地理数据和用户组成，通过对地理数据的集成、存储、检索、操作和分析，生成并输出各种地理信息，从而为土地利用、资源评价与管理、环境监测、交通运输、经济建设、城市规划以及政府部门行政管理提供新的知识，为工程设计和规划、管理决策服务。"

地理信息系统，根据应用领域不同，又有各种不同的应用系统，例如：土地信息系统；城市信息系统；交通信息系统；环境信息系统；仓库规划信息系统等。它们的共同点是用

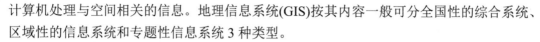

计算机处理与空间相关的信息。地理信息系统(GIS)按其内容一般可分全国性的综合系统、区域性的信息系统和专题性信息系统 3 种类型。

3) GIS 应用

由于世界上大多数信息都与其产生、代表、包含的地点有关，GIS 的用途十分广泛，不仅涉及国民经济的许多领域，如交通、能源、农林、水利、测绘、地矿、环境、航空、国土资源综合利用等，而且与国防安全密切相关。在未来"数字地球"、和"数字城市"及"数字物流园区"的建设中，GIS 将起十分重要的作用。

GIS 在供应链中的应用，主要是指利用 GIS 强大的地理数据功能来完善物流分析技术。国际上已经开发出利用 GIS 为物流分析提供专门的分析工具软件。完整的 GIS 物流分析软件集成了车辆路线模型、最短路径模型、网络物流模型、分配集合模型和设施定位模型等。通过点取地图上的相关部位，可以立即得到相关的数据；反之，通过已知的相关数据，也可以在地图上查询到相关的位置和其他信息。借助这个信息系统，可以进行路线的选择和优化，可以对运输车辆进行监控，可以向司机提供有关的地理信息等。

本章思考题

1. 如何正确理解物流的概念？

2. 结合实际说明物流的作用及其在国民经济中的地位。

3. 某单位每年使用某种零件 20 万件，每件每年的保管费用为 4 元，每次订购费为 80 元，假设是无缺货、瞬时进货的情况，试求经济订购批量。

4. 国际上比较流行的配送中心有哪些类型？

5. 供应链物流管理的方法有哪些？

6. 试述联合库存管理的基本思想。

7. 销售物流三种运作模式的优缺点。

第九章

市场营销管理

本章导读:

市场营销是企业开拓市场、满足市场需求的有效手段,也是企业赢得市场份额的必备武器。市场营销管理是现代企业管理的重要组成部分。本章以市场营销管理的基本原理为着眼点,对市场营销的概念、市场营销观念、市场细分、目标市场策略、市场营销组合策略、市场营销的新发展等内容加以阐述。

学习目标:

理解市场和市场营销的概念,掌握市场营销管理的任务和过程,掌握市场细分的含义及市场细分标准,掌握目标市场营销策略的原理,理解产品策略、定价策略、分销策略和促销策略的原理和方法,了解市场营销发展的新领域。

关键词:

市场营销(marketing) 市场细分(market segmentation) 目标市场(target market) 产品策略(product strategy) 定价策略(pricing strategy) 分销渠道策略(placing strategy) 促销策略(promotion strategy)

第一节 市场营销管理概述

一、市场与市场营销

1. 市场的概念

市场是社会分工和商品经济发展的必然产物。市场的概念随着商品经济的不断发展,其内容也在不断丰富和充实。其代表性的概念概括如下:

(1) 市场是商品交换的场所。它是指买卖双方购买和出售商品进行交易活动的地点或地区,如集市、商场和商品批发市场等。这个概念把市场看成一个"点"。

(2) 市场是商品交换关系的总和。交换关系主要指买卖双方以及买卖双方各自与中间商之间,在进行商品交换时发生的关系。这里把市场看成一个"面",是一张无形的"网"。

(3) 市场是指某种产品现实或潜在购买者的集合。即:市场=人口+购买力+购买欲望。这个概念把市场描绘成立体的,所以市场是个"体"。

了解市场的各种概念,对于营销者来说具有重要意义。营销者可以根据不同情况来确定企业的营销目标、策略和措施，从而达到提高经济效益的目的。

2. 市场的类型

按照不同的划分方法，市场可以分为许多类型。如表 9-1 所示。

表 9-1　市场的类型

划分标准		市场类型
市场主体不同	购买者身份	消费者市场、生产者市场、中间商市场、政府市场
	企业的角色	购买市场、销售市场
	竞争程度	完全竞争市场、完全垄断市场、不完全竞争市场、寡头垄断市场
客体性质不同	商品属性	生产资料市场、生活资料市场
	物质实体	有形市场、无形市场
	具体内容	商品市场、技术市场、劳动力市场、金融市场、信息市场
	人文标准	妇女市场、儿童市场、老年市场
	地理标准	国内市场、国际市场
	时间标准	现货市场、期货市场

资料来源：郑煜. 现代企业管理—理念、方法与应用[M]. 北京：清华大学出版社，北京交通大学出版社，2011.

3. 市场营销的概念

市场营销是指个人或集体通过创造，提供并同他人交换有价值的产品，以满足其需求和欲望的一种社会和管理的过程。[①]这一概念可从以下几点来理解。

(1) 市场营销的最终目标是满足个人或群体的需求与欲望。

(2) 市场营销活动的方式是"创造"和"交换"。这反映了市场营销活动是营销者面对竞争把握市场机会，创造市场机会，主动适应市场顺利实现交换的过程。

(3) 市场营销是一个营销者创造的产品和价值满足双方需求和欲望的社会和管理过程。这个过程从生产之前的市场调研开始到分析市场机会、进行市场细分、选择目标市场、规划实施产品策略、价格策略、分销渠道策略、促销策略，到销售后开展售后服务。

二、市场营销观念的演变

市场营销观念是企业在开展市场营销活动的过程中，处理企业、顾客和社会三者利益方面所持的态度和指导思想。随着社会经济的发展和市场形势的不断变化，支配企业市场营销活动的观念也经历了不断的演变过程，主要有：生产观念、产品观念、推销观念、市场营销观念和社会营销观念。其中，前三者属于传统的市场营销观念，后两者属于现代市场营销观念。

---

① 菲利普·科特勒著. 梅汝和，梅清豪，张桁译. 营销管理：分析、计划、执行和控制[M]. 9 版. 上海：上海人民出版社，2000.

1. 生产观念

生产观念是一种最古老的营销观，这种观念认为，消费者喜欢那些可以随处买得到而且价格低廉的产品，企业应致力于提高生产效率和扩大分销范围，增加产量，降低成本以扩展市场。以生产观念指导营销管理活动的企业，称为生产导向型企业，其典型表现是："我们生产什么，就销售什么。"

生产观念适用于产品供不应求或产品的成本太高，必须靠提高生产率来降低成本两种状况。

2. 产品观念

产品观念认为，消费者喜欢高质量、多功能和有特色的产品。因此企业要致力于生产高值产品，并不断改进产品，使之日臻完善。企业奉行产品观念，容易导致"市场营销近视症"，即看不到消费者需求的变化，以产品之不变应付市场之万变，不能顺应消费者需求的变化，最终导致企业经营的挫折和失败。

产品观念与生产观念有所不同，前者注意产品的品质与性能，后者注重产品的产量与成本。但这两种观念都属于以生产为中心的经营思想，都没有把市场需求放在首位。

3. 推销观念

推销观念认为，消费者通常表现出一种购买惰性或抗衡心理，因此企业必须大力推销和积极促销，以刺激消费者大量购买本企业的产品。推销观念的典型表现是："我们卖什么，就让消费者买什么。"在这种观念下，企业十分重视采用广告术与推销术去推销产品。

推销观念仍是一种以企业为中心的旧式观念，它并没有从消费者的需要出发来提供商品和服务，因此，企业是被动地应对市场。

4. 市场营销观念

市场营销观念认为，企业目标的实现有赖于对目标市场的需要和欲望的正确判断，并能以比竞争对手更有效的方式去满足消费者的需求。因此企业的一切经营活动都以消费者为中心，具体表现为："消费者需要什么，企业就生产或经营什么"，"哪里有消费者需求，哪里就有市场营销"。

市场营销观念的诞生是企业经营观念上的一次革命，是一次质的飞跃。市场营销观念与传统观念的根本区别可归纳为以下几点：

(1) 出发点不同。传统营销观念从企业出发；市场营销观念则从市场出发。

(2) 中心不同。传统营销观念以产品为中心，企业围绕产品的数量和结构来安排生产和购销计划；市场营销观念以顾客为中心，按照顾客需求来安排生产和购销计划。

(3) 手段不同。传统营销观念以推销和促销活动为主要手段；市场营销观念则以整体市场营销为主要手段。

(4) 目的不同。传统营销观念注重通过扩大销售量来获取利润；市场营销观念强调通过满足需求获取利润。

5. 社会营销观念

社会营销观念认为，企业应该确定目标市场的需要、欲望和利益，然后再以一种能够维持消费者长远和根本的利益和改善社会福利的方式向顾客提供更多的价值。社会营销观念强调企业在满足顾客需求的同时，必须考虑社会公众长远的、整体的利益，要考虑到环境的保护和资源的节约。

社会营销观念是对市场营销观念的补充与延伸，是企业协调社会和自然生态营销观，符合社会和企业的可持续发展需要的营销道义观。

三、市场营销管理

1. 市场营销管理的概念

市场营销管理是指为了实现企业目标，创造、建立和保持与目标市场之间的互利交换的关系，而对设计方案进行的分析、计划、执行和控制。市场营销管理的实质是需求管理。

2. 市场营销管理过程

所谓市场营销管理过程，就是企业识别、分析、选择和发掘市场营销机会，以实现企业的战略任务和目标的管理过程。它包括发现和评价市场营销机会、研究和选择目标市场、设计市场营销组合与管理市场营销活动四个步骤。

1) 发现和评价市场营销机会

市场营销机会就是未满足的需要。在任何经济制度下，在任何市场上，都存在着一些未满足的需要，因而也就存在着市场营销机会。企业可以运用询问调查法、德尔菲法、课题招标法、头脑风暴法以及通过阅读报刊、参加展销会、召开座谈会、研究竞争者的产品、市场细分化等方法来寻找与识别市场营销机会。但这样客观存在着的市场营销机会还只是"环境机会"，并不等于某一企业的"企业营销机会"。"环境机会"成为"企业营销机会"是有条件的，那就是：它必须与企业的任务与目标相吻合；企业具有利用该机会的资源、经济实力和能力；利用该机会能较好地发挥企业的竞争优势，且使企业获得较大的差别利益。因此，企业的营销人员必须对已发现的环境机会进行分析评估，从中选出对本企业最适合的营销机会。

2) 研究和选择目标市场

市场是由多种类型的顾客构成的，这些顾客在需要和欲望、购买动机与购买行为、地理位置及经济收入等方面显然存在着差异。任何企业不管规模多大，技术有多先进，实力有多雄厚，营销管理能力有多强，都不可能满足整个市场所有购买者的所有需求，为所有购买者提供服务。因此，企业在寻找、识别和选择了恰当的市场机会之后，还要进一步选择目标市场，包括市场细分、确定目标市场和市场定位。

市场细分是企业将市场分为具有不同需要、特征或行为，因而需要不同产品或营销组合的不同购买者群体的过程。在市场细分的基础上，企业选择一个或多个子市场作为自己的服务对象，称为目标市场。而企业为使自己的产品在目标消费者心目中相对于竞争产品占据清晰、特别和理想的位置而进行的安排，称为市场定位。

3)　制订市场营销组合

在选择了目标市场和确立市场定位以后，企业需要制定综合营销方案——市场营销组合策略。所谓市场营销组合，是企业对自己可控制的各种市场手段、优化组合的综合运用，以便更好地实现营销目标。关于市场营销组合理论，最有代表性的是 4P 理论。近年来又出现了 4C 和 4R 理论。

(1)　4P 理论

4P 即产品(Product)、分销地点(Place)、促进销售(Promotion)、价格(Price)。市场营销组合，就是这 4 个 "P" 的适当组合与搭配，它体现着现代市场营销观念中的整体营销思想。

(2)　4C 理论

随着市场竞争日趋激烈，媒介传播速度越来越快，4P 理论越来越受到挑战。到 20 世纪 80 年代，美国营销专家针对 4P 存在的问题提出了 4C 营销理论。4C 即消费者的需要和欲望(consumer wants and needs)、消费者要满足其欲望所需付出的成本(cost)、如何使消费者更方便地购得产品(convenience)、正确有效的和消费者沟通(communications)。4C 理论是一种彻底的以顾客导向的营销理论。

(3)　4R 理论

4R 理论阐述了在新的市场环境下一个全新的营销四要素。4R 即与客户建立关联(Relating)、提高市场反应速度(Response)、关系营销越来越重要(Relation)、回报是营销的源泉(Return)。4R 营销理论的最大特点是以竞争为导向，在新的层次上概括了营销的新框架，它根据市场不断成熟和竞争日趋激烈的态势，着眼于企业与客户的互动与双赢。

4)　管理市场营销活动

管理市场营销活动包括市场营销计划的制订、实施和控制。

市场营销计划是企业整体战略规划在营销领域的具体化，是企业的一种职能计划。切实可行的市场营销计划是在企业的营销部门深入调研的基础上，根据企业的营销目标和营销战略的要求，结合企业本身的有关情况，运用适当的方法而制定。市场营销计划的制订只是营销工作的开始，更重要的在于市场营销的实施与控制。

市场营销的实施包括五个方面：一是要建立合理的营销组织，使营销组织系统中的各个子系统协调运转；二是企业营销部门与其他部门密切配合，协调一致；三是企业营销部门应该制定更为详细的行动方案，明确应完成的任务，由谁来完成及何时完成；四是要合理地调配人才资源，提高营销工作效率；五是要建立行之有效的管理制度及科学的管理程序，充分调动营销人员的积极性，以有利于圆满地完成企业的市场营销计划。

由于企业内外因素变化的影响，在企业市场营销计划实施过程中，可能会出现许多预料不到的情况。因此，企业需要运用营销控制系统来保证市场营销目标的实现。营销控制主要包括年度计划控制、盈利率控制和战略控制三种，通过这些控制系统可及时发现计划实施中存在的问题或计划本身的问题，诊断产生问题的原因并及时反馈给有关的决策者和管理者，以便采取适当的纠正措施。

第二节　目标市场策略

现代企业面对复杂多变、购买者众多、分布广泛、需求多样的市场，企业应在分析研究市场环境和消费者行为的基础上，有针对地根据消费者的不同需求选择不同的营销战略，即在市场细分的基础上选择对本企业最有吸引力、可为之提供有效服务的市场部分作为目标市场，实行目标市场营销，并在目标市场上为产品确定适当的竞争地位。

一、市场细分

1. 市场细分的概念和作用

市场细分是指营销者通过市场调研，依据消费者需求和购买行为等方面的差异性，把某种产品的整体市场划分为若干不同类型消费者群的市场分类过程。每一消费者群就是一个细分市场(亦称子市场或亚市场)，每一个细分市场都是具有类似需求倾向的消费者构成的群体。通过市场细分，有利于企业分析、发掘新的市场机会，形成新的富有吸引力的目标市场；有利于企业集中使用资源，增强企业市场竞争能力；有利于企业制定和调整市场营销组合策略，实现企业市场营销战略目标；有利于企业集中资源进行针对性营销，提高经济效益。

2. 市场细分的标准

市场细分是建立在市场需求差异性基础上的，因而凡是使消费者需求形成差异性的因素都可以作为市场细分的标准。由于市场类型不同，市场细分的标准也有所不同。

1) 消费者市场的细分标准

(1) 地理细分。这是依据消费者居住的地理位置与自然环境不同来进行市场细分，具体变量包括国别、城市、乡村、气候、地形地貌等。采用地理因素作为市场细分的标准，是因为处于不同地区的消费者的消费需求和消费行为特征有明显差别。

(2) 人口细分。这是依据人口统计变量所反映的内容，如年龄、性别、家庭人数、家庭生命周期、收入、职业、文化水平、宗教信仰等因素来细分市场，人口因素对消费者需求的影响是直接的、明显的。

(3) 心理细分。这是依据消费者心理因素来细分市场，即根据消费者的个性、生活方式、购买动机、消费习惯等进行市场细分。

(4) 行为细分。这是依据消费者购买行为的不同来细分市场，例如，消费者购买或使用某种产品的时机、消费者所追求的利益、使用者情况、使用频率、对品牌的忠实程度等。

2) 组织市场的细分标准

由于组织市场的买主及其购买目的与消费者市场不同，所以组织市场细分的标准也与之有所区别。

(1) 用户的行业类别。包括农业、轻工、食品、纺织、机械、电子、冶金、汽车、建

筑等。用户的行业不同，其需求有很大差异，企业应在市场细分的基础上采取不同的营销策略。

（2）用户规模。包括大型、中型、小型企业，或者大用户、小用户等。不同规模的用户，其购买力、购买批量、购买频率、购买行为和方式各不相同。一般来说，大用户数目少，但购买量大，对企业的销售有着举足轻重的作用，应予以特殊重视，可保持直接的、经常的业务联系；对小用户则相反，数目众多但单位购买量较少，企业可以更多地利用中间商进行产品推销工作。

（3）用户所处的地理位置。用户所处的地理位置对于企业的营销工作，特别是产品的上门推销、运输、仓储等活动有很大的影响。按用户所处的位置细分市场，有助于企业将目标市场选择在用户集中地区，有利于提高销售量，节省推销费用，节约运输成本。

二、目标市场选择

市场细分的最终目的是为了选择和确定目标市场，也就是根据市场细分标准选择一个或一个以上的细分市场(子市场)，作为企业为之服务的营销对象。

1. 目标市场选择的条件

（1）存在尚未满足的需求。这是选择目标市场时首先要考虑的因素。需求是企业生产经营之母，只有企业选择的目标市场存在着尚未得到满足的需求，才有其进入的价值。

（2）有足够的销售量。企业选择的目标市场不仅要有需求，而且还要有足够的销售量，也就是说，要有足够的消费者愿意并能够通过交换来满足这种需求。

（3）未被竞争者完全控制，有进入的余地。企业选择的目标市场，应该是没有完全被竞争者控制的市场。一般来说有两种可能性：一是竞争尚不激烈，有进入的余地；二是表面上完全控制，但实际上仍有缝隙可钻。

（4）企业具备进入目标市场的能力。企业选择目标市场既要考虑外部条件，即目标市场情况，又要考虑企业自身主观条件，即是否具备足以满足目标市场需求的企业经营资源和市场营销能力等。

2. 目标市场选择策略

目标市场选择策略，通常有五种模式可供参考。

（1）市场集中化。企业选择一个细分市场，集中力量为之服务。对于较小的企业一般专门填补市场的某一部分。集中营销使企业深刻了解该细分市场的需求特点，采用有针对性的产品、价格、渠道和促销策略，从而获得强有力的市场地位和良好的声誉。但同时隐含较大的经营风险。

（2）产品专门化。企业集中生产一种产品，并向所有顾客销售该产品。例如服装厂商向青年、中年和老年消费者销售高档服装，企业为不同的顾客提供不同种类的高档服装产品和服务，而不生产消费者需要的其他档次的服装。这样，企业在高档服装产品方面树立很高的声誉，但一旦出现其他品牌的替代品或消费者流行的偏好转移，企业将面临巨大的威胁。

(3) 市场专门化。企业专门服务于某一特定顾客群，尽力满足他们的各种需求。如企业专门为老年消费者提供各种档次的服装。企业专门为这个顾客群服务，能建立良好的声誉。但一旦这个顾客群的需求潜量和特点发生突然变化，企业要承担较大风险。

(4) 有选择的专门化。企业选择几个细分市场，每一个对企业的目标和资源利用都有一定的吸引力。但各细分市场彼此之间很少或根本没有任何联系。这种策略能分散企业经营风险，即使其中某个细分市场失去了吸引力，企业还能在其他细分市场盈利。

(5) 完全市场覆盖。企业力图用各种产品满足各种顾客群体的需求，即以所有的细分市场作为目标市场，如服装厂商为不同年龄层次的顾客提供各种档次的服装。一般只有实力强大的大企业才能采用这种策略。如 IBM、海尔的产品，可满足各种消费需求。

3. 目标市场营销策略

目标市场一旦确定，就需要根据目标市场的需求特点制定相应的市场营销策略。一般情况下，企业可以采用以下 3 种不同的目标市场营销策略。

(1) 无差异市场营销策略。无差异市场营销策略就是企业不考虑细分市场的差异性，把整体市场作为目标市场，对所有的消费者只提供一种产品，采用单一市场营销组合的目标市场策略。这种策略的优点是产品的品种、规格、款式简单，有利于标准化与大规模生产，有利于降低生产、存货、运输、研究、促销等成本费用。其主要缺点是单一产品要以同样的方式广泛销售并受到所有购买者的欢迎，几乎是不可能的，企业一般不宜长期采用。

(2) 差异性市场营销策略。差异性市场营销策略是在市场细分的基础上，企业以两个以上乃至全部细分市场为目标市场，分别为之设计不同产品，采取不同的市场营销组合，满足不同消费者需求的目标市场策略。采用这种市场营销策略，其明显的优点在于：第一，针对不同的目标市场，制定不同的市场营销方案，这种针对性较强的市场营销活动，能够分别满足不同顾客群的需求，市场营销活动易于收到较好的效果；第二，选择两个以上目标市场，还可以使企业取得连带优势，提高企业的知名度。当然，实行差异性市场营销策略，会使企业的生产成本、管理费用、销售费用等大幅度增加。因此，实施差异性市场营销策略要求所带来的收益超过所增加的成本、费用，并且要求企业具有较为雄厚的财力、物力和人力条件。

(3) 集中性市场营销策略。集中性市场营销策略，是指在市场细分的基础上，选择其中一个细分市场作为企业的目标市场，集中力量为该市场开发一种理想的产品，实行高度专业化的生产和销售。这种市场营销策略主要适用于资源力量有限的中小企业。中小企业无力与大企业抗衡，在一些大企业尚未或不愿顾及的小细分市场上全力以赴，往往易于取得成功。这一策略的不足之处是风险较大，一旦目标市场发生变化，会对企业产生很大的有时甚至是致命的打击。因此，采用这一策略的企业，要密切注意目标市场的动向，提高应变能力。

三、市场定位

1. 市场定位的概念

市场定位是指根据消费者对产品或品牌心理知觉来确定产品或品牌在其心目中的地位并塑造良好形象。具体来说，就是企业根据竞争者现在产品在市场上所处的位置，针对消费者对该种产品某一属性或特征的重视程度，为产品创造、培养一定的特色，并通过一系列营销努力把这种个性或形象强有力地传递给购买者，从而使该产品在消费者心目中确定适当的位置。

2. 市场定位策略

市场定位策略实际是一种竞争策略，即根据产品的特点及消费者对产品的知觉，确定本企业产品与竞争者之间的竞争关系。企业常用的市场定位策略主要有以下三种。

(1) 避强定位。这是指避开强有力的竞争对手的市场定位。其优点是：能避开与强大竞争对手的直接冲突，并在消费者心目中迅速树立起自己的形象。由于这种定位方式风险相对较小，成功率较高，常常为很多企业所采用。

(2) 迎头定位。这是指与在市场上居支配地位的，亦即最强的竞争对手"对着干"的定位方式。这种方式风险较大，但一旦成功就会取得巨大的市场优势，因此对某些实力较强的企业有较大的吸引力。实行迎头定位，一方面要知己知彼，尤其要清醒地估计自己的实力，另一方面还要求市场有较大的容量。

(3) 重新定位。这是指企业变动产品特色，改变目标顾客对其原有的印象，使目标顾客对其产品新形象有一个重新的认识过程。市场重新定位对于企业适应市场环境、调整市场营销战略是必不可少的。企业产品在市场上的定位即使很恰当，但在出现下列情况时也需考虑重新定位：一是竞争者推出的产品市场定位于本企业产品的附近，侵占了本企业品牌的部分市场，使本企业品牌的市场占有率有所下降；二是消费者偏好发生变化，从喜爱本企业某品牌转移到喜爱竞争对手的某品牌。

第三节　市场营销组合策略

市场营销组合策略，是指企业通过市场细分，在选定目标市场以后，将可控的产品、价格、分销渠道、促销等因素，进行最佳组合，使它们互相协调综合地发挥作用，从而达到企业市场营销的目标。

一、产品策略

1. 产品整体概念

现代市场营销学认为，产品是指提供给市场的、用于满足人们欲望和需要的一切物品和劳务。所以，产品是一个整体概念，主要包括三个层次：核心产品、形式产品和附加产品。① 产品整体概念的构成如图 9-1 所示。

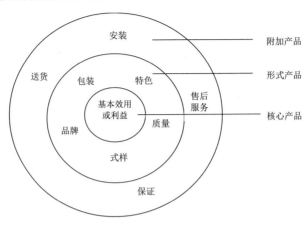

图 9-1　产品整体概念

资料来源：王方华. 市场营销学[M]. 上海：复旦大学出版社，2005.

1)　核心产品

核心产品是指消费者购买某种产品时所追求的基本效用或利益。如人们购买电视机并不是为了得到装有某些电子零部件的物体，而是为了丰富文化生活；人们购买牙膏，并不是为了获得它的某些化学成分，而是为了通过使用牙膏起到洁齿、防蛀的效用。核心产品是产品整体概念中最基本最主要的部分。

2)　形式产品

形式产品是企业向消费者提供的产品实体和服务的外观，是核心产品的表现形式。形式产品主要包括品牌、质量、包装、式样、特色等要素。如奔驰轿车就是由其著名的品牌名、精美造型、高质量、合理结构、乘坐舒适感及其他属性巧妙地构成，从而给予消费者一种作为核心利益的满足感受和高地位象征。

3)　附加产品

附加产品是指顾客购买形式产品时所获得的全部附加服务和利益，包括提供送货、安装、售后服务、保证、信贷等。

2. 产品组合策略

1)　产品组合的相关概念

产品组合是指一个企业生产或经营的全部产品线和产品项目的结合方式，也即全部产品的结构。在这里，产品线是指同一产品种类中密切相关的一组产品，又称产品系列或产品类别。所谓密切相关，是指这些产品或者能满足同类需求，或者售于相同的顾客群，或

---

① 美国营销专家菲利普·科特勒将产品分为五个层次：核心产品、基础产品、期望产品、附加产品、潜在产品，而国内学者一般将产品分为三个层次，即核心产品、形式产品和附加产品。本书采用三分法加以阐述。

者通过统一的销售渠道出售，或者属于同一价格范畴等。产品项目是指在同一产品线或产品系列下不同型号、规格、款式、质地、颜色的产品。例如海尔集团生产冰箱、彩电、空调、洗衣机等，这就是产品组合；而其中冰箱或彩电等大类就是产品线，每一大类里包括的具体的型号、规格、颜色的产品，就是产品项目。

产品组合包括四个变数：产品组合的宽度、长度、深度和关联度。产品组合的宽度又称产品组合的广度，是指产品组合中所拥有的产品线的数目。产品组合的长度是指一个企业的产品组合中，产品项目的总数。产品组合的深度是指每一产品线中包括的不同品种规格的产品项目数量。产品组合的关联度是指各条产品线在最终用途、生产条件、分销渠道或其他方面关联的程度。

产品组合的宽度越大，说明企业的产品线越多；反之，宽度窄，则产品线少。同样，产品组合的深度越大，企业产品的规格、品种就越多；反之深度浅，则产品的规格、品种就越少。产品组合的深度越浅，宽度越窄，则产品组合的关联度越大；反之，则关联度小。

2）产品组合策略

产品组合策略是指企业根据市场状况、自身资源条件和竞争态势对产品组合的宽度、广度、深度和关联度进行不同的组合。主要包括产品项目的增加、调整或剔除；产品线的增加、伸展和淘汰；产品线之间关联度的加强和简化等。企业可供选择的产品组合策略有如下几种：

（1）扩大产品组合策略。这是指扩大产品组合的宽度或深度，增加产品系列或项目，扩大经营范围，生产经营更多的产品以满足市场需要。对生产企业而言，扩大产品组合策略的方式主要有平行式扩展、系列式扩展和综合利用式扩展三种。

（2）缩减产品组合策略。这是指降低产品组合的宽度或深度，删除一些产品系列或产品项目，集中力量生产经营一个系列的产品或少数产品项目，提高专业化水平，力图从生产经营较少的产品中获得较多的利润。

（3）高档产品策略。这是指在同一产品线内增加生产档次高、价格高的产品项目，以提高企业和现有产品的声望。

（4）低档产品策略。这是指在同一产品线内增加生产中低档次、价格低廉的产品项目，以利用高档名牌产品的声誉，吸引因经济条件所限购买不起高档产品，但又羡慕和向往高档名牌的顾客。

3. 产品生命周期

产品生命周期是指一种产品从进入市场开始，直到最终退出市场为止所经历的全部时间。产品生命周期一般分为四个阶段：引入期、成长期、成熟期、衰退期。如图 9-2 所示。由于产品生命周期各个阶段具有不同的市场特征，所以应当采取不同的营销策略。

1）引入期

又称介绍期、试销期，一般指产品从发明、投产到投入市场试销的阶段。这一阶段的主要特征是：生产批量小，试制费用大，制造成本高；由于消费者对产品不熟悉，广告促销费较高；产品售价常常偏高；销售量增长缓慢，利润少，甚至发生亏损。

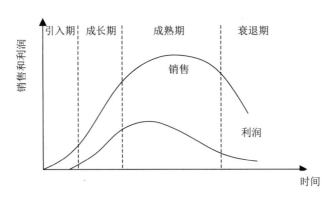

图 9-2　产品生命周期图

资料来源：王方华. 市场营销学[M]. 上海：复旦大学出版社，2005.

对进入引入期的产品，企业总的策略思想是迅速扩大销售量，提高赢利，缩短引入期，尽快进入成长期。主要策略有以下几种：

(1) 大量做广告，扩大宣传，重点是向消费者宣传介绍产品的性能、用途、质量，使消费者尝试使用新产品。

(2) 根据市场具体情况，把促销与价格组合，运用和选择相应的策略：迅速掠取策略，以高价格和高促销水平推出新产品的策略；缓慢掠取策略，以高价格和低促销水平推出新产品的策略；迅速渗透策略，以低价格和高促销水平推出新产品的策略。缓慢渗透策略，以低价格和低促销水平推出新产品的策略。

2) 成长期

又称畅销期，指产品通过试销阶段以后，转入成批生产和扩大市场销售的阶段。其主要特征是：销售量迅速增长；大批量生产经营，生产成本大幅度下降，利润迅速增长；同类产品、仿制品和代用品开始出现，市场竞争日趋激烈。

产品进入该阶段，其销售额和利润都呈现出迅速增长的势头，故企业的策略思想是尽可能延长成长期时间，并保持旺销的活力。其主要策略有以下几种：

(1) 集中企业必要的人财物资源，改进和完善生产工艺，改进产品质量，增加花色品种，扩大产品批量。

(2) 进一步细分市场，扩大目标市场。

(3) 改变广告宣传目标，由投入期提高知名度为中心转为树企业和产品形象，为产品争创名牌。

(4) 增加新的分销渠道或加强分销渠道。

3) 成熟期

又称饱和期，指产品在市场上销售已经达到饱和状态的阶段。其主要特征有：销售额虽然仍在增长，但速度趋于缓慢；市场需求趋向饱和，销售量和利润达到最高点，后期两者增长缓慢，甚至趋于零或负增长；竞争最为激烈。

产品进入该阶段，销售额和利润出现最高点。由于生产能力过剩，市场竞争加剧，销售增长速度缓慢甚至出现下降趋势，此时企业营销思想应尽量延长生命周期，使已处于停滞状态的销售增长率和利润率重新得以回升，其主要策略有以下几种：

(1) 市场改革策略，即开发新的目标市场，寻求新顾客。

(2) 产品改革策略，即通过对产品自身做某种改进，来满足消费者不同需要，从而为消费者寻求新用途，使销量获得以回升。

(3) 市场营销组合改革策略，即对产品、定价、分销渠道和促销这四个因素加以改革，以刺激销售额的回升。

4) 衰退期

又称滞销期，指产品不能适应市场需求，逐步被市场淘汰或处于更新换代的阶段。其主要特点是：产品需求量、销售量和利润迅速下降；新产品进入市场，竞争突出表现为价格竞争，且价格压到极低的水平。

产品进入这一阶段，企业可采取的营销策略有以下几种：

(1) 维持策略。仍用过去的策略，争取后期消费者购买，维持市场的销售，直到这种产品完全退出市场为止。

(2) 集中策略。把企业能力和资源集中在最有利的细分市场和分销渠道上，从而为企业创造更多的利润，同时，也有利于缩短产品退出市场的时间。

(3) 收缩策略。大幅度降低促销水平，尽量降低促销费用，以维持目前的利润。这样可能会加速产品在市场上的衰退，但还可从忠实顾客中得到一定的利润。

(4) 放弃策略。对于衰退较快的产品，应当机立断，放弃经营。

二、定价策略

1. 影响定价的因素

企业进行价格决策时，首先要对影响定价的因素进行分析。影响定价的因素是多方面的，包括产品成本、市场需求、竞争状况、消费心理、政策法规等。

1) 产品成本

产品的最低价格取决于该产品的成本费用，企业制定价格时必须估算成本。

2) 市场需求

产品成本是影响企业定价的最重要的内部因素，它决定着产品价格的最低临界点，而市场需求是影响企业定价的最重要的外部因素，它决定着产品价格的最高临界点。市场需求主要包括供求关系和需求弹性。

3) 竞争状况

竞争对手的多少和竞争的强度对企业确定合适的价格有着重要的影响。竞争越激烈，对价格的影响就越大，企业必须采取适当方式，了解竞争对手的价格和产品质量。

4) 消费心理

企业定价必须考虑顾客的心理因素，制定出顾客愿意接受的价格。

5) 政策法规

由于价格是关系到国家、企业和个人三者之间的物质利益的大事，牵涉各行各业和千家万户，与人们的物质生活息息相关，因此，国家在遵循价值规律的基础上，往往还通过制定物价工作方针和各项政策、法规，对价格进行管理，或利用税收、金融、海关等手段间接控制价格。因而，国家有关的政策、法规对产品价格的形成也有着重要的影响。

2. 定价方法

1) 成本导向定价法

成本导向定价法是以产品成本为主要定价依据的方法，这种方法比较简单，应用范围比较广。在具体运用中包括成本加成定价法、目标利润定价法和盈亏平衡定价法 3 种：

(1) 成本加成定价法。成本加成定价法又称完全成本定价法，即在单位产品成本上附加一定比例的利润作为单位产品价格。其计算公式为：

单位产品价格=单位产品成本×(1+成本加成率)

这种定价方法计算简单，简便易行。缺点是没有考虑到不同价格需求量的变动情况，忽略了市场需求及竞争等因素，缺乏灵活性，对市场竞争的适应能力较差。

(2) 目标利润定价法。目标利润定价法也称投资收益定价法，即根据企业的总成本和预计销售量，加上按投资收益率确定的目标利润额作为定价基础的一种方法。其计算公式为：

单位产品价格=(总成本+投资额×投资收益率)/预计销售量

=单位产品成本+投资额×投资收益率/预计销售量

这种定价方法只有在总成本和预计销售量都比较准确的情况下，所制定出的价格才能保证企业达到预期的投资收益率。

(3) 盈亏平衡定价法。盈亏平衡定价法即以企业总成本与总收入保持平衡为依据制定价格的一种方法。其计算公式为：

价格=总成本/盈亏平衡点产量

这种定价方法比较简单，单位产品的平均成本就是其价格。在市场不景气的情况下，采用这种方法比较适用，因为保本经营比停业的损失要小，而且企业有较灵活的回旋余地。

2) 需求导向定价法

这种方法是以顾客需求和可能接受的价格作为定价依据的定价方法。主要有以下两种：

(1) 认知价值定价法。又称理解价值定价法，即企业根据顾客对产品的认知价值来制定价格。企业必须进行市场调查和研究，准确地把握市场的认知价值，并以此为依据确定产品的价格。

(2) 差别定价法。指企业根据顾客的购买能力，对产品的需求状况、产品的型号及式样、购买时间和地点的不同，对同一产品定出不同的价格。包括地点差价、时间差价、款式差价、顾客差价等。

3) 竞争导向定价法

竞争导向定价法就是以市场上主要对手的同类产品的价格为定价依据的一种定价方

法。包括随行就市定价法、投标定价法等。

3. 定价策略

前述定价方法是依据成本、竞争和需求等因素决定产品价格的方法。根据这些方法所制定的产品价格，是产品的基本价格，企业还需要根据不同市场情况、产品条件和自身状况对基本价格进行适当调整或修正，形成产品最佳价格。这就需要运用适当的定价策略。

1) 新产品定价策略

(1) 撇脂定价。撇脂定价是指新产品投放市场之际即产品生命周期的最初阶段针对一些消费者追求时髦、猎奇的求新心理，把价格定得很高，以尽快取得最大利润，犹如从鲜奶中撇取奶油。

(2) 渗透定价。渗透定价是指企业对其新产品制定相对较低的价格，以吸引大量顾客，提高市场占有率。

(3) 合理定价。合理定价是指介于撇脂定价和渗透定价之间的新产品定价，是一种居中价格策略。具体讲，就是当企业新产品刚投放市场时，企业所定价格使企业利润很少，或者有少量的亏本，待市场销路打开后，很快就能转亏为盈。

2) 心理定价策略

心理定价策略是指根据顾客的心理需求特征，制定适合顾客心理需求的价格，以激发顾客的购买动机，引发顾客的购买行为。常见的有以下几种形式。

(1) 尾数价格。尾数价格又称零头价格或奇数价格，是指企业在制定产品价格时，以零头结尾，而不以整数结尾，这样给人以优惠便宜的感觉。

(2) 整数价格。整数价格是指企业定价时只取整数，而不要零头，这样有利于提高产品的身价，树立高档名牌形象。

(3) 声望价格。声望价格又称声誉价格，或威望价格，是指企业对有较高声誉的名牌高档商品及在名店销售的产品，制定较高的价格，以满足顾客崇尚名牌的心理。

(4) 招徕价格。招徕价格是指对少数几种商品制定特别低的价格，或采取由顾客自定价格等其他特殊的定价方法，以招徕顾客。

3) 折扣定价

折扣定价是指企业以折扣折让形式，降低产品价格，以刺激顾客大量购买、长期购买、及时付款。该策略主要有以下几种形式：

(1) 现金折扣。现金折扣是企业对及时付清货款的顾客的一种价格折扣。其目的是鼓励顾客提前付款，以加快企业资金周转，减少坏账损失，减少资金占用量。实际工作中，现金折扣往往表达为"2/10 N/30"，意思是：10天内付款给予2%的折扣，10～30天内付款，折扣率为零，即全额付款。

(2) 数量折扣。数量折扣是指企业按顾客购买数量的多少，分别给予不同的折扣，其目的是鼓励顾客大量购买。在实际运用中，数量折扣可分为累计折扣与非累计折扣两种。

(3) 交易折扣。交易折扣又称功能折扣或业务折扣，是指根据中间商在市场营销中不同功能及努力，给予不同的折扣。如给予批发商的折扣要大于零售商的折扣，以鼓励和刺

激批发商大量进货，积极开展转售业务。

(4) 季节折扣。季节折扣是指对购买淡季商品的顾客给予折扣，以鼓励顾客提前购买，使企业的生产和销售在一年四季保持相对稳定，同时减少仓储费用，加速资金的周转。

(5) 价格折让。价格折让是减价的另一种形式，主要有促销折让和抵换折让。前者是给各类中间商减价，补偿他们的促销宣传费用，以鼓励他们积极开展销售推广活动。后者是在顾客购买一件新商品时，允许交换同类商品的旧货，在新货价格上给予折让。

4) 地理定价

地理定价也称分区定价，是指企业根据产销地的远近、交货时间的长短和运杂费用的分担所制定的不同的价格策略。这一定价格策略主要有以下几种形式。

(1) 产地交货价格。产地交货价格是指卖方按照厂价交货或按产地某种运输工具交货的价格。

(2) 买主所在地价格。买主所在地价格则指企业负责将产品运到买主所在地，并承担运输费和保险费等费用。

(3) 统一交货价格。统一交货价格，是指企业对于卖给不同地区的顾客的某种产品都按照相同厂价(产地价格)加相同的运费(按平均运费)定价。

(4) 区域定价。区域定价是指把产品的销售市场分成几个价格区域，对于不同价格区域的顾客制定不同的价格，实行地区价格。

(5) 基点定价。基点定价是指企业选定某些城市作为基点，然后按一定的厂价加基点(最靠近顾客所在地的基点)至顾客所在地的运费来定价，而不管货物是从哪个城市起运的。

(6) 运费免收定价。运费免收定价是指企业替买主负责全部或部分运费，企业采用运费免收价，一般是为了与购买者加强联系或开拓市场，通过扩大销量来抵补运费开支。

三、分销渠道策略

1. 分销渠道的概念

分销渠道是指某种产品在所有权转移过程中所经过的各个环节连接起来形成的通道，即产品从生产者向消费者转移时取得这种货物和劳务的所有权或帮助转移其所有权的所有企业和个人。分销渠道由位于起点的制造商和位于终点的用户(包括产业市场的用户)以及位于两者之间的中间商组成。

2. 中间商

中间商是指处于生产者和消费者之间，参与产品交易活动，促进买卖行为发生和实现的具有法人资格的经济组织或个人。中间商按照职能划分，可分为批发商和零售商。

1) 批发商

批发商是指不直接服务于最终消费者和用户，只是为了转卖或为了实现商业用途而购买产品的机构和个人。批发商主要有商人批发商、代理商和经纪人、制造商销售分支机构3种类型。

(1) 商人批发商。又称独立批发商，是指独立经营、拥有产品的所有权并承担相应风险，将产品卖给其他批发商、工业品用户、零售商的商业企业。它是批发商的最主要类型。

(2) 代理商与经纪人。不同于商人批发商，代理商与经纪人不拥有商品的所有权，而主要是促成商品交易并借此赚取佣金收入，一般是专门经营某条产品线，或者专门为某类顾客服务。代理商是长期代表买方或卖方的中间商，而经纪人则是为买方或卖方短期服务的中间商。

(3) 制造商的销售分支机构。即制造商设销售分支机构，包括销售分处和销售办事处。

2) 零售商

零售商是指专门为最终消费者服务的中间商，可分成商店零售商、非商店零售商和零售组织 3 种类型。

(1) 商店零售商。商店零售商历史悠久，至今仍是零售商的主体。其形式多样，常见的有百货商店、专业商店、超级市场、便利店、仓储商店、折扣商店、产品陈列室推销店等。

(2) 非商店零售商。尽管大多数货物(服务)是由商店销售的，但是非商店零售却比商店零售发展得更快，更富有挑战性。其主要形式包括直复营销、上门推销、自动售货、购物服务组织、网上销售等。

(3) 零售组织。随着市场环境的变化，零售业越来越多地采用某种团体零售形式，其主要形式有公司连锁商店、自愿加盟连锁店、零售商合作组织、消费者合作社、特许经营组织、商业联合大公司等。

3. 分销渠道的选择与管理

1) 影响分销渠道选择的因素

分销渠道的选择是一项繁杂的工作，制造商在选择时，通常要考以下因素：

(1) 目标市场因素。目标市场是企业设计分销渠道时首先应考虑的因素，也是影响分销渠道选择的最重要的因素之一。目标市场规模大且分布分散，宜采用长渠道；市场规模大且分布集中，宜使用直接分销的短渠道；目标市场用户购买量大，购买频率低，可采取直接销售渠道；目标市场用户每次购买量小，购买频率高，宜采用长渠道。此外目标市场类型不同，所选择的分销渠道类型也随之不同。

(2) 产品因素。不同的产品特性影响分销渠道的选择。易腐、易损性产品，为了避免流通时间过长和多次反复搬运装卸所造成的损失，宜选择直接分销；产品体积大搬运不便，应尽量减少搬运的次数，宜选择短渠道；产品标准化程度低，常选择直接分销；标准化程度越高，采用中间商可能性越大；产品技术含量、产品单位价值高，宜选择短渠道；另外产品所处的生命周期不同选择的销售渠道也不同。

(3) 企业因素。企业因素是选择分销渠道的立足点。企业规模大、实力雄厚、管理能力强，宜选择较短渠道，甚至直销；企业产品组合宽度、深度较大，宜采用短渠道。

(4) 中间商因素。不同类型的中间商在执行分销任务时各自有其优势和劣势，分销渠道选择须充分考虑不同中间商的特征。例如，选择经销商，回收货款快；选择代销商，产品可以以较低价格出售。

(5) 环境因素。经济、技术、法律环境等营销环境的变化，都会影响对分销渠道的选择。当经济萧条时，制造商尽量减少流通环节、降低售价，会采取较短渠道；技术上的革新，如信息技术的发展产生了网上超市，保鲜技术的发展延长了易腐产品的销售渠道；此外，渠道选择还会受到若干法律规范的限制，如专卖制度、反垄断法、税法等。因此制造商在选择渠道时应注意相关的法律规定，避免与之相冲突。

2) 分销渠道的选择方案

分销渠道选择包括 3 个方面的决策：确定渠道的长度、确定渠道的宽度、确定渠道成员的权利和责任。

(1) 确定渠道的长度。制造商根据影响渠道选择因素、渠道目标，决定采取哪种类型的分销渠道，是长渠道还是短渠道。现实中，很多企业并不乐于采用自己的销售分支结构，而宁愿选择中间商来分销。这是因为较长的分销渠道或不同类型的中间商，他们可以优势互补，更好地满足目标市场消费者群的需求，有效地提高营销绩效。

(2) 确定渠道的宽度。确定渠道的宽度即确定每个渠道层次使用多少中间商，有密集型分销、独家分销和选择性分销三种策略。

(3) 渠道成员的权利和责任。制造商在决定使用间接渠道时，必须同渠道成员在价格政策、销售条件、区域权利以及双方履行义务等方面达成共识。

3) 分销渠道的管理

分销渠道的管理，包括对渠道成员的选择、激励和评估。

(1) 渠道成员的选择。渠道成员的选择影响到企业分销效率与分销成本，也影响到企业在消费者和用户心目中的品牌形象与产品定位。渠道成员选择一般要体现实力优先、业态对路、形象吻合和文化认同的原则。

(2) 渠道成员的激励。渠道成员一经选定，为了使他们有良好的表现，应建立一套相对完善的激励机制以求得整体利益最大化。中间商往往是独立的，企业要获得中间商真诚合作，最有效的方法是尽量与中间商建立荣辱共存的长期合作(伙)关系。具体措施有以下几种：①向中间商提供适销对路、价廉物美的产品。适销对路的产品意味着销售成功的一半，因此适销对路的产品符合制造商和中间商的共同利益，自然深受中间商欢迎。②充分地尊重中间商的利益，并对销量、经营、财力、管理等不同的中间商区别对待，力求公平，谋求共同发展。③促销支持。制造商承担宣传、推广产品的全部或部分费用，协助中间商安排商品陈列、展览，帮助他们培训推销人员。④融资支持。制造商为中间商提供部分融资服务，灵活运用付款方式，促进中间商努力推销产品。⑤信息沟通。制造商将所获得的市场信息及时传递给中间商，同时中间商也将相关的信息及时反馈给制造商，共同制定应对措施。

(3) 对渠道成员的绩效评估。对渠道成员的绩效评估是为了及时了解中间商的履约情况，肯定并鼓励先进、努力的中间商，鞭策落后的中间商。通过检查，发现问题、分析原因并采取相应的改进措施。对渠道成员的绩效评估标准有：销售额和销售增长率、平均存货水平、交货速度、对损坏与遗失货品的处理、对顾客服务的表现、对厂商促销和训练方案的合作程度等。

四、促销策略

1. 促销及促销组合

1) 促销的概念

促销是指企业以各种有效的方式向目标市场传递有关信息，以启发、推动或创造对企业产品和劳务的需求，并引起购买欲望和购买行为的一系列综合性活动。促销的本质是企业同目标市场之间的信息沟通。

2) 促销的基本方式及其组合

促销的基本方式有人员推销、广告、公共关系及营业推广四种。每种促销方式的优缺点见表 9-2。企业根据促销的需要，对各种促销方式进行适当的选择和综合编配称为促销组合。

表 9-2　各种促销方式优缺点比较分析表

促销方式	优　点	缺　点
人员推销	直接沟通信息，及时反馈，可当面促成交易	占用人员多，费用高，接触面窄
广　告	传播面广，形象生动，节省人力	只能针对一般消费者，难以立即促成交易
公共关系	影响面广，信任程度高，可提高企业知名度	花费力量较大，效果难以控制
营业推广	吸引力大，激发购买欲望，可促成消费者当即采取购买行动	接触面窄，有局限性，有时会降低商品的心理价值

资料来源：李小红. 市场营销学[M]. 北京：中国财政经济出版社，2006.

2. 促销策略的类型

企业的促销策略可以归纳为两大类：推式策略和拉式策略。

(1) 推式策略。推式策略是企业把产品推销给批发商，批发商再把产品推销给零售商，最后零售商把产品推销给消费者。这种方式中，促销信息流向和产品流向是同方向的。因而人员推销和营业推广可以认为是"推"的方式。采用"推"的方式的企业，要针对不同的产品、不同的对象，采用不同的方法。

(2) 拉式策略。拉式策略是企业不直接向批发商和零售商做广告，而是直接向广大顾客做广告。把顾客的消费欲望刺激到足够的强度，顾客就会主动找零售商购买这些产品。购买这些产品的顾客多了，零售商就会去找批发商，批发商觉得有利可图，就会去找生产企业订货。采用"拉"的方式，促销信息流向和产品流向是反向的。

推式策略和拉式策略都包含了企业与消费者双方的能动作用。但前者的重心在推动，着重强调了企业的能动性，表明消费需求是可以通过企业的积极促销而被激发和创造的；而后者的重心在拉引，着重强调了消费者的能动性，表明消费需求是决定生产的基本原因。企业的促销活动，必须顺乎消费需求，符合购买指向，才能取得事半功倍的效果。许多企业在促销实践中，都结合具体情况采取"推"、"拉"组合的方式，既各有侧重，又相互配合。

3. 影响促销组合策略的因素

(1) 产品类型。顾客对于不同类型的产品具有不同的购买动机和购买行为,因此就必须采用不同的促销组合策略。一般来说,由于消费品的顾客多,分布广,购买频率高,因此,消费品的促销主要依靠广告,然后是营业推广、宣传和人员推销;工业品每次的订货量相对较大,买主注重的是产品的技术、性能、售后服务、购买手续的复杂程度等,所以对他们的促销应以人员促销为主,其次才是营业推广和公共关系。

(2) 市场特点。企业目标市场的不同特征也影响着不同促销方式的效果。在地域广阔、分散的市场,广告有着重要的作用。如果目标市场窄而集中,则可使用更有效的人员推销方式。此外,目标市场的其他特性,如消费者收入水平、风俗习惯、受教育程度等也都会对各种促销方式产生不同的影响。

(3) 促销预算。促销预算的多少直接影响促销手段的选择,预算少就不能使用费用高的促销手段。预算开支的多少要视企业的实际资金能力和市场营销目标而定。不同的行业和企业,促销费用的支出也不相同。

(4) 产品生命周期。在不同的生命周期阶段,企业的营销目标及重点不一样,因此,促销方式也不尽相同。在投入期,要让消费者认识、了解新产品,可利用广告与公共关系进行宣传,同时配合使用营业推广和人员推销,鼓励消费者试用新产品;在成长期,要继续利用广告和公共关系来扩大产品的知名度,同时使用人员推销来降低促销成本;在成熟期,竞争激烈,要用广告及时介绍产品的改进,同时使用营业推广来增加产品的销量;在衰退期,营业推广的作用更为重要,同时配合少量的广告来保持顾客的记忆。

第四节　市场营销新发展

随着网络经济及经济全球化的迅速发展,市场营销理论的应用范围日益扩大,市场营销理论也不断的发展。市场营销理论的应用从有形产品扩展到无形产品或服务领域;从以交易为核心的传统营销演进为以关系为核心的关系营销;从忽视对自然环境保护的传统营销演进为重视保护自然环境的绿色营销;从以一定地域为载体的传统市场营销演进为以电子虚拟市场为载体的网络营销。与此相应的服务营销理论、关系营销理论、绿色营销理论及网络营销理论等成为 21 世纪营销理论的重要构成部分。

一、服务营销

1. 服务营销的核心理念

1977 年美国银行副总裁列尼•休斯旦克的《从产品营销中解放出来》一文拉开了服务营销的序幕。服务营销的核心理念是顾客的满意和忠诚,通过取得顾客的满意和忠诚来促进相互有利的交换,最终获取适当的利润和公司长远的发展。服务营销与传统营销相比,在以下 7 个方面取得了突破性的进展。

(1) 服务营销侧重于保留与维持现有的顾客，而传统营销则侧重于销售产品。

(2) 服务营销注重长远利益，而传统营销注重短期性利益。

(3) 服务营销将服务作用表现出来，而传统营销不注重服务的作用。

(4) 服务营销向顾客提供足够的承诺，而传统营销只向顾客提供有限承诺。

(5) 服务营销强调与顾客的沟通与交流，甚至形成伙伴关系，而传统营销不强调与顾客的接触。

(6) 服务营销认为质量与产品和服务都有关联，而传统营销认为质量只与生产部门有关。

(7) 服务营销是产品所提供的利益导向，而传统营销是产品功能导向。

2. 服务营销组合策略

由于服务产品与实物产品比较，具有无形性、生产与消费的同步性、服务产品的非储存性以及服务质量的差异性等特点，所以，有学者将服务业市场营销组合修改和扩充为七个基本的要素，即在传统的产品、价格、渠道和促销组合策略之外，增加了"人员(People)"、"有形展示(Physical Evidence)"和"服务过程(Process)" 3 个变量，从而形成 7Ps 营销组合。服务营销组合是指企业依据服务营销战略对服务营销过程中的 7P 要素进行配置和系统化管理的活动。

(1) 产品。服务产品的设计主要考虑的是提供服务的范围、服务质量、品牌、保证以及售后服务等。服务产品包括核心服务、便利服务及辅助服务三个层次。核心服务是企业为顾客提供的基本效用，如铁路运输公司为顾客提供地理位置移动服务。便利服务是为推广核心服务而提供的便利。如上门订票、送票、送站、接站等。辅助服务指用以增加服务价值或区别于竞争的服务。

(2) 定价。服务定价需要考虑价格水平、折扣、折让和佣金、付款方式和信用等因素。在区别一种服务和另一种服务时，价格是一种识别方式，顾客往往从价格差异感受服务质量的差异，因此，服务定价要谨慎。

(3) 分销。位置与渠道是服务分销必须考虑的问题。位置是企业作出关于它在什么地方提供服务和员工处于何处的决策。对于服务来说位置的重要性取决于相互作用的类型和程度(即顾客来找服务提供者、还是服务提供者来找顾客、或是服务提供者和顾客在随时可及的范围内交易)。当顾客来找服务提供者时，位置便显得非常重要。如餐馆、银行、零售店等设在居民区就显得很必要。

(4) 促销。服务促销主要包括广告、人员推销、销售促进、公共关系、口头传播、直接邮寄等。为增进消费者对服务的认知和印象，企业在促销活动中要促使服务产品有形化。如通过银行建筑内外部设计和布置，服务设备及服务人员的素质来提高服务高质的形象。

(5) 人员。服务产品的生产与消费过程，是服务提供者与顾客广泛接触的过程，服务产品的优劣、服务绩效的好坏不仅取决于服务提供者素质的高低，也与顾客行为密切相关，因而对服务员工素质的提高、服务业内部管理的加强来说，研究人的行为十分重要。人是服务的重要构成部分，服务业企业必须重视员工的甄选、训练、激励和控制。此外，对某些服务而言，顾客和顾客之间的关系也应引起重视。因为，一位顾客对一项服务产品质量的认知，很可能是受到其他顾客的影响。

(6) 有形展示。由于服务的无形性决定着有形展示会影响消费者和客户对一家服务企业的评价。有形展示是指一切可以传递服务特色和优点的有形组成部分，包括实体环境(装潢、颜色、陈设、声音)以及服务提供时所需要的装备实物(比如汽车租赁公司所需要的汽车)，还有其他的实体性线索，如航空公司所使用的标志或干洗店将洗好衣物上加上的"包装"。

(7) 过程。指服务产生和交付给顾客的传递过程。具体涉及工作人员的表情、注意力和对顾客的关切程度，还包括整个体系的运作政策和程序方法的采用、服务供应中机械化程度、员工裁断权的适用范围、顾客参与服务操作过程的程度、咨询与服务的流动、定约与待侯制度等。服务过程管理的好坏，深刻影响着服务质量，从而影响企业的竞争优势。

二、关系营销

1. 关系营销的概念

所谓关系营销，是把营销活动看成是一个企业与消费者、供应商、分销商、竞争者、政府机构及其他公众发生互动作用的过程，其核心是建立和发展与这些公众的良好关系。

关系营销与传统的交易营销相比，不同之处有以下几点：

(1) 交易营销关注的是一次性交易，关系营销关注的是如何保持顾客。

(2) 交易营销较少强调顾客服务，而关系营销则高度重视顾客服务，通过顾客服务提高顾客满意度，培育顾客忠诚。

(3) 交易营销往往只有少量的承诺，关系营销则有充分的顾客承诺。

(4) 交易营销认为产品质量应是生产部门所关心的，关系营销则认为所有部门都应关心质量问题。

(5) 交易营销不注重与顾客的长期联系，关系营销的核心在于发展与顾客的长期、稳定的关系。

总之，关系营销把企业的营销活动扩展到整个社会经济的大环境，而不仅限于顾客市场。市场营销活动的成败关键取决于企业同各种相关利益者群体的关系。

2. 关系营销的本质特征

(1) 信息沟通的双向性。在关系营销中，沟通是双向而非单向的，只有广泛的信息交流和信息共享，才可能使企业赢得各个利益相关者的支持与合作。

(2) 战略过程的协同性。在关系营销中，强调企业与利益相关者建立长期的、彼此信任的、互利的关系。双方互相取长补短，联合行动，协同动作去实现对双方都有益的共同目标。

(3) 营销活动的互利性。关系营销是要达到关系双方互利互惠的境界，这就要求互相了解对方的利益要求，寻求双方利益的共同点，并努力使双方的共同利益得到实现。

(4) 信息反馈的及时性。通过有效的信息反馈，有利于企业及时改进产品和服务，更好地满足市场的需求。

3. 关系营销策略

关系营销把一切内部和外部利益相关者纳入研究范围，用系统的方法考察企业所有活动及其相互关系。关系营销策略可分解为以下几种。

1) 顾客关系营销策略

顾客是企业生存与发展的基础，是市场竞争的根本所在。只有企业为顾客提供了满意的产品和服务，才能使顾客对产品进而对企业产生信赖感，成为企业的忠诚顾客。企业可以通过如下手段与顾客建立良好关系，使其成为忠诚顾客。

(1) 树立以消费者为中心的观念。

(2) 了解顾客的需要，提高顾客的满意度。

(3) 建立顾客关系管理系统，培养顾客的忠诚度。

2) 供销商关系营销策略

传统观点认为，供应商和分销商会使企业的收益降低，企业与供应商和分销商之间存在着竞争。但实际上，企业与供应商、中间分销商之间也有共同利益。在竞争日趋激烈的市场环境中，明智的市场营销者会和供应商、分销商建立起长期的、彼此信任的互利关系。最佳状态的交易不需要每次都进行磋商而成为一种惯例，而现代信息技术的应用为这种惯例的形成创造了条件。

3) 竞争者关系营销策略

当今市场竞争日趋激烈的形势下，视竞争对手为仇敌，彼此势不两立的竞争原则已经过时。企业之间不仅存在着竞争，而且存在着合作的可能，以合作代替竞争，实行"强强联合"，依靠各自的资源优势实现双方的利益扩张。这种竞争者合作的企业间关系可视为战略联合，它有利于企业在最大限度上发挥自己的资源优势的同时更好地利用其他资源，使社会资源得到最佳配置，合作各方获得比合作前更多的竞争优势和利益。

4) 员工关系营销策略

内部营销是企业关系营销的基础，只有企业内部上下左右关系融洽协调，全体员工团结一致、齐心协力，才能成功地"外求发展"。因此，企业必须首先处理好自己内部的员工关系。具体要做好以下几个方面：造就良好的员工信念；满足员工不同层次的需要；建立企业内部良好的沟通氛围。

5) 影响者关系营销策略

任何一个企业都不可能独立地提供营运过程中所有必要的资源，它必须通过银行获得资金、从社会招聘人员、与科研机构进行交易和合作、通过经销商分销产品、与广告公司联合进行促销和媒体沟通。不仅如此，企业还需要被更为广泛的相关人员所接受，包括同行企业、社会公众、媒体、政府、消费者组织、环境保护团体等，企业无法以自己的力量应付所有的环境压力。因此，作为一个开放的系统从事活动，企业不仅要注意企业内部的员工关系、企业和顾客关系及企业与合作者关系，还必须拓宽视野，注意企业与股东的关系，企业与政府的关系，企业与媒介、社区、国际公众、名流、金融机构、学校、慈善团体、宗教团体等的关系。这些关系都是企业经营管理的影响者，企业与这些环境因素息息相关，构成了保障企业生存与发展的事业共同体。

三、绿色营销

1. 绿色营销的含义

一般认为，绿色营销是指企业在生产经营过程中，将企业自身利益、消费者利益和环境保护利益三者统一起来，以此为中心，对产品和服务进行构思、设计、制造和销售。

绿色营销要求以"绿色"为核心，至少包含以下几层含义：

(1) 市场营销的观念是绿色的，即以节约能源、资源和保护生态环境为中心，强调污染防治、资源的充分利用、再生利用以及新资源的开发。

(2) 绿色营销企业所属的行业是绿色的，或者说其生产经营的产品是绿色的，具有节约能源、资源，利用新型资源，或者促使资源再生利用等特点。

(3) 绿色营销强调企业服务的不仅是顾客，而是整个社会，关注的不是近期而是长期。

(4) 绿色营销不仅是要从大自然索取，更要强化对大自然的保护，在营销活动的全过程中时时注意对环境的影响。

总之，绿色营销的实质是强调企业在进行营销活动时，要努力把经济效益和环境效益结合起来，努力消除和减少生产经营对生态环境的破坏和影响，尽量保持人与环境的和谐，不断改善人类生存环境。

2. 绿色营销策略

1) 制定绿色计划

在企业绿色计划中，应明确企业的环境事务的方针和方向，不仅要阐明企业自身应当承担的研制和营销绿色产品的义务，还要具体说明环保的努力方向以及如何尝试，并用以指导日常决策。此外，企业绿色计划还必须与企业长期战略计划相组合，保证资源的充分利用。

2) 绿色产品策略

开发绿色产品，要从产品设计开始，包括材料的选择，产品结构、功能、制造过程的确定，包装与运输方式，产品的使用及产品废弃物的处理等都要考虑环境的影响。具体包括以下几项：

(1) 绿色设计强调对资源与能源的有效利用。

(2) 绿色产品的生产过程是一种"清洁生产"，是一种物料和能耗最少的人类生产活动的规划和管理，将废物减量化、资源化和无害化，或消灭于生产过程之中。

(3) 产品名称和品牌要符合绿色标志的要求，符合"环境标志"。

(4) 包装应选择纸料等可分解、无毒性的材料来包装，并使包装材料单纯化，避免过度包装等。

(5) 考虑废弃物的再生利用性、可分解性，搞好包装品及其废弃物的回收服务，以免给环境带来污染。

　　3)　绿色价格策略

　　一是可利用人们的求新、求异、崇尚自然的心理，采用消费者心目中的"觉察价值"来定价，而且消费者一般都认为绿色产品具有更高的价值，愿意为此支付较高的价格。二是根据"污染者付费"和"环境有偿使用"的现代观念，企业用于环保方面的支出应计入成本，从而成为价格构成的一部分。但是，绿色产品价格上扬的幅度不仅取决于绿色产品品质提高的幅度和环保费用支出的多少，而且还取决于消费者对绿色产品价格的理解。在工业发达国家，绿色产品价格上扬幅度较大，消费者也乐于接受。在我国，消费者的绿色意识逐渐提高，绿色产品价格上扬幅度不宜过大，在大中城市的市场价格可略高些。

　　4)　绿色渠道策略

　　一是选择具有绿色信誉的中间商。如关心环保，在消费者心中有良好信誉的大中间商，借助该中间商本身的良好信誉，推出绿色产品。二是设立绿色产品专营机构，以回归自然的装饰为标志，招徕顾客。三是所选择的中间商应不经营相互排斥的、相互竞争的，而且相互补充的非绿色产品，便于中间商虔心地推销企业绿色产品。

　　5)　绿色促销策略

　　绿色促销是围绕绿色产品而开展的各项促销活动的总称，其核心是通过充分的信息传递，来树立企业和企业产品的绿色形象，使之与消费者的绿色需求相协调，巩固企业的市场地位。具体可做好以下几点：

　　(1)　通过宣传自身的绿色营销宗旨，在公众中树立良好的绿色形象。

　　(2)　利用各种传媒宣传自己在绿色领域的所作所为，并积极参与各种与环保有关的事务，以实际行动来强化企业在公众心目中的印象。

　　(3)　大力宣传绿色消费时尚，告诫人们使用绿色产品，支持绿色营销，本身就是对社会、对自然、对他人、对未来的奉献，提高公众的绿色意识，引导绿色消费需求。

四、网络营销

1. 网络营销的概念

　　网络营销是 20 世纪末出现的市场营销新领域，是企业营销实践与现代信息通信技术、计算机网络技术相结合的产物，是企业以电子信息技术为基础，以计算机网络为媒介和手段而进行的各种营销活动的总称。广义地说，企业利用一切电子信息网络(包括企业内部网、行业系统专线网及因特网；有线网络、无线网络；有线通信网络与移动通信网络等)进行的营销活动都可以称为网络营销；狭义地说，凡是以因特网为主要营销手段，为达到一定营销目标而开展的营销活动，都可以称为网络营销。网络营销还有不同的叫法，如在线营销、互联网营销、电子商务等。

2. 网络营销组合策略

　　1)　产品/服务

　　(1)　一般而言，适合在互联网络上销售的产品通常具有下述特性：具有高科技技术或

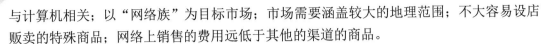

与计算机相关；以"网络族"为目标市场；市场需要涵盖较大的地理范围；不大容易设店贩卖的特殊商品；网络上销售的费用远低于其他的渠道的商品。

(2) 消费者经由网络上的信息，即可作出购买决策的产品。经由网络所提供的产品与服务主要还是在于信息的提供，除了将产品的性能、特点、品质以及顾客服务内容充分加以显示外，更重要的是能以人性化与顾客导向的方式，针对个别需求作出一对一的营销服务。有关的功能包括：

① 利用电子布告栏或电子邮件提供线上售后服务或与消费者做双向沟通。

② 提供消费者与消费者、消费者与公司在网络上的共同讨论区，可借此了解消费者需求、市场趋势等，以作为公司改进产品开发之参考。

③ 提供线上自动服务系统，可依据顾客需求，自动在适当时机经由线上提供有关产品与服务的信息。

④ 公司各部门人员可经由网络进行线上研发讨论，将有关产品构想或雏形在网络上公告，以引发全球各地有关人员的充分讨论。

⑤ 通过网络对消费者进行意见调查，借以来了解消费者对产品特性、品质、包装及样式等的意见，协助产品的研发与改进。

⑥ 在网络上提供与产品相关的专业知识以进一步为消费者服务，此举不但可增加产品的价值，同时也可提升企业形象。

⑦ 开发电子书报、电子杂志、电子资料库、电子游戏等信息化产品，并经由网络提供物美价廉的全球服务。

⑧ 可利用消费者在网络上设计产品需求，提供个性化的产品与服务，例如：顾客可在线上选择服装样式与花色的组合，购车者可在网络上决定所需的颜色与配件等。

2) 价格

虽然网络交易的成本较为低廉，但因交易形式的多样化，价格的弹性也大，企业应充分检视所有渠道的价格结构后，再设计合理的线上交易价格。因为网络交易能够充分互动沟通，并完全掌握消费者的购买信息，所以比较容易以理性的方式拟定价格策略。此外，由于不需分销商的介入，企业对于产品的最终零售价格(即线上交易价格)能够在全世界范围内有效地统一起来，并且容易根据企业的经营需要随时改变价格体系。

3) 分销渠道

毋庸置疑，线上交易的产生对于企业现有渠道结构是一大挑战。互联网络直通消费者，将商品直接展示在顾客面前，回答顾客疑问，并接受顾客订单。这种直接互动与超越时空的电子购物，无疑是营销渠道上的革命。

4) 促销

线上促销具有一对一的特性，并且以消费者的需求为导向。线上促销除了可以为公司做广告外，同时也是发掘潜在顾客的最佳渠道。但因为线上促销基本上是被动的，因此如何吸引消费者上线，并且能够提供具有价值诱因的商品信息，对于企业将是一大挑战。在商品促销及活动事件方面，全球信息网的及时互动功能就展现了营销上的灵活性，像目前一些网站采用的商品折价券的促销活动，消费者可以从网上复印下来，直接到商店低价消费。

此外，网络营销还能够有力地帮助企业达成营销上的 4C，即顾客主导、成本低廉、使用方便、充分沟通的要求。因为：

(1) 企业可以借助于互联网络随时了解到全球消费者的需要以及其对于产品的看法和要求，开发出"量身定造"的产品去满足他们的需求。

(2) 在满足消费者需求的情况下，网络营销享有成本较低的优势，有利于企业降低产品的价格，提高产品的性能价格比。

(3) 在网络上，消费者可以足不出户地挑选自己所需要的产品，而无须四处奔波劳碌。在选定产品之后，数字化的产品，如软件、电子书报等，可以经由网络直接送达用户的电脑，而实物产品一般也由公司派专人送货上门，因此用户购买的方便性大大提高。

(4) 互联网络为企业与用户提供了一个全新的沟通渠道，企业与用户不但可以通过电子邮件进行彼此之间的交流，互联网络上的网上论坛也为企业提供了一个了解用户的通道。

本章思考题

1. 什么是市场？什么是市场营销？
2. 传统营销观念与现代营销观念的区别是什么？
3. 市场营销管理过程包括哪些步骤？
4. 什么是市场细分？主要细分标准有哪些？
5. 目标市场选择策略的类型有哪些？
6. 简述产品整体及产品组合的概念。
7. 什么是产品的生命周期？产品生命周期各阶段企业相应的营销策略是什么？
8. 定价策略可以分为哪几类？每类各有哪几种具体定价策略？
9. 什么叫分销渠道？对分销渠道应如何加强管理？
10. 促销的基本方式有哪些？每种促销方式的特点是什么？
11. 简述市场营销发展的新领域。

第十章

企业设备管理

本章导读：

本章主要讨论设备管理的内容及意义，设备维修制度的发展过程，设备的选择、经济评价和使用，设备的磨损与故障规律，设备的维护与修理，5S现场管理等。

学习目标：

明确设备管理的意义与内容，了解设备维修制度及发展过程，理解设备综合工程学的概念和特点。重点掌握设备选择的原则、设备选择应考虑的因素及设备选择的方法、设备磨损的规律及设备的故障率曲线，5S的内容及作用。

关键词：

设备管理(equipment management)　设备维修(equipment maintenance)　设备磨损(equipment abrasion)　设备故障(equipment malfunction)　5S(5S) 业务外包(outsourcing) EAM(enterprise asset management)

第一节　设备管理概述

一、设备维修管理的概念

关于维修(maintenance)，英国标准 3811 号给予的定义是："各种技术行动与相关的管理行动相配合，其目的是使一个物件保持或者恢复达到能履行它所规定功能的状态。"在工业上，需要维护的对象有生产产品的一切设施和系统以及企业向用户提供的各种产品。

所谓设备维修管理，是指依据企业的生产经营目标，通过一系列的技术、经济和组织措施、对设备寿命周期内的所有设备物质运动形态和价值运动形态进行的综合管理工作。

做好设备管理工作对企业竞争力有重要意义。在生产的主体由人力向设备转移的今天，设备管理的好坏对企业的竞争力有重要影响。

(1) 设备管理水平的高低直接影响企业的计划、交货期、生产过程的均衡性等方面的工作。

(2) 设备管理水平的高低直接关系到企业产品的产量和质量。

(3) 设备管理水平的高低直接影响着产品制造成本的高低。

(4) 设备管理水平的高低关系到安全生产和环境保护。

(5) 在工业企业中，设备及其备品备件所占用的资金往往占到企业全部资金的 50%～60%，设备管理水平的高低影响着企业生产资金的合理使用。

设备管理对企业参与市场竞争有如此重要的影响，必须花大力气做好这项工作。设备管理的主要内容包括：依据企业经营目标及生产需要制定设备规划；选择、购置、安装调试所需设备；对投入运行的设备正确、合理地使用；精心维护保养和及时检查设备，保证设备正常运行；适时改造和更新设备。

二、设备维修发展概况

设备维修体制的发展过程可划分为事后修理、预防维修、生产维修、维修预防和设备综合管理 5 个阶段。

(1) 事后修理。事后修理是指设备发生故障后再进行修理。这种修理法出于事先不知道故障在什么时候发生，缺乏修理前准备，因而，修理停歇时间较长。此外，因为修理是无计划的，常常打乱生产计划，影响交货期。事后修理是比较原始的设备维修制度。目前，除了在小型、不重要设备中采用外，已被其他设备维修制度所代替。

(2) 预防维修。第二次世界大战时期，虽然军工生产很忙，但是设备故障经常破坏生产。为了加强设备维修，减少设备停工修理时间，出现了设备预防维修的制度。这种制度要求设备维修以预防为主，在设备使用过程中做好维护保养工作，加强日常检查和定期检查，根据零件磨损规律和检查结果，在设备发生故障之前有计划地进行修理。由于加强了日常维护保养工作，使得设备有效寿命延长了，而且，由于修理的计划性，便于做好修理前准备工作，使设备修理停歇时间大为缩短，提高了设备有效利用率。

(3) 生产维修。预防维修虽有上述优点，但有时会使维修工作量增多，造成过分保养。为此，1954 年又出现了生产维修。生产维修要求以提高企业生产经济效果为目的来组织设备维修。其特点是，根据设备重要性选用维修保养方法；重点设备采用预防维修；对生产影响不大的一般设备采用事后修理。这样，一方面可以集中力量做好重要设备的维修保养工作，同时，又可以节省维修费用。

(4) 维修预防。人们在设备的维修工作中发现，虽然设备的维护、保养、修理工作进行得好坏对设备的故障率和有效利用率有很大影响，但是设备本身的质量如何，对设备的使用和修理往往有着决定性的作用。设备的先天不足常常是使修理工作难以进行的主要方面。因此，于 1960 年出现了维修预防的设想。这是指在设备的设计、制造阶段就考虑维修问题，提高设备的可靠性和易修性，以便在以后的使用中，最大限度地减少或不发生设备故障，一旦故障发生，也能使维修工作顺利地进行。维修预防是设备维修体制方面的一个重大突破。

(5) 设备综合管理。在设备维修预防的基础上，从行为科学、系统理论的观点出发，于 20 世纪 70 年代初，又形成了设备综合管理的概念。设备综合工程学，或叫设备综合管理学，英文原名是 terotechnology，它是对设备实行全面管理的一种重要方式。1970 年首创于英国，继而流传于欧洲各国。这是设备管理方面的一次革命。日本在引进、学习的过程中，综合生产维修的实践经验，创造了全面生产维修制度，它是日本式的设备综合管理。

随着计算机技术在企业中应用的发展，设备维修领域也发生了重大变化，出现了基于状态维修(condition-based maintenance)和智能维修(intelligent maintenance)等新方法。

三、设备综合工程学

设备日益朝着大型化、复杂化、精密化或超小型化、连续化、超高温、超高压等方向发展，所需设备投资不断增加，如使用不当，将会影响企业的经济效果。高度机械化、自动化是现代化工业的特点。但在机械化、自动化程度较高的工厂，设备一旦发生故障而停工，就会打乱生产计划，影响交货期。

所有这些，都对设备管理提出了新的课题，设备综合工程学就是在这种形势下产生和发展起来的一种新型的设备管理方法和体制。

设备综合工程学有以下5个特点：

(1) 把设备的最小经济寿命周期费用作为研究目的。设备的寿命周期费用是指设备从研究设计开始，到制造、安装、运转、维修、改造，直至更新，整个过程(或称设备一生)发生的全部费用。

寿命周期费用可划分为两部分，其一为设置费，包括研究、设计、制造等费用，对外购的设备，设置费包括售价、运输及安装费用；其二为维持费，指设备投入运转以后发生的全部费用，如操作人员工资、能源消耗费、维护修理、固定资产税金等费用。以寿命周期费用最经济作为评价设备的目标，就是要求在选购设备时，不仅要考虑设置费，同时要考虑维持费。售价低的设备，如其维持费用高，就不一定是经济的设备。

单纯考虑寿命周期费用尚不全面，还要求设备的综合效率要高。设备的综合效率是指设备在整个寿命周期内设备的输出与输入之比。即：

$$设备综合效率 = \frac{设备寿命周期的输出}{设备寿命周期的输入} \tag{10-1}$$

其中，对设备的输入，指设备的寿命周期费用；输出则可用设备在整个寿命周期内的出产量来表示，但要求是在产品质量、成本、交货期、安全与环境保护、劳动情绪等达到规定条件下的生产量。

(2) 把与设备有关的工程技术、财务、管理等方面结合起来进行综合管理。设备综合工程学要求对设备进行全面的、综合的管理，要运用工程技术、管理数学、经济学、心理学等多方面的知识。这是管好现代化设备的客观需要。

(3) 研究提高设备的可靠性、维修性设计，提高设计的质量和效率。设备的设计阶段对其效率有决定性的作用，设备生产率、精度、维修性、可靠性、环保性、节能性等要求，主要取决于设计阶段。设备综合工程学要求研究设计的可靠性和维修性。可靠性高、维修性好的设备，寿命周期费用低，产品产量、质量、交货期易于保证，产品成本低，操作安全。

(4) 设备综合工程学把设备当做一个系统，并以它的整个寿命周期为管理和研究对象。这是系统的观点和方法在设备管理中的应用，是对设备的设计、制造、使用、维修、革新改造以至更新等各个阶段，进行全面的、综合的、技术和经济的管理。

(5)　强调设备的设计、使用和费用的信息反馈。这种反馈过程是将设备在使用过程发生的问题、维修过程的情况以及各种与设备有关的费用发生资料，反馈给设计制造部门，以便对设备进行改进或研制更高质量的设备。为此，要求设备生产商和用户之间疏通信息反馈的渠道。

总之，设备综合工程学是一门以设备一生为研究对象，以提高设备综合效率，使其寿命周期费用最经济为目的的综合性管理科学。

全员生产维修制，详见本章第四节内容。

第二节　设备的选择、经济评价和使用

一、设备的选择

设备的选择是设备管理的首要环节。设备的选择问题，对于新建企业选择设备，或老企业购置新设备和自行设计制造专用设备，以及从国外引进技术装备，都是十分重要的。

1．设备选择的原则

设备选择和评价的原则是：技术上先进、经济上合理、生产上可行，保证企业生产的发展，提高经济效益，实现技术进步。

2．设备选择应考虑的因素

(1)　设备的生产性，是指设备的生产率。

(2)　设备的可靠性，从广义上讲，指的是精度、准确度性、零件耐用性、安全可靠性的保持程度等。

(3)　设备的节能性，或称设备的低耗性。是指设备在使用过程中能源、原材料消耗少。

(4)　设备的安全性，是指设备对生产安全的保障程度。

(5)　设备的维修性，是指设备结构简单、零部件组合合理、标准化程度高，便于检查、维护保养和修理。

(6)　设备的成套性，即设备的成套水平，这是形成设备生产能力的重要标志。

(7)　设备的灵活性，是指设备对不同工作条件、加工不同产品、零件的适应性。

(8)　设备的环保性，是指设备的噪声和排放的有害物质对环境的污染的程度。

(9)　设备的有效性，设备的加工能力与企业的生产能力相适应，设备的加工精度与产品的工艺要求相适应。使设备投资在尽可能短的时间内全部收回。

以上是选择和评价设备时应考虑的主要因素。对于这些因素要综合考虑、统筹兼顾、权衡利弊，拟定比较合理的设备选择方案。

二、设备的经济评价

设备的评价包括技术评价和经济评价，下面主要介绍经济评价方法。

1．投资回收期法

投资回收期是指用设备的盈利收入来偿还该设备投资需要的时间。用这种方法评价设备，先要计算各种备选设备的投资(即前文所述的设置费)回收期，然后选出最小的回收期作为最佳抉择。设备投资回收期的计算公式如下：

设：T 为设备投资回收期；R 为设备年平均盈利收入；I 为设备投资额；i 为年利率。则设备投资回收期：

$$I(1+i)^T = R(1+i)^{T-1} + \cdots + R(1+i) + R$$

$$I = R\left[\frac{(1+i)^T - 1}{i(1+i)^T}\right]$$

$$T = \frac{\lg R - \lg(R - iI)}{\lg(1+i)} \tag{10-2}$$

【例 10-1】某厂为扩大经营业务，拟购置设备，现有 3 种型号设备可供选择，3 种设备购置费及估计年平均盈利和折旧额如表 10-1 所示(假定年利率为 10%)。求该厂最佳采购决策。

表 10-1　不同设备的投资额与盈利收入

设备名称	投资额/万元	盈利收入/万元			备　注
		合　计	折　旧	利　润	
I	1000	350	125	225	
II	1200	450	120	330	
III	1800	650	150	500	

解： 首先，计算各种设备的投资回收期。

依式(10-2)计算出 T_1=3.53 年，T_2=3.25 年，T_3=3.4 年。

其次，以投资回收期最短的设备作为最佳采购决策。本例设备 II 回收期最短，故该厂应选择设备 II。

2．费用换算法

这种方法是根据设备最初一次投资费和设备每年支出的维持费，按照设备的寿命周期和利率，换算为设备年费用或寿命周期总费用，然后对不同方案进行比较、分析，选择最优设备。由于对费用换算方法不同，又可分为年费法和现值法两种。

1) 年费法

运用这种方法，首先把购置设备的一次支出的最初投资费，依据设备的寿命周期，按复利利率计算，换算成相当于每年费用支出，然后加上每年的维持费得出不同设备的总费用，进行比较、分析，选择最优设备。

设备的年费用计算公式如下：

$$C_I = I \frac{i(1+i)^n}{(1+i)^n - 1} + c \tag{10-3}$$

式中：I 为设备最初投资；i 为年利率；c 为设备每年维持费；n 为设备使用年限；C_l 为一年总费用。

【例 10-2】 有两台设备，其最初投资和每年平均维持费支出分别如下：最初投资，设备 A 为 50 000 元，设备 B 为 30000 元；每年维持费支出，设备 A 为 18000 元，设备 B 为 20000 元，年利率为 10%；设备 A 估计使用年限为 15 年，设备 B 使用年限为 10 年。

解： 根据式(10-3)，设备 A、B 的年总费用分别为：

$$C_A = 50000 \times \frac{0.1 \times (1+0.1)^{15}}{(1+0.1)^{15}-1} + 18000$$

$$= 50000 \times 0.13147 + 18000 = 24573.5 \text{ 元}$$

$$C_B = 30000 \times \frac{0.1 \times (1+0.1)^{10}}{(1+0.1)^{10}-1} + 20000$$

$$= 30000 \times 0.16275 + 20000 = 24882.5 \text{ 元}$$

由于 $C_A < C_B$，故应选择设备 A。

2) 现值法

这种计算方法是将设备寿命周期每年的维持费，按复利利率计算，换算成相当于最初一次投资费用的总额，加上设备购置最初投资，得到设备寿命周期费，以最少的寿命周期费作为选择决策准则。

设备寿命周期费计算公式如下：

$$C = I + c \cdot \frac{(1+i)^n - 1}{i(1+i)^n} \tag{10-4}$$

由于设备的使用年限不同，其寿命周期费必然不同，如果例 10-2 用式(10-4)计算，则设备 A 的寿命周期费为 186908 元，而设备 B 则为 172880 元，显然设备 B 的寿命周期费少于设备 A 的。因此，此种评价模型的必要条件是各种备选设备的寿命周期应是一致的。而例 10-2 因设备使年限不同，所以，不能用该模型评价。

此外，用于设备经济评价的方法还有最小年平均寿命周期费用法、费用效率分析法等，限于篇幅，此处不作评述。

三、设备的合理使用

设备的使用是设备物质运动过程中所占时间最长的环节，如何合理使用设备是个非常重要的问题，它涉及了许多方面，如下所述。

(1) 提高设备的利用程度。即提高设备的利用率和利用强度。前者是尽量不让设备闲置，后者是提高设备在单位时间内的生产率。

(2) 合理安排生产任务。根据设备的性能和使用范围，恰当安排加工任务。既要避免"大机小用"，更要防止"精机粗用"和"超负荷、超范围、超性能"安排使用，以保证设备精度，延长设备使用寿命。

(3) 建立健全各种规章制度。制定并完善"操作规程"、"岗位责任制"以及设备维护和保养方面的制度、标准等。

第三节　设备的磨损与故障

磨损是设备更新改造的依据，消除故障是设备管理的目标之一。正是由于设备在使用过程中会产生磨损，出现故障，所以使用到一定时间后，需要进行修理、改造和更新。为了更有效地进行设备管理，就必须研究磨损和故障，掌握它们的规律，减少磨损和故障所造成的经济损失。

一、设备的磨损

磨损可以分为两种形式，4个类型：一是有形磨损，包括使用磨损和自然磨损；二是无形磨损，包括第I种无形磨损第II种无形磨损。

1)　有形磨损

有形磨损是指对设备实体的一种磨损。按其产生原因的不同又可分为两种：第I种有形磨损，这是由于设备使用的结果，故又称使用磨损；第II种有形磨损，这种磨损不是由于使用，而是由于自然力的作用所产生的磨损，故也称自然磨损。如锈蚀等。

(1)　有形磨损曲线。尽管不同的设备会有不同的磨损结构，同一设备也由于使用和维护保养的不同，有着不同的磨损情况。但一般说来，有形磨损，特别是第I种有形磨损，磨损程度与使用时间存在的关系，如图10-1所示。

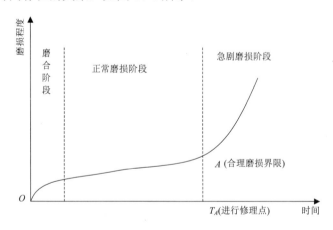

图 10-1　有形磨损曲线

设备从投入使用到磨损报废一般分为3个阶段：初期磨损期(磨合期)、正常磨损期和急剧磨损期。

第一阶段，初期磨损阶段又叫磨合期。在这个阶段中，机器零件表面上的高低不平处，以及氧化脱炭层，由于零件的运转、互相摩擦作用，很快被磨损。这一阶段的磨损速度较快，但时间较短。

第二阶段，正常磨损阶段。在这个阶段中，零件的磨损基本上随时间匀速增加。在正常情况下，零件磨损非常缓慢。

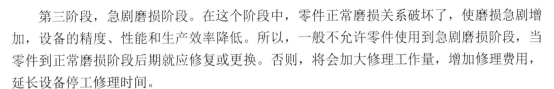

第三阶段，急剧磨损阶段。在这个阶段中，零件正常磨损关系破坏了，使磨损急剧增加，设备的精度、性能和生产效率降低。所以，一般不允许零件使用到急剧磨损阶段，当零件到正常磨损阶段后期就应修复或更换。否则，将会加大修理工作量，增加修理费用，延长设备停工修理时间。

(2) 有形磨损的后果及其度量。有形磨损的技术后果是导致的设备的使用价值降低，甚至完全丧失使用价值，经济后果是使设备的原始价值逐步降低，要消除有形磨损、恢复设备原有使用价值，就必须支付相应费用，即修理费用。

有形磨损的度量可以采用技术指标，也可以采用价值指标。特别是有形磨损造成设备的技术性能的降低往往表现在多方面，给实际度量带来很多困难。而采用价值指标度量则比较可行，方法之一就是补偿费用法，即指用补偿物质磨损所需费用来进行度量的一种方法。

计算关系式如下：

$$L_v = \min[(K_N - S), F_r] \tag{10-5}$$

式中，L_v 为有形磨损的价值损失；K_N 为原设备的再生产价值；S 为设备残值；F_r 为消除有形磨损的修理费用。

【例10-3】某设备原购置费用 5000 元，现在的再生产价值 4500 元，使用 5 年后转让可得 2500 元，鉴于有形磨损，需要大修理，估计费用为 2500 元，求因有形磨损造成的价值损失，并对以下两种更新方式进行决策。

A. 将原设备转让，再购买同型号新设备。

B. 对原设备进行修理，继续使用。

解：根据式(10-5)求得：

$$L_v = \min[(K_N - S), F_r] = \min[(4500 - 2500), 2500] = 2000(元)$$

计算表明，原设备使用 5 年的有形磨损为 2000 元，据此可以进行更新方案决策：如果采用 B 方案，为补偿有形磨损需要支付的费用是 2500 元的修理费，而采用 A 方案则只需支付 2000 元就可以完全恢复设备的使用价值，故应选择 A 方案。

2) 无形磨损

无形磨损是指设备在使用或闲置过程中，由于新技术出现而引起设备价值的损失，实质是技术进步。外在表现是：相同或类似的机器装备制造成本、使用费用和生产成果三方面比较的价值差。这是对无形磨损进行度量和定量分析的基础。

(1) 第 I 种无形磨损，是指发生在制造环节，即由于劳动生产率的提高，或制造技术的进步，生产同样设备所需社会必要劳动耗费减少，使原有设备的价值相应贬值。而这种贬值对设备本身的技术性能和功能没有影响。

对第 I 种无形磨损的度量，通常采用价值补偿法：

$$L_{ioI} = K_o - K_N \tag{10-6}$$

式中，L_{ioI} 为第 I 种无形磨损的价值损失；K_o 为设备的原始价值；K_N 为该型号设备的再生产价值。

(2) 第 II 种无形磨损，是指由于新技术的发明和应用，出现了性能更加完善、生产效率更高的机器设备，使原有设备的价值相对降低所造成的。可见，第 II 种无形磨损对设备的性能、经营维持费用产生影响。

第 II 种无形磨损的价值度量不像第 I 种无形磨损的价值度量那样一目了然，而是较为复杂，由于篇幅所限，本书不作详述。

(3) 综合磨损及其补偿。综合磨损是指设备在有效使用期内发生的有形磨损和无形磨损的总和。

有形磨损和无形磨损可能同步发生，也可能存在一定期差，一般情况下采用如下三种方式处理：设备的有形磨损期与无形磨损期接近时，此时的补偿方式是更新原有设备，采用新型设备；当设备有形磨损严重，但无形磨损尚未发生时，宜采用大修理或进行原型号更新设备的补偿方式；当无形磨损早于有形磨损时，应根据技术经济分析，决定是继续使用原有设备还是用先进设备代替尚未折旧完的原有设备。

总之，综合磨损的补偿，从价值角度分析，无论是有形磨损还是无形磨损，都会引起设备原始价值的降低，但从使用价值角度分析，有形磨损影响设备的使用性能，无形磨损则并不影响设备的继续使用，因此补偿方式也就不同。

二、设备的故障

1．故障的概念及分类

所谓设备故障，一般而言，是指设备在使用过程中发生的不能使用的状态。由于有形磨损使设备在使用过程中会发生这样或那样的故障。设备故障一般可分为两类：即突发故障与劣化故障。突发故障的时间是随机性的，并且故障一旦发生就可能使设备完全丧失功能，必须停产修理。劣化故障是由设备性能逐渐劣化所造成的故障，一般说来这类故障的发生有一定的规律。在设备管理中，研究故障是为了掌握设备在使用过程中故障出现的规律而加以预防，使设备更可靠地运行。

2．故障率及故障率曲线

故障率是指单位时间内设备发生故障的次数。一般来说，设备在不同使用阶段中的故障发生率是不相同的。设备的故障规律是指设备在寿命周期内故障的发展变化规律。一般用故障率曲线表示，典型的设备故障率曲线其形状似浴盆，故又称浴盆曲线。如图 10-2 所示。浴盆曲线可以划分为以下 3 个阶段：

(1) 早期故障期，即 *ab* 线段。这个阶段的故障主要是由于设计上的缺陷，制造质量欠佳，搬运、安装工作不细心以及操作者不适应引起的，开始故障较高，然后逐渐减少。

(2) 偶然故障期，即 *bc* 线段。在这个阶段，设备已进入正常运转阶段，故障率很低，一般都是由于维护不好和操作者失误而引起的偶然故障。

(3) 劣化故障期，即 *cd* 线段。在这个阶段，构成设备的某些零件已经老化，或进入急剧磨损阶段，因而故障率上升。为了降低故障率，延长设备的有效寿命，要在零件将要达到急剧磨损以前，进行更换修理。

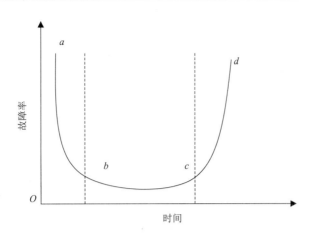

图 10-2　设备典型故障率曲线

设备管理应针对设备在不同时间出现的问题，采取相应的措施。在早期故障期，设备管理的主要任务是找出设备可靠性低的原因，进行调整和改革，同时对员工实行严格的岗前培训，保持设备故障率稳定。在偶然故障期，应注意加强工人的技术和责任心教育，提高操作工人与维修工人的技术水平，加强责任心。在劣化故障期，应加强设备的日常维护保养，预防检查和计划修理工作。

第四节　设备的维修

设备管理的主要任务之一就是保证生产的正常进行，为此必须做好设备维修工作，使设备始终处于完好状态。根据设备出现故障的基本规律，人们提出了几种设备维修体制，本章主要介绍两种常见的维修体制。

一、计划预防修理制

计划预防修理制度，简称计划预修制，是我国工业企业从 20 世纪 50 年代开始普遍推行的一种设备维修制度，是进行有计划的维护、检查和修理，以保证设备经常处于完好状态的一种组织技术措施。

1. 计划预修制的内容

计划预修制是根据零件的一般磨损规律和设备故障规律，有计划地进行维修，在故障发生之前修复或更换已磨损或老化的零部件。计划预修制的主要内容包括对设备的维护和计划修理。

1）　设备维护的主要工作内容。

(1)　日常维护，日常维护由生产工人每天进行，其工作内容包括设备润滑及清扫、紧固松动部位、调整机构、消除细小故障等。

(2)　定期清洗换油，对工作时多垢屑、多灰尘及经常接触腐蚀介质的设备，除了日常

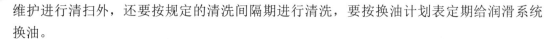

维护进行清扫外，还要按规定的清洗间隔期进行清洗，要按换油计划表定期给润滑系统换油。

(3) 定期检查，定期通过外部观察、试运转或拆卸部分部件来查明设备及其零部件的技术状态、磨损情况；对设备进行调整和消除小缺陷；通过检查，查明下次计划修理时需要更换或修复的零件；编制初步的设备缺陷一览表，以便作好修理前的准备工作。定期检查主要由维修人员负责。

2) 计划修理。由于修理工作项目和修理内容及要求不同，修理可分小修、中修和大修3种。

(1) 小修是工作量最小的一种修理。小修时要修复或更换少量的使用期限短的磨损零件，并进行必要的局部解体，消除一些小缺陷，调整设备，以保证设备能正常使用到下一次计划修理。小修理的特点是：修理次数多，修理周期短，工作量小，一般在生产现场进行，由专职维修工完成，修理费计入生产费用。

(2) 中修工作量介于小修和大修之间。中修时要更换或修复数量较多的已磨损的零件，修复设备的主要零件，校正设备基准，使设备达到规定的精度、性能和生产能力。中修理的特点是：修理次数较多，修理间隔期较短，工作量不很大，每次修理时间较短，修理费用较少，而由生产费用支付。

(3) 大修是工作量最大的一种修理。大修时要全部拆卸设备，更换全部磨损零部件和修复基准件。设备通过大修要恢复原有的精度、生产率。大修理的特点是：修理次数少，修理周期长，工作量大，修理时间长，修理费用高。大修理费用由大修理基金支付。

2. 实现计划修理的方法

计划预修制规定设备修理按计划进行。由于设备的重要程度和结构的繁简程度不同，以及对零件使用寿命的掌握程度不同，因此，规定了3种不同的实现计划修理的方法。

(1) 标准修理法，也叫强制修理法，是对设备的修理日期、类别和内容按标准预先做出计划，并严格按照计划进行修理，而不管设备零件的实际磨损情况及设备的运转情况如何。标准修理法的优点是：便于做好修理前准备工作，缩短修理时间，保证设备正常运转。但是，采用这种方法容易脱离实际，造成的过度修理，修理费用较高。所以，一般用于那些必须严格保证安全运转和特别重要的设备，如动力设备、自动线上的设备等。

(2) 定期修理法，这种方法是根据设备实际使用情况，参考有关修理定额资料，制定设备修理的计划日期和大致的修理工作量。确切的修理日期和修理内容，则根据每次修理前的检查，再作详细规定。这种方法的优点是对修理日期和内容的规定既有科学依据，又允许根据设备的实际工作状态做适当的调整。因而既有利于作好修理的准备工作，缩短修理停歇时间，又能合理地利用零部件的使用寿命，提高修理质量，降低修理费用。目前，我国维修基础比较好的企业多采用此方法。

(3) 检查后修理法，这种方法事先只规定设备的检查计划，而每次修理的时间和内容，则根据检查结果及以前的修理资料来决定。采用检查后修理法，可以充分利用零件的使用期限，修理费用较低。但由于每次修理均是根据检查的结果，则可能由于主观判断错误，而做出不正确的决定，而且，也不容易做好修理前的准备工作，从而延长设备修理的停歇时间。

检查后修理法一般在缺乏修理定额资料时，或对简单、不重要的设备维修时采用。

二、全员生产维修制

全员生产维修制(total productive maintenance，TPM)是日本企业界在生产维修制的基础上，根据英国人创立的设备综合工程学，在 1971 年提出的动员全企业人员参加的更为全面的"生产性维修"。TPM 的提出可以说是现代设备管理渐趋成熟的一个标志。

1．TPM 的基本思想

(1) 全效益，就是要求设备一生的寿命周期的费用最小、输出最大，即设备综合效率最高。

(2) 全系统，就是从设备的设计、制造、使用、维修、改造到更新的设备一生的管理，因此有时又称全过程管理。

(3) 全员参加，就是凡是和设备的规划、设计、制造、使用、维修有关的部门和有关人员都参加到设备管理的行列中来。

所以，TPM 是指全员参加的、以提高设备综合效率为目标的、以设备一生为对象的生产维修制。

2．TPM 的基本特征

其基本特征包括：以提高设备综合效率为目标；建立以设备一生为对象的生产维修总系统；涉及设备的计划、使用、保养等部门；从最高领导到第一线工人等所有与设备有关的全体成员参加；加强生产维修保养思想教育，开展班组自主活动，推广生产维修。

3．TPM 的主要内容

(1) 日常点检，首先由技术人员、维修人员共同制定出点检卡，并且向操作人员讲解点检方法，然后由操作工人在上班后的 5～10 分钟里，用听、看、试的办法，根据点检卡内容逐项进行检查。15 分钟后，维修人员逐台看点检卡，若有标记机器运转不良的符号，立即进行处理。根据日本丰田公司的统计，有 80% 的早期发现的故障，都是由生产工人在日常点检时发现的。

(2) 定期检查，维修工人按计划定期对重点设备进行的检查，要测定设备劣化的程度，确定设备性能，调整设备等。

(3) 计划修理，根据日常点检、定期检查的结果所提出的设备修理委托书或维修报告、机床性能检查记录等资料编制的计划定期进行修理。

(4) 改善性维修，对设备的某些结构进行改进修理，主要用于经常发生故障的设备。

(5) 故障修理，当设备突然发生故障，或由于设备原因造成废品时必须立即组织抢修，也称为故障修理。这是一个重要环节，它直接影响停机时间。

(6) 维修记录分析，这是 TPM 的一项重要内容。尤其是"平均故障间隔时间"分析很受日本企业的重视。它把各项维修作业的发生时间、现象、原因、所需工时、停机时间等都记录下来，做成分析表，通过分析找出故障重点：次数多、间隔时间短、维修工作量大、对生产影响大的设备和部件，把它们作为维修保养的重点对象。

(7) 开展 5S 活动，经常进行 TPM 教育(详见下文)。日本人认识到，再先进的方法也要靠人去落实、去执行，特别是第一线的操作工人，因此特别重视对员工的经常性教育。不但从技能上，而且从职业道德和敬业精神上开展不懈的教育活动，使员工能够自觉地执行各项规章制度。

曾获 TPM 优秀企业奖的日本丰田合成公司，在获奖前的三年时间里，发动全公司人员，认真整顿 TPM 体制，结果使产量增加 60%，设备费用降低 40%，效果显著。

三、开展 5S 活动

1. 5S 的内容

5S 是指整理(seiri)、整顿(seiton)、清扫(seiso)、清洁(seikeetsu)和素养(shitsuke)这 5 个词的缩写(顺序不能改变)。因为这 5 个词日语中罗马拼音的第一个字母都是 S，所以简称为"5S"。开展以整理、整顿、清扫、清洁和素养为内容的活动，称为"5S 活动"。"5S 活动"起源于日本，并在日本企业中广泛推行，它相当于我国企业开展的文明生产活动。"5S 活动"的对象是现场的"环境"，它对生产现场环境全局进行综合考虑，并制订切实可行的计划与措施，从而达到规范化管理。"5S 活动"的核心和精髓是素养，如果没有职工队伍素养的相应提高，"5S 活动"就难以开展和坚持下去。

"5S 活动"的构成要素及其相互关系如图 10-3 所示。

(1) 整理。把要与不要的人、事、物分开，再将不需要的人、事、物加以处理，这是开始改善生产现场的第一步。

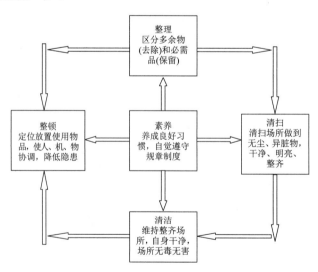

图 10-3 "5S 活动"构成要素

① 整理的一般原则是：首先，把永远不可能用到的物品清理掉；把长期不用，但有

潜在可用性的物品指定地方放置；把经常使用的物品放在容易取到的地方。其要点是对生产现场的现实摆放和停滞的各种物品进行分类，区分什么是现场需要的，什么是现场不需要的。其次，对于现场不需要的物品，诸如用剩的材料、多余的半成品、切下的料头、切屑、垃圾、废品、多余的工具、报废的设备、工人的个人生活用品等，要坚决清理出生产现场，这项工作的重点在于坚决把现场不需要的东西清理掉，不同物品对象的整理要求如表 10-2 所示。对于车间里各个工位或设备的前后、通道左右、厂房上下、工具箱内外，以及车间的各个死角，都要彻底搜寻和清理，达到现场无不用之物。坚决做好这一步，是树立好作风的开始。日本有的公司提出口号：效率和安全始于整理。

表 10-2 不同物品对象整理要求

对 象	划分需要与不需要	决定需要的数量	处理不需要
设备	现有生产设备是否使用？闲置的设备是否需要	由提高运转率、改善设计削减台数，由定额确定台数	调整折旧年限，账面上注销，折旧出售或丢弃处理
产品	对定量品、特价品及其他物品明确划分	调整、设定活削减用量或库存量	不需物给予废弃，修整可用品予以使用
工具	换线、换模用具、生产工具为必需、不常用不应放置	经常使用工具准备一组置于线上，不常用工具另行管理	应考虑其他作业现状，共同用具单位内应统一管理
作业台或桌椅	有无使用者？是否是作业用工作台？是否只作置物台	必要的作业最少限量，可否缩小尺寸或改善形态	不用物应搬离，可用物可暂时保管或出售、丢弃
整修品	能予以修理的为必需品	为"零"最好	当天不能处理应回收，不能修理应报废
不良品	完全不需要	为"零"最好	当天回收，按类投入异常区或丢弃
空容器	应明确划分，不要的空箱应考虑再用	按库存量及流动量确定必要箱数	剩余空箱搬出指定场所，若不用应出售
指示物	逾期者为不需要，判定其必要性及价值	依指示内容决定指示物最小限量	逾期者应处理，不用这作他用或报废
垃圾桶	按环境状况酌情考虑是否必要	按回收周期决定容器大小及数量	纸屑油布类废物应及时搬离作业场所
材料	应明确划分材料是否需要，是否可用	按照制品需要为准	搬至指定场所，定期予以出售

② 整理的目的是：改善和增加作业面积；现场无杂物，行道通畅，提高工作效率；减少磕碰的机会，保障安全，提高质量；消除管理上的混放、混料等差错事故；有利于减少库存量，节约资金；改变作风，提高工作情绪。

(2) 整顿。把需要的人、事、物定量、定位地摆放整齐，明确地标示。目的是整齐、有标示，不用浪费时间找东西。通过前一步整理后，对生产现场需要留下的物品进行科学合理的布置和摆放，以便用最快的速度取得所需之物，在最有效的规章、制度和最简捷的流程下完成作业。生产现场物品的合理摆放有利于提高工作效率和产品质量,保障生产安全。这也正是安全定置管理的功能所在。整顿活动的要点如下所述:

① 物品摆放要有固定的地点和区域,以便于寻找,消除因混放而造成的差错。

② 物品摆放地点要科学合理。例如,根据物品使用的频率,经常使用的东西应放得近些(如放在作业区内),偶尔使用或不常使用的东西则应放得远些(如集中放在车间某处),危险品应在特定的场所内保管。

③ 物品摆放目视化,使定量装载的物品做到过目知数,摆放不同物品的区域采用不同的色彩和标记加以区别。

通过整顿应做到:有仓库场地布置总体规划,并画出规划图;物料、物品放置应有总体规划;区域划分应有标识;物料架应有标识;不同物料应有适当的标识来区分;物料放置应整齐、美观;通道要通畅、不杂乱;应有车间场地布置总体规划,并画出规划图;不同的生产线、工序应设标识牌;工位摆放应整齐;设备摆放应整齐;工人工作台面应整齐;文件、记录等物品放置应有规划;物品放置应整齐、美观;必要时应做一定标识;档案柜应整齐,有必要的标识;抽屉应整齐,不杂乱;员工应有员工卡;要设置文件布告栏等。

(3) 清扫。把工作场所打扫干净,防止污染发生;设备异常时马上修理,使之恢复正常。生产现场在生产过程中会产生灰尘、油污、铁屑、垃圾等而使现场变脏。脏的现场会使设备精度降低,故障多发,影响产品质量,使安全事故防不胜防;脏的现场更会影响人们的工作情绪,使人不愿久留。因此,必须通过清扫活动来清除那些脏物,创建一个明快、舒畅的工作环境。部分脏污、异常原因及清扫对策见表 10-3 所示。清扫活动的要点如下所述。

表 10-3 部分脏污、异常原因及清扫对策

现　象	主要原因	主要对策
垃圾、脏污	灰尘、污垢、铁锈、纸屑、粉尘、其他污染	清扫
油	漏油、断油、油种错误、油量不足	修理、加油、换油、清扫
温度、压力	超高温、超压,温度、压力不足或异常	修理至恢复原状为止
松动、松脱	螺栓螺帽、轮带、熔接松动或松脱	锁紧、更换、复原修理
破损	导管弯折、破裂、开关破损,把手破损,回转处卡死	更换、复原修理

(4) 清洁。整理、整顿、清扫之后要认真维护,使现场保持完美和最佳状态。清洁是对前 3 项活动的坚持与深入,从而消除发生安全事故的根源。创造一个良好的工作环境,使职工能愉快地工作。

清洁的标准应包括:地面要清洁;墙面要清洁;物料架要清洁;物料无积尘;通风要好,保持干燥清爽的环境;工人工作台面要清洁;设备要清洁;光线要充足;办公桌面要清洁;档案柜要清洁;抽屉要清洁;文件、记录不肮脏破烂。

(5) 素养。素养即教养,努力提高人员的素养,养成严格遵守规章制度的习惯和作风,这是"5S"活动的核心。没有人员素质的提高,各项活动就不能顺利开展,开展了也坚持

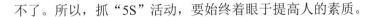

不了。所以，抓"5S"活动，要始终着眼于提高人的素质。

2．"5S"活动的功能

开展"5S"活动可给企业带来以下作用。

(1) 提升企业形象。整齐清洁的工作环境，使顾客有信心，并可成为学习的对象，树立起企业的良好形象。

(2) 保障品质。开展"5S活"动，提升员工归属感，人人变得有素养；员工品质意识增强，能自觉按要求生产，按规定使用，能减少问题发生；能正确使用、保养检测用具，保证品质要求。优质的产品来自优质的工作环境，"5S"是确保品质的先决条件。员工对自己的工作易付出爱心与耐心，而对异常能早发现并使之尽早得到解决，可防止事态进一步严重，既减少了调查所用时间，又能节省人力和物力。

(3) 提升效率。"5S"能减少库存量，排除过剩生产；降低机器设备的故障发生率，延长使用寿命；减少卡板、叉车等搬运工具的使用量；减少不必要的仓库、货架和设备等。同时，物品摆放有序，不用花时间寻找，减少取出、安装、盘点、搬运等无附加价值的活动，员工工作情绪好。因而可降低成本，提高效率。

(4) 推行标准化。"5S活动"可使现场工作与管理更加规范化和制度化，通过潜移默化的作用，可提高职工的标准化意识，让人们正确地执行已经规定的事项，去任何岗位都能立即上岗作业。

(5) 提高现场生产的安全性。保持宽敞、明亮的工作场所，使物流一目了然；它使货物堆高有程度限制；人车分流，道路通畅；危险、注意等警示明确；员工正确使用保护器具，不会违规作业；灭火器放置位置、逃生路线明确，以防万一。这样可大大提高现场作业的安全性，这也是"5S"活动的自然结果。因此，也有的企业把"5S"活动扩展为"6S"活动(即增加 safety——安全)，就是通过强化员工安全意识，注重职业安全健康，全员参与，重视预防，降低劳动强度，改善工作环境。

3．"5S"活动的推行步骤

其推行步骤包括：成立推行组织，制订激励措施；制订实施规划，形成书面制度；展开宣传造势，进行教育训练；全面实施"5S"，实行区域责任制；制定检查考核制度，并组织检查与考核。

四、设备维护业务外包

1．业务外包的含义

业务外包是现代企业普遍采用的一种运作策略。业务外包(outsourcing)，是 Outside Resource Using 的意思，即利用外部资源的意思。一般认为，业务外包是以合约方式将原本应由企业运作的业务，交由外面的服务商，由他们完成，以维持企业的运营。

2．推动企业开展业务外包原因

推动企业开展业务外包原因包括：企业自身资源约束；竞争环境的变化；新的管理思想的推动。

3．设备维护业务外包管理的内容

设备维护业务外包管理的内容包括：设备维护业务外包战略分析；设备维护业务外包决策分析；设备维护承包商的评估与选择；外包业务执行过程的管理；设备维护外包终止。

4．设备维护业务外部决策

外包决策涉及外包策略分析、外包对象选择、服务商选择、外包风险与收益评估、交易方式选择与合同设计等广泛内容。

在生产实践中，企业一般使用选择性设备维护业务外包。选择性设备维护外包的决策要解决：①选择正确的外包对象；②选择适合特定外包对象的正确交易方式。同时，设备维护外包决策还应进行设备维护需求分析、设备维护能力识别、选择性设备维护业务外包决策过程等。

第五节　企业资产管理系统

一、企业资产管理的概念

一般认为，企业资产管理(enterprise asset management，EAM)是在计算机维护管理系统(computer maintenance management system，CMMS)基础上发展起来的，以现代化的计算机及网络通信技术为运行平台，以企业有形资产(如生产设备、厂房设施、交通工具、库存等)为管理对象，以降低总体维修成本、提高维修效率和投资回报为目标，融合先进设备管理思想，集企业各项设备管理功能为一身，并能对企业各种维修资源进行有效协调与控制的计算机管理系统。

二、EAM 的管理思想

EAM 的管理思想包含：先进维修管理思想；成本控制思想；集成化管理思想；知识管理思想。

三、EAM 的应用

实施 EAM 能达到以下目标：①降低设备故障率；②缩短维修相应时间和维修工作时间；③提高设备的可利用率和可靠性指标；④延长设备寿命；⑤控制维修费用，提高企业投资回报率；⑥改善工人的安全保障；⑦降低维修设备库存水平；⑧提高采购效率，降低采购成本；⑨更有效的配置生产设备、人员及其他维修资源。

EAM 的功能构成，如图 10-4 所示。

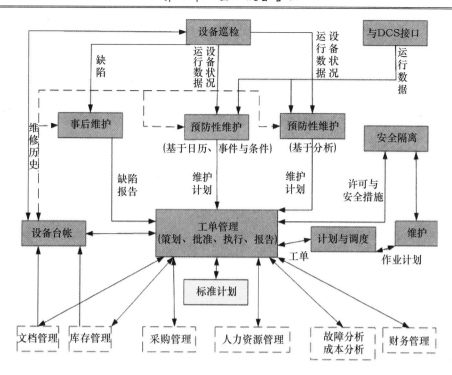

图 10-4 EAM 的功能构成

本章思考题

1. 简述设备管理的意义与任务。

2. 设备选择的原则是什么？在选择设备时应具体考虑哪些因素？

3. 用于设备经济评价的方法有哪些？

4. 什么是有形磨损？无形磨损？第 I 种无形磨损？第 II 种无形磨损？

5. 什么是有形磨损曲线？它有哪些特点？

6. 什么是故障率曲线？它有哪些特点？

7. 故障率曲线在实际应用中的意义是什么？

8. 设备修理的类型及方法有哪些？

9. 什么是 5S？开展 5S 活动意义是什么？

10. 某设备原购置费 10000 元，现在的再生产价值 9500 元，使用五年后转让可得 5000 元，鉴于有形磨损，需要大修理，估计修理费用为 5000 元，求：

(1) 因有形磨损造成的价值损失，并对以下两种更新方式进行决策：①将原设备转让，再购买同型号新设备；②对原设备进行修理，继续使用。

(2) 本题说明了哪些问题？

11. 设备维护外包的内容有哪些？

12. EAM 的管理思想是什么？

第十一章

企业质量管理

本章导读：

随着社会的发展和市场竞争的加剧，产品质量已成为市场竞争的最重要因素之一，质量管理已成为现代企业管理的重要组成部分。本章主要阐述质量与质量管理的基本概念和理论，质量管理的基本方法，介绍 ISO 9000 族标准以及与全面质量管理的关系，介绍了世界著名质量大师及质量奖等。

学习目标：

掌握质量与质量管理的概念与特点，了解质量管理的发展过程，认识质量管理的重要意义，能运用因果图、排列图、直方图、控制图等方法分析和解决企业的质量问题，熟悉 ISO 9000 族标准，了解国内外有关质量奖。

关键词：

质量(quality)　质量管理(quality management)　质量成本(quality cost)　ISO 9000 质量奖(quality prize)

第一节　质量与质量管理

一、基本概念

1. 质量的含义

什么是质量？美国著名的质量管理专家朱兰(J.M.Juran)博士，从用户的使用角度出发，曾把质量的定义概括为产品的"适用性"；美国的另一位质量管理专家克劳斯比，从生产者的角度出发，曾把质量概括为产品符合规定要求的程度。GB/T 19000：2008—ISO 9000：2005 版标准对"质量"一词作了如下定义：质量是一组固有特性满足要求的程度。其中，术语"质量"可使用形容词，如差、好或优秀来表示；"固有的"(其反义词是"赋予的")就是指某事或某物中本来就有的，尤其是那种永久的特性。例如，在产品的加工过程中形成的产品的技术特性；赋予特性是非固有特性，不是某事物或产品中本来就有的，而是产品形成后因不同的要求而对产品所增加的特性，例如，产品的价格等特性。

固有特性与赋予特性是相对而言的，某些产品的固有特性可能是另一些产品的赋予特性，例如，对运输服务而言供货时间、运输方式就属于固有特性，但对硬件产品而言，属于赋予特性。另外质量还具有广义性、时效性和相对性。

我们日常生活中所说的质量是指产品质量，是狭义的质量概念，而广义的质量概念不仅包括产品质量还包括工作质量等。产品质量是根据产品所具备的质量特性能否满足人们的需要及其满足的程度来衡量的，一般来说产品的质量特性主要有以下几方面：性能；寿命；可靠性；安全性和经济性。

无形产品，即服务的质量特性，一般包括功能性、经济性、安全性、时间性、舒适性和文明性等，它强调及时、圆满、准确与友好。显然，确定无形产品质量的好坏比确定有形产品质量的好坏要困难得多。因为，在很多情况下，服务质量是一个比较模糊的、难以量化的概念，同一服务，不同的人对它会有不同的感知和评价；而对有形产品来说，用户一般只是对最终户产品的好坏进行评价，而对于服务来说，顾客不但要对最终得到的服务内容进行评价。还要对服务的"生产"流程进行评价。例如，一名去餐馆就餐的顾客，不但要对饭菜的质量进行评价，而且对餐馆服务人员的服务态度、服务方式等也会比较敏感。

朱兰博士将广义质量的概念与狭义质量的概念作了比较，如表 11-1 所示。从表 11-1 中可以清楚地看到二者的区别。

表 11-1　广义质量概念与狭义质量概念的区别

项目　　　　质量类型	狭义质量	广义质量
产品	制成品	所有的有形产品或服务，待销或自用
过程	直接与产品制造有关的过程	所有的过程，制造、支持性过程、商业等
产业	制造业	各行各业制造、服务、政府等，盈利非营利
质量视角	技术问题	业务问题
顾客	购买产品的顾客	所有有关人员，无论内部还是外部
如何认识质量	基于职能部门的文化	基于普遍使用的三部曲原理
质量目标体现在	工厂的各项指标中	公司经营计划中
劣质成本	与不合格的制造产品有关	无缺陷时将消失的成本总和
质量的评价主要基于	符合工厂规范、程序、标准	满足顾客需求
改进适用于提高	部门业绩	公司业绩
质量管理培训	集中在质量部门	公司范围内
负责协调质量工作	中层质量管理人员	高层管理者组成的质量管理委员会

2. 质量管理

GB/T 19000：2008—ISO 9000：2005 版标准对"质量管理"一词作了如下定义："在质量方面指挥和控制组织的协调活动。"包括制定质量方针和质量目标及质量策划、质量控制、质量保证和质量改进。质量策划、质量控制这个操作性定义被朱兰称为"质量管理的三部曲"。上述定义可以从下面几方面理解。

(1) 它是以质量管理体系为载体，通过建立质量方针和质量目标，并为达到规定的目标进行质量策划,实施质量控制和质量保证,开展质量改进等活动而予以实现。

(2) 组织在整个生产和经营过程中,需要对诸如质量、计划、劳动、人事、设备、财务和环境等各个方面进行有序的管理。由于组织的基本任务是向市场提供符合顾客和相关方要求的产品,围绕着产品质量形成的全过程实施质量管理是组织各项管理的主线。所以,质量管理是组织各项管理的重要内容,通过深入开展质量管理能推动组织的其他管理。

(3) 质量管理涉及组织的各个方面,是否有效地实施质量管理关系到组织的兴衰。组织的最高管理者正式发布本组织的质量方针,在确立质量目标的基础上,认真执行质量管理的基本原则,运用管理的系统方法来建立质量管理体系,为实现质量方针和质量目标配备必要的人力和物力资源,开展各项相关的质量活动,这也是各级管理者的职责。所以,组织应采取激励措施激发全体员工积极参与,充分发挥他们的才能和工作热情,造就人人争作贡献的工作环境,确保质量策划、质量控制、质量保证和质量改进活动的顺利进行。质量管理的这个定义还决定了质量管理的主要职能,这些只能包括以下几个部分:

① 确定质量方针和目标。质量方针(quality policy)是指“由组织最高管理者正式发布的关于质量方面的全部意图和方向”。它是企业经营总方针的组成部分。是企业管理者对质量的指导思想和承诺,企业最高管理者应确定质量方针并形成文件。质量方针的基本要求应包括供方的组织目标和顾客的期望和需求,也是供方质量行为的准则。质量目标是质量方针的具体体现,目标既要先进,又要可行,便于实施和检查。在英语中,质量方针为 quality policy,这里的 policy 有政策的含义。管理学认为政策是一种计划,同时具有某种目标控制作用。因此本书认为,一个好的质量方针一般应是以目标式文化定位的,但是内部过程对资源的技术内容要明确。我国许多厂家,虽然实施质量管理,但却没有提出明确的质量方针,这就是他们质量管理不时地陷入紊乱的起因。

企业或组织的质量方针是针对市场与用户情况及自己的设备能力、工艺水平、人事组织特征来设计,审时度势,认真分析,慎重制定的。质量方针“是由组织的最高管理者正式发布的该组织总的质量宗旨和质量方向”。它的内容一般包括:企业产品所要达到的质量水平;对复合型质量、经济效益和质量检验方面的要求;确定销售方针和用户服务的总则;关于各项质量活动的要求;与供应商的合作形式;关于质量管理教育、培训措施和效果等。例如,制造廉价产品以利于竞争,制造耐用产品以长期保住市场。显然这两种方针会引导两种不同的管理活动,对管理涉及的每一个人来说,诸如决策者、工程师、工人都将产生不同的两种要求,对决策、设计、生产和检验就形成不同的规范。

② 确定质量职责和权限。企业最高管理者明确质量方针,是对用户的质量承诺。要使各有关部门和人员理解、执行,就需对所有与质量有关的管理、执行和验证人员,特别是对需要独立行使权力以防止、消除不合格以及对不合格品实施控制和处置人员,在其授权范围内,能自主做出相应决定的人员,都应用文件明确其职责、权限和相互关系,以便按期望的要求实现规定的质量目标。

③ 建立质量管理体系并使其有效运行。企业建立质量管理体系是质量管理基础,应使之组织落实、有资源保障,并有具体的工作内容,对产品质量形成的全过程实施控制。

3．全面质量管理的基本概念

全面质量管理的概念是 1961 年由美国通用电气公司质量经理费根堡姆在他的"Total Quality Control"一书中提出的，常用 TQC 表示。1995 年，日本科技联盟发布了《TQM 宣言》，主张用 TQM 取代 TQC，其中"M"是"Management"的缩写，它演变为以质量为中心，综合的、全面的管理方式和管理理念，不再局限于质量职能领域。全面质量管理(TQM)的定义可以这样来表述：一个组织以质量为中心，以全员参与为基础，目的在于通过让顾客满意和本组织所有者、员工、供方、合作者或社会等相关方持续满意和受益而达到长期成功的管理途径[①]。

全面质量是包括组织内部全过程、职能部门和全体人员的质量。

4．质量成本

质量成本是质量管理体系的一个重要因素，一般可分为由内部运行而发生的质量费用和由外部活动而发生的质量费用。所谓质量成本(quality-related costs)是指"为了确保和保证满意的质量而发生的费用以及没有达到满意的质量所造成的损失"。因此，质量成本有别于各种传统的成本概念，是会计核算中的一个新科目。它既发生在企业内部，又发生在企业外部；既和满意的质量有关，又和不良质量有关。质量成本的构成如图 11-1 所示。

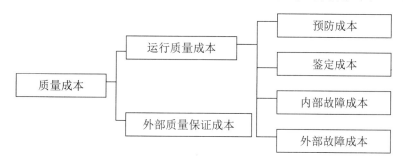

图 11-1　质量成本的构成

从图 11-1 可知，质量成本分为两部分：运行质量成本(operating quality costs)和外部质量保证成本(external assurance quality costs)。运行质量成本是企业内部运行而发生的质量费用，又可分为两类：一类是企业为确保和保证满意的质量而发生的各种投入性费用，如预防成本和鉴定成本；另一类是因没有获得满意的质量而导致的各种损失性费用，如内部故障成本和外部故障成本。外部质量保证成本是指根据用户要求，企业为提供客观证据而发生的各种费用。

严格说来，企业发生的所有费用都和质量问题有直接或间接的关系，质量成本只是其中和满意质量及不满意质量有直接关系的那部分费用。不能认为质量成本是指高质量所需要的高成本，恰恰相反，如换一种角度看，质量成本的内容大多和不良质量有直接的关系，或者是为了避免不良质量所发生的费用，或者是发生不良质量后的补救费用。因此，美国

---

① ISO8402:1994，该标准于 2000 年与 ISO9000 整合为一个标准。

质量管理协会前主席哈林顿(James Harrington)于 1987 年在其著作《不良质量成本》中提出,应将质量成本改称为"不良质量成本"。虽然哈林顿的看法尚未被普遍认同,但这种观点对于澄清人们关于质量成本概念的种种误解以及推动质量成本在企业经营决策中的应用研究是十分有益的。

二、质量管理的发展过程

通常认为,近现代质量管理的发展大致经历了质量检验阶段、统计质量管理阶段和全面质量管理阶段。

1. 质量检验阶段

20 世纪前,产品质量基本上依靠操作者个人的技艺和经验来保证,故可称为"操作者的质量管理"。到了 20 世纪初,由于"操作者的质量管理"容易造成质量标准的不一致和工作效率的低下,因而不能适应生产力的发展。科学管理的奠基人泰勒(F. W. Taylor)提出了在生产中应将计划与执行、生产与检验分开的主张。于是,在一些工厂中开始设立专职的检验部门,对生产出来的产品进行质量检验,鉴别合格品或废次品,从而形成了所谓的"检验员(部门)的质量管理"。这种有人专职制定标准、有人负责实施标准、有人按标准对产品质量进行检验的"三权分立"的质量管理是质量检验阶段的开始,是一种历史的进步,现代意义上的质量管理从此诞生。

但是,这一阶段的质量管理尚属"事后把关"性质,即使查出了废次品,既成事实的损失也已无法挽回;另一方面,采取全数检验的办法把关,量大面广,耗费资源,增加成本,也不利于生产率的提高;再者某些产品的检验属于破坏性检验,如炮弹的射程检验、胶片的感光度检验等,检验一个就损坏一个,全数检验是根本行不通的。

2. 统计质量管理阶段

由于"事后把关"的检验不能预防不合格品的发生,对于大批量生产和破坏性检验也难以应用,于是促使人们去探寻质量管理的新思路和新方法。

从 20 世纪 20 年代开始,一些国家(如英、美、德、前苏联等)相继制定并发布了公差标准,以保证批量产品的互换性和质量的一致性。与此同时,人们开始研究概率论和数理统计在质量管理中的应用。1926 年美国贝尔电话研究室工程师休哈特(W. A. Shewhart)提供了"事先控制,预防废品"的质量管理新思路,并应用概率论和数理统计理论,发明了具有可操作性的"质量控制图",解决了质量检验事后把关的不足。后来,美国人道奇(H.F. Dodge)和罗米格(H. G. Romig)又提出了抽样检验法,并设计了可实际使用的"抽样检验表",解决了全数检验和破坏性检验在应用中的困难。"二战"期间,为了提高军品质量和可靠性,美国政府先后组织制定了三个战时质量控制标准,即 AWSZ1.1-1941:质量管理指南、AWSZ1.2-1941:数据分析控制图法、AWSZ1.3-1942:工序控制图法,并要求军工产品承制厂商普遍实行这些统计质量控制方法。一般认为,20 世纪 40 年代出现的这些理论和实践的进步,是质量管理进入统计质量管理阶段的标志。

统计质量管理把以前质量管理中的"事后把关"变成事先控制、预防为主、防检结合，并开创了把数理统计方法应用于质量管理的新局面，战后，数理统计在生产领域中的应用更加蓬勃发展。但是，统计质量管理在取得巨大成功的同时，也日益暴露出其局限性。统计质量管理并不是完美无缺的。

3．全面质量管理阶段

20 世纪 50 年代起，尤其是 20 世纪 60 年代以后，科学技术的加速发展，使产品的复杂程度和科技含量不断提高，人们对产品质量及可靠性的要求，对品种和服务质量的要求越来越高，特别是由于服务业的迅猛发展，更进一步引发了关于服务质量及服务质量管理的新问题。所有这些，都对传统的质量管理理论和方法提出了挑战。人们逐渐认识到，产品质量的形成不仅与生产过程有关，而且还与所涉及的其他许多过程、环节和因素有关。只有将影响质量的所有因素统统纳入质量管理的轨道，并保持系统、协调的运作，才能确保产品的质量。

在这种社会历史背景和经济发展形势的推动下，形成了全面质量的思想，全面质量管理理论便应运而生。20 世纪 60 年代初，费根堡姆(A. V. Feigenbaum)和朱兰提出了全面质量管理的科学概念和理论，在美国和世界范围内很快被普遍地接受和应用。质量管理的历史从此掀开了新的一页。图 11-2 按时间顺序描述了这个继承和渐进的历史发展历程。

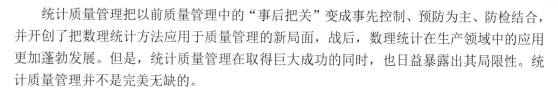

图 11-2　质量管理的发展

资料来源：龚益鸣. 现代质量管理学[M]. 北京：清华大学出版社，2003.

全面质量管理具有十分丰富的理论内涵，其基本特点如下：

(1) 全面质量管理是一种管理途径，既不是某种狭隘的概念或简单的方法，也不是某种模式或框架。

(2) 全面质量管理强调一个组织必须以质量为中心来开展活动，其他管理职能不可能取代质量管理的中心地位。

(3) 全面质量管理必须以全员参与为基础，不仅要求组织中所有部门和所有层次的人员都要积极认真地投入各种质量活动，同时要求组织的最高管理者坚持强有力和持续的领导、组织、扶持以及有效的质量教育和培训工作，不断提高所有员工的素质。

(4) 全面质量管理强调让顾客满意，使包括本组织员工在内的所有相关方都受益，而不是其中某一方得益、其他方受损。

(5) 全面质量管理强调一个组织的长期成功，而不是短期的效益或哗众取宠的市场效应。这就要求组织要有一个长期的富有进取精神的质量战略，建立并不断完善其自身的质量管理体系，培育并不断发扬其企业文化，使组织的运营建立在提高自身素质和实力的基础上，以此保证组织经营的成功。

全面质量管理是现代市场经济的产物。近年来，我国一些企业倡导走质量效益型发展的道路，"以质量求效益，以质量求发展，坚持质量第一的思想，坚持企业效益与社会效益相统一，坚持近期利益与长远利益相统一"，从而使企业获得长期稳定的发展和效益，是符合国情的一条现实之路。

第二节　质量管理实施中的几种重要方法

一、质量目标管理

目标管理(management by objective，MBO)是由企业的管理者和员工参与工作目标的制定，在工作中实行"自我控制"并努力完成工作目标的一种管理制度。美国著名企业管理专家彼得·德鲁克(Peter F. Drucker)早在 20 世纪 50 年代就提出了"目标管理与自我控制"的主张，他在《管理的实践》一书中对目标管理作了较全面的概括，指出："如果一个领域没有特定的目标，这个领域必然会被忽视"，如果"没有方向一致的分目标来指导每个人的工作，则企业的规模越大，人员越多时发生冲突和浪费的可能性就越大。每个企业管理人员或工人的分目标就是企业总目标对他的要求，同时也是这个企业管理人员或工人的对企业总目标的贡献。只有每个企业管理人员或工人都完成了自己的分目标，整个企业的总目标才有实现的可能。企业人员对下级的考核和奖惩也是根据这些分目标来进行的"。实行目标管理，使企业的成就成为每个员工的成就，有利于激励广大员工关心企业的兴衰，增强凝聚力和发扬"团队精神"。

目标管理强调从工作的结果抓起，因此，有助于推动人们为实现既定的目标去寻求先进的管理技术和专业技术，改进经营管理和各项作业活动。实施质量目标管理的一般程序是如下所述。

(1) 制订企业的质量总目标，通常是企业在一定时期内(多数企业均以一年为目标周期)经过努力能够达到的质量工作标准。目标应尽量具体化，可测量。

(2) 以内部员工都能为质量目标的实现作出贡献的方式进行沟通，并规定质量目标的展开职责，将企业的质量总目标自上而下层层展开，落实到相关职能部门和员工，做到"千斤重担大家挑，人人肩上有指标"。这样，部门和个人的分目标，就是企业对他的要求，同时也是部门和个人对企业的责任和预期的贡献。这样做将有利于贯彻质量责任制与经济责任制。

在制定各级的分目标时，应制定相应的实施计划并明确管理重点，以便于检查和考核。质量目标应当系统地进行评审，并在必要时予以修订。

(3) 以企业的战略策划和质量方针作为确立质量目标的框架并建立质量目标管理体

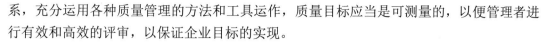

系，充分运用各种质量管理的方法和工具运作，质量目标应当是可测量的，以便管理者进行有效和高效的评审，以保证企业目标的实现。

(4) 评价企业质量总目标。通过定期的检查、诊断、考评、奖惩等手段，实施改进，必要时进行目标值的调整。对质量总目标实施效果的评价，应将不足之处和遗留问题置于下一个新的质量目标的循环系统中，进一步组织实施，已导致企业业绩的改进。

二、PDCA 循环

PDCA 循环即是"策划——实施——检查——改进"工作循环的简称，也称戴明环，它是使国内外普遍采用的用于提高产品质量的一种工作方法。它是一个动态的循环，可以在企业的生产(工作)过程中展开，它与产品实现和其他的质量管理体系的过程策划、实施、检查和持续改进相关。通过在企业的各个层次应用 PDCA 循环，有助于保持和实现过程能力的持续改进。

PDCA 循环模式可简述为：P(plan)——策划：根据顾客的要求和组织的方针，为提供结果建立必要的目标和过程；D(do)——实施：实施目标、过程；C(check)——检查：根据方针、目标和产品要求，对过程和产品进行监视和测量，并报告结果；A(action)——处置：采取措施，以持续改进过程业绩。

如果将上述工作程序具体化，则可分为 8 个步骤：

第一步：分析现状、找出存在的质量问题，并尽可能用数据加以说明。

第二步：分析产生质量问题的各种影响因素。

第三步：在影响质量的诸因素中，找出主要的影响因素。

第四步：针对影响质量的主要因素，制定措施，提出改进计划，并预计其效果。

第五步：按照制订的计划组织实施。

第六步：根据计划的要求，检查实际执行的结果，看是否达到了预期的效果。

第七步：根据检查的结果进行总结，把成功的经验和失败的教训都形成一定的标准或规定，巩固已经取得的经验，同时，吸取教训，防止重蹈覆辙。

第八步：提出这一循环中尚未解决的问题，并将其转入下一轮的 PDCA 循环，进行处理和持续改进。

PDCA 循环具有以下 3 个特点：

(1) 大环套小环，相互衔接，互相促进，PDCA 作为企业管理的一种科学方法，适用于企业各个方面的工作，整个企业存在整体性的一个大的 PDCA 循环，各部门又有各自的 PDCA 循环，形成大环套小环，依次还有更小的 PDCA 循环，相互衔接，相互联系，如图 11-3 所示。

(2) 螺旋式上升，PDCA 进行周而复始的循环，每循环一次就上升一个台阶，每次循环都有新的内容与目标，都解决了一些质量问题，使质量水平犹如登梯似的不断提高，如图 11-4 所示。

(3) 推动 PDCA 循环，关键在于 A(改进)阶段，对于质量管理来说，经验和教训都是宝贵的；通过总结经验教训，形成一定的标准、制度或规定，改进工作，才能促进质量水平的提高；因此，推动 PDCA 循环，一定要抓好改进这个阶段。

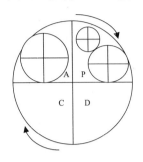

图 11-3　PDCA 循环

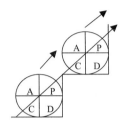

图 11-4　螺旋式 PDCA 循环

不仅按照 PDCA 循环的 4 个阶段、8 个步骤推进提高产品质量的管理活动，还要善于运用各种统计工具和技术对质量数据、资料进行收集和整理，以便对质量状况做出科学的判断。日常质量管理采用的统计方法即所谓"老 7 种工具"，是指分层法、调查表法、因果图法、排列图法、控制图法、直方图法及相关图法(或称散布图法)。此外，还有以定性分析为主的思考性的方法，被称为"新 7 种工具，是指关联图法、KJ 法、系统图法、矩阵图法、矩阵数据分析法、过程决策程序图法和箭头图法。

三、QC 小组活动

质量管理小组是指企业的员工围绕着企业的质量方针和目标，运用质量管理的理论和方法，以改进质量、改进管理、提高经济效益和人员素质为目的，自觉组织起来、开展质量管理活动的小组，简称 QC 小组。

QC 小组最早起源于日本。日本的 QC 小组活动所取得的成功经验，引起了欧美的震惊和关注。1966 年美国质量管理专家朱兰博士参加了日本 QC 小组大会，后来他预见性地指出："通过推行这个(QC 小组)活动，日本将在世界上进入质量领先地位。"果然，这个预言被历史所证实。

我国的 QC 小组是 1978 年随着质量管理的引进而发展起来的，现已成为我国企业推进质量管理的重要基础和支柱之一。它的积极作用表现为：为企业开展质量管理打好基础，为提高产品质量提供保证；可以改善和增强人员素质，提高企业管理水平；实现企业质量方针、目标的基础；为提高企业经济效益、降低成本开辟途径。

开展 QC 小组活动作为质量管理的一种措施和手段，必须加强管理，才能使 QC 小组活动取得满意的成效。

对 QC 小组活动的管理通常包括：小组的组建、登记注册、活动开展、成果发布、成果评价及优秀 QC 小组的评选和奖励 6 个方面。

第三节　质量管理中常用的统计方法

质量管理中常用的统计方法有所为"QC 7 种工具"、抽样检验等，本文主要介绍"QC 7 种工具"。

一、调查表法

调查表法又称统计分析表法等，它是对数据进行整理和初步分析原因的一种工具，其格式可多种多样，不拘泥某种形式，常用的调查表有缺陷位置调查表、不良项目调查表、不良原因调查表、工序分布调查表等。

二、分层法

分层法又称数据分层法就是把性质相同的、在同一条件下收集的数据归纳在一起，以便进析。因为在实际生产中，影响质量变动的因素很多，如果不把这些因素区别开来，难以得出变化的规律。数据分层可根据实际情况按多种方式进行，例如，按不同时间、不同班次分层；按使用设备的种类进行分层；按原材料的进料时间、原材料成分进行分层；按检查手段、使用条件进行分层；按不同缺陷项目进行分层等。数据分层法经常与其他方法结合使用。

三、排列图法

排列图又称为帕累托图，排列图最早是由意大利经济学家帕累托(Pareto)用来分析社会财富分布状况使用的，他发现少数人占有社会上的大量财富，而绝大多数人则处于贫苦状态。后来美国质量管理专家朱兰将其应用于质量管理，成为常用的工具。排列图是分析和寻找影响质量主要因素的一种工具，其形式如图11-5所示。图中左边纵坐标表示频数(如件数、金额等)，右边纵坐标表示频率(以百分比表示)，图中的折线表示累计百分数。横坐标表示影响质量的各项因素，按影响程度的大小(即出现频数多少)从左向右排列。通过对排列图的观察分析，可抓住影响质量的主要因素。这种方法实际上不仅在质量管理中，在其他许多管理工作中，例如在库存管理等方面，都是十分有用的。

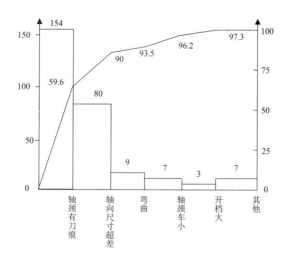

图 11-5　曲轴主轴颈车削加工不合格品排列图

四、因果图法

导致过程或产品问题的因素可能有很多,通过对这些因素进行全面系统地观察和分析,可以找出其因果关系。因果图就是一种简单易行的方法。所谓因果图就是用分析质量特性(结果)与影响质量特性的因素(原因)关系的图。1953年,日本东京大学教授石川馨第一次提出了因果图,所以因果图又称石川(shikawa)图。因果图又称特性要因图,因其形状像鱼刺,故又称"鱼刺图",如图11-6所示。在此前,石川馨教授和他的助手在研究活动中用这种方法分析影响质量问题的因素,由于因果图非常实用有效,很快在日本的企业得到了广泛的应用。现在在世界范围内,因果图不仅仅用在解决产品质量问题方面,在其他领域也得到广泛的应用。

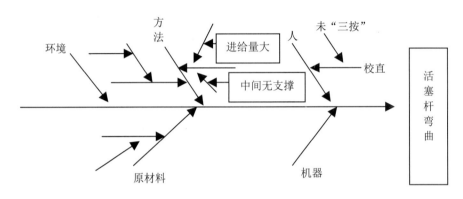

图 11-6　活塞杆弯曲因果分析图

绘制因果图不是一项轻而易举的工作,可以说质量问题能否得到顺利解决,绘制因果图是关键。因果图绘制步骤如下:

第一步,将质量特性写在纸的右侧,从左至右画一箭头(主特性线),将结果用方相框上。

第二步,列出影响结果的主要原因,作为中鱼刺线,用小鱼刺线列出影响主要原因的因素,称为次要的原因,依次类推。

第三步,将认为对质量特性有显著影响的重要因素标示出来。

因果分析图完成以后,下一步就是要评价各因素的重要程度。因果图中不一定所有的因素都与结果紧密相关,将对结果有显著影响的因素作出标记。

最后,在因果图上标明有关资料,如产品、过程或小组的名称、参加人员名单、日期等。

使用因果图时要注意不断地加以改进,随着我们对客观的因果关系认识的深化,必然导致因果图发生变化,例如:有些需要删减或修改,有些需要增加。要重复改进因果图,最后得到真正有用的因果图,这对解决问题非常有用。同时,还有利于提高技术熟练程度,增加新的知识,提高解决问题能力。

五、直方图法

1. 直方图的含义与用途

直方图是通过对测定或收集来的数据加以整理，描绘质量分布状况，反映质量分散程度，进而判断和预测生产过程质量及不合格品率的一种常用工具。直方图是连续随机变量频率分布的一种图形表示。以有线性刻度的轴上的连续区间来表示组，组的频率(或频数)以相应区间为底的矩形表示，矩形的面积与各组频率(或频数)成正比例，如图 11-7 所示。

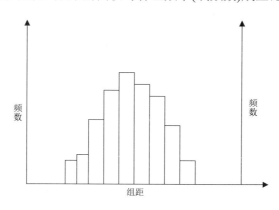

图 11-7　直方图的形式

直方图主要用途有能比较直观地看出产品质量特性值的分布状态，判断工序是否处于稳定状态，进行工序质量分析；便于掌握工序能力及工序能力保证产品质量的程度，并通过工序能力来估算工序的不合格品率；用以简练及较精确地计算质量数据的特征值。

2. 直方图的画法

下面结合何实例来说明直方图的画法。

【例 11-1】某厂测量钢板的厚度，其尺寸按标准要求为 6mm±0.4mm，现从生产的批量中抽取 100 个样本进行测量，测出的尺寸如表 11-2 所示，试画出直方图。

表 11-2　钢板厚度尺寸数据

组号	尺　　寸					组号	尺　　寸				
1	5.77	6.27	5.93	6.08	6.03	11	6.12	6.18	6.10	5.95	5.95
2	6.01	6.04	5.88	5.92	6.15	12	5.95	5.94	6.07	6.00	5.75
3	5.71	5.75	5.96	6.19	5.70	13	5.86	5.84	6.08	6.24	5.61
4	6.19	6.11	5.74	5.96	6.17	14	6.13	5.80	5.90	5.93	5.78
5	6.42	6.13	5.71	5.96	5.78	15	5.80	6.14	5.56	6.17	5.97
6	5.92	5.92	5.75	6.05	5.94	16	6.13	5.80	5.90	5.93	5.78
7	5.87	5.63	5.80	6.12	6.32	17	5.86	5.84	6.08	6.24	5.97
8	5.89	5.91	6.00	6.21	6.08	18	5.95	5.94	6.07	6.00	5.85
9	5.96	6.06	6.25	5.89	5.83	19	6.12	6.18	6.10	5.95	5.95
10	5.95	5.94	6.07	6.02	5.75	20	6.03	5.89	5.97	6.05	6.45

解:

(1) 收集数据。一般以 100 个样本为宜。

(2) 找出数据的最大值与最小值,计算极差 R。

最大值:L_a=6.45;最小值:S_m=5.56;极差:R=6.45-5.56=0.89。

(3) 确定组数 K 和组距 h。组数 K 的确定可根据表 11-3 选择。本例中,K=10,

组距 $h = \dfrac{R}{K} = \dfrac{0.89}{10}$ =0.089≈0.09。

表 11-3 数据个数与分组数

数据个数 N	分组数 K	一般使用 K 值
50～100	6～10	
100～250	7～12	10
250 以上	10～20	

(4) 确定组的界限值。分组边界值要比抽取的数据多一位小数,以使数据不至于落入边界上。因此先取测量单位的一半,然后用最小值减去测量单位的一半,作为第一组的下界值,再加上组距作为第一组的上界值,以此类推,一直加到最大一组的上界值(包含最大值在内)为止。

本例中测量单位为 0.01,所以第一组的下界值为:

$$S_m - \frac{\text{测量单位}}{2} = 5.56 - \frac{0.01}{2} = 5.555$$

第一组的上界值为:5.555+0.09=5.645

第二组的上界值为:5.645+0.09=5.735

   ……

(5) 记录各组中的数据,并整理成频数表,如表 11-4 所示。

表 11-4 频数表

组号	组界值	组中值 x_i	频数核对	频数 f_i	变换后组中值 u_i	$f_i u_i$	$f_i u_i^2$
1	5.555～5.645	5.60		2	−4	−8	32
2	5.645～5.735	5.69		3	−3	−9	27
3	5.735～5.825	5.78		13	−2	−26	52
4	5.825～5.915	5.87		15	−1	−15	15
5	5.915～6.005	5.96		26	0	0	0
6	6.005～6.095	6.05		15	1	15	15
7	6.095～6.185	6.14		15	2	30	60
8	6.185～6.275	6.23		7	3	21	63
9	6.275～6.365	6.32		2	4	8	32
10	6.365～6.455	6.41		2	5	10	50
$\sum$				100		26	346

（6）在坐标纸上画出直角坐标系，横轴表示组距，纵轴表示频数，用直线连成直方块即成直方图，如图 11-8 所示。

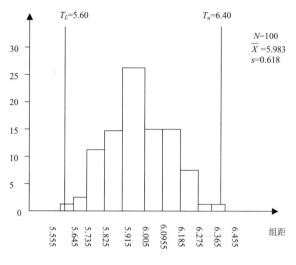

图 11-8　钢板厚度直方图

（7）在直方图上，要注明数据 N 以及平均值 $\overline{X}$ 和标准偏差 s，采取数据日期和绘图者等可供参考的项目也要注明。

（8）在图上标出规格或公差。

3．直方图的观察与分析

直方图的观察、判断主要从形状分析与规格界限比较分析两方面进行。

形状分析指观察直方图的图形形状，看是否属于正常的分布，分析工序是否处于稳定状态，判断产生异常分布的原因。

（1）正常形(见图 11-9(a))　正常形又称对称形。中部有一明显的顶峰，左右两边低且近似对称，这时判定工序处于稳定状态。

（2）偏向形　偏向形又有左偏向和有偏向之分(见图 11-9(b)、(c))。一些有形位公差要求的特性值是偏向形分布，也有的是由于加工习惯而造成的。例如，由于加工者担心产生不合格品，在加工孔时常常偏小(因而造成左偏差)；加工轴时常常偏大(因而造成右偏向)。

（3）双峰形(见图 11-9(d))　直方图出现两个顶峰，这往往是由于两个不同的分布混在一起所造成的，如有一定差别的两台机床或两种原料所生产的产品混在一起，或者不同的加工者、不同的加工方法加工的产品混在了一起等。这时应按照数据的不同性质进行分层，再作分层后的直方图。

（4）锯齿形(见图 11-9(e))　直方图高峰的变化呈参差不齐的锯齿状，这往往是由于作直方图的过程中分组过多或测量读数有误等原因造成的。

（5）平顶形(见图 11-9(f))　直方图顶部平直、峰谷不明。这往往是由于生产过程中某种缓慢的带有变动倾向的因素在起作用所造成的，如工具的磨损、操作者的疲劳等。

（6）孤岛形(如图 11-9(g))　即在远离主分布中心的地方出现一些小直方形。这表明工序质量有异常，通常是原材料有变化，或者短时期内又不熟练的工人替班操作，或者测量有误，或者混入不同规格的产品造成的。

(7) 拖尾形(见图 11-9(h))　数据的母体本身不服从正态分布，可能是某个突出因素的干扰造成。

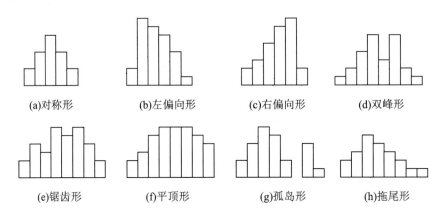

| (a)对称形 | (b)左偏向形 | (c)右偏向形 | (d)双峰形 |
| (e)锯齿形 | (f)平顶形 | (g)孤岛形 | (h)拖尾形 |

图 11-9　直方图的形状

六、控制图法

1．控制图的含义及分类

控制图又称为管理图。如图 11-10 所示，它是一种带有控制界限的图，用来区分引起质量波动的原因是偶然的还是系统的，可以提供系统原因存在的信息，从而判断生产过程是否处于受控状态。控制图按其用途可分为两类，一类是供分析用的控制图，用控制图分析生产过程中有关质量特性值的变化情况，看工序是否处于稳定受控状态；另一类是供管理用的控制图，主要用于发现生产过程是否出现了异常情况，以预防产生不合格品。

控制图通常以样本平均值 $\overline{X}$ 为中心线，以上下取 3 倍的标准差 $(\overline{X} \pm 3\sigma)$ 为控制界线，因此，用这样的控制界线作出的控制图叫做 3σ 控制图，是休哈特最早提出的控制图。

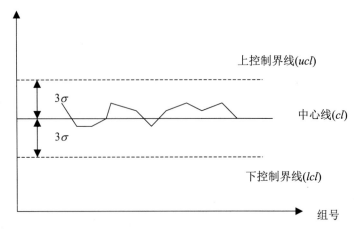

图 11-10　控制图的基本形状

控制图根据数据的种类不同，基本上可以分为两大类：计量值控制图和计数值控制图。计量值控制图一般适用于以长度、强度、纯度等为控制对象的场合，属于这类的控制图有单值控制图、平均值和极差控制图、中位数和极差控制图等。计数值控制图以计数值数据的质量特性为控制对象，属于这类的控制图有不合格品率控制图(P 控制图)和不合格品数控制图(P_n 控制图)、缺陷数控制图(c 控制图)和单位缺陷数控制图(u 控制图)等。

2．控制图的画法

(1) 收集数据，通常为 100 个，如表 11-2 所示。

(2) 将数据分组，一般取组数 K=20，每组样本容量 n 去 4～5 为宜。

(3) 计算每组的平均值和极差：$\overline{X} = \dfrac{1}{n}\sum\limits_{i=1}^{n} X_i$，$R = L_a - S_m$。

(4) 计算总的平均值和总的极差：$\overline{\overline{X}} = \dfrac{1}{k}\sum\limits_{i=1}^{k} \overline{X}_i$，$\overline{R} = \dfrac{1}{k}\sum\limits_{i=1}^{k} R_i$。

(5) 计算控制界限：

$\overline{X}$ 控制图的控制界限：$ucl = \overline{\overline{X}} + A_2\overline{R}$，$lcl = \overline{\overline{X}} - A_2\overline{R}$，$cl = \overline{\overline{X}}$。

R 控制图的控制界限：$ucl = D_4\overline{R}$，$lcl = D_3\overline{R}$，$cl = \overline{R}$。

(6) 画出控制图(略)

3．控制图的观察分析

所谓控制图的观察分析是指工序生产过程的质量特性数据在设计好的控制图上标点后取得工序质量状态信息，以便及时发现异常，采取有效措施，使工序处于受控状态的质量活动。

1) 工序稳定状态的判断

工序是否处于稳定状态的判断条件有两个：①点子必须在控制界限之内；②在控制界限内的点子，排列无缺陷或者说点子无异常排列。

如果点子的排列是随机地处于下列情况，则可认为工序处于稳定状态。①连续 25 个点子在控制界限内；②连续 35 个点子，仅有 1 个点子超出控制界限；③连续 100 个点子仅有 2 个点子超出控制界限。

2) 工序不稳定状态的判断

只要具有下列条件之一时，均可判断为工序不稳定。

(1) 点子超出控制界限(点子在控制界限上按超出界限处理)。

(2) 点子在警戒区内。点子处在警戒区是指点子处在 $2\sigma \sim 3\sigma$ 范围之内。若出现下列情况之一，均判定工序不稳定。①连续 8 点有 2 点在警戒区内；②连续 9 点有 3 点在警戒区内；③连续 10 点有 4 点在警戒区内。

(3) 点子虽在控制界限内，但排列异常。所谓异常是指点子排列出现链、倾向、周期等缺陷之一，此时，即判定工序不稳定。①连续链，连续链是指在中心线一侧连续出现点子。链的长度用链内所含点数的多少衡量，如连续 7 个点子在中心线一侧。②间断链，间断链是指多数点在中心线一侧。连续 11 个点子有 10 点子在中心线一侧、连续 14 个点子有

12 点子在中心线一侧、连续 17 个点子有 14 点子在中心线一侧、连续 20 个点子有 16 在中心线一侧。③倾向，倾向是指点子连续上升或下降。④周期，周期是指点子的变动呈现明显的一定间隔。点子出现周期性，判断较复杂，应当慎重决策。通常，应先弄清原因，再作判断。

七、相关图法

相关图又称散布图法、简易相关分析法。散布图是把两个变量之间的相关关系用直角坐标系表示的图表。它根据影响质量特性因素的各对数据，用点子填列在直角坐标图上，以观察判断两个质量特性值之间的关系，对产品或工序进行有效控制。在相关图中所分析的两种数据间的关系，可以是特性与原因、特性与特性的关系，也可以是同一特性的两个原因的关系。如在热处理时，需了解钢的淬火温度与硬度的关系；在金属机械零件加工时，需了解切削用量、操作方法与加工质量的关系等，都可用相关图来观察与分析。

第四节　ISO 9000 族标准简介

一、ISO 9000 族标准的产生和发展

国际标准化组织(International Organization for Standardization，ISO)是一个国际性的非营利组织。目前的会员超过了 150 个，我国也是其成员。国际标准化组织的前身是国家标准化协会国际联合会和联合国标准协调委员会。1947 年 2 月 23 日，国际标准化组织正式成立。他的宗旨是在全世界促进标准化及其有关活动的发展，以便于国际间的物资交流和服务，并扩大知识、科学、技术和经济领域中的合作。

现在要介绍的 ISO 9000 就是 ISO 在世界范围内推行最成功的标准之一。这套标准是由国际标准化组织的下属委员会——质量管理和质量保证技术委员会，代号为 ISO/TC176 负责起草的。

ISO 9000 族标准的产生有以下几个因素，首先它是市场经济的产物。20 世纪中期，科技水平在不断地发展，技术力量从一个方面带动了经济的发展，经济全球化的特征也日益显著，贸易也从以国内贸易为主向国际贸易转化，这使得全球成为一个大的加工厂，各个国家都在扮演不同的角色，国际化分工越来越细。在这种情况下，怎样才能够保证产品的质量，使得在贸易时可以有一个统一的标准来进行衡量，制定统一的标准被提上了日程。

ISO 9000 族标准就是在这种情况下开始酝酿的，其下属的 ISO /TC176 的委员会(质量管理和质量保证技术委员会)负责编制了这一族标准。

ISO 9000 族标准的发展经历了以下几个阶段：1986 年颁布 ISO 8402《质量——术语》；1987 年颁布 ISO 9000、ISO 9001、ISO 9002、ISO 9003、ISO 9004，这个版本推出之后，没有得到广泛的推行，所以影响不是很大；1994 年颁布的 1994 版 ISO 9000 族标准，这套标准在推出以后，得到了世界各国的普遍关注，越来越多的企业将其作为质量管理的标准之一，ISO 9000 的认证已经成为国际商贸交流和市场的通行证之一；1997 年底

ISO /TC176 提出对标准第二阶段修订(彻底修改)的最初成果：工作组案第一稿(WD1)；1998年 9 月提出技术委员会草案第一稿(CD1)；1999 年 11 月提出 2000 版 ISO /DIS9000,ISO /DIS9001、ISO /DIS9004 国际标准草案。2000 年 9 月 14 日颁布 ISO /FDIS9000，ISO /FDIS9001、ISO /FDIS9004 国际标准草案。2000 年 12 月 15 日 ISO 正式颁布 ISO9000、ISO9001、ISO9004 国际标准。我国于 2000 年 12 月 28 日颁布、2001 年 6 月 1 日起实施等同采用的上述标准，标准编号为 GB/T 19000——2000idtISO 9000——2000、GB/T 19001——2000idtISO 9001——2000、GB/T 19004——2000idtISO 9004——2000。GB/T 19011——2003idtISO 19011——2002 标准于 2003 年 5 月 23 日颁布、自 2003 年 10 月 1 日起实施。其后，ISO 分别于 2005 年、2008 年、2009 年对相关标准进行了修订。

二、ISO 9000 族标准的构成

ISO 9000 族(the ISO 9000 family)标准是指由 ISO /TC 176 技术委员会所制订的标准(standards)、指南(guidelines)、技术报告(technical reports)和小册子(brochure)。ISO 9000 族标准现在有四个核心标准，除此之外的文件均为"附属物"，应用者可根据需要参考。ISO 9000 族标准总体构成如图 11-11 所示。具体包括以下几部分。

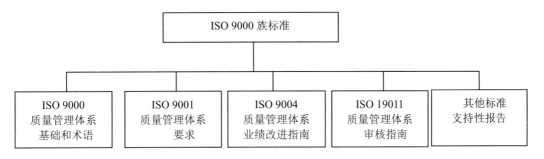

图 11-11　ISO 9000 族标准总体构成

1．核心标准

ISO 9000：2005 质量管理体系　基础和术语

ISO 9001：2008 质量管理体系　要求

ISO 9004：2009 质量管理体系　业绩改进指南

ISO 19011：2002 质量和(或)环境管理体系审核指南

2．其他标准

ISO 10012 测量设备的质量保证要求

3．技术报告

ISO /TR10006 项目管理指南

ISO /TR10007 技术状态管理指南

ISO /TR10013 质量管理体系文件指南

ISO /TR10014 质量经济性管理指南

ISO /TR10015 教育和培训指南

ISO /TR10017 统计技术在 ISO 9001 中的应用指南

4. 小册子

质量管理原理

选择和使用指南

ISO 9001 在小型企业中的应用指南

5. 技术规范

ISO /TS16949：2002 质量管理体系——汽车生产件及相关维修零件组织应用 ISO 9001：2000 的特别要求

三、ISO 9000 族标准的特点

ISO 9000 族标准的特点如下所述：适用于各种类型的组织，无论组织的规模大小，还是从事任何行业，都可使用该标准；现行的 ISO 9000 族标准中，取消了原来 1994 版中 ISO 9001，ISO 9002，ISO 9003 的 3 个标准，统一形成了 ISO 9001 标准，各组织在选用时，可以根据组织的具体情况进行删减；突出了以顾客满意作为衡量组织业绩的手段；现行的 ISO 9000 族标准采用过程的方法来编制的，过程就是将输入转化为输出的活动，将资源和活动按照过程进行管理的方法就是过程方法，过程应该是增值的，就是输出应该大于输入；更加强调了管理者的作用；标准更加突出了持续改进；对文件化的程序要求降低，强化了组织的自主权。文件要求形成的文件只有：文件控制 4.2.3，记录控制 4.2.4，内部审核 8.2.2，不合格品控制 8.3，纠正和预防措施 8.5。

四、八项质量管理原则

1. 以顾客为关注焦点

组织依存于顾客，因此，组织应当理解顾客当前和未来的需求，满足顾客的要求并争取超越顾客的期望。就是说一切要以顾客为中心，没有了顾客，产品销售不出去市场自然就没有了。所以，无论什么样的组织，都要满足顾客的需求，顾客的需求是第一位的，要满足顾客需求，首先就要了解顾客的需求，这里说的需求，包含顾客明示的和隐含的需求。明示的需求就是顾客明确提出来的对产品或服务的要求；隐含的需求或者说是顾客的期望，是指顾客没有明示但是必须要遵守的，比如说法律法规的要求，还有产品相关的标准的要求。另外，作为一个组织，还应该了解顾客和市场的反馈信息，并把它转化为质量要求，采取有效措施来实现这些要求。想顾客所想，这样才能做到超越期望。这个指导思想不仅企业领导要明确，而且应在全体职工中贯彻。

2．领导作用

领导者确立组织统一的宗旨和方向。他们应当创造并保持使员工能充分参与实现组织目标的内部环境。作为组织的领导者，必须将本组织的宗旨、方向和内部环境统一起来，积极营造一种竞争的氛围，调动员工的积极性，使所有员工都能够在融洽的气氛中工作。领导者应该确立组织的统一宗旨和方向，就是所谓的质量方针和质量目标，并能够号召全体员工为组织的统一宗旨和方向努力。

领导的作用，即最高管理者应该具有决策和领导一个组织的关键作用。确保关注顾客的要求，确保建立和实施一个有效的质量管理体系，确保提供相应的资源将组织运行的结果与目标比较，根据情况决定实施质量方针、目标的措施，决定持续改进的措施。在领导作风上还要做到透明、务实和以身作则。

3．全员参与

各级人员都是组织之本，只有他们的充分参与，才能够使他们的才干为组织带来收益。职工是每个组织的基础。组织的质量管理不仅需要最高管理者的正确领导，还有赖于全员的参与。所以要对职工进行质量意识、职业道德、以顾客为中心的意识和敬业精神的教育，还要激发员工的积极性和责任感。没有员工的合作和积极地参与，不可能做出什么成绩的。

4．过程方法

将活动和相关的资源作为过程进行管理，可以更高效地得到期望的结果。所谓过程，它在标准中的定义是，一组将输入转化为输出的相互关联或相互作用的活动。一个过程的输入通常是其他过程的输出。过程应该是增值的，组织为了增值通常对过程进行策划并使其在受控条件下运行。这里的增值不仅指有形的增值，而且有无形的增值。比如我们的制造过程，就是将一些原材料经过加工形成了产品，可以想象一下，产品的价格会比原材料的总和要高，这就是增值。组织在运转的过程中，有很多活动，都应该作为过程来管理。将相关的资源和活动作为过程进行管理，可以更高效地得到期望的结果。过程方法的原则在于某些简单的过程，也适用于由许多过程构成的过程网络。在应用于质量管理体系时，2000 版 ISO 9000 族标准建立了一个过程模式。此模式把管理职责，资源管理，产品实现，测量、分析和改进作为体系的四大主要过程，描述其相互关系，并将顾客要求为输入，提供给顾客的产品为输出，通过信息反馈来测定顾客的满意度，评价质量管理体系的业绩。

5．管理的系统方法

将相互关联的过程作为系统加以识别、理解和管理，有助于组织提高实现目标的有效性和效率。

组织的过程不是孤立的，是有联系的。因此，我们要正确地识别各个过程，以及各个过程之间的关系，并采取适合的方法来管理。针对设定的目标，识别、理解并管理一个由相互关联的过程所组成的体系，有助于提高组织的有效性和效率。这种建立和实施质量管理体系的方法，既可用于新建体系，也可用于现有体系的改进。此方法的实现可在三方面

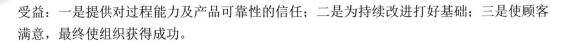

受益：一是提供对过程能力及产品可靠性的信任；二是为持续改进打好基础；三是使顾客满意，最终使组织获得成功。

6. 持续改进

持续改进总体业绩应当是组织的一个永恒目标。在过程的实施过程中不断地发现问题，解决问题，这就会形成一个良性循环。持续改进是组织的一个永恒的目标。在质量管理体系中，改进是指产品质量及体系有效性和效率的提高。持续改进包括：了解现状，建立目标，寻找、评价和实施解决办法，测量、验证和分析结果，把更改纳入文件等活动。最终形成一个 PDCA 循环，并使这个循环不断的运行，使得组织能够持续改进。

7. 基于事实的决策方法

有效决策是建立在数据和信息分析的基础上的。组织应该收集运行过程中的各种数据，然后对这些数据进行统计和分析，从数据中寻找组织的改进点，或者相关的信息，以便于组织做出正确的决策，减少错误的发生，防止决策失误。

对数据和信息的逻辑分析或直觉判断是有效决策的基础。在对信息和资料做科学分析时，统计技术是最重要的工具之一。统计技术可用来测量、分析和说明过程的变异性，统计技术还可以为持续改进的决策提供依据。

8. 与供方互利的关系

组织与供方是相互依存的，互利的关系可增强双方创造价值的能力。对于不同的组织，在不同的供应链中的地位是不同的，有可能是一个供应链中的供方，同时又是另外一个供应链中的顾客，所以，互利的关系其实是为供应链中各方同时得到改进提供了一个机会。

互利的关系，增强了组织及供方创造价值的能力。供方提供的产品将对组织向顾客提供满意的产品产生重要影响。因此，处理好与供方的关系，影响到组织能否持续稳定提供顾客满意的产品。对供方不能只讲控制不讲合作互利，特别对关键供方，更要建立互利关系，这对组织和供方都有利。

五、质量管理体系认证

质量管理体系的认证是质量认证的一种形式，是非强制性认证，具体包括：第一方认证：企业按照 ISO 9000 标准对自己的企业进行评审；第二方认证：客户对其供应商进行评审；第三方认证：一个由具有国家标准或国际标准资质的认证机构充当评审员的认证。

一个企业最好的认证是通过第三方认证。一旦通过了第三方评审，该公司就获得了认证，可以作为达到 ISO 9000 标准而被注册或记录，而且还可以成为认证公司档案中的一员。这种第三方认证在欧共体还有法律上的优点，例如，制造商应对用户因使用其产品造成伤害负责。但是，公司可通过展示它在生产工艺中应用了适当的标准，并且在采购所需部件时对供应商进行了仔细选择，来免除自己在这次事件中的责任。鉴于这个原因，有理由选择 ISO 9000 认证的供应商。

认证所需的时间少则 3～6 个月(如果企业目前采用的是军用标准)，多则长达两年(如果高层管理尚未有承诺)。认证涉及编制合适的文件、制定所需的程序和方法、进行评审。这可以按照第二方或第三方评审的要求进行。

六、ISO 9000 与 TQM 的关系

在当代，全面质量管理、ISO 9000、质量奖已经成为热点集中的三大领域。现在，人们已普遍地把全面质量管理看做是达到世界级质量水平的有效途径。现行的 ISO 9000 族标准的最大改进之一就是与 TQM 有更多的兼容，作为标准指导思想的八项质量管理原则体现了 TQM 的基本思想，并与反映质量奖评审标准的核心价值观有很多相似之处。世界公认的美国波多里奇国家质量奖、一些国家和区域性质量奖的评审标准、ISO 9000:2005 标准中的"优秀模式"，都充分体现了 TQM 的精髓或主要指导思想，反映 TQM 的要求和活动。ISO 9004:2009 业绩改进指南的应用与实施，对引导组织推进和深化 TQM，发挥积极和重要的作用。该标准超越了 ISO 9001:2008 的要求，追求组织的卓越业绩，追求有效性和效率，确保所有相关方获益，追求广义的质量，都必须兼容 TQM 的许多思想和内容。ISO 9004:2009 为各类获得质量管理体系认证的组织架起了一座从 ISO 9001 通向 TQM，追求卓越质量和业绩的桥梁。

第五节　质量大师与世界著名的质量奖

一、质量大师

1. 爱德华.戴明(W.Edwards Deming)

1)　戴明的生平

戴明博士于 1900 年 10 月 4 日生于美国爱荷华州，戴明父亲经营农场但收入不多，少时的戴明家境算是贫穷，因此他在少年时代可以说是一直在打工，有时候在外面做点亮街灯、除雪的工作，赚取每天一块两毛的工资或在饭店内打杂工等以补家计。

戴明博士 1950 年应聘去日本讲学，并将其报酬捐出，而后几乎每年都赴日继续指导，奠定了日本企业界良好的质量管理基础。

2)　戴明博士的贡献

第一个阶段——对美国初期 SQC 推行的贡献。戴明博士在美国政府服务期间，为了国势人口调查而开发新的抽样法，并证明统计方法不但可应用于工业而商业方面亦有用。

第二阶段——对日本的质量管理贡献。戴明博士从 1950 年到日本指导质量管理后就一直继续，长达近四十年，且前二三十年几乎每年都去，可以说日本的质量管理是由戴明博士带动起来的都不为过。

第三阶段——对美国及全世界推行 TQM 的贡献。由于戴明博士对日本指导质量管理的成功，让美国人惊醒，原来日本工商经营成功的背后竟然有一位美国人居功最大，故开始对戴明博士另眼看待。

3) 戴明博士质量管理十四法则

《十四条》的全称是《领导职责的十四条》，这是戴明先生针对美国企业领导提出来的。从美国各刊物所载原文看，无论是次序还是用语，都各有差异。这可能是因为在十多年的慢长时间里，戴明本人在不同场合有不同强调的缘故。

第一条 要有一个改善产品和服务的长期目标，而不是只顾眼前利益的短期观点。为此，要投入和挖掘各种资源。

第二条 要有一个新的管理思想，不允许出现交货延迟或差错和有缺陷的产品。

第三条 要有一个从一开始就把质量造进产品中的办法，而不要依靠检验去保证产品质量。

第四条 要有一个最小成本的全面考虑。在原材料、标准件和零部件的采购上不要只以价格高低来决定对象。

第五条 要有一个识别体系和非体系原因的措施。85%的质量问题和浪费现象是由于体系的原因，15%是由于岗位上的原因。

第六条 要有一个更全面、更有效的岗位培训。不只是培训现场操作者怎样干，还要告诉他们为什么要这样干。

第七条 要有一个新的领导方式，不只是管，更重要的是帮，领导自己也要有个新风格。

第八条 要在组织内有一个新风气。消除员工不敢提问题、提建议的恐惧心理。

第九条 要在部门间有一个协作的态度。帮助从事研制开发、销售的人员多了解制造部门的问题。

第十条 要有一个激励、教导员工提高质量和生产率的好办法。不能只对他们喊口号、下指标。

第十一条 要有一个随时检查工时定额和工作标准有效性的程序，并且要看它们是真正帮助员工干好工作，还是妨碍员工提高劳动生产率。

第十二条 要把重大的责任从数量上转到质量上，要使员工都能感到他们的技艺和本领受到尊重。

第十三条 要有一个强而有效的教育培训计划，以使员工能够跟上原材料、产品设计、加工工艺和机器设备的变化。

第十四条 要在领导层内建立一种结构，推动全体员工都来参加经营管理的改革。

2. 约瑟夫·M. 朱兰(Joseph M.Juran)

约瑟夫·M. 朱兰(1904—2008)。出生于罗马尼亚，1912年随家庭移民美国，1917年加入美国国籍，曾获电器工程和法学学位。在其职业生涯中，他做过工程师、企业主管、政府官员、大学教授、劳工调解人、公司董事、管理顾问等。

1925——他获得电力工程专业理学士学位并任职于著名的西方电气公司芝加哥霍索恩工作室检验部。

1928——他完成了《生产问题的统计方法应用》(Statistical Methods Applied to Manufacturing

Problems)小手册。

1937——纽约西方电气公司总部工业工程方面的主席。

1951——第 1 版《质量控制手册》(Quality Control Handbook) 出版为他赢得了国际威望。

1954 ——抵日并召开中高级管理者专题研讨会。

1979 ——建立了朱兰学院，更利于广泛传播他的观点，朱兰学院如今已成为世界上领先的质量管理咨询公司。

1982.3.21 日访华。

主要著作：《管理突破》(Management Breakthrough)及《质量计划》(Quality Planning)。朱兰博士主编的《质量控制手册》(Quality Control Handbook)被称为当今世界质量控制科学的名著。为奠定全面质量管理(TQM)的理论基础和基本方法做出了卓越的贡献。

① 三元论(三部曲)。a.质量计划：为建立有能力满足质量标准化的工作程序，质量计划是必要的。b.质量控制：为了掌握何时采取必要措施纠正质量问题就必须实施质量控制。c.质量改进：质量改进有助于发现更好的管理工作方式。

② 质量环。朱兰博士提出，为了获得产品的适用性，需要进行一系列活动。也就是说，产品质量是在市场调查、开发、设计、计划、采购、生产、控制、检验、销售、服务、反馈等全过程中形成的，同时又在这个全过程的不断循环中螺旋式提高，所以也称为质量进展螺旋。

③ "80/20"原则。他依据大量的实际调查和统计分析认为，在所发生的质量问题中，追究其原因，只有 20%来自基层操作人员，而恰恰有 80%的质量问题是由于领导责任所引起的。

在国际标准 ISO 9001 中，与领导职责相关的要素所占的重要地位，在客观上证实了朱兰博士的"80/20 原则"所反映的普遍规律。

3．克劳斯比(Philip B．Crosby)

1) 克劳斯比生平

克劳斯比生于 1926 年 6 月 18 日，卒于 2001 年 8 月 18 日。从医生、军人、工人、商业领袖到"质量福音传道者"。曾被《时代》杂志称为"质量福音的传道者，本世纪伟大的管理思想家"的克劳斯比，虽然也被称为"管理三教父"之一。他生于西弗吉尼亚惠灵市的一个医学世家。克劳斯比一开始也以为自己将要进入医界。1949 年他毕业于俄亥俄大学，并获得了足外科学位，然而，此后不久，他有了从戎的理想，克劳斯比成为海军陆战队和海军的战地军医。退役后，1952 年至 1955 年，克劳斯比在生产车间工作了 3 年。这段时间，他第一次接触到质量，并加入美国质量协会。再后来，他成为马丁—玛瑞埃塔公司的质量经理，将自己创造发展的质量理论在现实世界中进行锤炼、检验。正是在马丁公司，他提出了闻名于世的"零缺陷"的概念。1965 年，克劳斯比出任国际电报电话公司的质量副总裁，一干就是 15 年。随后，在 1979 年他当选为美国质量协会的主席……正如克劳斯比自己所说："我是从商界的底层起步的，一步步晋升，几乎做过每一种工作：检查员、测试员、助理领班、初级工程师、总工程师、部门负责人、经理、总监、集团公司副总裁……。

克劳斯比一生写了 15 部畅销书，涉及质量与管理的丰富主题，被翻译成 16 种语言，销量超过 250 万册。在克劳斯比的众多文集中，最著名的莫过于《质量免费》他认为，只要在一开始就把事情做对，那么产品的质量就是免费的，不需要企业再花钱来提高。

世人对对克劳斯比称谓有很多：如"世界级商务运营的卓越管理模式"，作为当代"伟大的管理思想家"、"零缺陷之父"、"世界质量先生"，致力于"质量管理"哲学的发展和应用，引发了全球源于生产制造业、继而扩大到工商业所有领域的质量运动，创造了其独有的词汇，其中"零缺陷"、"符合要求"、"预防"以及"不符合要求的代价"、"可靠的组织"等均出自克劳士比的笔端。包括 AT&T、BP、3M、IBM、GM、GE、Xerox、Motorola 等在内的"世界 500 强"的企业均实施了克劳斯比管理哲学。

2) 克劳斯比的主要理论

① 克劳斯比管理哲学基本原理：

工作原理：工作=(业务+关系)×哲学。

开车理论：一次做对"三要素"——控制系统、保证体系和运营管理。

克劳士比成本曲线：质量提高，成本降低；速度提升，成本下降。

质量免费原理：内部一致性带来成本的降低，符合客户要求则会扩大市场份额、产生溢价。

完整性原理：卓越表现=(文化成熟度×效能×关系)×一次做对率。

质量代价原理：质量代价=总成本–无失误运作成本–质量成本。

精灵通则：创建可信赖的组织的基本要求——PERI：政策(P)、教育(E)、要求 (R)和坚持(I)。

质量成熟度方格：不确定期、觉醒期、启蒙期、智慧期和确定期。

企业健康诊断方格：昏迷状态、重病护理、加强护理、治愈和健康。

领导成熟度评估方格：议程、哲学、关系和全球化。

克氏疫苗：诚信、系统、沟通、运营和政策。

② 克劳斯比的零缺陷管理之道：

一个核心：第一次就把事情做好(Do it Right the First Time)。

两个基本点：有用的和(或)信赖的。

——管理的产品就是可信赖的组织。这是他们(管理者)生命中的基本意愿…

——组织可以通过文化变革而变成可信赖的，没有其他方式。有用的和可信赖的组织就是竞争和利润，那正是我们想要的。

三个代表：客户、员工、供应商。

就像古希腊经典著作中那些独创性的概念一样，这些思想永远不会退出历史舞台，相反，它们将为现实世界中追求成功的人们提供一个舞台。这些原则既适用于个人，也适用于组织，形成了一个完美的结合——就像一顿营养均衡美食，它们互为前提，缺一不可：帮助员工成功；帮助供应商成功；帮助客户成功。

四项基本原则：

质量的定义：质量的定义就是符合要求，而不是好。"好、卓越、美丽、独特"等述语

都是主观和含糊的。一旦质量被定义为符合要求，则其主观色彩随之消散。任何产品、服务或过程只要符合要求就是有质量的产品、服务或过程。如果不能符合要求，就会产生不符合要求的结果。

质量系统：产生质量的系统是预防，不是检验。检验是在生产过程结束后把坏的产品从好的产品里面挑选出来，而不是促进改进。预防发生在过程的设计阶段。包括沟通、计划、验证以及逐步消除出现不符合的时机。通过预防产生质量，要求资源的配置能保证工作正确地完成，而不是把资源浪费在问题的查找和补救上面。

工作标准：工作标准必须是零缺陷(zero defects)，而不是"差不多就好"(close enough is good enough)。"差不多就好"是说，我们将仅仅在某些时候满足要求，而零缺陷的工作标准则意味着我们每一次和任何时候都要满足工作过程的全部要求。它是一种认真的符合我们所同意的要求的承诺(a personal commitment)。

质量的衡量：质量是用不符合要求的代价(price of nonconformance，PONC)来衡量的，而不是用指数(制造业约占利润的 20%、服务业为 35%)。

——指数是一种把符合项相关的坏消息进行软处理的方法。

——如果我们软化了坏消息，那么管理者将永远不会采取行动。

——而通过展示不符合项的货币价值，我们就能够增加对问题的认识。

——通过浪费的钱财、浪费的时间、努力、材料来衡量质量，能产生用来努力引导改进并衡量改进成果的金钱数字。

五个解决问题的步骤：共识、系统、沟通、实际执行、确定政策。

正式的改正行动系统的观念，就是让每一个人习惯于解决和预防问题，而不是学着与问题为伍。

六个标准差运动：

在企业的每个角落，都朝着零缺陷的方向持续改进，从而达到客户满意。要达成这样的目标，必须将优质的要求建立在概念提出到交付全过程(design in quality, built-in quality)。

很多人会对零缺陷的想法表示怀疑，真的可能是零缺陷吗？克劳斯比说，既然不认为是零缺陷，那么缺陷到底是多少可以接受呢？六标准差运动其实也是围绕这个问题展开的，即 100 万次中，只允许有 3.4 个错误的机会，不光指产品本身，包括全过程的指标。

二、质量奖

据统计，世界上有 70 多个国家设立质量奖。美国波里奇国家质量奖、日本戴明奖、澳大利亚卓越质量奖、加拿大质量奖、南非卓越质量奖等都是政府奖或在政府的倡导支持下开展的。美国竞争力委员会在一份标题为"构建波里奇：21 世纪的美国质量"的报告中写到："与其他活动不同，波里奇国家质量奖肩负着使质量成为国家的重要任务以及在美国推广优秀实践经验的使命。"

1. 日本的戴明奖

世界范围内影响较大的质量奖中，日本戴明奖是创立最早的一个。它始创于 1951 年，是为了纪念已故的威廉·爱德华·戴明博士，他为日本战后统计质量控制的发展作出了巨大贡献。日本业界认为，他的教诲帮助日本建立了这样一个基础，正是在这个基础之上，日本的产品质量才达到了今天这样被世界广泛承认的水平。

(1) 戴明奖的设立。W. E. 戴明博士(1900—1993)是美国最著名的质量控制专家之一。1950 年 7 月，受日本科学家与工程师联合会(JUSE)邀请赴日本讲学。

在日期间，戴明首先在东京的日本医药协会大礼堂就质量控制这一主题进行了为期 8 天的讲授，接着，又在日本本州岛东南部的箱根镇为企业的高级主管讲授了一天。在这些课程的讲授过程中，戴明博士用通俗易懂的语言将统计质量管理的基础知识完整的传授给了日本工业界的主管、经理、工程师和研究人员。他的讲授为现场听众留下深刻印象，并为当时正处在幼年期的日本工业的质量控制提供了极大的推动力。

听课的人们将这 8 天课程的速记、笔录汇总整理为《戴明博士论质量的统计控制》的手抄本竞相传播，戴明博士随即慷慨地把这一讲稿的版税赠送给日本科学家与工程师联合会(JUSE)，为了感激戴明博士的这一慷慨之举，当时担任 JUSE 会长的 Kenchi Koyanagi 先生建议用这笔资金建立一个奖项，以永久纪念戴明博士对日本人民的贡献和友情，并促进日本质量控制的持续发展。JUSE 理事会全体成员一致通过了这项提议，戴明奖由此建立。

随后，戴明博士的著作，《样本分析》在日本翻译出版，他再一次捐赠了该书的版税，自那以后，戴明奖不断发展，直到今天 JUSE 依然负责戴明奖的所有经费管理。

(2) 戴明奖的种类。戴明奖共分为 3 类：戴明奖、戴明应用奖和质量控制奖。

2. 美国的波里奇奖

1987 年，美国制定了马可姆·波里奇国家质量改进法案，该法案设立了用以表彰美国工业中的全面质量管理的年度奖。马可姆·波里奇国家质量奖代表了美国政府对质量是保证企业经营战略成功的一个必要部分的认可。波里奇将通过以下几个方面的努力来提高企业产品质量和生产效率：

(1) 激励美国公司，使他们为了获得荣誉而提高质量和生产率，同时通过降低成本和增加利润使企业获得竞争力。

(2) 建立指南和法则，以便商业、工业、政府和其他组织在评价其质量改进努力方面时有章可循。

(3) 对提高了产品或服务质量的那些企业的成就进行认可，从而为其他企业树立榜样。

(4) 通过发布有关获奖组织是如何改变企业文化并取得质量成就的信息，为其他想学习如何达到高质量的美国组织进行特别指导。

波里奇奖有 5 个类别：制造公司或其子公司；提供服务的服务公司或其子公司；小型企业；卫生健康组织，包括营利性组织和非营利性组织；教育组织，包括营利性组织和非营利性组织。

每个类别中最多只能有 3 个获奖者。获奖者被要求公开讨论他们是如何在质量方面取得成功的。在这些获奖者中，有我们所熟悉的摩托罗拉、联邦快递、利兹—卡尔顿(Ritz-Carlton)酒店等公司。所有波里奇奖的获得者名单都在其网站(www.quality.nist.gov)上公布以供查询。

3. 欧洲质量奖

欧洲质量奖类似于波里奇奖。欧洲质量管理基金会(European Foundation for Quality Management, EFQM)，一个由西欧 14 个主要国家参与的联合会，在 1988 年设立了该奖项。EFQM 在欧洲有 600 多个会员组织，这些组织都是公认的、能持续改善效率效能的并且业绩出色的企业。该奖项每年授予当年在全面质量管理方面表现最出色的组织，获奖者分为四类：公司整体、公司的运营部门、中小型企业与公共部门组织。该奖项的评奖框架模型类似于一个自我评价工具，它由 9 个被认为是企业成功关键的因素组成(见图 11-12)，该奖项通过这九个标准来评价组织的运作是否成功。

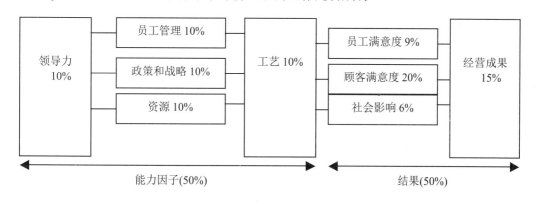

图 11-12　欧洲质量奖的框架

资料来源：理查德•B. 蔡斯，任建标. 运营管理[M]. 9 版. 北京：机械工业出版社，2003.

4. 我国的"全国质量管理奖"

目前，我国尚未设立国家质量奖，但引导企业提高质量、增强竞争力是政府的职责。在市场经济条件下，政府的经济职能是调控、引导、监督、服务，奖励是引导的一项重要措施。《产品质量法》规定："对产品质量管理先进和产品质量达到国际先进水平、成绩显著的单位和个人，给予奖励"。国务院《质量振兴纲要》明确提出：依照《产品质量法》的有关规定，建立质量奖励制度。我国质量评奖始于改革开放后的 20 世纪 80 年代，但后来由于种种原因停止，2001 年又恢复评奖。在总结中外质量管理成功经验的基础上，国家质检总局于 2004 年 8 月 30 日发布了《卓越绩效评价准则》(GB/T 19580—2004)国家标准和《卓越绩效评价准则实施指南》(GB/Z 19579—2004)国家标准化指导性技术文件。

这两个标准在借鉴国外质量管理成功经验基础上，结合我国实际情况，从领导、战略、顾客与市场、资源、过程管理、测量、分析与改进以及经营结果 7 个方面规定了组织卓越绩效的评价要求，反映了现代管理的先进理念和方法。这套标准的实施一是为企业追求卓越提供了一个经营管理模式；二是为企业诊断当前的管理水平提供了一个系统的检查表；三是为全国评选质量管理奖和各级质量奖的评审提供了评价组织卓越绩效的依据。

全国质量管理奖标准分为 3 个层次：7 个类目、19 个条目、32 个着重方面。全面质量管理奖标准，共计 1000 分：领导作用(120 分)；战略策划(80 分)；以顾客和市场为中心(80 分)；测量、分析和知识管理(80 分)；以人为本(80 分)；过程管理(160 分)和经营结果(400 分)。

全国质量管理奖的十一项核心价值观为：领导者作用；以顾客和市场为中心；培育学习型组织和个人；建立组织内部与外部合作伙伴关系；灵活性和快速反应；关注未来追求持续稳定发展；管理创新；基于事实的管理；社会责任与公民义务；重视结果和创造价值和系统的观点。

本章思考题

1. 什么是质量？什么是产品质量？
2. 质量管理包括哪些方面的内容？
3. 全面质量管理有何特点？
4. 什么是质量成本？包括哪些内容？
5. 简述质量管理的发展过程及各阶段的特点。
6. 简述质量管理实施中的几种重要方法。
7. 什么是 PDCA 循环？
8. ISO 9000 的核心标准有哪些？
9. 企业为什么实施 ISO 9000？
10. 某厂加工螺栓，其外径尺寸要求为 $\phi 8\text{mm} \pm {}^{0.05}_{0.10}\text{mm}$，现场随机抽样测得数据 100 个，其尺寸分布如表 11-5 所示。请画出直方图并进行判断。
11. 举例说明世界著名的质量奖有哪些？
12. 你知道的世界著名的质量大师有哪几位？他们的主要观点是什么？

表 11-5　尺寸分布表

组 号	组 距	组中值	f	u	fu	fu^2
1	7.9115-----------7.9145	7.913	2	−4	−8	32
2	7.9145-----------7.9175	7.916	2	−3	−6	18
3	7.9175-----------7.9205	7.919	16	−2	−32	64
4	7.9205-----------7.9235	7.922	18	−1	−18	18
5	7.9235-----------7.9265	7.925	23	0	0	0
6	7.9265-----------7.9295	7.928	17	1	17	17
7	7.9295-----------7.9325	7.931	15	2	30	60
8	7.9325-----------7.9355	7.934	3	3	9	27
9	7.9355-----------7.9385	7.937	4	4	16	64
$\sum$			100		8	300

第十二章

企业技术创新管理

本章导读：

进入 21 世纪，技术革命正以超常速度发展，高新技术的发展正控制着市场竞争的主动权。谁拥有高新技术，谁就能在市场竞争中占主导地位。目前，中国企业的技术创新水平与发达国家相比存在较大的差距，企业必须加大技术创新力度，把其作为企业发展的动力源泉，用高新技术改造传统产业，实现工艺升级、产品换代。技术创新战略对于企业获取和保持竞争优势正发挥着越来越重要的作用。本章介绍了技术创新的有关概念，技术创新的过程模式，企业技术创新能力的构成及培育，分析了企业技术创新不同战略模式的优缺点，最后介绍了企业新产品开发管理的步骤与主要方法。

学习目标：

通过对技术创新有关概念、内容、模式的学习，掌握企业技术创新的基础知识和规律性，认识企业技术创新能力的重要性及其构成，掌握企业新产品开发的基本方法与步骤。

关键词：

技术创新(technology innovation)　战略模式(strategy pattern)　新产品开发(new product development)

第一节　技术创新概述

一、技术创新的概念

技术创新概念源于熊彼特的创新理论。美籍奥地利经济学家 J.A.熊彼特(J.A.Schumpeter)于 1912 年在其所著《经济发展理论》一书中首先提出了"创新理论"。他认为，创新是企业家对生产要素的重新组合，其形式主要有引入新的产品或提供新的产品质量(产品创新)、采用新的生产方法(新技术创新)、开辟新的市场(市场创新)、获得新的供给来源(原材料创新)和实行新的组织方式(组织创新)。创新能导致经济增长，并使经济增长呈现周期性。

美国学者曼斯菲尔德(Mansfield)认为，当一项发明被首次应用时，才称为技术创新。斯通曼(Stoneman)认为，技术创新是首次将科学发明输入生产系统，并通过研究开发，努力形成商业交易的过程。我国学者傅家骥认为，技术创新是企业家抓住市场潜在的赢利机会，重新组合生产条件、要素和组织，从而建立效能更强、效率更高和生产费用更低的生产经营系统的活动过程。

研究与开发(R&D)活动的结果是新产品、新工艺等的新发明，新发明仅是技术创新过程的开始。这些新发明能否转化为现实生产力，还要同时受两方面的作用和检验：一是新发明大规模生产的技术可行性检验；二是市场需求的检验。只有这些新发明同时通过这两方面的检验时，才会被引入生产经营系统，并经企业家重新组合生产要素后，才能转化为现实生产力。至此，技术创新过程在全社会范围内并未结束。基于创新的扩散本质属性，只有技术创新再通过市场扩散和商业化，并逐步建立起一个新产业，技术创新过程在全社会范围内才算结束。技术创新应是"研究与开发(R&D)发明——技术与市场检验转化为生产力——创新扩散商业化产业化"一系列创新活动过程。

理解技术创新的概念，需要把握以下5个要点：

(1) 从技术创新的主体来看，包括个人、以企业为代表的营利性组织、非营利性组织三种类型。其中企业为主导的技术创新活动是一种主要形态的技术创新活动，非营利性组织所实施的技术创新活动也是现代社会中常见的一种活动类型，如国家所组织的重大科考活动、国防工程等，其中也包含着重要的技术创新活动。我们主要研究以企业为主体、以商业化为特征的技术创新活动。

(2) 技术创新活动作为一个系统化的过程，往往要有相应的组织、管理甚至制度的变动相配合，但在概念上，技术创新与组织创新、制度创新、管理创新相涵盖的范围是有区别的。

(3) 从技术创新的对象领域来看，既包括生产体系中各要素的创新，如生产设备、生产器具的创新，也包括产品实体方面的创新，如产品结构原理、材料、性能、用途方面的创新，也包括外观方面的创新。具体有以下几个方面：一是生产手段(生产工具、生产设备、生产工艺)方面的创新；二是产品材料的创新；三是产品结构原理的创新；四是产品用途、功能的创新；五是产品外观的创新。

(4) 从技术创新过程中技术变动的程度看，既包括技术的根本性变化，也包括技术的渐进性变化；既包括"首次"的原创性技术创新，也包括创新技术成果的扩散性应用(即在世界上不算新，但在某一个国家或地区仍然是新的)；可以是在研究开发获得新知识、新技术的基础上实现技术创新，也可以是将已有技术进行新的组合(并没有新知识和新技术产生)实现技术创新。

(5) 广义的技术创新活动具有商业经济价值、社会价值、科学认识价值等多重价值性。

二、技术创新与有关概念的区别和联系

1. 与技术发明的区别和联系

技术发明是指在技术上有较大突破，并创造出与已有产品原型或方法完全不同或有很大改进的新产品原型或新的方法。技术发明与技术创新最大的不同是，技术发明只考察技术的变动，不考察是否成功进入生产领域和产生经济效益。技术发明可以形成具有商业目

的的技术性构想，从而构成技术创新活动的一个环节。从这个意义上讲，技术创新可以包含具有商业目的的技术发明。

2. 与研究开发的区别和联系

研究开发是构成技术创新的一个主要环节，因此它只能是技术创新的一部分。但是，当研究开发活动未延伸到商业化应用时，它则不是技术创新的组成部分。也有一部分技术创新并不需要大量的研究开发活动，如集装箱的创新，3M 公司发明的"报事贴"等产品，研究与开发的成分就较少。因此，研究开发并不是技术创新的必备条件。

3. 与技术成果转化的区别和联系

技术成果转化一般是指将研究开发的技术原型(产品样机、工艺原理及基本方法等)进行扩大实验，并投入实际应用，生产出产品推向市场或转化成熟工艺再投入应用的技术活动。与技术创新概念不同的是，技术成果转化主要侧重于技术活动的后端；而技术创新不仅可以源于已有的研究开发成果，而且可以源于技术的研究开发活动本身。因此，严格地讲，技术创新是一个更广义的概念，包括了技术成果转化。

4. 与技术进步的区别和联系

技术进步是一个十分宽泛的概念，在经济学上，技术进步是指生产函数扣除资本、劳动等要素的贡献后的余额。实现技术进步的途径有许多，如提高劳动者的素质，提高管理水平等，但实现技术进步的根本途径则是技术创新。因此，相对于技术创新而言，技术进步是一个包括内容更广泛，同时也更宏观的概念。技术创新只是技术进步的一个组成部分。

三、技术创新的主要类型

1. 按创新程度分类

按创新程度分类，有渐进性创新和根本性创新。渐进性创新是指对现有技术进行局部性改进所产生的创新。在现实的技术经济活动中，大量的创新是渐进性的，这种创新活动带来的效果往往是制造工艺、产品性能等的优化提高。如对现有打印机进行改进，使之打印速度更快。根本性创新是指在技术原理上有重大突破改变的技术创新。如彩色电视机生产技术相对于黑白电视机的生产技术，激光打印机相对于针式打印机的生产技术。

2. 按创新的对象分类

按创新的对象分类，可将技术创新分为产品创新和工艺创新两类。产品创新是指以改变产品为目的所进行的创新。产品创新包括在技术变化的基础上推出新产品，也包括对现有产品进行局部改进而推出改进型产品。工艺创新又称过程创新，是指对生产过程进行技术变革。工艺创新包括采用全新制造工艺，也包括对原有工艺进行改进。如钢铁冶金领域中的氧气顶吹转炉工艺就是对平炉工艺的全新工艺创新。在生产过程中大量采用微机控制、节能降耗的工艺改进，并未改变基本工艺流程和方法，也是工艺创新。

3. 按创新技术的来源和组织形式分类

按创新技术的产生来源以及创新活动的组织形式，又可分为自主创新、模仿创新、合作创新。

四、企业技术创新管理的主要内容

1. 主要内容

(1) 技术创新的决策管理，广义地说，技术创新的决策贯穿于技术创新管理的各个部分和环节中，但集中的、影响大的决策主要是技术创新战略的制定和技术选择。

(2) 技术创新活动环节的管理，主要包括研究开发管理，新产品生产和营销管理，技术转移管理(引进和输出)。

(3) 技术创新的要素管理，主要包括技术信息管理、知识产权管理、技术创新能力管理。

(4) 技术创新的组织管理，包括技术创新的组织机构、队伍建设、激励措施等的管理。

2. 企业技术创新管理的特点

(1) 战略性。技术创新管理应具有全程性。从技术创新活动的横向联系看，它与企业的生产营销等活动紧密相连，往往决定和影响其他活动的成效，技术创新管理应具有全局性。一项基本技术又往往对企业主导产品的长期竞争力有决定性的影响，技术创新管理具有长期性。

(2) 综合性。技术创新管理涉及技术工程科学方面的各学科专业知识、制造技术、设计技术、计算机应用等广泛领域。在管理方面涉及企业经营战略、市场营销、财务、组织行为、生产运作、人力资源等广泛领域，需要将相关知识有关活动集成起来，因而具有综合性的特点。

(3) 权变性。在技术创新管理中存在稳定性的一面，即技术创新活动要按一定的规范计划进行，但更应强调非稳定性的一面，即要适应变化的环境，包括技术的新进展、新的商业竞争环境等，在管理上要保持灵活性和权变性。

(4) 非程序性。技术创新管理面临着一系列的程序性决策，如设计规范、操作规范的执行等，但创新决策又是非程序性决策，因此，技术创新管理更重要的特征是非程序性，它要求管理者有较高的决策能力。

五、企业技术创新能力分析

技术创新能力是指企业依靠新技术上的创新推动企业的发展能力，也就是通过引入或开发新技术，使企业满足或创造市场需求，增强企业竞争优势的能力。技术创新能力是企业从事技术创新活动的基础，同时对技术创新活动的成效起决定性作用。

1. 企业技术创新能力构成

企业技术创新能力是多项能力的综合和集成。

（1）R&D 能力。这是企业技术创新的本质能力，包括基础研究、应用研究和实验开发。企业只有通过研究与开发，才能产生新思想，取得先进的技术，创造出新工艺、新方法、新产品。R&D 是企业竞争力的源泉，是企业经济效益的根本，也是企业获得技术能力的主要途径。

（2）生产能力。企业能否将 R&D 成果转入生产、实现产业化是技术创新成功的关键，对企业已有的生产技术水平、设备水平产生着重要的影响，其他各方面如工人水平、劳动生产率等也不可忽略，它们在一定程度上也反映技术创新的能力。

（3）投入能力。技术创新是一种资源重新组合的行为，因此，创新的投入是启动创新和维持创新的基本条件，创新的投入主要包括人员投入、物资投入和资金投入。

（4）管理能力。管理能力是指企业从整体上、战略上安排技术创新和组织实施技术创新的能力。良好的组织管理能焕发和激起企业的创新活动和积极性，创造良好的创新环境，减少创新的风险和不确定性，促进企业与外界的协调和沟通。

（5）营销能力。营销能力包括市场研发能力、市场开发能力和销售能力，反映企业市场创新的能力，体现新产品的市场开拓和市场占有。若企业营销能力强大，创新成果的商业化则会比较顺利。

（6）财务能力。财务能力从经济方面反映项目的投资收益率、回收期及财务风险。企业的经济实力一方面决定技术创新的规模和强度，另一方面可促进技术创新的顺利实施。

（7）竞争能力。竞争能力反映技术创新的最终效果，是对企业技术创新能力的综合评价。

2. 企业技术创新能力的评价

企业技术创新能力评价是对上述各项能力用定性和定量指标进行综合分析评价。能力评价指标应尽可能选用可以量化的较为客观的指标。技术创新能力指标的选择会因为企业类型的不同、评价目的的不同、选择指标的原则和思路的不同而有所不同，目前很难建立一种公认的评价指标体系。表 12-1 是创新能力评价指标体系的一个示例。

表 12-1　企业技术创新能力评价指标体系

能　力		指　标	计算方法
企业技术创新能力	R&D 能力	R&D 人员比重	R&D 人员数/企业职工总数
		人均研发费用	R&D 总费用/R&D 人员数
		人均开发成果	鉴定成果数/R&D 人员数
		人均专利数	专利拥有数/R&D 人员数
		R&D 开发成功率	研究的成功次数/研究的总次数
	生产能力	固定资产装备率	固定资产总额/企业职工总数
		设备更新系数	设备资产净值/设备资产原值
		测试设备总数	测试设备价值/设备总价值
		工人水平	工人平均受教育年限
		劳动生产率	新产品产值/工人人数

续表

能　力		指　标	计算方法
企业技术创新能力	投入能力	R&D经费投入强度	R&D经费/销售收入
		技术购买费支出强度	技术购买经费/销售收入
		创新实施投入强度	新产品生产准备投入/企业资产总额
		技术人员比重	技术人员总数/企业职工总数
	管理能力	创新频率	产品创新、工艺创新总数
		每千人创新数量	产品、工艺创新数/(职工人数÷1000)
		创新成功率	成功的创新数/创新总数
	营销能力	销售网络覆盖率	用于新产品销售的现有销售网点/新产品销售需要的网点总数
		广告支出强度	新产品广告支出额/销售额
		新产品市场开发周期	销售人员平均受教育年限
		市场研究投入强度	专职、兼职市场研究人员总数/销售人员总数
	财务能力	投资收益率	实际值/估计值
		投资回收期	实际值/估计值
		资金获得能力	自筹资金/所筹总资金
	竞争能力	市场占有率	本企业产品市场份额/同类产品市场总份额
		质量提高率	(创新后质量-创新前质量)/创新前质量
		成本降低率	(创新前成本-创新后成本)/创新前成本
		能源降低率	(创新前利用的-创新后利用的)/创新前利用的
		原材料利用率	理论原材料投入/实际原材料投入

3. 企业技术创新能力的提升

企业在提升自身的技术创新能力方面应做到下述几点。

1) 对技术创新工作和技术创新人员给予高度重视

无论企业当前在技术实力和市场竞争中处于何种地位，只要企业想持续、稳定地发展，就必须对技术创新工作和技术创新人员给予高度重视。一方面，企业要统一思想，加强对技术创新的投入，以保证企业创新活动的正常、持续进行；另一方面，要建立和完善对技术创新人员的激励机制，以充分发挥技术创新人员的潜力。

2) 加强市场需求和竞争地位的研究

加强对市场需求与竞争地位的研究，有利于促进企业的技术创新活动。企业的技术创新活动的原动力来自于市场的需求和竞争的需要。通过对市场需求和竞争地位的研究和分析，企业可以清楚市场需要什么，自己缺乏什么，这样可促使企业结合自身的实际情况，有的放矢地开展技术创新工作。没有针对性或目的性不明确的技术创新，不是最充分、有效利用资源的技术创新。

3)　加强对技术创新的组织管理

企业应加强对技术创新工作的组织管理，使现有的创新资源能够得到有效利用。目前我国许多企业不仅存在创新能力不足的问题，还存在对现有创新资源缺乏充分利用的问题。因此，如何组织协调企业现有的创新资源是企业急需解决的重要问题。加强技术创新组织管理的另一个新的途径，是不断探索和建立新型的组织形式。扁平化的组织结构，缩短了决策与行动之间的时间，提高了工作的效率和有效性，也更能发挥人的主动性和创造性，从而使组织具有更好的灵活性和适应性。网络环境下出现了诸如网络组织、虚拟组织等多种新的组织形式，这新型组织的特点是组织边界趋向模糊化，这不仅可以使企业更加充分、有效地共享各种社会资源，节约资源运营成本，而且还可以更加快捷、准确地开发出市场需要的产品。

4)　加强合作和建立战略联盟

寸有所长，尺有所短。企业在技术创新工作中也同样具有各自不同的优势和劣势。扬长避短的一条有效途径就是与外界加强合作和建立战略联盟关系，共同发展。一方面，企业应加强与大学、科研院所等研究单位的技术合作，以增强企业的技术实力和技术创新能力。另一方面，企业可针对自身的弱势，加强与能弥补自身不足的单位的合作或建立战略联盟。

5)　加强组织学习与知识管理

企业技术能力的本质是企业的知识，企业技术能力的提高应以知识的学习和积累为基础。组织学习和知识管理是技术能力形成和提升的最主要途径。组织学习指通过掌握与应用新的信息、工具、方法来获取知识的过程。要适应技术变革与创新的发展，组织学习是必不可少的，组织的学习能力是一种关键性的无形资源。企业在获取信息之余，还应知晓自身拥有哪些知识以及如何使用这些知识，能否有效地学习与管理这些知识是技术型企业成功的关键因素。

第二节　企业技术创新的过程分析与管理

一、企业技术创新过程模型

理解技术创新过程对于技术创新管理有重要意义，20 世纪 60 年代以来，国际上出现了多种具有代表性的企业技术创新过程模型。下面介绍几种有代表性的技术创新过程模型。

1. 技术推动的创新过程模型

人们早期对创新过程的认识是：研究与开发(R&D)或科学发现是创新的主要来源，技术创新是由技术成果引发的一种线性过程。这一过程起始于 R&D，经过生产和销售最终将某项新技术、新产品引入市场，市场是研究开发成果的被动接受者，如图 12-1 所示。事实上，许多根本性创新确实是来自于技术的推动，对技术机会的认识会激发人们的创新努力，特别是新的发现或新的技术常常易于引起人们的注意,并刺激人们为之寻找应用领域。如无线电和计算机这类根本性创新就是由技术发明推动的。技术推动模型对许多国家制定科技政策、配置科技资源产生了重要影响,企业在技术创新管理中要遵循技术推动的相应规律,因势利导,促进技术创新的成功。

图 12-1　技术推动的创新过程模型

2. 需求拉动的创新过程模型

在 20 世纪 60 年代中期,通过对大量技术创新的实证研究和分析,人们发现大多数创新特别是渐进性创新,并不是由技术推动引发的,需求拉动起了更重要的作用,于是提出了需求拉动模型,如图 12-2 所示。研究表明,出现在各个领域的重要创新,有 60%～80%是市场需求和生产需要所激发的。在需求拉动的创新过程模型中,强调市场是 R&D 构思的来源,市场需求为产品创新和工艺创新创造了机会,并激发为之寻找可行的技术方案的研究与开发活动,技术创新是市场需求引发的结果,市场需求在创新过程中起到了关键性的作用。

图 12-2　需求拉动的创新过程模型

需求拉动的创新多是渐进型创新,而技术推动的创新则主要是突破性创新。渐进性创新风险小、成本低,常常有重大的商业价值,能大大提高创新者的生产效率和竞争地位,所以企业往往偏爱这种创新。然而,需求拉动的创新在落后技术中发生较多,而技术推动的创新在新出现的技术中较常见。这是因为在技术推动的创新中,技术知识主要存在于创新者之间,使用者对新技术了解不多。因此,企业只重视来自市场需求的创新项目而不考虑潜在的技术变化,也是不明智的。

3. 技术与市场交互作用的创新过程模型

很多人认为将创新界定为由前一环节向后一环节单项推进的线性过程过于简单化。20世纪 70 年代和 80 年代初期,人们提出了另一种创新过程模型,即技术与市场交互作用的创新过程模型,如图 12-3 所示。技术与市场交互作用的创新过程模型强调创新全过程中技术与市场这两大创新要素的有机结合,认为技术创新是技术和市场交互作用共同引发的,技术推动和需求拉动在产品生命周期及创新过程的不同阶段有着不同的作用,单纯的技术推动和需求拉动创新过程模型只是技术和市场交互作用创新过程模型的特例。

4. 一体化创新过程模型

一体化创新过程模型是 20 世纪 80 年代后期出现的一种创新过程模型,它不是将创新过程看做是从一个职能到另一个职能的序列性过程,而是将创新过程看做是同时涉及创新构思的产生、R&D、设计制造和市场营销的并行的过程，称为一体化创新过程模型，如图 12-4 所示。它强调 R&D 部门、设计生产部门、供应商和用户之间的联系、沟通和密切合作。波音公司在新型飞机的开发生产中采用了一体化创新方式，大大缩短了新型飞机的研制生产周期。实际上，我国在两弹一星的研制中也采用了这种一体化创新的方式。

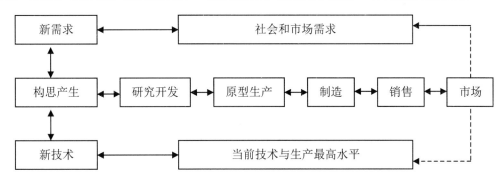

图 12-3　技术与市场交互作用的创新过程模型

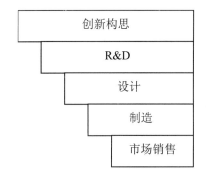

图 12-4　一体化的创新过程模型

5. 链环模型

克莱因和罗森堡(S.Kline and N.Rosenberg)于 1986 年提出了链环(或称链环—回路)模型。这一模型侧重于创新过程的描述，它将技术创新活动与现有知识存量和基础性研究联系起来，同时又将创新各环节之间的多重反馈关系表达出来，是对创新过程较合理、较详细的解释。

6. 企业技术创新过程综合模型

这一模型是考虑了企业内外部环境条件下一项创新的发展过程模型。该模型表明了技术和市场这两个最重要的外部环境与创新过程的联系以及企业内部两个关键部门(R&D、销售)与创新过程的联系；模型将创新过程划分成若干阶段，指明了各阶段创新的实施者及相应的实施或管理任务。因此这一过程模型更侧重于过程管理。

7. 系统集成网络模型

20 世纪 90 年代初，人们提出了又一种创新过程模型，即系统集成网络模型，它是一体化模型的进一步发展。其最显著的特征是强调合作企业之间更密切的战略联系，更多地借助于专家系统进行研究开发，利用仿真模型替代实物原型，并采用创新过程一体化的计算机辅助设计与计算机集成制造系统。它认为创新过程不仅是一体化的职能交叉过程，而且是多机构系统集成网络链接的过程。

二、持续创新过程分析

一项重大创新出现之后，往往会有一系列的创新跟随其后，形成创新群，从而引起新产业的成长和老产业的再生或衰亡，这一过程称为持续创新过程。实践证明，根本性创新固然具有重大的经济意义，随后的持续创新往往具有更大的商业价值。从产业成长的角度考察创新过程，分析技术创新与产业成长的关系，研究重大的根本性创新产生之后渐进性创新的分布、竞争格局的变化以及产业组织的演变具有十分重要的现实意义。

20 世纪 70 年代，美国哈佛大学的阿伯纳西(N. Abernathy)和麻省理工学院的厄特拜克(Jame M. Utterback)通过对以产品创新为主的持续创新过程的研究，发现企业的创新类型和创新程度取决于企业和产业的成长阶段。他们把产品创新、工艺创新及产业组织的演化划分为 3 个阶段，即不稳定阶段(流动阶段)、过渡阶段(转移阶段)和稳定阶段(专业化阶段)，并与产品生命周期(PLC)联系起来，提出了描述以产品创新为中心的产业创新分布规律的A-U 创新过程模型，如图 12-5 所示。A-U 创新过程模型描述了处于不同阶段的产品创新和工艺创新的情况。

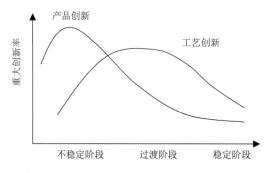

图 12-5　A-U 创新过程模型

1. 不稳定阶段(流动阶段)

根据 A-U 创新模型，在产品生命周期早期，产品原型的创新水平很高，但由于设计思想缺乏一致性，此时多种产品设计进入市场且频繁变动(如早期的汽车和计算机)，主导设计尚未确定。与变动的产品设计相适应，制造工艺和产业组织也是不稳定的，所以这一阶段称为不稳定阶段。这是一个在商业与技术上不断尝试和纠错的阶段，技术本身处于发展和变动状态，技术的潜在市场有待确认，产品功能有待完善，产品市场有待开发。对于从事创新的企业来说，在这一阶段 R&D 支出较高，但却不太可能立即产生很高的经济效益。然而，对于那些具有企业家精神和较强技术鉴别与开发能力的企业来说，若能准确地把握技术方向与市场机会并将技术开发与市场开拓有机地结合起来，极有可能取得巨大的商业成功。

2. 过渡阶段(转移阶段)

经过一段以不断尝试纠错为特点的技术发展与变动时期，会出现一个将技术资源与市场需要联结起来的代表优秀产品的主导设计，如汽车产业发展过程中的福特 T 型车和计算机产业发展过程中的 IBM360 计算机系统。主导设计为产业的发展提供了一个"标准"，降低了市场的不确定性。在主导设计确定后，产品创新率急剧下降，产品基本稳定，大规模生产成为可能，专用生产设备逐步取代通用生产设备，创新重点从产品创新转移到工艺创新，彻底的工艺创新频率则很高，并趋向于向一种主导产品设计和大批量生产的转化。这种转化加剧了价格和产品性能方面的竞争，而成本的竞争又导致生产工艺的彻底变革，从而大幅度地降低了生产成本。生产能力和规模在获得规模经济效益中愈发显得重要。

在过渡阶段将主导设计推向市场的企业将赢得明显的竞争优势，但这并不意味着这些企业能对市场形成垄断。其他一些有较强技术实力和独特资源优势的企业，通过在产品性能、可靠性等方面对主导设计进行技术改进，加强市场开发和改善售后服务，也能获得巨大的商业利益。

3. 稳定阶段(专业化阶段)

在稳定阶段，主导设计的出现使产品设计、生产程序与生产工艺日趋标准化，彻底的产品创新和工艺创新频率都很低。大规模生产使制造效率大大提高，企业由此享受到规模经济带来的好处。企业进一步创新的重点是以降低成本和提高质量为目标的渐进性的工艺创新。生产过程和企业组织日趋专业化和纵向一体化。稳定阶段对应于技术学习曲线上的成熟期，通常也是产品生命周期的后期。

A-U 创新过程模型表明，以产品创新为主的持续创新过程是产业内的企业在产品设计、生产工艺和企业组织等方面从无序、离散状态向有序、高度整合状态转变的过程。在不稳定阶段，产品创新多，竞争的重点在于提高产品性能。在过渡阶段和稳定阶段，技术创新以工艺创新为主，竞争的重点转向通过工艺创新降低产品成本和提高产品质量，创新水平也从根本性创新向渐进性创新转变。在不稳定阶段，产业内许多小企业并存，通过竞争，只有一小部分企业能顺利进入稳定阶段，并发展成为产业中少数几个规模巨大的垄断企业，多数企业将会被市场竞争所淘汰。

第三节　企业技术创新的战略模式

创新战略模式的分类方法多种多样，从创新技术的信息原始来源及创新的组织体制等角度可划分为自主创新、模仿创新、合作创新 3 种模式。按照企业新技术是从企业内部获得还是外部获得的，可分为内部技术创新和外部技术获取。

一、自主创新

1. 自主创新的含义

所谓自主创新是指企业通过自身的努力和探索产生技术突破，攻破技术难关，并在此基础上依靠自身的能力推动创新的后续环节，完成技术的商品化，获取商业利润，达到预期目标的创新活动。

自主创新有时也用来表征一国的创新特征，和技术引进相对应，在此情况下，自主创新指不依赖外部的技术引进，而依靠本国自身力量独立开发新技术，进行技术创新的活动。

2. 自主创新的基本特点

(1) 技术突破的内生性。自主创新所需的核心技术来源于企业内部的技术突破，是企业依靠自身力量。通过独立的研究开发活动而获得的。

(2) 技术与市场方面的率先性。技术开发的成果只有尽快商品化，才能为企业带来丰厚的利润。因此，自主创新企业还应将市场领先作为努力追求的目标，以防止跟随者抢占市场，侵蚀其技术开发的成果。

(3) 知识和能力支持的内在性。在研究、开发、设计、生产制造、销售等创新的每一环节，都需要相应的知识和能力的支持。自主创新不仅技术突破是内生的，且创新的后续过程也主要是依靠自身的力量推进的。

3. 自主创新战略的优势

自主创新企业的技术突破来自于企业内部。技术突破的内生性有助于企业形成较强的技术壁垒。因此，自主创新企业能在一定时期内掌握和控制某项产品或工艺的核心技术，在一定程度上左右行业或产品技术发展的进程和方向，使企业在竞争中处于领先地位。

自主创新另一技术优势在于，由于自主创新一般涉及的都是全新技术领域，在此方面的技术突破很可能会引致一系列的技术创新，形成创新的集群现象和簇射现象，带动一大批新产品的诞生，推动新兴产业的发展。这一方面有利于促进企业多元化投资，获取丰厚的利润；另一方面掌握了核心技术的自主创新企业在一定程度上将控制多个技术领域或全产业的发展。

在生产制造方面，自主创新企业启动早，产量积累领先于跟进者，能够优先积累生产技术和管理方面的经验，较早建立起与新产品生产相适应的企业核心能力，能先于其他企业获得产品成本和质量控制方面的竞争优势。

在市场方面，自主创新一般都是新市场的开拓者，在产品投放市场的初期，自主创新企业将处于完全独占性垄断地位，可获得大量的超额利润。自主创新的市场优势还在于，由于其在技术方面的率先性，其产品的标准和技术规范很可能先入为主，演变为本行业和相关行业统一认定的标准，迫使后来者纳入到该标准和技术规范中来，成为自主创新企业的跟随者。

自主创新企业还能够较早建立起原料供应和产品销售网，率先占领产品生产所需的稀缺资源，开辟良好的销售渠道，使得创新产品在组织生产和市场销售方面有较强的保障。

此外，自主创新通过其产品对用户先入为主的影响，使得用户在使用技术和产品过程中的经验技能积累专门化，用户要淘汰自主创新者率先投放市场的产品，所面临的不仅仅是实物硬件投资方面的损失，而且必须废弃掉已经熟练掌握的经验技能，面对这样巨大的有形和无形转换成本，许多用户往往会选择继续使用率先者推出的产品系列。

4. 自主创新战略的缺点

自主创新战略的主要缺点在于高投入和高风险性。在技术方面，新技术领域的探索具有较高的复杂性。为了获得有效的技术突破，企业必须具备雄厚的研究开发实力，甚至需要拥有一定的基础研究力量，为此，企业不仅要投巨资于技术研究与开发部门，而且必须保有一只实力雄厚的科研人员队伍。这对企业而言，一方面固然是一种人力资源储备的优势，但另一方面也是一种较为沉重的财务负担。新技术领域的探索又具有较高的不确定性，何时产生技术突破，能否产生技术突破，往往都是企业难以预料的。

在生产方面，自主创新的企业一般较难在社会上招聘到现成的熟练技术工人，而必须由企业投资对生产操作人员进行必要的特殊培训，并帮助相关协作单位提高生产技术能力。此外，新工艺、新设备可靠性的风险也必须由自主创新企业承担，这在一定程度上增加了自主创新企业生产成本和质量控制风险。

在市场营销方面，自主创新企业需要在市场开发、广告宣传、用户使用知识普及方面投入大量的资金，努力挖掘有效需求，打开产品销售的局面。由于这种广告宣传对用户所起的作用在很大程度上是一种新产品概念和消费观念的导入，因此，其投入具有很强的外溢效果，即相当部分的投资收益将由模仿跟进者无偿占有。此外，市场开发有时具有很强的迟滞性。

5. 实施自主创新战略应注意的问题

(1) 充分利用专利制度保护知识产权。要保证自主创新企业对新技术的独占权，仅仅依靠技术的自然壁垒是远远不够的，还必须求助于专利制度的法律保护。

(2) 灵活恰当地进行技术转让。实践表明，不转让、过早转让、过晚转让或向不恰当的对象转让自主开发的新技术对企业自身的发展都是不利的。正确的技术转让策略应该是：在适当的时候、向适当的对象对所持有的新技术进行适度的转让。

(3) 注意自主创新产品的自我完善。自主创新企业只有不断创新，对产品的性能和生产工艺加以完善，才能保持领先地位。

(4) 重视对创新后续环节的投入。创新产品的竞争力不仅仅取决于企业对新技术原理的掌握情况。在相当程度上，设计、生产制造、销售部门的能力和努力起着至关重要的作用。实践证明，只有在创新链的每一环节均投入足够的人力、物力，创新才能产生理想的效果。

二、模仿创新

1. 模仿创新的含义

所谓模仿创新是指企业通过学习模仿率先创新者的创新思路和创新行为，吸取率先者成功经验和失败的教训，引进购买和破译率先者的核心技术和技术秘密，并在此基础上进一步进行技术的改进完善和开发。模仿创新企业往往在工艺设计、质量控制、成本控制、大批量生产管理、市场营销等创新链的中后期阶段投入主要力量，力求生产出在性能、质量、价格方面富有竞争力的产品，与率先创新的企业竞争，以此确立自己的竞争地位。

2. 模仿创新的特点

(1) 模仿跟随性。模仿创新的重要特点在于最大限度地吸取率先者成功的经验与失败的教训，吸取与继承率先创新者的成果。在技术方面，模仿创新不做新技术的开拓探索者和率先使用者，而是做有价值的新技术的积极追随学习者。在某些情况下，这种跟随和延迟是模仿创新企业为回避风险而故意选择的一种策略。

(2) 研究开发的针对性。与自主创新和合作创新不同的是，模仿创新具有高度的针对性，对能够免费获得的技术或能够以合理价格引进、购买到的技术不再重复开发，其 R&D 活动主要偏重于破译无法获得的关键技术、技术秘密以及对产品的功能与生产工艺的发展与改进。相比较而言，模仿创新的研究开发更偏重于工艺。

(3) 资源投入的中间聚积性。由于模仿创新省去了新技术探索性开发的大量早期投入和新市场开发建设的大量风险投入，因而能够集中力量在创新链的中游环节投入较多的人力和物力，即在产品设计、工艺制造、装备等方面投入大量的人力物力，使得创新链上的资源分布向中部聚积。

3. 模仿创新战略的优势

模仿创新产品的竞争力主要得益于模仿创新产品的低成本和低风险，以及能更好地满足市场需求。

在技术开发方面，率先创新必须独自承担技术探索的风险，负担探索失败的损失，而模仿创新者却可冷静地观察率先者的创新行为，向多个技术先驱学习，选择成功的率先创新进行模仿改进。模仿创新的研究开发活动不涉足未知的探索性领域，而主要从事渐进性的改进、完善和再开发。因此，模仿创新能够有效回避研究开发探索的风险。

在生产方面，模仿创新企业由于在研究开发方面不占优势，只能将竞争取胜的希望后移到生产制造等环节，因而对产品性能的改进、工艺的进步、产品质量的提高、生产成本的降低、生产效率的提高等方面予以极高的关注，在生产制造等方面注意培植自己的能力。

在市场方面，模仿创新产品的优势主要表现在如下几个方面。

首先，新市场的开辟具有很高的风险性。大多数产品都经历一个被用户逐步认识，逐步战胜替代品的过程，其性能和价格要为用户接受也需一定时间。这种或长或短的"沉默期"往往会使率先创新企业陷入困境，甚至因资金无法回收而破产。模仿创新产品由于进入市场晚，因而可有效回避市场沉默所导致的损失。进入市场的适当滞后还可避免市场开发初期需求和行为的不确定性风险。因为任何一种新产品都要经过一个性能质量逐渐完善的过程，许多原料、工艺、设计方面的问题可能具有一定的隐蔽性，常常要在投放市场后，在用户使用过程中暴露出来，在企业与用户间不断的信息反馈中加以改进，率先创新企业必须对这一"探索—完善"过程中不可避免的失误承担责任，而跟进者则可免走许多弯路。

其次，从市场投入方面看，率先创新的企业开拓新市场的广告宣传存在着很强的外溢效应，其受益者绝非率先创新企业本身，在相当程度上其效益将由模仿跟进的企业所得。

最后，消费者的消费心理、消费习惯、消费能力千差万别，消费者并非千篇一律地对率先创新产品感兴趣。在许多情况下，相当一部分消费者往往会等待一段时间，等市场上出现价格更低、性能完善、质量趋于稳定、设计相对定型的产品才加以购买，由于这部分消费群体的存在，为模仿创新产品创造了良好的需求。

4. 模仿创新战略的劣势

模仿创新战略的主要缺点是被动性。由于模仿创新者不做研究开发方面的广泛探索和超前投资，而是做先进技术的跟进者，因此，在技术方面有时只能被动适应，在技术积累方面难以进行长远的规划。在市场方面，被动跟随和市场定位经常性的变换也不利于营销渠道的巩固和发展。模仿创新战略有时会受进入壁垒的制约而影响实施的效果。这种壁垒一方面是自然壁垒，如核心技术信息被封锁，反求困难，模仿创新难以进行，率先企业先期建立的完备的营销网难以突破等。另一方面是法律保护壁垒。模仿创新有时会与率先创新者的知识产权发生矛盾。

5. 实施模仿创新战略应注意的问题

(1) 正确领会模仿创新战略的内涵。首先，模仿创新虽然是以模仿为基础的，但它与单纯的机械模仿有着根本性的区别，从本质上看，它应属于一种渐进性的创新活动。模仿创新是从单纯模仿向自主创新过渡的桥梁。

(2) 妥善处理知识产权保护与模仿创新之间的关系。在知识产权所覆盖的地区和市场中，模仿创新企业只要依照相应的产权法律，按适当的形式给知识提供者以符合法律、双方认可的物质与精神补偿就不会构成侵权行为。

(3) 强化对企业模仿创新能力的培植。模仿创新企业必须注意培植以下几个方面的能力：快速反应能力，这是一种对有价值的技术信息和率先创新成果敏锐而迅速地识别与跟踪的能力；学习吸收能力，能够广泛吸收外部知识；技术改进能力，包括产品功能的改进和生产工艺的改进；大批量生产的能力；市场营销能力，作为新产品市场的后进者，要与率先创新企业展开有利的竞争，最终占领目标市场。

(4) 把握好模仿创新启动的时机。把握模仿创新启动的时机非常关键。行动过早，技术和市场需求尚不稳定，风险较大，且技术壁垒较强，模仿的技术难度较高；行动过晚，技术已趋成熟，市场开始饱和，创新改进的空间有限。在导入期和成熟期以后启动模仿创新都不太合适，较为理想的时间区段是成长期。在成长期，消费者的消费需求被迅速激发，市场容量急剧扩张，产品技术也开始稳定，主导设计趋于形成，但产品功能创新、技术的改进仍有一定的空间，而工艺开发与工艺创新成为竞争的主要手段，开始受到重视，这为模仿创新者提供了良好的机会。

三、合作创新

1. 合作创新的含义

所谓合作创新，是指企业间或企业、科研机构、高等院校之间的联合创新行为。合作创新通常以合作伙伴的共同利益为基础,以资源共享或优势互补为前提,有明确的合作目标、合作期限和合作规则,合作各方在技术创新的全过程或某些环节共同投入,共同参与,共享成果,共担风险。合作创新一般集中在新兴技术和高新技术产业。

2. 合作创新的优势

合作创新有利于在不同的合作主体间实现资源共享,优势互补。企业技术创新活动中面对的技术问题越来越复杂,技术的综合性和集群性越来越强。即使是技术实力雄厚的大企业也会面临技术资源短缺的问题,以企业间分工合作的方式进行重大的技术创新,通过外部技术资源的内部化,实现资源共享和优势互补,成为新形势下企业技术创新的必然趋势。

合作创新可以缩短收集资料、信息的时间,提高信息质量,增加信息的占有量,降低信息费用。合作创新可以通过合作各方技术经验和教训的交流,集中各方的智慧减少创新过程中因判断失误所造成的时间损失和资源浪费。合作创新能使更多的企业参与分摊创新成本和分散创新风险。

3. 合作创新的体制和形式

(1) 政府主导、企业参与的合作创新。在这一体制中,政府不仅是创新目标的制定者,而且是创新过程的主导者,创新资源的投入者和创新成果的所有者。在这一创新模式中,政府起主导作用,创新内容、创新目标、创新时间和创新合作方式都由政府确定,参与创新合作的单位也由政府筛选。政府主导的合作创新的资金来源有两类,一类是政府的投资,另一类是参与的单位(主要是企业)投资。政府主导的合作创新具有较大的强制性,具有目标明确统一,资源结构较合理,合作创新组织形成快、稳定性好等优点,但也可能出现监督困难、人浮于事、效率低下等问题。政府主导的合作创新成果一般由政府所有,参与合作的企业往往有优先许可权。

(2) 合同创新的形式。合同创新是指以合同形式确定的创新模式。通常是由委托方(甲方)提供资金和规定创新目标,受委托方(乙方)提供人力、设备并实施创新过程,创新内容可包括基础研究、应用研究、产品或工艺技术开发以及市场开拓等。一项合同创新可形成两级或更多级合同。合同创新的乙方主体主要是大学、独立研究机构和政府研究开发机构。甲方主体可能是企业、政府或研究开发基金会。合同创新方式设有甲、乙方共同参加的组织机构,但甲方通常有专人或专门小组负责和乙方联系和协调,代表甲方监督合同的执行。乙方通常组建一个项目小组负责创新过程的实施。创新成果的产权安排有两种情况,一种情况是,创新成果(包括阶段成果和最终成果)的全部所有权完全归甲方所有,成果的发布使用和转让完全由甲方控制。另一种情况是创新成果甲方完全享有所有权,但乙方享有成果发布的署名权等;或者阶段成果归乙方所有,最终成果归甲方所有。

(3) 基地合作创新形式。基地合作创新形式是企业在大学或研究机构建立共同技术创新基地的一种合作创新组织形式。一般由企业提供资金或设备,大学或研究机构提供场地和研究人员。基地提供给企业的往往是中间技术成果或中间产品,同时具有较强的培训功能。企业对基地的投入有两种形式：一种是一次性投入，另一种是分散投入。基地合作创新在组织上有以下四方面特征，一是基地的建设和管理一般由大学或研究机构负责；二是基地对企业是开放的，可以随时加入，而新的企业加入一般并不需要征得原加入企业的同意，而直接与校方组建的基地管理机构谈判；三是基地研究开发人员一般主要由所在单位选派，参与企业也派少量的研究开发人员参与，一般不公开向社会招聘；四是企业对基地的发展、资源的利用、创新计划的安排有监督作用。基地合作创新成果的产权安排有两种类型：一种是由基地所在单位所有，另一种是参与企业和基地所在单位共同所有。两种情况下，企业要合法取得创新成果都要付费。

四、技术获取

企业获得新技术、新产品和新工艺即可以通过内部创新，也可以通过外部获取。企业内部开发新技术和新产品需要时间，如果这时市场上已经有竞争产品存在或者新公司即将进入市场，公司就会处于劣势。此时，如果向已经存在或即将进入市场的公司购买技术，就会迅速获取新技术。在技术竞争日趋激烈的情况下，许多公司会采取同时通过内部和外部来获取技术的战略。技术外部获取战略取得成功的关键是，如何将外部获取的技术整合到现有公司中来。

1. 联盟

企业可以通过其他企业结成战略联盟的方式来获取新技术和新产品。战略联盟是 2 个或 2 个以上的公司或业务单元之间为达到具有战略意义的目的而形成的一种互利的合作伙伴关系。

联盟可以分为正式联盟与非正式联盟。合资企业可以看成是最为正式的联盟。通常在合资中有详细的协议来规定各方应该提供什么，有什么预期的成果以及各方怎样参与到合资公司的运营中。另一种类型的正式联盟是特许经营。特许经营中，公司特许人和想要购买业务单元的受许人关于特许人指定的产品、技术或用特许人指定的商标开展业务签订合同。正式程度一般的联盟有学会和许可协议等方式。学会是若干组织为收集、传播、发展新知识而联合起来分享技术和资金的团体。许可协议是指企业为了得到生产或者销售某项产品的权力而同意支付给另一家企业相关费用，各方会签订一个协议，但是协议仅仅明确被许可公司可以获得的资源。另一种正式程度较低的联盟是把一些活动外包给其他公司。很多公司把虽然重要但对他们来说不是核心的业务外包出去，它们也会把某些技术服务外包出去，因为要通过内部创新跟上这些技术的发展是比较困难的。

通过联盟的方式获取技术不仅可以节约技术开发的成本，并且当企业从结盟伙伴中获取关于产品、工艺或者市场的相关知识时，就体现出了组织学习效应。能否通过联盟获得学习成果主要依赖于三个方面：(1)学习的意向；(2)对新信息的吸收能力；(3)结盟公司的透明度。技术（产品或者工艺）可以通过它对公司竞争的重要性和复杂性来描述，一项技术越是复杂，从联盟中学到这项技术就会越困难，此时公司更可能通过外包或者收购的方式来获得该项技术。

2. 并购

另一种获取技术的外部渠道是并购。近年来，全球范围内并购次数和涉及金额都在剧增。尽管并购的成功率不是很高，仍有很多公司通过并购来获取技术，这是因为：第一，跟联盟相比，公司对并购过来的业务和技术是有所有权的，所以私有知识被泄露的风险降低了。第二，由于存在范围经济和规模经济，可以降低成本。第三，为了保持或扩大市场份额，公司需进行创新，通过并购可以使公司内部系统具备这样的创新能力。具体讲，并购可以使企业实现以下战略目标：

(1) 快速进入市场或者加快进入市场的速度。兼并或者收购某项业务允许该公司立即获得对技术、客户、分销渠道和被兼并公司所在的地理位置。如果存在客户忠诚度比较高、分销渠道上的经销商不想与新公司打交道、销售的黄金地段已经被占领等各种进入市场障碍时，公司可以通过收购已经存在的竞争对手而巧妙地绕过这些障碍。如果技术对公司是关键的，则必须快速建立起客户的忠诚度，此时通过并购快速进入市场，从而获取高客户忠诚度，使公司成为先发者。

(2) 降低新产品开发的成本和风险。兼并和收购能够控制研发的成本和风险。研发一项新产品的花费可能是非常大的，大量的资金投入可能最终没有什么好的产品出来。并购意味着并购公司自身不需要开展研发活动，这些研发活动由被并购公司代替它完成了。

(3) 获取市场支配力。市场支配力发生在当企业有足够大的市场份额来支配市场变化时。企业获得市场支配力是企业开展并购活动的重要动机。

(4) 获取知识。最后，企业可能为了获得某项专门技术而并购别的企业。对企业来说最有价值的是技术，如果一家企业对某个领域没有充分了解，那么它可以通过购买拥有这方面人才的企业来弥补不足。

第四节　企业新产品开发管理

一、企业新产品开发概述

1. 新产品的主要类型

新产品是指产品的结构、物理性能、化学成分和功能用途与老产品有着本质的不同或显著的差异，并推向了市场的产品，包括全新产品、换代产品、改进产品和仿制产品4种类型。

除此之外，企业将现行产品投向新的市场，对产品进行市场再定位，或通过降低成本，生产出同样性能的产品，这对市场和企业而言，也可以称为新产品。

2. 新产品开发的必要性

新产品开发在企业经营战略中占有重要地位，企业之所以要大力开发新产品，主要是有以下几点原因：

(1) 产品生命周期理论要求企业不断开发新产品。企业同产品一样，也存在着生命周期。如果企业不开发新产品，则当产品走向衰落时，企业也同样走到了生命周期的终点。相反，企业如能不断开发新产品，就可以在原有产品退出市场舞台时利用新产品占领市场。一般而言，当一种产品投放市场时，企业就应当着手设计新产品，使企业在任何时期都有不同的产品处于周期的各个阶段，从而保证企业盈利的稳定增长。

(2) 消费需求的变化需要不断开发新产品。随着生产的发展和人们生活水平的提高，消费需求也发生了很大变化，方便、健康、轻巧、快捷的产品越来越受到消费者的欢迎。消费结构的变化加快，消费选择更加多样化，产品生命周期日益缩短。这一方面给企业带来了威胁，企业不得不淘汰难以适应消费需求的老产品；另一方面也给企业提供了开发新产品、适应市场变化的机会。

(3) 科学技术的发展推动着企业不断开发新产品。科学技术的迅速发展导致许多高科技新型产品的出现，并加快了产品更新换代的速度。企业只有不断运用新的科学技术改造自己的产品，开发新产品，才不至于被挤出市场的大门。

(4) 市场竞争的加剧迫使企业不断开发新产品。现代市场上企业间的竞争日趋激烈，企业要想在市场上保持竞争优势，只有不断创新，开发新产品，才能在市场上占据领先地位，增强企业的活力。

总之，在科学技术飞速发展的今天，在瞬息万变的国际国内市场上，在竞争越来越激烈的环境下，对企业而言，开发新产品是维护企业生存与长期发展的重要保证。

二、新产品开发过程

1. 寻求创意

新产品开发过程是从寻求创意开始的。所谓创意，就是开发新产品的设想。虽然并不是所有的设想或创意都变成产品，但寻求尽可能多的创意，却可为开发新产品提供较多的机会。所以，现代企业都非常重视创意的开发。

新产品创意的主要来源有：顾客、科学家、竞争对手、企业的推销人员和经销商、企业高层管理人员、市场研究公司、广告代理商等。除了以上几种来源外，企业还可以从大学、咨询公司、同行业的团体协会、有关的报刊媒介那里寻求有用的新产品创意。企业还应当靠激发内部人员的热情来寻求创意。这就要建立各种激励性制度，对提出创意的职工给予奖励，而且高层管理人员应当对这种活动表现出充分的重视和关心。寻求创意的主要方法将在后面单独介绍。

2. 甄别创意

取得满意的创意之后，要对这些创意加以评估，研究其可行性，并挑选出可行性较高的创意，这就是创意甄别。创意甄别的目的就是淘汰那些不可行或可行性较低的创意，使公司有限的资源集中于成功机会较大的创意上。

在甄别创意阶段，企业要避免两种过失；"误弃"，即公司未认识到该创意的发展潜力而将其误弃，造成这种结果的原因，一是思想太保守，二是没有统一的评价标准；"误用"，即公司将一个没有发展前途的创意付诸开发并投放市场。

不论是"误弃",还是"误用",都会给企业带来损失,因此,在甄别创意时必须谨慎,应客观地对创意进行评价。

甄别创意时,还要考虑两个因素:一是该创意是否与企业的战略目标相适应。这些目标表现为利润目标、销售目标、销售增长目标、形象目标等几个方面;二是企业有无足够的能力开发这种创意。这些能力表现为资金能力、技术能力、人力资源、销售能力等。

3. 产品概念的发展与试验

经过甄别后保留下来的产品创意还要进一步发展成为产品概念。在这里,首先应当明确产品创意、产品概念和产品形象之间的区别。所谓产品创意,是指企业从自己角度考虑的它能够向市场提供的可能产品的构想。所谓产品概念,是指企业从消费者的角度对这种创意所做的详尽的描述。而产品形象,则是消费者对某种现实产品或潜在产品所形成的特定形象。例如一块手表,从企业角度来看,主要是这样一些因素:齿轮、轴心、表壳以及制造过程、管理方法与成本等。但在消费者的心目中,并不会出现上述因素,他们只考虑手表的外形、价格、准确性、是否保修、适合什么样的人使用等。企业必须根据消费者在上述几个方面的要求,把产品创意发展为产品概念。

一种产品创意可以引出许多种不同的产品概念。在把这种创意发展成为产品概念的过程中,必须考虑目标消费者、产品所带来的利益及使用环境等因素。根据这 3 方面的因素,可以组合出许多不同的产品概念,企业对发展出来的这些产品概念要加以评价,从中选择最好的产品概念,并分析它可能同哪些现有产品竞争,进而据此制定产品或品牌定位策略。

4. 制定市场营销战略

发展出产品概念之后,需要制定市场营销战略。企业的有关人员要拟定一个将新产品投放市场的初步的市场营销战略报告书。它由 3 个部分组成:描述目标市场的规模、结构、行为、新产品在目标市场上的定位、头几年的销售额、市场占有率、利润目标等;描述新产品的计划价格、分销战略以及第一年的市场营销预算;阐述长期目标利润和市场占有率以及不同时期的市场营销策略。

5. 进行营业分析

企业的最高管理层在进行营业分析时,首先要估计该新产品的销售额有多少,能否达到企业盈利目标。为此,就要对同类产品过去的销售情况以及目标市场情况作深入考察,推算出最低和最高销售额。在估计新产品销售额时,应当考虑到这种产品是一次性购买的产品,还是偶尔购买的产品,抑或是经常购买的产品。

在对新产品的长期销售额作出预测之后,可推算这期间的生产成本和利润情况。这需由研究与开发部门、生产部门、市场营销部门和财务部门共同讨论分析,估计成本,推算利润。一般可采用盈亏平衡模型、现金流量模型、简单市场营销组合模型、贝叶斯决策模型、投资收益率分析等方法进行分析。企业的市场营销策略和手段,一方面可以促进新产品的销售,另一方面也会使成本增加,因此,合理地确定市场营销预算,使企业盈利达到最大，是十分重要的。

6. 进行产品开发

如果产品概念通过了营业分析，研究与开发部门及工程技术部门就可以把这种产品概念转变成为产品，进入试制阶段。只有在这一阶段，文字、图表及模型等描述的产品设计才变为确实物质产品。这一阶段应当搞清楚的问题是，产品概念能否变为技术上和商业上可行的产品。如果不能，除在全过程中取得一些有用的产品信息情报外，所耗费的资金则全部付诸东流。

技术方面的可行性论证是由工程技术部门来负责的，一般有 3 个方面：外形设计分析、材料与加工分析、价值工程分析。商业方面的可行性分析由市场营销部门完成。它解决的主要是包装设计、品牌设计以及产品花色设计等。

经过产品开发、试制出来的产品如果符合下列要求，就可以认为是成功的：

(1) 通过消费者检验，在消费者看来，产品具备了产品概念中所列举的各项主要指标。

(2) 通过功能检验，在一般用途和正常条件下，可以安全地发挥功能。

(3) 能在一定的生产成本预算范围内生产成品。

7. 进行市场实验

如果企业的高层管理者对某种新产品开发试验结果感到满意，就着手用品牌名称、包装和初步市场营销方案把这种新产品推上真正的消费者舞台进行试验。其目的在于了解消费者和经销商对于经营、使用和再购买这种新产品的实际情况以及市场大小，然后再酌情采取适当对策。

市场试验的规模决定于两个方面：一是投资费用和风险大小；二是市场试验费用和时间。投资费用和风险较高的新产品，试验的规模应大一些；反之，投资费用和风险较低的新产品，试验规模可小一些。从市场试验费用和时间来讲，所需市场试验费用越多、时间越长的新产品，市场试验规模应越小一些，反之，则大一些。不过，总的来说，市场试验费用不宜在新产品开发投资总额中占有太大比例。

8. 商业化

经过市场试验，企业高层管理者已经占领了足够信息资料来决定是否将这种新产品投放市场。如果决定向市场推出，企业就必须再次付出巨额资金，一是建设或租用全面投产所需要的设备。这里工厂规模大小是至关重要的决策，很多公司为了慎重起见，都把生产能力限制在所预测的销售额内，以免新产品的盈利还收不回成本。二是花费大量市场营销费用。在这一阶段，企业高层管理者应当作以下决策：何时推出新产品；何地推出新产品；向谁推出新产品和如何推出新产品。

三、产品创新构思的形成

好的产品开发方案有赖于好的创新构思，了解创新构思形成的过程，方法有助于更好地发挥和组织创造性思维。

1．激发创新构思的信息源

激发创新构思的信息源大多数来自企业外部。杜邦公司 1920—1949 年推出了 25 项重大产品与工艺创新，其中 14 项创新的构思完全来自企业外部。清华大学经济管理学院陈国权等人对北京中关村地区 37 个高新技术企业 53 项创新产品的调查表明：新产品设想 31%来自于用户；28%来源于企业内部；23%来源于竞争者；9%来源于经销商或供应商；9%来源于高等院校的研究成果或购买的技术专利。此外，技术人员的定期再培训、非正式交流、人员流动、员工工作的多样化以及外部专家咨询都是激发创新构思的有效措施。

2．创新构思的形成

创新构思的形成大致可分为若干个阶段：提出问题确定目标阶段；收集信息阶段；分析与消化信息阶段；提出假设阶段；验证假设阶段；修改完善构想阶段；方案确定阶段。创新构思就是这些阶段活动的产物。创新产品的构思应包括 3 个方面的内容，即功效、形式、实现途径。功效体现需求和效益；形式是产生功效的载体；形式需要找到技术上的实现途径。

3．创新构思形成的方法

1）　头脑风暴法

头脑风暴法(brainstorming)简称 B.S 法，是由美国创造工程学家 A.F.奥斯本首创的。其宗旨是创造一种发挥创造性想象的气氛，让参与者自由思考并在别人的启发下产生联想。基本方法是召开小型提案会。B.S 法的具体实施由 3 个阶段构成。

(1)　准备阶段。会议主持者事先对问题作详细分析，鉴别所讨论的问题是否适合于 B.S 法。一般说来，B.S 法适于目标明确、问题涉及面不广、影响因素不太多的问题。明确问题后，挑选与会人员，一般以 10 人左右为宜，与会者应包括本领域的专家和相邻领域甚至不相关领域的"外行"(在其本身专业领域内是专家)；与会者应覆盖较广泛的知识领域；最好有参加 B.S 会议的经验，若无经验，则在会议开始时要作简短的方法说明(培训)。会议人员选定后要提前通知。

(2)　引入阶段。会议开始后，由主持人介绍要解决的问题，介绍问题要注意只提供有关问题的最低量的信息，即对问题的实质做深入浅出、简单明了的解释，而不宜对背景材料介绍过多。为了对问题有更深入的理解和打开思路，主持人可引导与会者对问题进行重述，即改变对问题的表达方式，从不同的角度表达问题。主持者需对众多的重述选择最富有启发性、最有可能引导创造性想象的重述形式作为讨论的议题。

(3)　畅谈创新阶段。这是 B.S 法的关键阶段，是设想产生的阶段。为了使与会者自由畅想，会议要规定一些规则和注意事项：对各种想法和建议不作评论、批判和指责；提倡自由奔放的思考，鼓励大胆设想和独创；广泛收集各种建议和设想；鼓励与会者补充、完善和发展别人的看法；平等对待每一个人；不允许旁征博引和私下交谈；记录每一个构想，并置于醒目的地方。

2）　635 表格法

这是 B.S 法的一种发挥和变型，由德国学者鲁尔巴赫提出。这也是一种提案会方式，具体做法是：小组会有 6 人参加，每人在一张印有固定格式的表格上填写 3 个构想，填写时间限定为 5 分钟，此即"635"名称的由来。会议开始后由主持人宣布议题，然后每人发一张表格；在第 1 个 5 分钟内，每人在自己的表格上填 3 个构想，然后传给自己的右邻；在第 2 个 5 分钟内每人在传过来的表格上再填 3 个构想，再将表格传给右邻，依次反复进行直到轮完一圈。由于从第 2 个 5 分钟起每人都在了解了别人构想的基础上思考，因此可得到启示和激发。这种方法的优点是可避免会议争相发言或因不善言辞而遗漏新设想。

3)　强行结合法

强行结合法，又称综摄法，是由麻省理工学院教授戈登创造并经他的同伴普林斯加以发展形成的。强行结合法是基于这样的思想设立的：发明创造是要发现事物间的未知联系，因此非推理因素特别重要，许多发明创造都是把在逻辑上看来完全无关的东西联系在一起产生的。

4)　仿生学方法

仿生学方法是模仿生物的形状、结构、功能、机理、能源、信息系统等创造性的解决问题的方法。

5)　产品属性列举法

产品属性列举法指将现有某种产品的属性一一列出，然后寻求改进每一种属性的方法，从而改良这种产品。

6)　抓住意外事件

意外事件(意外成功、意外失败、意外现象等)包含着重要信息，往往可以启发人们的创造性思维。IBM 公司在计算机定位于"科学计算"的世界潮流中，发现企业购买计算机用于平凡的事务处理工作，从这意外收获中 IBM 抓住机会进行分析，积极开发适于企业用的计算机，结果在 4 年之内就在计算机市场上取得领先地位。意外的现象也可能预示着新机会。英国生物学家弗莱明就是从细菌被溶解的意外现象中，获得启示和信息研制出青霉素。

7)　分析差异

供给与需求的差异，理想与现实的差异，生产过程要求与实际上"瓶颈"存在的差异等是大量存在的，抓住差异，就是抓住创新机会，就是创新设想的开端。例如，汉字与拼音文字最大的区别在于它的字形结构复杂，在手写文字和铅字印刷时代这一问题尚不突出，但到了计算机时代，汉字输入和处理的需求和现实之间的矛盾日益尖锐起来，这种差异导致了"五笔字型"、"联想汉卡"、"方正激光排版系统"等一系列的创新。

本章思考题

1. 简述技术创新的概念及与有关概念的区别与联系。
2. 简述技术创新过程的"技术推动"和"需求拉动"模型的现实意义。
3. 目前我国企业应如何选择技术创新的战略模式，为什么？
4. 什么是产品寿命周期成本？理解这一概念有何重要意义？

第十三章

企业财务管理

本章导读：

现代市场经济中，随着企业之间的竞争日趋激烈，财务管理已成为企业生存和发展的重要环节，也是提高经济效益的重要途径。财务管理是对企业经营过程中的财务活动进行预测、组织、协调、分析和控制的一种管理活动，是现代企业管理的重要组成部分。本章以财务管理的基本原理为着眼点，对财务管理的相关概念、筹资管理、企业资产管理、收入与利润管理以及财务分析等内容加以阐述。

学习目标：

理解企业财务、企业财务活动、企业财务管理的概念；掌握权益资金筹资方式和借贷资金筹资方式的特点；理解筹资结构优化分析的含义及方法；掌握货币资金、应收账款、存货及固定资产管理的内容；掌握企业利润的构成；掌握利润分配的程序；理解财务分析的含义，掌握基本财务比率的计算及分析。

关键词：

财务管理(financial management) 筹资管理(financing management) 资金结构(fund structure) 企业资产管理(enterprise asset management) 利润分配管理(profit dividend management) 财务分析(financial analysis)

第一节　财务管理概述

一、财务管理的概念

财务管理是组织企业财务活动，处理财务关系的一项经济管理工作。理解财务管理的基本概念，必须理解财务、财务活动及财务关系等相关概念。

1. 财务的概念

财务一般是指与钱物有关的事务。企业财务是指企业在生产经营过程中的财务活动及其与有关各方发生的财务关系。

2. 企业财务活动

企业财务活动是指企业为生产经营需要而进行的资金筹集、资金运用和资金分配等一系列的活动。主要包括 3 个方面。

1)　资金的筹集

企业作为从事生产经营的经济组织，必须拥有一定数量的资金。资金筹集是企业财务管理的起点。企业资金的筹集主要包括两种方式：一是企业的自有资金，可通过向投资者吸收直接投资、发行股票、企业内部留存收益等方式取得。二是企业的债务资金，可通过银行借款、发行债券、利用商业信用等方式取得。在筹集过程中，企业要认真分析和选择，采取最佳的方案来筹集企业所需要的资金。

2)　资金的运用

企业资金的运用，包括资金的投放、占用和耗费。企业用筹集来的资金购建生产经营所需的房垦、建筑物、设备、材料以及技术投资，同时支付生产经营中的各种费用。企业资金经过投放和占用，形成了企业的各项资产，如流动资产、长期投资、固定资产、无形资产以及递延资产和其他资产等。而企业在生产经营过程中所发生耗费具体表现为：产品的制造成本、企业的营业费用、管理费用和财务费用等。

3)　资金的回收与分配

企业筹集和运用资金的目的是为了取得理想的营业收入，即所取得的收入不仅能补偿生产经营中资金的耗费，而且还能带来营业利润。

营业收入是指企业将生产的产品或购入的商品进行销售、移交已完工程或提供劳务等收回的货币。企业取得营业收入，使资金完成了从货币形态开始，经过形态变化，又回到货币形态这一资金循环。这一循环过程，称为资金周转。资金回收就是资金运动的重要环节。

营业利润是企业的营业收入扣除成本、费用和各种流转税及附加税费后的数额，包括产品(商品)销售利润和其他业务利润。企业的营业利润加上投资净收益，再加(减)营业外收支净额，就是企业的利润总额。企业的利润要按有关规定在国家、企业、投资者之间进行分配。首先，要依法纳税；其次要用来弥补亏损，提取公积金、公益金；最后要向投资者分配利润。

3. 企业财务关系

企业财务关系是指企业在财务活动中与有关各方发生的经济利益关系。主要包括以下几个方面。

1)　企业与投资者和受资者之间的财务关系

企业与投资者的财务关系是指企业的投资人向企业投入资金，而企业向其支付投资报酬所形成的经济关系。企业与受资者的财务关系是指企业以购买股票或直接投资的形式向其他企业投资，企业按约定履行出资义务，并以其出资额参与受资企业的经营管理和利润分配而形成的经济关系。企业与投资者、受资者的关系是投资与分享投资收益的关系，在性质上属于所有权关系。

2)　企业与债权人、债务人之间的财务关系

企业与债权人的财务关系是指企业向债权人借入资金，并按合同定时支付利息和归还本金,从而形成的经济关系。企业的债权人主要有债券持有人、贷款银行及其他金融机构、商业信用提供者和其他出借资金给企业的单位和个人。企业与债权人的财务关系在性质上属于债务与债权的关系。企业与债务人的财务关系主要指企业将其资金以购买债券、提供借款或商业信用等形式出借给其他单位而形成的经济关系。企业在这种关系中有权要求其债务人按约定的条件支付利息和归还本金。

3) 企业与政府之间的财务关系

政府作为社会管理者担负着维持社会正常秩序、保卫国家安全、组织和管理社会活动等任务。政府依据这一身份,无偿参与企业利润的分配。企业必须按税法规定向政府缴纳各种税款,包括所得税、流转税、资源税、 财产税和行为税等。这种关系体现一种强制和无偿的分配关系。

4) 企业内部各单位之间的财务关系

企业内部的各职能部门和生产单位既分工又合作,共同形成企业系统。企业供、产、销各个部门以及各个生产部门之间,相互提供劳务和产品要计价结算,这种在企业内部各单位之间相互提供产品或劳务形成的资金结算关系就是企业内部各单位之间的财务关系。

5) 企业与职工之间的财务关系

企业和职工之间的财务关系是企业向职工支付劳动报酬的过程中形成的经济关系。企业职工以自身提供的劳动参加企业的分配,企业根据劳动者的劳动情况,用其收入向职工支付工资、 津贴和奖金,并按规定提取公益金等,体现着职工个人和集体在劳动成果上的分配关系。

二、财务管理的目标

财务管理的目标又称理财目标,是指企业进行财务活动所要达到的根本目的。财务管理的目标取决于企业目标。而企业目标可以概括为生存、发展和获利。

关于财务管理的目标,有3种主要观点。

1. 利润最大化

这种观点认为:利润代表了企业新创造的财富,利润越多则说明企业的财富增加就越多,越接近企业的目标。但是,这种观点也存在一些问题:没有考虑利润实现的时间以及由此而产生的资金的时间价值问题;没有考虑投入与产出的关系;没有考虑风险因素;容易产生经营行为短期化导向,即只顾片面追求利润的增加,不考虑企业长远的发展。

2. 每股收益最大化

这种观点认为:应当把企业的利润和股东投入的资本联系起来考察,以避免利润最大化的缺点。但是,这种观点依然没有考虑资金的时间价值和投资风险的问题。所以,每股收益最大化的观点被认为是利润最大化的改进版。

3. 股东财富最大化或企业价值最大化

这种观点认为:股东是企业的所有者,理应要求其财富最大限度的保值增值,作为使

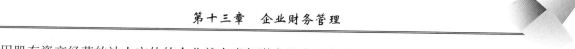

用股东资产经营的法人实体的企业就有责任谋求股东财富的最大化。

股东是企业的拥有者，股东的财富如何去表示和衡量，应该是该企业作为一个整体在市场中出售的公允价值。所以，股东财富最大化就是企业价值最大化。企业价值体现为企业作为资本的集合体在资本市场上交易的价格，对于其股票进入市场流通的股份公司来说，企业的价值就等于每股股票的市场价格的集合，所以、企业价值最大化又可以用每股股票价格最大化来表示。

在有效的资本市场中，企业价值或企业股票价格是市场在对该企业在综合评价的基础上形成的，可以说是融合了多方面的因素：

(1) 企业价值或股票价格不仅包含企业新创价值，还包含现有资产的价值。

(2) 企业价值或企业股票价格不仅包含已经实现了的价值，而是包含了未来预期可达到的价值水平。

(3) 企业价值或企业股票价格不仅包含企业账面的价值，而且包含了企业存在的但尚未入账的许多优势因素，如企业自创商誉等。

(4) 企业价值或企业股票价格是投资者对企业未来收益能力预期的现值，所以其中必然综合了货币时间价值和风险价值的因素。因此，股东财富最大化或企业价值最大化或每股股票价格最大化，作为企业财务管理的目标，克服了以利润作为财务管理目标的种种缺陷，是大多数人所接受的观点。

当然，股东财富最大化目标本身也还存在一些问题：

(1) 上市公司由于存在着市场价格，所以比较容易衡量企业的价值，但对于非上市公司则缺乏可衡量的依据。

(2) 企业股票的市场价格除受潜在获利能力、风险等企业基本情况的影响之外，还受到证券市场中供求关系、投资者心理因素等非企业因素的影响，所以实际上股票的价格与企业的实际价值还是有一定距离的。

三、财务管理的原则

在市场经济条件下，企业面临着日益广泛的资金运动和复杂的财务关系，这就需要企业财务管理人员正确地、科学地加以组织和处理。财务管理原则就是组织调节资金运动和协调处理财务关系的基本准则。在企业财务管理工作中应遵循以下原则。

1. 资本金保全原则

资本金保全原则是指企业要确保投资者投入企业资本金的完整，确保所有者的权益。企业资本金是企业进行生产经营活动的本钱，是所有者权益的基本部分。企业的经营者可以自主使用投资者依法投资的任何财产，有责任使这些财产在生产经营中充分得到利用，实现其保值和增值。投资者在生产经营期间，除在相应条件和程序下依法转让资本金外，一般不得抽回投资。

2. 价值最大化原则

企业财务管理的目标是使资产所有者的财富最大化。在企业财务管理中贯彻价值最大

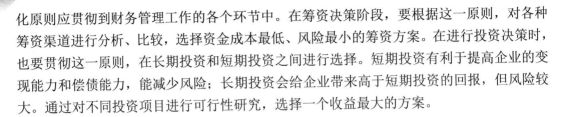

化原则应贯彻到财务管理工作的各个环节中。在筹资决策阶段，要根据这一原则，对各种筹资渠道进行分析、比较，选择资金成本最低、风险最小的筹资方案。在进行投资决策时，也要贯彻这一原则，在长期投资和短期投资之间进行选择。短期投资有利于提高企业的变现能力和偿债能力，能减少风险；长期投资会给企业带来高于短期投资的回报，但风险较大。通过对不同投资项目进行可行性研究，选择一个收益最大的方案。

3. 风险与所得均衡原则

在市场经济条件下，企业的生产经营活动具有不确定性，企业的生产量、销售量都将随着市场需求的变化而变化。因此，企业生产经营的风险是不可避免的，其资金的筹措、运用和分配的风险也是客观存在的，所以财务管理人员应意识到风险，并通过科学的方法预测各种生产经营活动及资金筹集才运用和分配方案风险的大小。风险越大，其预期收益越高；风险越小，其预期收益越低，做到风险与收益的平衡。

4. 资金合理配置原则

资金的合理配置是由资源的有限性和企业追求价值最大化所决定的。在企业财务管理中贯彻这一原则体现在合理配置资金：即在筹集资金时，要考虑资产负债的比例(负债总额比全部资产总额)，做到既能举债经营，提高资金利润率，又能防止举债过多，加大企业财务风险；在资金运用时，要考虑资产结构，即各类资产在全部资产总额中所占比重，防止出现某类资产占用过多，而另一类资产却占用不足的情况。企业要把有限的资金用在刀刃上，并经常考核其资金配置结构的合理性和有效性。

5. 成本—效益原则

企业在生产经营过程中，为了取得收入，必然会发生相应的成本费用。如筹资会发生资金成本；生产产品会有直接材料、直接人工、制造费用的支出；销售商品会有商品购进成本和经营费用支出；从事生产经营管理工作，会发生管理费用等等。在收入一定的情况下，成本费用越多，企业利润越少。因此，降低成本费用是企业提高经济效益，增加利润的有效途径。但是，企业的收入随着成本的增大而增大，随着成本的减少而减少，此时按成本—效益原则，在充分考核成本的基础上，如收入的增量大于成本的增量，则提高企业的效益；反之则使企业的效益下降。

四、财务管理环境

财务管理环境，又称理财环境，是指对企业财务活动产生影响作用的企业外部条件，主要包括法律环境、经济环境和金融市场环境。

1. 法律环境

财务管理的法律环境是指企业和外部发生经济关系时所应遵守的各种法律、法规和规章，主要包括以下几个方面。

(1) 企业组织法律规范。企业是市场经济的主体，不同组织形式的企业所适用的法律不同。按照国际惯例，企业划分为独资企业、合伙企业和公司制企业，各国均有相应的法律来规范这 3 类企业的行为。因此，不同组织形式的企业在进行财务管理时，必须熟悉其企业组织形式对财务管理的影响，从而做出相应的财务决策。

(2) 税务法律规范。任何企业都有法定的纳税义务。有关税收的立法分为三类：所得税的法规、流转税的法规和其他地方税法规。税收对企业理财行为有着重要的影响，企业的筹资决策、投资决策与股利政策都受到税收因素的影响。因此，企业财务人员必须对税收制度有所了解。

(3) 财务法律规范。企业财务法律规范是规范企业财务活动，协调企业财务关系的法令文件。我国目前企业财务法律规范有企业财务通则和行业财务制度。

此外，与企业财务管理有关的其他经济法律规范还有《证券法》、《票据法》、《支付结算办法》、《破产法》、《合同法》等。企业财务管理人员要熟悉这些法律、法规，在守法的前提下利用财务管理的职能，实现企业的财务目标。

2. 经济环境

经济环境是指企业进行财务活动的宏观经济状况，主要包括以下几方面的内容。

(1) 经济发展状况。一般来讲，当国民经济增长比较快，企业为跟上这种发展，并在行业中维持它的地位，至少要有同样的增长速度，企业要相应增加厂房、机器设备、存货、职工等。这种增长需要大规模地筹集资金。反之，企业就会收缩规模、降低资金等资源的需求。

经济发展的波动，即有时繁荣有时衰退，对企业理财有极大影响。这种波动，最先影响的是企业销售额。销售额下降会阻碍企业现金的流转，如成品积压不能变现，需要筹资以维持运营。销售增加会引起企业经营失调，如存货枯竭，需筹资以扩大经营规模。财务人员对这种波动要有所准备，筹措并分配足够的资金，用以调整生产经营。

(2) 通货膨胀。通货膨胀不仅对消费者不利，给企业理财也带来很大困难。企业对通货膨胀本身无能为力，只有政府才能控制。企业为了实现期望的报酬率，必须调整收入和成本。同时，使用套期保值等办法减少损失，如提前购买设备和存货、买进现货卖出期货等，或者相反。

(3) 利息率波动。银行贷款利率的波动，以及与此相关的股票和债券价格的波动，既给企业以机会，也是对企业的挑战。在为过剩资金选择投资方案时，利用这种机会可以获得营业以外的额外收益。例如，在购入长期债券后，由于市场利率下降，按固定利率计息的债券价格上涨，企业可以出售债券获得较预期更多的现金流入。当然，如果出现相反的情况，企业会蒙受损失。在选择筹资来源时，情况与此类似。在预期利率将持续上升时，以当前较低的利率发行长期债券，可节省资金成本。当然，如果后来事实上利率下降了，企业要承担比市场利率更高的资金成本。

(4) 政府的经济政策。由于我国政府具有较强的调控宏观经济的职能，其制定的国民经济发展规划、国家的产业政策、经济体制改革的措施、政府的行政法规等，对企业的财务活动都有重大影响。国家对某些地区、某些行业、某些经济行为的优惠、鼓励和有利倾斜构成了政府政策的主要内容。从反面来看，政府政策也是对另外一些地区、行业和经济行为的限制。企业在财务决策时，要认真研究政府政策，按照政策导向行事，才能趋利除弊。问题的复杂性在于政府政策会因经济状况的变化而调整。企业在财务决策时为这种变化留有余地，甚至预见其变化的趋势，对企业理财大有好处。

(5) 竞争。竞争广泛存在于市场经济之中，任何企业都不能回避。企业之间、各产品之间、现有产品和新产品之间的竞争，涉及设备、技术、人才、推销、管理等各个方面。竞争能促使企业用更好的方法来生产更好的产品，对经济发展起推动作用。但对企业来说，竞争既是机会，也是威胁。为了改善竞争地位，企业往往需要大规模投资，成功之后企业盈利增加，但若投资失败则竞争地位更为不利。竞争是"商业战争"，综合体现了企业的全部实力和智慧，经济增长、通货膨胀、利率波动带来的财务问题，以及企业的对策都会在竞争中体现出来。

3. 金融市场环境

金融市场是企业投资和筹资的场所，其环境如何对企业财务活动影响极大。金融市场的发育程度、各种融资方式的开放和利用情况、承兑、抵押、转让、贴现等各种票据业务的开展程度，直接决定企业在需要资金时能否便利地选择适合自己的方式筹资，企业在资金剩余时能否灵活地选择投资方式，为其资金寻找出路。

1) 金融市场的分类

(1) 按交易的期限可分为短期资金市场和长期资金市场：短期资金市场是指期限不超过一年的资金交易市场，因为短期有价证券易于变成货币或作为货币使用，所以也叫货币市场；长期资金市场，是指期限在 1 年以上的股票和债券交易市场，因为发行股票和债券主要用于固定资产等资本货物的购置，所以也叫资本市场。

(2) 按交易的性质可分为发行市场和流通市场：发行市场是指从事新证券和票据等金融工具买卖的转让市场，也叫初级市场或一级市场；流通市场是指从事已上市的旧证券或票据等金融工具买卖的转让市场，也叫次级市场或二级市场。

(3) 按交割的时间可分为现货市场和期货市场：现货市场是指买卖双方成交后，当场或几天之内买方付款、卖方交出证券的交易市场；期货市场是指买卖双方成交后，在双方约定的未来某一特定的时日才交割的交易市场。

(4) 按交易的直接对象可分为同业拆借市场、国债市场、企业债券市场、股票市场和金融期货市场等。

2) 金融市场的组成

金融市场由主体、客体和市场参与人组成。主体是指银行和非银行金融机构，他们构成市场的主体，是连接筹资者和投资者的纽带。我国的银行体系包括中国人民银行、政策性银行和商业银行。中国人民银行是我国的中央银行，主要负责货币政策及相关职能，经营国库业务；政策性银行是由政府设立，以贯彻国家产业政策、区域发展政策为目的，不是以盈利为目的的金融机构；商业银行是以经营存款、贷款、办理转账结算为主要业务，以盈利为主要经营目标的金融企业。非银行金融机构包括保险公司、信托投资公司、证券机构、财务公司、金融租赁公司等机构。

3）　金融市场利率

在金融市场上，利率是资金使用权的价格，其计算公式为：

$$利率 = 纯利率 + 通货膨胀附加率 + 风险附加率 \tag{13-1}$$

纯利率是指没有风险和通货膨胀情况下的平均利率。在没有通货膨胀时，国库券的利率可以视为纯利率。

通货膨胀附加率是由于通货膨胀会降低货币的实际购买力，为弥补其购买力损失而在纯利率的基础上加上通货膨胀附加率。

风险附加率是由于存在违约风险、流动性风险和期限风险而要求在纯利率和通货膨胀之外附加的利率。其中，违约风险附加率是指为了弥补因债务人无法按时还本付息而带来的风险，由债权人要求附加的利率；流动性风险附加率是指为了弥补因债务人资产流动不好而带来的风险，由债权人要求附加的利率；期限风险附加率是指为了弥补因偿债期长而带来的风险，由债权人要求附加的利率。

第二节　筹资管理

企业筹资是企业向外部有关单位或个人以及从企业内部筹措和集中生产经营所需资金的财务活动。筹资是企业资金运动的起点，是决定资金运动规模和生产经营发展程度的重要环节。通过一定的筹资渠道，采取一定的筹资方式，组织资金的供应，保证企业生产经营活动的需要。

一、企业筹资的分类

1. 按资金使用期限的长短，分为短期资金和长期资金

短期资金是指供一年以内使用的资金。短期资金主要投资于现金、应收账款、存货等，一般在短期内可收回。短期资金常采用商业信用、银行短期借款等方式来筹集。

长期资金是指供一年以上使用的资金。长期资金主要投资于新产品的开发和推广、生产规模的扩大、厂房和设备的更新，一般需几年或几十年才能收回。长期资金通常采用吸收投资、发行股票、发行债券、长期借款、融资租赁、留存收益等方式来筹集。

2. 按资金的来源渠道，分为权益资金和负债资金

权益资金是指企业通过发行股票、吸收投资、内部积累等方式筹集的资金，属于企业的所有者权益，所有者权益不用还本，因而又称为企业的自有资金、主权资金。

负债资金是指企业通过发行债券、银行借款、融资租赁等方式筹集的资金，属于企业的负债，到期要归还本金和利息，因而又称为企业的借入资金。

二、负债资金的筹集

1. 银行借款

银行借款是指企业根据借款合同向银行以及其他金融机构借入的需要还本付息的款项。这种方式手续简单，企业可以在短期内取得所需要的资金，保密性也好。但企业需要负担固定利息，到期必须还本付息，如果企业不能合理安排还贷资金就会引起企业财务状况恶化。

银行借款的种类很多，按不同的标准可进行不同的分类。

(1) 按借款的期限可分为短期借款、中期借款和长期借款。其中短期借款期限在1年内，中期借款期限在1—5年，长期借款期限在5年以上。

(2) 按借款的条件可分为信用借款、担保借款和票据贴现。信用借款是以借款人的信用为依据而获得的借款，企业取得这种借款不用以财产抵押。担保借款指以一定的财产做抵押或以一定的保证人做担保为条件而取得的借款。它分为三类：保证借款、抵押借款和质押借款。票据贴现是指企业以持有的未到期的商业票据向银行贴付一定的利息而取得的借款。

(3) 按借款的用途不同可分为基本建设借款、专项借款和流动资金借款。

(4) 按提供贷款的机构可分为政策性银行贷款和商业银行贷款。

2. 发行债券

债券是指公司按照法定程序发行的、约定在一定期限还本付息的有价证券。这种筹资方式与借款有很多共同点，但债券筹资的来源更广、筹集资金的余地更大。

债券的种类有很多，按是否记名可分为记名债券和无记名债券；按有无抵押担保可分为信用债券、抵押债券和担保债券；按是否上市可分为上市债券和非上市债券；按利率是否固定可分为固定利率债券和浮动固定利率债券；按是否可以转换为公司股票可分为可转换债券和不可转换债券。

3. 融资租赁

租赁指出租人在承租人给予一定报酬的条件下，授予承租人在约定的时间内占有和使用财产权利的一种契约性行为。租赁的种类很多，目前我国主要有经营租赁和融资租赁。

经营租赁是由租赁公司在短期内向承租单位提供设备并提供维修、保养、人员培训等的一种服务性业务，又称服务性租赁。经营租赁的主要目的是解决企业短期、临时的资产需求问题。

融资租赁是由租赁公司按承租单位要求出资购买设备，在较长的契约或合同期内提供给承租单位使用的信用业务。融资租赁是融资与融物相结合、带有商品销售性质的借贷活动。融资租赁的主要特点有：租赁期较长，一般长于资产有效使用期的一半，在租赁期间双方无权取消合同；由承租企业负责设备的维修、保养和保险，承租企业无权拆卸改装；租赁期满，按事先约定的方法处理设备，包括退还租赁公司、继续租赁、企业留购。

4．商业信用

商业信用是企业在进行商品交易时由于延期付款或延期交货所形成的借贷关系。对于企业来说，利用商业信用筹资比利用银行借款筹资更为直接也更为方便，但一般仅发生在有买卖关系的企业之间，如货款预付、商品赊销、资金拆借等。

商业信用的形式有应付账款、应付票据和预收账款。商业信用的优点：筹资方便；限制条件少；筹资成本低。缺点：期限一般较短；如还款或供货不及时会影响企业信誉。

三、权益资金的筹集

1．吸收直接投资

吸收直接投资是指企业按照"共同投资、共同经营、共担风险、共享利润"的原则直接吸收国家、其他法人单位、个人和外商投入资金的一种筹资方式。企业在设立时，有投资企业投入企业的资金，构成企业的资本金。

2．发行股票

股票是股份公司为筹集自有资金而发行的有价证券，是投资人投资入股以及取得股利的凭证，它代表了股东对股份公司的所有权。股份公司发行股票筹资是一种很有弹性的筹资方式，股票无到期日，公司无需为偿还资金担心。而且，当公司经营不佳或资金短缺时，可以不发股息和红利。因此，发行股票筹资风险低。但是，由于投资者承担的风险较大．他们只有在股票的报酬高于债券的利息收入时，才愿意投资于股票，加之股息和红利要在税后利润中支付，使股票的筹资成本大大高于债券成本。另外，增发普通股会降低原有股东的控制权。

股票的种类很多，按不同的标准可进行不同的分类。

（1）按股东权利和义务的不同，可分为普通股和优先股。普通股是公司发行的具有管理权而股利不固定的股票，是公司资本结构中基本部分。普通股在权利义务方面的特点是：①对公司有经营管理权；②股利分配在优先股分红之后进行，股利多少取决于公司的经营情况；③公司解散、破产时，普通股股东的剩余财产求偿权位于公司各种债权人和优先股股东之后；④在公司增发新股时有认股优先权，可以优先购买新发行的股票。

优先股是较普通股有某些优先权利同时也有一定限制的股票。其优先权利表现在：①优先获得股利；②优先分配剩余财产。但优先股股东在股东大会上无表决权，在参与公司经营管理上受到一定限制，仅对涉及优先股权利的问题有表决权。

（2）按票面有无记名，分为记名股票和无记名股票。记名股票是在票面上载有股东姓名或将名称记入公司股东名册的股票。对记名股票要附发股权手册，股东只有同时具备股票和股权手册才能领取股利。记名股票的转让、继承要办理过户手续。无记名股票在票面上不记载股东姓名，公司也要设置股东名册，记载股票的数量、编号和发行日期。持有无记名股票的人就成为公司的股东。无记名股票的转让、继承无需办理过户手续，只要买卖双方办理交割手续，就可完成股权的转移。

我国《公司法》规定，公司向发起人、国家授权投资机构、法人发行的股票，应当为记名股票；对社会公众发行的股票可以为记名股票，也可以为无记名股票。

(3) 按发行对象和上市地点，分为 A 股、B 股、H 股、N 股。A 股是以人民币标明票面金额并以人民币认购和交易的股票。B 股是以人民币标明票面金额，以外币认购和交易的股票。H 股为在香港上市的股票，N 股是在纽约上市的股票。

3. 企业内部积累

企业内部积累主要是指企业税后利润进行分配所形成的公积金。企业的税后利润并不全部分配给投资者，而应按规定的比例提取法定盈余公积金，有条件的还可提取任意盈余公积金。此项公积金可用以购建固定资产、进行固定资产更新改造、增加流动资产储备、采取新的生产技术措施和试制新产品、进行科学研究和产品开发等。因此，税后利润的合理分配也关系到企业筹资问题。

四、资金成本与筹资结构优化分析

1. 资金成本

资金成本是指企业筹集和使用资金而付出的代价，包括筹资费用和用资费用两部分。筹资费用是指企业在筹集资金中所支付的各种费用。如借款手续费、证券发行费等，其金额与资金筹措有关而与使用资金的数额多少及时间长短无关。用资费用是指企业在使用资金中所支付的费用，如股利、利息等，其金额与使用资金的数额多少及时间长短成正比，它是资金成本的主要内容。

资金成本一般用相对数来表示，其计算公式为：

$$资金成本 = 每年的用资费用 / (筹资数额 - 筹资费用) \qquad (13\text{-}2)$$

资金成本有很多形式。在比较各种筹资方式时，使用个别资金成本，如长期借款成本、债券成本、股票成本等；在企业全部资金结构决策时，使用综合资金成本；在追加筹资决策时，使用边际资金成本。

2. 筹资结构优化分析

最佳的资金结构，是企业在一定时期使其综合资金成本最低，同时企业价值最大的资金结构。筹资结构优化分析就是指不同资金来源的筹资方案，实现最优的组合，以期选出经济合理、效益最好的方案，从筹资结构的总体上，可以使总资金成本最低。

一般地说，有两种情况：①各项资金成本率已定，但资金来源比例未定。②各项资金成本率未定，但资金来源比例已定。

现就第一种情况举例说明优化分析的方法。

例如，某公司经研究，决定从申请银行借款、发行债券和股票三个方面筹措资金，其各自资金成本率已确定，从四种资金来源不同比例的方案中，选出最优方案。

有关资料见表 13-1。

表 13-1 筹资结构优化分析

资金来源	不同资金来源比例方案				资金成本率
	第一方案	第二方案	第三方案	第四方案	
银行借款	20%	20%	30%	25%	8%
发行债券	30%	40%	30%	45%	9%
发行股票	50%	40%	40%	30%	10%

根据表 13-1 的资料，各方案的总资金成本率计算如下：

第一方案：总资金成本率=0.2×0.08＋0.3×0.09＋0.5×0.1= 0.093

第二方案：总资金成本率=0.2×0.08+0.4×0.09+0.4×0.1=0.092

第三方案：总资金成本率=0.3 × 0.08＋0.3× 0.09＋0.4 ×0.1=0.091

第四方案：总资金成本率=0.25×0.08+0.45×0.09+0.3×0.1=0.0905

计算结果表明，第四方案的总资金成本率最低，只有 9.05%。企业应进一步结合实际情况分析各筹资渠道的可行性，权衡利弊得失，择优定案。

第三节 企业资产管理

企业筹集的资金经过投放和占用，形成了企业的资产。流动资产、固定资产、无形资产管理，是财务管理的重要内容。

一、流动资产管理

1. 流动资产的概念及特点

流动资产是指企业可以在一年或者超过一年的一个营业周期内变现或者耗用的资产，包括现金、应收账款、有价证券、存货(原材料、在制品及产成品)、预付款等项目。

从企业流动资金周转看，流动资产有以下特点。

1) 占用形态具有变动性

企业的流动资产必须同时分别占用在生产储备资金、未完工产品资金、成品资金和货币资金与结算资金等各种形态上；并且不断地由货币资金转为生产储备资金，由生产储备资金转化为未完工产品资金，由未完工产品资金转化为成品资金，再由成品资金转化为货币资金。流动资产占用形态的不断变动，形成流动资金运动的周而复始，为资金的保值和增值创造了条件。

2) 占用数量具有波动性

在企业再生产过程中，随着供产销的变化，流动资金占用数量有高有低，起伏不定，具有波动性。因此，企业在筹资方式上，既要考虑流动资金的稳定性，又要考虑流动资金的机动性和灵活性，以保证流动资金的供需平衡。

3) 资金循环与生产经营周期具有一致性

完成一次生产经营周期,流动资产也完成一次循环。所以,流动资产完成一次循环的时间与生产经营周期具有一致性。生产经营周期决定着流动资金的循环时间。而流动资产周转又综合反映企业供产销全过程。企业要通过合理组织供产销过程,来实现加速流动资产周转,充分发挥流动资产促进生产经营活动的积极作用。

2. 流动资产管理的内容

流动资产管理的基本任务是保证生产经营所需资金得到正常供给,并在此基础上减少资金占用,加速资金周转。其主要内容包括现金管理、应收账款管理、存货管理等。

1) 现金管理

现金是指在生产过程中暂时停留在货币形态的资金,包括库存现金、银行存款、银行本票、银行汇票等。现金是企业的一项重要的流动资产,企业缺少现金,日常的交易活动就会发生困难,但是,现金这种资产的收益性很差,如果持有过量的现金,虽然可以降低财务风险,但也会降低企业的收益。所以,现金管理的目的就是在保证生产经营活动所需现金的同时,尽可能节约现金,减少现金的持有量,而将闲置现金用于投资以获取一定的投资收益。

现金管理的内容主要有以下几个方面:

(1) 编制现金预算或现金收支计划,以便合理地估计未来的规金需求;

(2) 对日常的现金收支进行控制,力求加速收款,延缓付款;

(3) 用特定的方法确定理想的现金余额。当企业实际现金余额与理想余额不一致时,采用短期融资策略或采用归还借款和投资于有价证券等策略达到理想状况。

2) 应收账款管理

应收账款是指企业因对外销售产品、材料、供应劳务及其他原因,应向购货单位或接受劳务的单位及其他单位收取的款项,包括应收销售款、其他应收款、应收票据等。应收账款投资收益体现在扩大销售规模,增加利润,但与此同时也会因持有应收账款而付出一定的代价,这种代价即为应收账款的成本,包括机会成本、管理成本和坏账成本。机会成本是指因资金投放在应收账款上而丧失的其他投资的收益;管理成本是指企业对应收账款进行管理而耗费的开支,如对客户的资信调查费用、收账费用等;坏账成本是指企业因故不能收回应收账款而发生的损失。

企业应收账款的管理目标是要制定科学合理的应收账款信用政策,并在这种信用政策所增加的销售盈利和采用这种政策预计要担负的成本之间做出权衡。只有当所增加的销售盈利超过运用此政策所增加的成本时,才能实施和推行使用这种信用政策。

企业的信用政策是指企业对应收账款进行规划与控制而确立的基本原则与行为规范,包括:信用标准、信用条件和收账政策三部分内容。

(1) 信用标准是企业用来衡量客户是否有资格享受商业信用所具备的基本条件。客户达到了信用标准,享受赊销条件;达不到信用标准,不能享受赊销,必须要支付现金。

(2) 信用条件是企业接受客户信用订单时所提出的付款要求,包括信用期间、现金折

扣和折扣期间。信用条件经常表示为(1/10，n/30)，意思是：客户在购买货物后，如在 10 日内付款，可以享受 1%的价格折扣，如放弃折扣，则全部款项必须在 30 日内付清。在此，30 日为信用期限，10 日为折扣期限，1%为现金折扣率。

(3) 收账政策是指在信用条件被违反时企业采取的收账策略，有积极型和消极型两种。采用积极型收账政策，对超过信用期限的客户通过派人催收等措施加紧收款，必要时行使法律程序；采用消极型收账政策，对超过信用期限的客户通过发函催收或等待客户主动偿还。

3) 存货管理

存货是指企业在生产经营过程中为销售或者耗用而储备的物资，包括材料、燃料、低值易耗品、在产品、半成品、产成品、协作件、商品等。企业持有充足的存货，不仅有利于生产过程的顺利进行，节约采购费用与生产时间，而且能够迅速地满足客户各种定货的需要，从而为企业的生产与销售提供较大的机动性，避免因存货不足带来的机会损失。然而存货的增加必然要占用更多的资金，将使企业付出更大的持有成本(即机会成本)，而且存货的储存与管理费用也会增加，影响企业获利能力的提高。因此，存货管理的目标是在各种存货管理成本与存货收益之间进行利弊权衡，达到两者的最佳结合。

与存货有关的成本主要包括采购成本、订货成本、储存成本、短缺成本。采购成本是指构成存货本身价值的成本，一般与采购数量成正比；订货成本是指企业为组织订购存货而发生的各种费用支出，如为订货而发生的差旅费、通信费、采购机构经费等；储存成本是企业为储存存货而发生的各种费用支出，如仓储费、保管费、搬运费、保险费、存货占用资金的利息费、存货残损和 变质损失等；短缺成本是指由于储备不足而给企业造成的经济损失。

存货管理要求在存货数量必须保证生产过程正常需要的前提下，尽可能减少存货占用资金，防止超储积压，加速资金周转。具体措施包括：合理确定保险储备数量；对存货实行 ABC 分类管理；合理确定生产批量与订货数量；降低生产用物资的消耗定额；缩短生产周期；压缩物资供应在途日数与产成品发运日数等。

二、固定资产管理

1. 固定资产的概念及特点

固定资产是指企业使用期限超过 1 年的房屋、建筑物、机器、机械、运输工具以及其他与生产、经营有关的设备、器具、工具等。不属于生产经营主要设备的物品，单位价值在 2000 元以上，并且使用年限超过 2 年的，也应当作为固定资产。

企业的固定资产是沿着固定资产的构建、价值转移与补偿、实物更新的顺序循环的。固定资金周而复始的循环，就是固定资金的周转。其特点是：

(1) 固定资产投资的集中性和回收的分散性。企业购建固定资产，需要一次全部垫支资金，但由于固定资产在生产经营活动中能较长期发挥作用，因而其价值是分次逐渐转移和补偿的，即固定资产投资的回收是分次、逐步实现的。

(2) 使用中的固定资产价值的双重存在。在企业生产经营过程中，随着固定资产价值的转移，其价值的一部分通过折旧的形式分次、逐步脱离其实物形态，转化为货币资金，而其余部分则继续存在于其实物形态之中，直到固定资产丧失其全部功能。

(3) 固定资产价值补偿和实物更新分别进行。固定资产价值的补偿和实物更新，既有联系，又有区别。价值补偿是实物更新的条件，实物更新是价值补偿的最终目的。但是，固定资产的价值补偿和实物更新在时间上是分别进行的。

2. 固定资产的分类

(1) 按固定资产经济用途分为生产用固定资产和非生产用固定资产。生产经营用固定资产，是指直接参与企业生产经营过程或直接服务于企业生产经营过程的各种固定资产，如房屋、建筑物、机器设备、工具、器具等。非生产经营用固定资产，是指不直接服务于企业生产经营过程的各种固定资产，如用于职工宿舍、公共福利设施、文化娱乐、卫生保健等方面的房屋、建筑物、设备等。

(2) 按使用情况分为使用中固定资产、未使用固定资产和不需用固定资产。使用中固定资产，是指企业正在使用的生产经营用和非生产经营用固定资产，包括企业无论是否在实际使用中的房屋、建筑物，或因季节性生产和修理等原因暂停使用的固定资产，以及经营场所备用、轮换使用的机器设备等，还包括根据租赁合同规定以经营租赁方式出租给外单位使用的固定资产。未使用固定资产，是指已完工或已购建但尚未正式投入生产经营使用的新增固定资产，如待安装的设备，以及因改建、扩建等原因暂停使用的固定资产和因任务变更经批准停止使用的固定资产。不需用固定资产，是指已脱离企业生产经营过程或从未投入生产经营过程、企业以后不再需要使用的固定资产，如因转产需调配处理的专用设备等。

(3) 按所属关系分为企业自有固定资产和租入固定资产。自有固定资产，是指企业通过各种渠道取得的、拥有法定所有权的各种固定资产。租入固定资产，是指企业采用租赁方式从其他单位租入的、只拥有使用权而不拥有所有权的固定资产，主要指的是融资租入固定资产。

(4) 按固定资产的经济用途和使用情况，分为生产经营用固定资产；非生产经营用固定资产；租出固定资产(指企业采用经营租赁方式出租给外单位使用的固定资产)；不需用固定资产；未使用固定资产；融资租入固定资产(指企业以融资租赁方式租入的各种固定资产)；土地(指过去已经估价单独入账的土地，而不是指土地使用权)。

3. 固定资产管理的内容

(1) 根据企业生产任务、经营规模、生产经营发展方向，正确测定固定资产需要量，合理配置固定资产。

(2) 正确计提折旧，及时补偿固定资产损耗价值。固定资产的损耗包括有形损耗和无形损耗两种类型。有形损耗提取的折旧是在物质寿命期限内的直线折旧，其特点是折旧时间长(大约为物质寿命)，在折旧年限内平均计提。无形损耗是由于劳动生产率提高或技术进步，固定资产由更先进、更便宜的设备所取代而引起的价值磨损，提取的折旧是在技术寿命期限内的快速折旧。

(3) 做好固定资产投资(包括基本建设投资和更新改造投资)预测与决策、提高投资效益。与流动资产相比，固定资产具有投资数量大、投资回收期长、投资影响大等特点。为了获得固定资产投资的最佳经济效果，要在投资项目落实之前，论证投资项目技术上的可行性、先进性和经济上的合理性、效益性，通过比较，选择最佳方案。

(4) 加强固定资产综合管理，提高固定资产的利用效果。在进行固定资产价值核算的同时，还要进行固定资产的实物管理。企业财务部门应与固定资产管理部门和使用部门相配合，严密组织固定资产的收发、保管工作，正确、及时、全面地反映各项固定资产的增减变化，定期进行实物清查，以保证固定资产完整无缺；加强固定资产的维护、修理工作，使之处于良好的技术状态并在使用中充分发挥作用，从而提高固定资产的利用效果。

三、无形资产管理

1. 无形资产的概念

无形资产，是指企业为生产商品、提供劳务、出租给他人，或为管理目的而持有的、没有实物形态的非货币性长期资产，包括专利权、非专利技术、商标权、著作权、土地使用权、特许权、商誉等。

(1) 专利权。专利权是指国家专利主管机关依法授予发明创造专利申请人对其发明创造在法定期限内所享有的独占权和专有权，包括发明专利权、实用新型专利权和外观设计专利权。

(2) 非专利技术。非专利技术，又称技术秘密或技术诀窍，指发明人垄断的、不公开的、具有实用价值的先进技术、资料、技能、知识等能为企业带来经济利益的资源，如各种设计资料、图纸、数据、技术规程、工艺流程、技术配方或经营管理技术等。非专利技术与专利权一样，能使企业在市场竞争中处于优势地位，从而给企业带来较大的经济利益。但非专利技术不受国家保护。

(3) 商标权。商标是用来辨识特定商品或劳务的标记。商标权，全称商标专用权，指企业依据有关法规在某种指定的商品上使用特定名称、图案、标记的权利。企业的商标经过政府注册登记后被称为注册商标，注册商标的注册人享有商标专用权(包括独占使用权和禁止权)，并受法律保护，未经注册人许可他人不准擅自使用。商标权的价值在于它能使企业享有较高的盈利能力。

(4) 著作权。著作权，也称版权，是指著作人对其著作依法享有的出版、发行等方面的专有权利，即国家著作权管理部门依法授予著作或文艺作品作者在一定期限内发表、再版、演出和出售其作品的特有权利。

(5) 土地使用权。土地使用权又称场地使用权，是指国家允许某一企业在一定期限内对国有土地享有开发、利用、经营并取得收益的权利。我国实行土地社会主义公有制，土地所有权属于国家，企业支付土地出让金后只能享有使用权，并按年向国家缴纳土地使用费。

(6) 特许权。特许权也称特许经营权、专营权，指在某一地区经营或销售某种特定商品的权利或是一家企业接受另一家企业使用其商标、商号、技术秘密等的权利。前者由政府授权，允许企业使用或在一定地区享有经营某种业务的特权，如水电、邮电通信等专营权、烟草专卖权等；后者是指企业间依照签订的合同，有限期或无限期使用另一家企业的某些权利，如连锁店的分店等。

(7) 商誉。商誉通常由企业所处地理位置优越，或员工服务周到，或产品物美价廉，或信誉卓著，或生产技术先进，或经营有方，或历史悠久等原因而形成，较之同行业能获得超额收益的这种能获取超额利润能力的资本化价值就称之为商誉。

2. 无形资产的特点

(1) 不具有实物形态。无形资产通常表现为某种特殊权利、某项技术或某种获取超额利润的综合能力，虽无实物形态，却具有价值。

(2) 属于非货币性长期资产。虽然货币性资产与无形资产一样，都没有实物形态，但货币性资产属于流动资产，而无形资产却属于非货币性长期资产，它能在超过年或一个经营周期的期间内为企业创造经济利益。

(3) 企业持有目的是为了使用、受益，而不是为了出售。无形资产可用于生产产品、提供劳务、出租给他人或为企业经营管理服务。

(4) 所能提供的未来经济利益具有较大的不确定性。无形资产必须与企业的其他资产结合才能为企业创造经济利益。此外，无形资产创造经济利益的能力还较多地受到外界因素的影响，如相关新技术更新换代的速度等。因此，企业拥有或使用无形资产往往隐含着一定的风险。

3. 无形资产管理的内容

(1) 按照企业取得的实际成本确定无形资产的入账价值。企业外购的无形资产，以实际支付的价款作为入账价值，其中包括该无形资产可用之前所发生的所有费用，如法律费用等。投资者投入的无形资产，应以投资各方确认的价值作为入账价值。企业通过债务重组方式取得的无形资产，按应收债权的账面价值加上应支付的相关税费作为入账价值。企业接受捐赠的无形资产，按凭据上标明的金额或同类无形资产市价计价。企业自行开发的无形资产，只有在该项目研究开发成功后，对依法申请取得相应权利时发生的注册费、律师费等费用，作为无形资产的成本计价入账。

(2) 无形资产的成本自取得当月起在预计使用年限内分期平均摊销。摊销期按照下述原则确定：合同规定有受益年限而法律没有规定有效年限的，摊销年限不应超过合同规定的受益年限；合同没有规定受益年限但法律规定了有效年限的，摊销年限不应超过法律规定的受益年限；合同规定了受益年限，法律也规定了有效年限的，摊销年限不应超过受益年限与有效年限两者之中较短者；合同没有规定受益年限，法律也没有规定有效年限的，摊销年限不应超过 10 年。

(3) 无形资产存在价值减损，如果无形资产由于技术竞争或其他经济原因导致其可收回金额低于其账面价值，则应按可收回金额低于账面价值的差额提取无形资产减值准备。

第四节　收入与利润管理

一、收入管理

1. 收入的概念及确认

广义的收入指企业在销售商品、提供劳务及让渡资产使用权等日常活动中所形成的经济利益的总流入，包括商品销售收入、劳务收入、使用费收入、股利收入等。狭义的收入，又称营业收入，指企业在日常的经营活动中，由于销售商品或提供劳务等所形成的收入，包括主营业务收入和其他业务收入。主营业务收入是指企业持续的、主要的经营活动所取得的收入。主营业务收入在企业收入中所占的比重较大，它对企业的经济效益有着举足轻重的影响。其他业务收入是指企业在主要经营活动以外从事其他业务活动而取得的收入，它在企业收入中所占的比重较小。

企业应以权责发生制为原则，确认营业收入的入账时间。企业的营业收入应当在发出商品、提供劳务，同时收讫或取得索取价款的凭据时予以确认。营业收入确认的标志：①商品、产品已经发出或劳务已经提供；②价款已经收到或得到了索取价款的依据。在实际工作中，应根据这两个标志的结合具体的结算或销售方式来确认营业收入的入账时间。

2. 企业收入管理的要求

企业在生产经营过程中，为了增加营业收入，必须组织好生产经营活动，加强各个经营环节的管理，做好预测、决策、计划和控制活动；加强对市场的预测分析，调整企业的经营战略；根据市场预测，制定生产经营计划，组织好生产和销售，保障营业收入的实现；积极处理好生产经营中存在的各种问题，提高企业的经济效益。

二、利润管理

1. 企业利润的构成

利润是企业在一定时期的经营成果，集中反映了企业在生产经营各方面的效益，是企业的最终财务成果。企业利润可表示为主营业务利润、营业利润、利润总额和净利润等不同形式。

(1) 主营业务利润。主营业务利润是企业经营主要业务所取得的利润。它是由主营业务收入、主营业务成本和主营业务税金及附加构成，计算公式为：

$$主营业务利润=主营业务收入-主营业务成本-主营业务税金及附加 \qquad (13-3)$$

其中，主营业务收入是指企业按照营业执照上规定的主营业务内容所发生的营业收入；主营业务成本是指企业经营主要业务而发生的实际成本；主营业务税金及附加是指企业经营主要业务而应由主营业务负担的税金及附加，包括营业税、消费税、城市建设税、资源税、土地增值税和教育附加等。

(2) 营业利润。营业利润是指企业一定期间从事生产经营活动所获得的利润。计算公式为：

$$营业利润=主营业务利润+其他业务利润-营业费用-管理费用-财务费用 \quad (13-4)$$

其中，其他业务利润是指企业除主营业务以外取得的收入扣除其他业务的成本、费用、税金后的利润；营业费用是指企业销售商品过程中发生的费用，如运输费、装卸费、包装费、保险费、展览费、广告费以及销售部门的职工工资、福利费、业务费等；管理费用是指企业为组织和管理企业生产经营所发生的各种费用。包括董事会和行政管理部门的工资、修理费、低值易耗品摊销、办公费等； 财务费用是指企业为筹集资金而发生的费用，包括利息支出、汇兑损失以及相关的手续费。

(3) 利润总额。利润总额是指企业一定期间所实现的全部利润，计算公式为：

$$利润总额=营业利润+投资收益+营业外收入-营业外支出 \quad (13-5)$$

其中，投资收益是指企业对外投资所取得的收益扣除发生的损失以后的净收益；营业外收入是指企业发生的与生产经营无直接关系的各项收入，如固定资产盘盈、资产评估增值、债务重组收益、捐赠收入等；营业外支出是指企业发生的与生产经营无直接关系的各项支出。如固定资产盘亏、资产评估减值、债务重组损失、捐赠支出等。

(4) 净利润。净利润指利润总额减去所得税后的部分，也是归企业所有者的那部分收益，又称税后利润，计算公式为：

$$净利润=利润总额-所得税 \quad (13-6)$$

2. 企业利润的分配

企业实现的利润总额扣除所得税后的净利润，按以下顺序进行分配。

(1) 支付有关费用。支付被没收的财物损失和违反税收规定支付的滞纳金和罚款。

(2) 弥补以前年度亏损。弥补亏损可以划分为两种不同情况：税前弥补和税后弥补。按照我国财务制度的规定，企业发生年度亏损，可以用下一年度的税前所得弥补，下一年度税前所得不足弥补的，可以用以后年度的税前所得继续弥补，但用税前所得弥补的期限最长不得超过 5 年。

(3) 提取盈余公积金。盈余公积金分为法定盈余公积金和任意盈余公积金。法定盈余公积金是国家统一规定必须提取的公积金，它的提取顺序是在弥补亏损之后，按照当前税后净利润 10%的比例提取。当法定盈余公积金累计额达到公司注册资本的 50%时，可不再继续提取。任意盈余公积金由企业自行决定是否提取，以及提取比例。

盈余公积金的主要用途是弥补公司亏损、扩大公司生产经营或者转增公司资本。

(4) 提取公益金。公益金按照净利润的 5%～10%的比例提取形成，主要用于职工集体福利设施建设。

(5) 向投资者分配利润。企业以前年度未分配的利润，并入本年度利润，在充分考虑现金流量状况后，向投资者分配。属于各级人民政府及其部门、机构出资的企业，应当将应付国有利润上缴财政。

股份公司提取公益金后，按照下列顺序分配：①支付优先股股利；②提取任意公积金；③支付普通股股利。股利的分配应以各股东持有股份的数额为依据，每一股东取得的股利

与其持有的股份数成正比。当前无利润的，不得分配股利，但若公司用盈余公积金抵补亏损以后，为维护其股票信誉，经股东大会特别决议，也可用盈余公积金支付股利，不过这样支付股利后留存的法定盈余公积金不得低于注册资本的 25%。

三、股利支付的程序和方式

1. 股利支付的程序

股份有限公司向股东支付股利时，有几个重要的日期，解释如下：

(1) 股利宣告日是指董事会将股东大会决议通过的分红方案(或发放股利情况)予以公告的日期，在公告中将宣布每股股利、股权登记日、除息日和股利支付日等事项。

(2) 股权登记日是指有权领取股利的股东有资格登记截止日期，只有在股权登记日前在公司股东名册上有名的股东，才有权分享当期股利，在股权登记日以后列入名单的股东无权领取股利。

(3) 除息日是指领取股利的权利与股票相互分离的日期，在除息日前，股利权从属与股票，持有股票者即享有领取股利的权利；从除息日开始，股利权与股票相分离，新购入股票的人不能享有股利。

(4) 股利发放日即向股东发放股利的日期。股利支付程序举例说明如下：某股份公司董事会在股东大会召开后公布最后分红方案的公告中称："在 2012 年 3 月 10 日 M 公司在某地召开的股东大会上，通过了董事会关于每股普通股分派股息 0.4 元的 2011 年度股息分配方案。股权登记日是 2012 年 4 月 17 日，除息日是 2012 年 4 月 18 日，股利支付日为 2011 年 4 月 24 日，特此公告。"此例中，股利宣告日是 3 月 10 日；股权登记日是 4 月 17 日；除息日是 4 月 18 日；股利发放日为 4 月 24 日。

2. 股利支付的方式

股利支付的方式有很多，常见的主要有以下几种。

(1) 现金股利。现金股利是将股东应得的股东收益以现金的形式支付给股东，它是股利支付的主要方式。公司支付现金股利除了要有累计盈余(特殊情况下可用弥补亏损后的盈余公积金支付)外，还要有足够的现金，这就需要公司在支付现金股利前需要筹备充足的现金。

(2) 财产股利。财产股利是以现金以外的资产支付的股利，主要是以公司所拥有的产品或拥有的其他企业的有价证券，如债券、股票，作为股利支付给股东。

(3) 负债股利。负债股利是公司以负债支付的股利，通常以公司的应付票据支付给股东，不得已情况下也有发行公司债券抵付股利的，财产股利和负债股利实际上是现金股利的替代。这两种股利方式目前在我国公司实务中很少使用，但也并非法律所禁止。

(4) 股票股利。股票股利是公司以增发的股票作为股利的支付方式。

第五节　财　务　分　析

一、财务分析的概念及目的

　　企业经济活动的结果反映在会计报表中，但报表本身并不能直接揭示各相关指标数据之间的内在联系，无法深入说明各指标和数据在财务管理决策中的真正意义。要使报表资料的数据"活"起来，就必须进行财务分析。所谓财务分析是指以财务报表和其他相关资料为依据和起点，采用专门方法，系统分析和评价企业的财务状况、经营成果、现金流量状况的过程。

　　财务分析的一般目的可以概括为：可以评价过去的经营业绩；衡量现在的财务状况；预测未来的发展趋势；为改进企业的经营管理提供一些可供参考的数据资料。

二、财务报表

　　财务报表是反映企业一定时期财务状况、经营成果和现金流动状况的总结性书面文件，包括财务报表、财务报表附注和财务状况说明书。其中财务报表体系主要由资产负债表、利润表和现金流量表 3 张主要报表构成。

1. 资产负债表

　　资产负债表是总括反映企业在一定日期的资产、负债及所有者权益情况的财务报表。资产负债表是根据"资产=负债+所有者权益"这一基本会计恒等式，按照一定分类标准和一定次序，把企业特定日期的资产、负债及所有者权益三项要素所属项目予以适当排列编制而成的，其主要目的就是为了反映企业在一定日期的财务状况。因此，资产负债表又叫做"财务状况表"。财务状况是指企业在某一时点资产、负债及所有者权益的构成及其相互关系。它表明企业在某一特定日期所拥有或控制的经济资源、所承担的现有义务和所有者对净资产的要求权。资产负债表的作用可概括为：反映企业拥有的经济资源及其分布情况；反映企业财务结构状况及其负债经营的合理程度；通过分析表内有关项目的构成比例，观察企业的偿债能力与筹资能力；通过分析评价企业经营业绩，预测企业未来的财务状况。

　　总之，企业过去的经营、投资和筹资等活动的结果都会反映在资产负债表上。可以说，资产负债表在一定程度总括地反映了企业全部交易、事项与情况的影响，这对于财务报告分析者了解和把握企业的财务状况信息将有很大的帮助。

2. 利润表

　　利润表是反映企业某一会计期间经营成果的财务报表，又叫损益表。利润表的编制是依据权责发生制原则和配比原则将企业在一定时间内的经营活动绩效按照"利润 = 收入-成本费用"确认计算得出。利润表的作用可概括为：揭示了企业生产经营活动的主要成果及获利能力；有助于考核企业管理人员的经营业绩；有助于企业管理者作出正确的经营决策；有助于评价、预测企业未来的现金流量及长期偿债能力。

3. 现金流量表

现金流量表是以现金为基础编制的反映企业在一定期间内由于经营、投资、筹资活动所形成的现金流量情况的会计报表。现金流量表通过反映企业现金的来源、运用、金额的增减等信息，有助于信息使用者了解企业的流动性，为信息使用者提供一定期间内企业的现金来源、用途及现金余额变动原因等信息。现金流量表的作用可概括为：可以评估企业在未来创造净现金流量的能力；可以评估企业偿还债务、分派股利、对外融资等能力；可以确定净利润与相关现金流量所产生差异的形成原因；便于评估当期的现金与非现金投资活动和重要理财活动对公司财务状况的影响。

三、财务比率分析

财务分析常用的方法有三种：比率分析法、因素分析法和趋势分析法。比率分析法是用来分析同一期间财务指标相对关系的情况，以判断财务和经营等方面的状况的方法，是财务分析中最基本、最重要的方法。因素分析法是对一些综合性指标，如利润分解为原始的影响因素，从而明确指标完成好坏的原因和责任的方法。趋势分析法是以连续几期报表提供的数据，比较其前后的增减数额和幅度，从而分析财务和经营上的变化及其发展趋势的方法。

本书主要介绍比率分析法。财务比率分析的指标主要分为三类：偿债能力指标、营运能力指标和盈利能力指标。

1. 偿债能力分析

企业偿债能力是反映企业财务状况和经营能力的重要标志。企业偿债能力低不仅说明企业资金紧张，难以支付日常经营支出，而且说明企业资金周转不灵，难以偿还到期债务，甚至面临破产危险。企业偿债能力分析包括短期偿债能力分析和长期偿债能力分析。

1) 短期偿债能力分析

企业短期债务一般要用流动资产来偿付，短期偿债能力是指企业流动资产对流动负债及时足额偿还的保证程度，是衡量流动资产变现能力的重要标志。企业短期偿债能力的衡量指标主要有流动比率、速动比率和现金比率。

(1) 流动比率。流动比率是企业流动资产与流动负债之比。其计算公式为：

$$流动比率=流动资产÷流动负债 \tag{13-7}$$

通常情况下，流动比率越高，反映企业偿还短期债务的能力越强，债权人的权益越有保障。一般认为，生产企业合理的最低流动比率是 2。这是因为流动资产中变现能力最差的存货金额约占流动资产总额的一半，剩下的流动性较大的流动资产至少要等于流动负债，企业短期偿债能力才会有保证。

(2) 速动比率。速动比率是企业速动资产与流动负债之比，速动资产是指流动资产减去变现能力较差且不稳定的存货、待摊费用等后的余额。由于剔除了存货等变现能力较差的资产，速动比率比流动比率能更准确、可靠地评价企业资产的流动性及偿还短期债务的能力。其计算公式为：

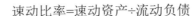

$$速动比率=速动资产÷流动负债 \tag{13-8}$$

一般认为速动比率为 1 较合适，速动比率过低，企业面临偿债风险；但速动比率过高，会因占用现金及应收账款过多而增加企业的机会成本。

(3) 现金比率。现金比率是企业现金类资产与流动负债的比率。现金类资产包括企业所拥有的货币资金和持有的有价证券(即资产负债表中的短期投资)，它是速动资产扣除应收账款后的余额。速动资产扣除应收账款后计算出来的金额，最能反映企业直接偿付流动负债的能力。现金比率一般认为 20%以上为好。但这一比率过高，就意味着企业流动负债未能得到合理运用，而现金类资产获利能力低，这类资产金额太高会导致企业机会成本增加。现金比率计算公式为：

$$现金比率=(现金+有价证券)÷流动负债 \tag{13-9}$$

2) 长期偿债能力分析

长期偿债能力是指企业偿还长期负债的能力。其分析指标主要有三项：资产负债率、产权比率和利息保障倍数。

(1) 资产负债率。资产负债率是企业负债总额与资产总额之比，其计算公式为：

$$资产负债率=(负债总额÷资产总额)×100\% \tag{13-10}$$

资产负债率反映债权人所提供的资金占全部资金的比重，以及企业资产对债权人权益的保障程度。这一比率越低(50%以下)，表明企业的偿债能力越强。事实上，对这一比率的分析，还要看站在谁的立场上。从债权人的立场看，债务比率越低越好，企业偿债有保证，贷款不会有太大风险；从股东的立场看，在全部资本利润率高于借款利息率时，负债比率越大越好，因为股东所得到的利润就会加大。

(2) 产权比率。产权比率又称资本负债率，是负债总额与所有者权益之比，它是企业财务结构稳健与否的重要标志，其计算公式为：

$$产权比率=(负债总额÷所有者权益)×100\% \tag{13-11}$$

产权比率不仅反映了由债务人提供的资本与所有者提供的资本的相对关系，而且反映了企业自有资金偿还全部债务的能力，因此它又是衡量企业负债经营是否安全有利的重要指标。一般来说，这一比率越低，表明企业长期偿债能力越强，债权人权益保障程度越高，承担的风险越小，一般认为这一比率在 100%以下时，应该是有偿债能力的，但还应该结合企业的具体情况加以分析。当企业的资产收益率大于负债成本率时，负债经营有利于提高资金收益率，获得额外的利润，这时的产权比率可适当高些。产权比率高，是高风险、高报酬的财务结构；产权比率低，是低风险、低报酬的财务结构。

产权比率与资产负债率对评价偿债能力的作用基本一致，只是资产负债率侧重于分析债务偿付安全性的物质保障程度，产权比率则侧重于揭示财务结构的稳健程度以及自有资金对偿债风险的承受能力。

(3) 利息保障倍数。利息保障倍数是指企业息税前利润与利息费用之比，又称已获利息倍数，用以衡量企业偿付借款利息的能力，其计算公式为：

$$利息保障倍数=息税前利润÷利息费用 \tag{13-12}$$

式(13-12)中的分子"息税前利润"是指利润表中未扣除利息费用和所得税前的利润。分母

"利息费用"是指本期发生的全部应付利息，不仅包括财务费用中的利息费用，还应包括计入固定资产成本的资本化利息。资本化利息虽然不在利润表中扣除，但仍然是要偿还的。利息保障倍数的重点是衡量企业支付利息的能力，没有足够大的息税前利润，利息的支付就会发生困难。

利息保障倍数不仅反映了企业获利能力的大小，而且反映了获利能力对偿还到期债务的保证程度，它既是企业举债经营的前提依据，也是衡量企业长期偿债能力大小的重要标志。要维持正常偿债能力，利息保障倍数至少应大于 1，且比值越高，企业长期偿债能力越强。如果利息保障倍数过低，企业将面临亏损、偿债的安全性与稳定性下降的风险。

2. 营运能力分析

企业营运能力分析，实质上是对企业各项资产的周转使用情况进行分析。一般而言，资金周转速度越快，说明企业的资金管理水平越高，资金利用效率越高。企业营运能力分析主要包括流动资产周转情况分析、固定资产周转分析和总资产周转分析。

1) 流动资产周转情况分析

反映流动资产周转情况的指标主要有应收账款周转率、存货周转率和流动资产周转率。

(1) 应收账款周转率。应收账款周转率(次数)是指一定时期内应收账款平均收回的次数，是一定时期内商品或产品销售收入净额与应收账款平均余额的比值，其计算公式为：

$$应收账款周转次数 = 销售收入净额 \div 应收账款平均余额 \tag{13-13}$$

$$应收账款周转天数 = 计算期天数(360) \div 应收账款周转次数 \tag{13-14}$$

式(13-13)中，销售收入净额=销售收入-销售折扣与折让；应收账款平均余额=(期初应收账款+期末应收账款)÷2。

应收账款周转率反映了企业应收账款周转速度的快慢及企业对应收账款管理效率的高低。在一定时期内周转次数多，周转天数少表明：企业收账迅速，信用销售管理严格；应收账款流动性强，从而企业短期偿债能力增强；可以减少收账费用和坏账损失，相对增加企业流动资产的投资收益。

(2) 存货周转率。存货周转率(次数)是指一定时期内企业销售成本与存货平均资金占用额的比率，是衡量和评价企业购入存货、投入生产、销售收回等各环节管理效率的综合性指标，其计算公式为：

$$存货周转次数 = 销货成本 \div 存货平均余额 \tag{13-15}$$

$$存货周转天数 = 计算期天数(360) \div 存货周转次数 \tag{13-16}$$

其中，存货平均余额=(期初存货+期末存货)÷2

一般来讲，存货周转速度越快，存货占用水平越低，流动性越强，存货转化为现金或应收账款的速度就越快，这样会增强企业的短期偿债能力及获利能力。通过存货周转速度分析，有利于找出存货管理中存在的问题，尽可能降低资金占用水平。

(3) 流动资产周转率。流动资产周转率(次数)是一定时期销售收入净额与企业流动资产平均占用额之间的比率，其计算公式为：

$$流动资产周转次数 = 销售收入净额 \div 流动资产平均余额 \tag{13-17}$$

$$流动资产周转天数 = 计算期天数 \div 流动资产周转次数 \tag{13-18}$$

其中，流动资产平均余额=(期初流动资产+期末流动资产)÷2

在一定时期内，流动资产周转次数越多，表明以相同的流动资产完成的周转额越多，流动资产利用效果越好。流动资产周转天数越少，表明流动资产在经历生产销售各阶段所占用的时间越短，可相对节约流动资产，增强企业盈利能力。

2) 固定资产周转分析

固定资产周转分析的指标是固定资产周转率。固定资产周转率是指企业年销售收入净额与固定资产平均净额的比率，它是反映企业固定资产周转情况，从而衡量固定资产利用效率的一项指标。其计算公式为：

$$固定资产周转率=销售收入净额÷固定资产平均净值 \tag{13-19}$$

式中，固定资产平均净值=(期初固定资产净值+期末固定资产净值)÷2

固定资产周转率高，说明企业固定资产投资得当，结构合理，利用效率高；反之，如果固定资产周转率不高，则表明固定资产利用效率不高，提供的生产成果不多，企业的营运能力不强。

3) 总资产周转分析

总资产周转分析的指标是总资产周转率。总资产周转率是企业销售收入净额与企业资产平均总额的比率。其计算公式为：

$$总资产周转率=销售收入净额÷资产平均总额 \tag{13-20}$$

总资产周转率用来衡量企业全部资产的使用效率，如果该比率较低，说明企业全部资产营运效率较低，可采用薄利多销或处理多余资产等方法，加速资金周转，提高运营效率；如果该比率较高，说明资金周转快，销售能力强，资产运营效率高。

3. 盈利能力分析

盈利能力是企业获取利润、资金不断增殖的能力。对于一般企业，反映企业盈利能力的指标主要有销售毛利率、销售净利率、成本利润率、总资产报酬率、净资产收益率和资本保值增值率。对于上市公司，则通常运用每股收益、每股股利和市盈率来分析。

1) 一般企业盈利能力分析

(1) 销售毛利率。销售毛利率是销售毛利与销售收入净额之比，其计算公式如下：

$$销售毛利率=(销售毛利÷销售收入净额)×100\% \tag{13-21}$$

式中，销售毛利=销售收入净额−销售成本；销售收入净额是指产品销售收入扣除销售退回、销售折扣与折让后的净额。

销售毛利率反映了企业的销售成本与销售收入净额的比例关系，毛利率越大，说明在销售收入净额中销售成本所占比重越小，企业通过销售获取利润的能力越强。

(2) 销售净利率。销售净利率是净利润与销售收入之比，其计算公式为：

$$销售净利率=(净利润÷销售收入)×100\% \tag{13-22}$$

销售净利率表明企业每 1 元销售收入可实现的净利润是多少，它可以评价企业通过销售赚取利润的能力，可以促使企业在扩大销售的同时，注意改善经营管理，提高盈利水平。

(3) 成本利润率。成本利润率是反映盈利能力的另一个重要指标，是利润与成本之比，成本有多种形式，但这里成本主要指经营成本，其计算公式如下：

$$经营成本利润率=主营业务利润÷经营成本 \qquad (13\text{-}23)$$

式中，经营成本=主营业务成本+主营业务税金及附加

（4）总资产报酬率。总资产报酬率是企业息税前利润与企业资产平均总额的比率。总资产报酬率既可以衡量企业资产综合利用的效果，又可以反映企业利用债权人及所有者提供资本的盈利能力和增殖能力。其计算公式为：

$$总资产报酬率=\frac{息税前利润}{资产平均总额}=\frac{净利润+所得税+利息费用}{(期初资产+期末资产)÷2} \qquad (13\text{-}24)$$

该比率越高，表明资产利用效率越高，说明企业在增加收入、节约资金使用等方面取得了良好的效果；该指标越低，说明企业资产利用效率低，应分析差异原因，提高销售利润率，加速资金周转，提高企业经营管理水平。

（5）净资产收益率。净资产收益率又叫自有资金利润率或权益报酬率，是净利润与平均所有者权益的比值，它反映企业自有资金的投资收益水平，其计算公式为：

$$净资产收益率=(净利润÷平均所有者权益)×100\% \qquad (13\text{-}25)$$

净资产收益率是一个综合性很强的评价指标。一般认为，企业净资产收益率越高，企业自有资本获取收益的能力越强，运营效益越好，对企业投资人和债权人的保证程度越高。

（6）资本保值增值率。资本保值增值率是指所有者权益的期末总额与期初总额之比，其计算公式为：

$$资本保值增值率=期末所有者权益÷期初所有者权益×100\% \qquad (13\text{-}26)$$

如果企业盈利能力提高，利润增加，必然会使期末所有者权益大于期初所有者权益，所以该指标也是衡量企业盈利能力的重要指标。当然，这一指标的高低，除了受企业经营成果的影响外，还受企业利润分配政策的影响。

2）上市公司盈利能力分析

（1）每股收益。每股收益也称每股盈利，是本年净利润与年末普通股总数的比值，表明流通在外的每股普通股的获利能力。其计算公式为：

$$每股收益=净利润÷年末普通股总数 \qquad (13\text{-}27)$$

（2）每股股利。每股股利又称每股股息，是支付给普通股的现金股利与普通股发行在外股数的比值，反映每股普通股获得现金股利的水平。其计算公式为：

$$每股股利=支付给普通股的现金股利÷普通股发行在外股数 \qquad (13\text{-}28)$$

每股股利的高低，一方面取决于企业获利能力的强弱，另一方面还受企业股利发放政策与利润分配需要的影响。如果企业为扩大再生产，增强企业后劲而多留，则每股股利少，反之，则每股股利多。

（3）市盈率。市盈率又称市价盈利比率，是普通股每股市价与每股收益的比率，其计算公式为：

$$市盈率=普通股每股市价÷每股收益 \qquad (13\text{-}29)$$

市盈率反映了投资者对每股收益所愿意支付的价格。该比率越高，表明企业获利的潜力越大，市场对公司的未来越看好。在市价确定的情况下，每股收益越高，市盈率越低，

投资风险越小；反之亦然。一般新兴行业的市盈率普遍较高，而成熟行业的市盈率普遍偏低。由于期望报酬率一般为 5%—10%，所以正常市盈率为 10—20。

本章思考题

1. 什么是财务？企业财务活动和财务关系包括哪些内容？
2. 什么是财务管理？如何理解企业财务管理的目标？
3. 企业筹集资金有哪些方式？
4. 什么是资金成本？如何进行筹资结构优化分析？
5. 什么是流动资产？流动资产管理的内容有哪些？
6. 什么是固定资产？固定资产管理的内容有哪些？
7. 什么是营业收入？应如何确认？
8. 企业的利润分配按照怎样的顺序进行？
9. 什么是财务分析？如何进行偿债能力分析、营运能力分析、盈利能力分析？

第十四章

创业管理

本章导读：

本章主要讨论了创业和创业管理的概念，创业者的特征和素质，如何组建创业团队，如何发现市场机会和选择商业模式，如何撰写一份完整的创业计划书，创业融资的概念、特征、要素、融资的渠道，创业板上市，最后讨论了企业的注册、变更以及新创企业的战略选择问题。

学习目标：

理解创业、创业管理的概念，熟悉创业的基本类型和创业管理的内涵，把握创业过程，明确创业者的特征和素质以及创业团队的组建，掌握发掘和筛选市场机会以及选择商业模式的理论与方法，学会撰写创业计划书，明确创业投资的概念、特征和要素，了解创业企业融资的主要渠道，熟悉创建企业的基本程序，对新创企业的战略选择有较好的把握。

关键词：

创业管理(entrepreneurship management)　市场机会(business opportunity)　创业计划(business planning)　创业投资(venture capital)

第一节　创业管理概述

一、创业和创业管理

1. 创业

创业是一个发现和捕获机会，并由此创造出新颖的产品或服务，实现其潜在价值的过程。通常说的"创业"，顾名思义就是创建新企业(startup)。不过，现在"创业"这个词已有很大的延伸，创业可以发生在各种企业和组织的各个发展阶段，包括:新企业或老企业，大企业或小企业，私人、非营利或公共部门等。此外，一些现有组织内部也存在活跃的创业活动。可以说，创业在作为整体的社会之间，特别是在社会的非经济方面以及为了利用其财力竭其所能地满足其经济需求而建立的营利机构之间，架起了一座桥梁。

在经济学范畴内，创业是指创业者组织和运用资源的能力，即组织和运用企业经营中主要生产要素(资金、人力、土地和设备)的才能和技能。根据杰弗里·蒂蒙斯(Jeffry A.Timmons)的定义：创业是一种思考、推理和行动的方式，它为机会所驱动，需要在方法上全盘考虑并拥有和谐的领导能力。

创业行为按照所创立组织类型的不同，会有很大的差异。创业是管理存在的基础，没有创业行为，就不存在相应的组织，更不会出现管理。

Christian 和 Julien 把创业按照其对市场和个人的影响程度，分为 4 种类型[①]：

(1) 复制型创业。复制已有公司的经营模式，创新的成分很低。例如某人原本在广告公司里进行策划，后来离职自行创立一家与原来供职的公司类似的新广告公司。新创公司中属于复制型创业的比率较高。虽然由于这类型创业的创新贡献较低，缺乏创业精神的内涵，不是创业管理主要研究的对象，但是这种类型的创业，由于创业者在被复制企业里积累了相应的技术和经验，成功的机会并不低于其他类型的创业。

(2) 模仿型创业。这种形式的创业，与第一种形式类似，创新的成分很低，但它与复制型创业的不同之处在于，创业过程对于创业者而言还是具有很大的冒险成分。例如某餐厅的经理辞掉工作，开办一家网站。这种形式的创业具有较高的不确定性，学习过程长，犯错机会多，代价也较高昂。这种创业者如果具有适合的创业人格特性，经过系统的创业管理培训，掌握正确的市场进入时机，还是有很大机会可以获得成功。

(3) 安定型创业。这种形式的创业，虽然为市场创造了新的价值，但对创业者而言，本身并没有面临太大的改变，做的也是比较熟悉的工作。这种创业类型强调的是创业精神的实现，也就是创新的活动，而不是新组织的创造，企业内部创业即属于这一类型。

(4) 冒险型创业。这种类型的创业，除了对创业者本身带来极大改变，个人前途的不确定性也很高。对新企业的产品创新活动而言，也将面临很高的失败风险。冒险型创业是一种难度很高的创业类型，有效高的失败率，但如果成功所得的报酬也很惊人。这种类型的创业如果想要获得成功，必须在创业者能力、创业时机、创业精神发挥、创业策略研究拟定、经营模式设计、创业过程管理等各方面，都有很好的搭配。

4 种创业类型的关系如图 14-1 所示。

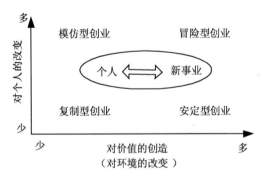

图 14-1　创业类型示意图

资料来源：CHRISTIAN, B,JULIEN PA. Defining the field of research
in entrepreneurship [J]. Journal of Business Venturing, 2001.

---

① CHRISTIAN B, JULIEN P.A. Defining the field of research in entrepreneurship[J]. Journal of Business Venturing 2001, 1612: 165-180

2. 创业管理

从过程和行为的角度认识创业很有帮助。创业因此可看做是一种管理方法，也是一个过程，一个不同于现有的成熟或稳定发展的企业的管理过程。创业管理(entrepreneurial management)是对与创业相关的诸多活动进行管理的过程，其中包含了几种重要的管理活动。

1) 生存管理

创业管理是"以生存为目标"的管理方式。新创企业的首要任务是从无到有，把自己的产品或服务销售出去，掘到第一桶金，从而在市场上找到立足点，使自己生存下来。在创业阶段，生存是第一位的，一切围绕生存运作，一切危及生存的做法都应避免。最忌讳的是在创业阶段提出不切实际的扩张目标，盲目铺摊子、上规模，结果只能是"企而不立，跨而不行"。

创业者因所处的环境与拥有的资源不同，往往导致其具有不同的创业目标与行为。但无论创业者出于什么目的新建了企业或者开展了创新活动，一旦创业的引擎发动起来，创业者不得不将新创阶段的目标归结到初创企业的生存上来。在生存管理的过程中有两个重要的行为特征。

(1) 顾客至上。为了生存，创业管理必须彻底奉行"顾客至上，诚信为本"的经营理念。创业的第一步就是把企业的产品或服务卖给顾客，这真是一种惊险的跨越，顾客的认可成为企业回收成本、实现赚钱目标的重要保证。因此，可以说企业是发自生存的需要把顾客当做"衣食父母"的，经历过创业艰难的企业家和新创企业的管理者们永远都会把顾客放在第一位。

对谋求"生存"、追求"顾客至上"的新创企业而言，拥有良好的客户资源的意义远不止于此。在创业的不同阶段，创业者将可能从其客户关系网络中获取情感、信息、资金等多种支持。在创业初期，创业者通过建立广泛的联盟以最低的成本获得多样化的信息与能力，从而显著提高其创业初期的绩效。创业者在创业初期普遍都动用自有社会关系网络来保证新创企业的生存。而社会关系网络不是天然存在的，是依靠创业者努力经营的结果，其中一个重要的理念就是"顾客至上"。奉行"顾客至上"，进而维护稳定可靠的客户关系网络，对于新创企业顺利度过初创时期有着重要的意义。

(2) 全员参与。创业管理是充分调动组织所有成员工作积极性，即发动"所有的人做所有的事"的团队管理方式。许多创业实践表明，新创企业在初创时，尽管可能设计了正式的组织结构，但却没有严格按正式组织的方式运作。典型的情况是，虽然有名义上的分工，但运作起来却是"哪急、哪紧、哪需要"，就都往哪里去。这种看似的"混乱"，实际是一种高度"有序"的状态。每个人都清楚组织的目标和自己应当如何为组织目标作贡献，没有人计较得失，没有人计较越权或越级，相互之间只有角色的划分，没有职位的区别，这才叫做团队。这种运作方式往往能够帮助新创企业培养出高度的团队合作精神、奉献精神和员工忠诚。即使将来事业发展了、组织规范化了，这种精神仍在，并逐渐成为企业的文化。

2) 成长管理

创业管理伴随着企业的初创、成长与壮大。成长管理是创业管理中的一个重要的管理行为。成长管理的两个重要特征是综合性和动态性。从创业的定义中可知:创业是一个过程,而不是一个事件,机会追求是创业的核心要素。从创业研究领域的界定可以得出以下结论:①创业过程由机会识别、机会评价、机会开发以及创业结果组成;②在创业过程中,个体创业者是核心要素;③创业过程受到社会或环境因素的影响;④创业可以在新创企业中发生,也可以在已有的企业中发生。所以,创业是一个由不同要素组成的复杂的、综合性的过程。同时,创业本身是个不确定的、动态发展的过程。创业成功的必要条件是懂得如何管理天天所面对的不确定性,对创业过程通过不断调整和平衡机会(opportunity)、资源(resources)与团队(team)这三者关系,进行系统性的把握。

3) 创新管理

创业管理也是一种创新性管理。环境情境作为自变量,管理作为因变量。由于创业的时点性较强,与新的产业、市场、政策、制度、观念结合较为紧密,也主要以新近毕业的人员作为雇员,管理制度与管理方式的创新已成为基本趋势。因此,创业型企业通常不仅成为新的产品、服务与价值的创造者,成为新的产业的发展引擎,也成为新的管理方式的肇始地。

比尔·盖茨在微软成立 25 周年之际曾充满激情地写道:"纵观商业历史,我们可以看到很多公司,它们的行事方式僵化死板,满足于自己的成功,而没有意识到世界不论有无它们都将变化。所以,对微软来说最宝贵的是我们适应变化的能力,我们能迅速抓住新的行业方向,随着技术的进化,不断重塑自己,从而始终保持了成功。"处在激变时代,企业的管理方式必须从常规阶段进入创新阶段。

(1) 理念创新。知识资本作为企业最重要的资源已成为 21 世纪企业发展的原动力,没有知识的企业最终只能走向没落和衰亡。没有人会因为苹果计算机公司或 IBM 公司的物质资产而购买其股份。起作用的并不是这些公司的建筑物或机器设备,而是其市场营销能力和社会关系、公司的组织能力以及雇员们头脑中的那些突发奇想。它们所代表的不过是另一些象征性符号而已,而且已达到令人惊异的地步。管理学大师德鲁克更是早就明确指出,知识已经成为知识社会中最重要的资源,并一语道破真谛:"知识是唯一的经济资源。"

(2) 组织创新。传统的企业在管理结构上重视人力、财力、产能、供销等环节各项资源的消耗。在互联网时代人们越来越重视从物质积累到知识积累的过程,借助互联网的技术,企业管理者可以借助企业内部网络进行信息共享,方便快捷地传达公司的各种信息,比传统企业获取信息的时间大大缩短,从而有效地杜绝了行政拖沓的企业惰性,而正是信息化技术的应用,使众多企业在原本的组织结构中添加了"知识主管"、"学习主管"、"知识资本经理"、"知识管理经理"等各种信息化管理层,这种管理层越来越成为企业发展的中流砥柱,也成为企业知识积累的重要力量。

然而,有必要指出的是,工业经济时代的企业管理是以庞大的规模和集中的管理来更好地控制原料供应,以此来获得较高的效率。但在互联网广泛应用和普及的经济背景下,企业管理是靠不断找出市场需求及其解决办法之间的联系。成功的企业所提供的价值大多来自有待解决的市场问题所需要的专业研究、工程和设计服务，识别问题所需要的专门销售和咨询服务，以及把上述两个方面连接起来的专门化战略，加上金融和管理服务。只有这种价值才不易被模仿。所以，在新的经济环境下，创新和服务将代替控制和管理成为企业新的经济增长点。

(3) 管理创新。互联网时代的到来，不仅改变了人们的生活方式，同时使得管理也出现了新的创新形式；在信息化的时代，现代企业的发展离不开网络的发展，这就使得网络下的管理需要不同于传统方式的创新。一方面，互联网将时间和空间挤压成扁平化，企业的管理对象从现实世界进入虚拟世界，管理组织从垂直进入水平状态，管理指令从日常语言到网络语言，管理内容从主要对生产要素的管理到对知识要素的管理，这对企业的管理方式提出了前所未有的要求。在这种经营环境中，企业的兴衰成败在更大程度上取决于企业经营者能否具有审时度势、举重若轻、应付自如的素质。另一方面，在网络化时代，企业经营者必须破除安于现状、满足于现状的保守思想，消极地适应市场，企图守业，已难以为继。企业生存和发展的唯一机遇存在于变革之中，其核心在于创新。要主动地去推进变革，甚至主动地进行创造性破坏，成为变革的先行者，而不是被动地在变革出现之后才去应付经营环境的变化。

二、创业过程

创业是一种复杂的社会现象。创业活动涉及新技术开发、产业化经营、资源的合理获取和有效利用以及一系列复杂的商业活动。因此，创业中涉及的经济现象不是孤立的，需要从整体上把握创业的过程。

1. 创业过程的含义

创业管理和一般的战略管理、营销管理等企业职能管理有较大的区别——前者涵盖的时间更为漫长，涉及的因素也更为复杂，因而更具挑战性和诱惑性。无论是对于实业人员还是投资者，对创业过程的理解都具有重要的意义。

创业过程指的是创业者发现和评估商机，并且将商机转化为创业者对新创企业进行成长管理的过程。在这一过程中，新创企业的组织创建和发展是主要企业管理的关键，新创时期的创业活动都是围绕着企业组织能够良好运行而进行的。这是理解活动的基本出发点。

针对不同的新创企业，在创业的不同时期，创业活动的侧重点也有所不同，这取决于创业者对外部市场以及自身情况的均衡把握上。

2. 创业过程的划分

完整的创业过程，通常按照时间顺序划分为三个阶段创业：机会识别；创立新企业；新创企业的成长管理。在每个阶段中，新创企业的发展要经历不同的环境。根据每一阶段的不同情况，创业者需要选择对应的战略，实施可行的对策，推动新创企业向前发展。创业的一般过程，如图14-2所示。

图 14-2　创业过程示意图

1)　阶段一：机会识别

创业开始于商机的发现。面对众多看似有价值的创意，从中发现真正具有商业价值和市场潜力的商机，进而寻找与商机相匹配的商业模式，需要审慎而独到的眼光，这是创业成功的基本保证。每一个创业者在创建企业之前，都应该准确把握机会识别的概念，熟悉机会识别的关键步骤，走好创业的第一步。创业第一阶段涉及如下概念。

(1)　创意。创意是创业者进入创业状态的起点。不是每一项创意都能成为一个企业，然而每一个新创企业最初都是创业者头脑中的创意。创意也因此成为研究人员关注的对象。然而，实际中的创意纷乱繁杂，呈现各样的表现方式，有的是一项尚停留在实验室中的研究成果，有的是一套全新的经营方案，有的甚至只是灵机一动的点子。创意有一个共同的特点，就是较大的不确定性——市场前景未知，离新创企业的商业机会有很大的差异，有的甚至从诞生之日起就注定停留在构思阶段。但是，独具一格的创意，却能使创业者具有天降奇兵般迅速占领市场的魔力。

(2)　机会。机会不同于创意，尽管在很多情况下机会与创意常常被混淆。从某种意义上说，机会是创意的一个"子集"。机会可以满足创意的诸多特征：来源广泛，具有较强的创新性，未来的发展带有很大的不确定性。但是，机会拥有大多数创意所不具备的一个重要特征，能满足顾客的某些需求，因而具有市场价值。这一特征使有价值的商业机会得以从众多创意中脱颖而出，成为创业者关注的焦点。因此，从众多创意中寻找值得关注的机会，是创业者选择创业生涯，实施创业战略的第一步。

并非所有的机会都能成为现实中的企业，即使某种商业机会确实能满足市场需求，但如果它不能为投资者带来可接受的回报，就没有被开发的价值。因而，甄别具有投资价值的商业机会也相当重要，需要独特的技能——识别和评价机会，这也是创业者和投资者必备的素质之一。

(3)　商业模式。当创业者看准某一商机之后，需要进一步构建与之相适应的商业模式。机会不能脱离必要的商业模式的支撑而独立存在。缺乏良好的商业模式，机会就不能实现其市场价值。那么，什么是商业模式，如何选择适宜的商业模式，良好的商业模式需要回答的核心问题是企业如何获取利润。不清晰或是方向错误的商业模式对创业者来说是失败的征兆，创业者应当尽快调整战略，明确方向，重新部署商业模式。

2)　阶段二：创立新企业

创业者选择了商业机会，找到了与之匹配的商业模式后，就要考虑如何使商业机会成为现实中的企业。进入这个阶段，才是创业的开始。创业者开始接触到新企业要面临的种种问题，期间可能充满无数繁琐的谈判回合，但是，创业者要建立一个能充分体现其商业机会、商业模式和市场价值的载体，以实现其创业价值。通常，创建一个新企业，要经历几个基本的步骤，掌握每一步的要领，熟悉每一步的谈判技巧，是每一个创业者必备的基本功。

(1) 组建创业团队。良好的创业团队是创建新企业的基本前提。创业活动的复杂性，决定了所有的事务不可能由创业者个人包揽，要通过组建分工明确的创业团队来完成，而这需要一个过程。创业团队的优劣，基本上决定了创业是否成功。这就不可避免地涉及两个层面的问题：创业团队成员在企业中是否有适当的角色定位，是否有基本素质和专业技能；创业团队是否能团结合作，优势互补，取决于团队成员之间是否有一个统一的核心价值观，是否做到了责任和利益的合理分配。

(2) 开发商业计划。成功的商业计划是创业的良好开端。通过商业计划的开发，创业者开始正式面对组织创建中的诸多问题。商业计划是创业者对整个创业活动的理性分析、定位的结果。一份有效的商业计划可以对创业者的行动选择起到良好的指导作用，从而避免无谓的代价和资源的浪费。对于新创企业内部或是外部的利益相关者来说，商业计划也是一种明确而有效的沟通方式；对新创企业本身，商业计划可用于获取必要的资源，吸引企业发展亟须的融资，赢得政府相关部门的支持等。通过商业计划的开发，创业者对自身的优势和劣势，企业的战略发展定位有更清晰的审视，对企业未来的发展大有裨益。

商业计划的一个重要组成部分是对新创企业的核心产品或是技术作详细的阐述，对产品采用的赢利模式和市场前景作大致的规划，商业计划同时要介绍创业团队的组成，创业资源的整合问题，为吸引外部资金提供必要的书面材料；商业计划的另一个重要组成部分是关于新创企业的发展战略，企业在未来发展中可能遇到的问题及应对方案。

(3) 创业融资。资金是新创企业的首要问题。创业融资不同于一般的项目融资，新创企业的价值评估也不同于一般企业，因此需要一些独特的融资方式。创业企业的融资方式大致分为内源式和外源式两种。在不同阶段，创业者可以选择不同的融资方式，当然，针对不同的融资方式，融资策略亦有所不同，风险也不同。

创业初始，创业者更可能选择在创业团队内部融资，这种融资方式的优点是成本低、资金渠道简单，容易操作。缺点是融资量有限，特别是在企业需要大量资金支持的时候，过分依靠内源式融资可能导致新创企业资金流不畅，企业发展缓滞。外源式融资则可以大大拓宽新创企业的融资范围，但是由于创业者必须与企业之外的投资者不断谈判，无疑增加了融资的成本，同时创业者必须适当放弃某些权益获得这些资金。

3) 阶段三：成长管理

新创企业的建立，还远不能说创业获得成功。新创企业成长管理的意义并不低于创建新企业。创业者常常需要更加审慎地把握企业的发展方向，甚至如履薄冰。但是，需要注意的是，新创企业的成长管理不同于一般的企业管理，需要结合新创企业自身的特点，关注新创企业的独特问题。特别是，由于新创企业的快速成长性，需要以动态的观点看待新创企业成长过程中所遇到的各项管理问题，根据企业的发展阶段，积极地、适时地制定适宜的解决方案。

(1) 新创企业的战略管理。企业战略是企业行动的纲领，是企业发展的方向性定位。因此，战略是企业管理中的首要问题。新创企业的战略选择有其重要意义，是选择持续技术开发占据技术前沿，还是选择市场开发争取市场份额，这种选择本质上决定着企业发展的成败。新创企业的战略管理重点在于战略位置的确立与战略资源的获取。制定适合企业自身的战略定位对于企业的良性成长相当重要。新创企业要想在市场竞争中取胜，应该主要抓住自己和市场上已有企业的差异性来做文章，形成自己独特的竞争优势，发展核心竞争力。

(2) 新创企业的危机管理。新创企业的管理者要常备危机意识。新创企业的发展面临着更多的不确定性，出现危机的可能性也大大高于一般企业。管理者需要时刻关注企业发展中出现的技术和市场危机、财务危机、人力资源危机等。危机不是一成不变的，采用适当的措施，可以将危机转化为企业发展的机遇。因此，创业者要积极把握新创企业发展中遇到的每一个危机，为企业的后续发展奠定基础。

三、创业环境

一个国家或地区的创业活动的数量和质量，在很大程度上取决于创业者所处的创业环境。虽然民族特质和地理环境可能在某种程度上对创新和创业活动有一定的影响，但创业者身处其中的经济、制度、技术和教育环境对其创业的动机、方向以及效果则起着更为决定性的作用。GEM(Global Entrepreneurship Monitor，中文为全球创业观察)研究将影响创业活动的环境条件，分为一般环境条件和创业环境条件。其中，一般环境条件包括：国家的对外开放程度、政府职能、企业管理水平和技能、技术研发水平和程度、基础设施、资本市场、劳动力市场、制度完善程度等。这些因素不直接对创业活动产生影响，而主要作用于创业的环境要素，进而影响创业活动。创业环境包括九个方面：金融支持、政府政策、政府项目支持、教育和培训、研究和开发效率、商业与专业基础设施、进入壁垒、有形基础设施、文化和社会规范。

在创业环境的诸多因素中，被关注最多的是政府在增加创业活动和效率方面的作用。政府制定的公共政策能否起到鼓励创业活动的作用，是政府和学界共同关注的重要问题。因为这一问题涉及政府是否应该和如何制定相应的公共政策以增加国家创业活动的数量和质量。支持者认为，国家关于税收、政府采购、国家科研投入等公共政策可以改善创业环境，提高国家创业活动的数量和质量。反对者则认为，公共政策的大多数都没有发挥应有的作用，有的甚至不发挥任何作用。从 2003 年 GEM 参与国家和地区的创业调查情况来看，在绝大多数国家和地区(25 个)中受访的专家和创业者认为，政府针对新办企业和成长型企业的政策是无效的，只有 6 个国家和地区例外。在这项调查评分中，中国处于 GEM 参与国和地区的第 3 位，仅次于爱尔兰和美国。说明中国政府的政策对于创业活动的作用在一定程度上是有效的。

值得注意的是，政府在鼓励创业活动的公共投入方面通常会偏爱高科技产业。对创业活动的鼓励时常与国家特定的产业政策结合在一起。各种科技园区、高新园区、孵化器都成为高科技企业的摇篮。高科技产业能够为国家竞争力带来更为持久和深远的影响，能够使参与国际竞争的企业在全球的产业价值链分工中得到更有价值的部分。但高科技并不是创业活动的全部，至少并不一定是现实就业岗位的主要创造者。软件行业，这个被政府视为国家竞争力代表的产业，也是享受国家产业政策补贴最多的产业之一。经过数十年的优先发展，到 2004 年，国内最大的独立软件开发企业，年营业收入超过 22 亿美元，全球收入 462 亿元人民币。甚至连"小肥羊"这种"零科技含量"的餐饮企业在创业的第六个念头就创造了 43 亿元人民币的营业收入。

根据 GEM(2003)中国报告，与其他成员相比，中国的创业环境，诸如在文化和社会规范、市场变化、有形基础设施、政府对新创企业政策的稳定方面具有一定的优势地位。但是在金融支持、研究开发转移、政府项目、创业教育等方面仍然有很大的差距，这也是制约我国创业活动的重要因素。除此之外，有三个宏观环境因素将会在未来的十年中高度影响中国创业活动的数量和质量。

第一，整体经济的高速增长。高速增长的经济使中国成为一个有着巨大购买力的市场。经济的高速增长，使人们的购买能力得到加强。人们有能力获得更多更好的产品和服务。人们希望获得更有营养的食品，获得更好的出行服务，享受更好的教育和文化服务，需要更多的医疗保健服务，拥有更好的私人住宅等。同时由于社会生产率的提高，人们也有更多的闲暇享受更多的服务。需求在高速增长的刺激下，似乎无处不在。同时由于区域发展的不平衡性以及各个区域市场的地域差异性，使得国内的大市场又存在着众多的细分市场。这些增长、变化、细分的市场是创业者创新机会的主要来源。他们甚至可以通过引入发达国家已有的产品来满足一个新兴的市场需求而获得创新的成功。总之，一个快速增长、多样化、快速变化的市场会给创业者带来诸多的创业机会。

第二，全球化浪潮与互联网经济。中国经济的快速增长时期，正好与全球化浪潮、互联网经济的快速发展同步。这种同步使得国内创业的外部宏观环境变得更加不确定。一方面，互联网经济催生出大量的创业机会。互联网改变人类的生活方式，甚至连决定人类生存方式的底层社会价值观也在悄然转变。需求可能还是那些需求，但满足需求的方式则发生了巨大的变化。这种变化又在创造新的需求。如"盛大"满足了我们娱乐的需求，"QQ"满足了我们及时沟通的需求，"携程"满足了我们便捷出行的需求，电子邮件满足了我们即时传递信息的需求，等等。这些古老的需求通过互联网的手段获得了更好地满足。而提供这些产品的创业者也因此获得了巨大的成功。对商业领域影响更为深远的是互联网经济推动了商业模式和商业规则的改变，它改变了传统的定价策略，改变了传统的营销方式，改变了传统的库存策略，改变了供应商和消费者之间的力量对比。这种商业模式和商业规则的改变，导致了大量创业机会的诞生。在这种根本性创新的推动下。后发优势成为可能，创业者的创新精神战胜先行者的资本和经验成为可能。另一方面，全球化浪潮使得创业活动一开始就是全球化的模式。这种创业活动的全球化，使得创业者可以在全球寻求创业机会，可以利用全球的资源、响应全球的技术变革、满足全球的市场。

第三，部分政策性垄断产业的放开。垄断产业管制的放开将会产生大量创业机会，这一规律已经被美国的产业发展史所证明。中国经济体制改革的深化发展导致包括城市燃气、水务系统、电信、城市快递等在内的多个政策性垄断产业已经或者即将放开。这些垄断产业的放开将产生大量的创业机会。创业者如何抓住这些机会，给客户提供比垄断状况下更便宜，更优质的产品和服务，是创业活动能否成功的关键。

第二节 创业准备

一、创业者与创业团队

1. 创业者的特征和素质

创业者，英文 entrepreneur，Brockhaus(1980)[①]认为"创业者是一位有愿景、会利用机会、有强烈企图心的人，愿意担负起一项事业，予以组织，筹措所需的资金，并承受全部或大部分风险的人"。Nelson(1986)[②]认为"愿意承担风险是能否成为成功创业者的关键，其他条件还包括了运气、时机、资金和毅力"。Howard Stevenson(1999)[③]则认为"创业者希望攫取所有的报酬，并将所有的风险转嫁他人"。Carsrud，Olm 及 Eddy(1986)[④]认为"创业者是愿意且能够承担个人风险与责任，同时能结合生产与信用方法，以实现利润或其他特殊目标的人"。

综合以上学者的看法，在本书中，我们界定创业者的概念为：愿意把自己的时间、金钱、事业发展投入到有风险的创业机会中，并且愿意为此组织资源、执行策略，为市场提供新的价值的个人或团队。

1) 创业者的特征

有相当多的创业相关研究对创业者的个人特征进行探讨。这类研究主要探讨创业者的个性、态度等，一般来说这类的研究，结果并不总是一致，但仍然有很好的参考价值。一项针对创业投资所进行的大规模调查指出，风险投资商主要由以下 10 个 D 来评价创业者的人格特质，这 10 个 D 分别是：Dream(梦想)、Decisiveness(果断)、Doers(实干)、Determination(决心)、Dedication(奉献)、Devotion(热爱)、Details(细节)、Destiny(使命)、Dollar(金钱观)、Distribute(分享)。而这 10 个 D 也可作为准创业者自我评价人格特质是否适合创业的参考。

针对创业者特征的研究有一个很大的争论，就是创业者是"先天"形成的，还是"后天"造就的，也就是说，创业者，尤其是成功创业者的特征，究竟是与生俱来的，还是经

---

① BROCKHAUS, RH. Risk-taking property of entrepreneurs[J], Academy of Management Journal, 1980, 23(3): 509-520.

② NELSON C, Starting your own business - Four success stories[J], Communication, 1986, 3(8): 18-29

③ STEVENSON, H H, GROUSBECK H I, ROBERTS M J, et ced. New Business Ventures and the Entrepreneur, Instructor's Manual[M]. Burr Ridge, Ill.: Irwin/McGraw-Hill, 1999.

④ A L CARSRUD , K W OLM, GG EDDY (1986). Entrepreneurship: research in quest of a paradigm. in Sexton, D L SMILOR, R.W (Eds), The Art and Science of Entrepreneurship, Ballinger, Cambridge, MA, 367-78.

过后天的学习、培养成就的？有心理学家(Bulter and Macmanus，1998)认为①，人有75%的性格特征是天生的，而25%的性格特征是受后天环境影响的。美国明尼苏达大学的一项针对一些从小被分开，生长在不同环境的双胞胎的研究发现了一些切实的证据，证明人的性格有很多来自天生，这项研究认为，先天因素的影响大约占个人性格的40%(Whybrow，1999)。不管确切的比例是多少，很明显，性格特征是先天因素和后天因素共同影响的结果。因此我们认为，创业者既是天生的也是后天培养的。或者说，成功的创业者的性格特征，既有先天的特定因素，也有后天环境影响而成的。

由于先天因素基本是不可控的，在此我们重点讨论后天环境对创业者的影响。影响创业者的后天环境因素总的来说有3大类②：家庭背景、教育和年龄、工作经历。

(1) 家庭背景。Roberts(1991)③提出了"创业性遗传"的概念来强调家庭背景对创业者成长的重要性。这种"遗传"的因素包括：父亲的职位、家庭的工作伦理、家庭的宗教信仰、家庭的大小、在家庭孩子里的排序、成长经历等。Roberts的研究发现，所有这些家庭背景的影响因素中，对大影响来自父亲的职业，Roberts通过他的实证研究发现，48%～65%的创业者的父亲为自雇(self-employed)，这些创业者被认为从小耳濡目染，对商业环境有本能的熟悉。后来的很多实证研究也证实了Roberts的观点，也就是说，有很大比例的创业者的父母也是创业者。

另外有研究表明，小家庭(也就是家里孩子较少的家庭)出身的孩子和家庭里的第一个孩子更有可能成为创业者，因为他们所生长的环境能够给他们更多的自信(Hisrich，1990)。更有研究直接证实，与创业者最频繁的联系的特质就是——家里的最大的孩子(Brockhaus and Horwitz，1986)。

虽然这些家庭背景的因素可能相当重要，但是却并不是说，家庭背景因素是能否成为创业者的决定性因素。因为这些与创业者家庭背景相关的研究通常把"创业者"界定为自己拥有和经营企业的人，这与本书对"创业者"的定义并不吻合。

(2) 教育和年龄。创业者的受教育程度和年龄在某种程度上与创业的成功成反比。而且有研究表明，创业者本人一般不把受教育程度作为他们成功的一个重要因素。有调查发现经理平均比创业者要多受两年教育。整体来看，创业者的受教育水平不超过社会平均水平，可能还会略低。更有实证研究证明太多的教育会阻碍创业者发挥创造力，并且把他们的天分埋藏的更深更不容易发掘。但是，高科技创业者是个例外，Roberts(1991)对来自麻省理工学院(MIT)的高科技创业者进行研究，发现他们有91%有学士及以上学位，其中有31%有博士学位。这主要是由于他们所创业的技术领域与他们的专业息息相关，但创业活

① BOLTON B, THOMPSON J. Entrepreneurs : talent, temperament, technique, Amsterdam[M]. Boston, Mass. : Elsevier Butterworth-Heinemann, 2004.

② BOLTON B, THOMPSON J. Entrepreneurs : talent, temperament, technique, Amsterdam[M]. Boston, Mass. : Elsevier Butterworth-Heinemann, 2004.

③ ROBERTS E B. Entrepreneurs in High Technology: Lessons from MIT and Beyond[M]. New York: Oxford University Press, 1991.

动本身跟他们所受的教育却没有直接联系。但即使在高科技创业者这个例外群体中，仍有比尔·盖茨这样的特例，他进入了哈佛大学，但是他在大学的大部分时间都用于准备创业的一些基础工作，最后他终于从哈佛退学，也从没拿到过学位，但是他创办了最为成功的微软公司；还有苹果公司的创始人 Steve Jobs，也从来没有进过大学。

年龄是另外一个有趣的因素。虽然我们能见到各种年龄段的人在开办企业，但是真正的创业者经常由于无法等待或者说无法按捺创业的激情而在他们不到 20 岁或者 20 岁刚出头的时候就开始创业。一些实证研究表明，有两个年龄段会涌现较多的创业者，一是在 22 岁到 28 岁，因为在这个年龄的人已经获得了一些经验，并且比起 30 多岁的人又少一些经济和家庭方面的负担和责任；二是创业者比较集中出现的年龄段是 45 岁以上，这个年龄的人是在开始自己的第二次创业，同样，这个年龄的人也具有较少的经济和家庭方面的责任和负担，比如麦当劳的创始人 Ray Kroc 是在 50 多岁、已经做了 30 多年推销员之后创办了麦当劳。

(3) 工作经历。工作经历对创业者是很重要的，很多研究表明，大部分创业者都是先在同样的行业工作几年后，才创办了自己的企业。Brockhouse(1982)的研究发现 90%的创业者创办的是与他们以前工作的行业和市场相一致的企业。很多创业者本人都认为是"生活的大学"把他们历练为真正成功的创业者的。有很多创业者是在一定时间内创办过数个企业，而这些企业都没有成长甚至是失败了，但是通过这些经历，他们学到了永远都不会忘记的教训，这样当真正的机会到来的时候，他们就有很好的准备，可以抓住机会。

2) 创业者的素质

通过对创业者定义和特征的分析，我们认为，创业者应该有以下一些基本的素质。

(1) 愿意承担风险。早在 18 世纪，第一个引入"创业者"概念的学者康替龙(Richard Cantillon)，把创业者定义为"愿意以一定价格购入生产要素并将它们整合成产品，最终目的是将产品在未来以不确定的价格出售的人"。不确定性与风险的关系比较微妙：不确定性是风险，是无法保证且不可计量的；但同时不确定性与一般的风险还是有区别的，一般的风险可以通过预计已知的可能的结果来采取某些手段控制风险，而不确定性的本质是不可测量的。创业者就扮演着、承担着这种不确定性的角色。

(2) 有组织能力。创业者必须完成协调、组织、监督的职能。创业者必须通过整合各种资源，比如资本、土地、劳动力、生产工具等，才能达到创造利润的目的。

(3) 有创新能力。熊彼得(Joseph A. Schumpeter)早在 1934 年就提出创业者必须有创新的能力，他认为，经济发展就是由创业者的创新所带来的不断变化。Joseph A. Schumpeter同时也指出了创新者和发明者的区别：发明者是发现新方法和新材料的人，而创新者是利用发明和发现来创造新的价值的人。

(4) 有领导能力。以 Reich R. B.[1]为代表的最新研究认为，领导能力、管理能力、团队建设能力也是创业者的重要特征。但是也有学者不同意这种观点，因为他们认为，创业

---

[1] Reich, RB. Entrepreneurship reconsidered: The Team as Hero[J]. Harvard Business Review, 1987, 65(3):22-83.

与管理应该分离开看待。

在基本素质以外，创业者还具有其他一些必备的素质。有很多的实证研究都对创业者应该具备的素质做出了结论。这些结论在不同文化不同社会背景下会稍有区别，但大致是一样的。创业者的素质当然也包括先天决定的和后天可以学习和培养的两大类。由于先天决定的素质很难有改变，因此我们在此主要讨论后天可学习和培养的素质。

创业者一些可以学习、可以被训练的素质，可以被归纳为 18 项：承诺、决心、坚持；长期的投入；成就的驱动力；机会以及目标导向；自信；积极主动、勇于负责；果断、耐心；资源的使用效率；面对现实而乐观；幽默；对不确定性和压力的容忍力；风险管理的能力；正直、可靠；自我控制；能听取意见；处理失败的能力；建立团队的能力；金钱敏锐度。这 18 项可分为个性、态度和能力三方面，可作为学习和训练创业者素质的三大方向。

2. 创业团队的组建

1) 创业团队的定义

创业团队(entrepreneurial team)是一种特殊团队，也是一个十分重要而又容易引起混淆的概念。Kamm, Shuman(1990)对创业团队给出以下定义："创业团队是指两个或两个以上的个人参与企业创立的过程并投入相同比例的资金。"这个定义着重于创业团队的创建和所有权的两方面特性。从我国国内高科技创业的过程来看，创业团队成员彼此之间出资的比率，由于个人经济状况的差异并不相同，依据我国台湾省的产业环境状况，郭洮村(1998)对创业团队的定义稍做修正，认为创业团队是指两个或两个以上的人，他们共同参与创立企业的过程并投入资金。Ensley 和 Banks(1992)以及 Gartner, Shaver,Gatewood 和 Katz(1994)延伸了 Kamm，Shuman,Seeger 和 Nurick(1990)对创业团队的定义，使其"包含了对战略选择有直接影响的个人"，也就是说董事会尤其是占有一定股权的风险投资人皆包含其定义之中。

创业团队的定义仅仅是把创业团队的组成成员加以识别，并没有就创业团队成立的目的和组织形式加以说明，而这两点恰恰是与其他一般团队有明显区别的特征。综合各学者的观点，我们认为可以从两个层面理解创业团队。狭义的创业团队是指有着共同目的、共享创业收益、共担创业风险的一群经营新成立的营利性组织的人，他们提供一种新的产品或服务，为社会提供新增价值。广义的创业团队不仅包含狭义创业团队，还包括与创业过程有关的各种利益相关者，如风险投资商、供应商、专家咨询群体，等等。

2) 创业团队的组建特征

创业团队的组建并没有一种现成的、共同的组成方式。实际上，有多少家具有团队的企业就有多少种建立团队的方式，而且企业合伙人走到一起的方式也是多种多样的。一些团队的成立往往是机缘巧合，或是因为来自同一个地区，或是因为兴趣相同。或是因为在一起工作。也许所谓的兴趣相同其实就是都想创办一家企业，或者也有可能是这些人对某一特定的市场需求做出了相同的预测并有了一致的意向。

通过对大量团队形成方式的调查，我们发现这些千变万化的组成方式中蕴含着一些共同的地方，可以将其总结为以下三点。

(1) 补缺性。补缺性是指团队成员在性格、能力和背景上的互补。一般意义上讲，团队成员之间可以有一定的交叉，但又要尽量避免过多的重叠。一个新创企业的团队是由它的创始人组织的。而创始人不可能也没有必要对企业经营中所有的方面都精通，他可能在某些方面存在不足之处，比如营销或财务，那就有必要利用其他团队成员或是外部资源来弥补。所以如果团队成员能为创始人起到补充和平衡的作用，并且相互之间也能互补协调，则这样的团队对企业才会做出很大的贡献。

(2) 渐进性。并不是所有的新创企业创立之时都要配备完整的团队，团队的组建不一定要一步到位，而是可以按照"按需组建、试用磨合"的方式创建。在正式吸收新成员之前，各团队成员之间最好留有相当一段时间来相互了解和磨合。在发展过程中，创业团队应该清晰企业需要有哪些专业技术、技能和特长?需要进行哪些关键工作，采取何种行动?成功的必要条件是什么?公司的竞争力突出表现在哪里?需要有些什么样的外部资源?企业现有的空缺大小及其严重程度如何?企业能负担的极限是多少?企业能否通过增加新董事或寻找外部咨询顾问来获得所需的专业技能?这些问题决定了在创业的不同阶段面临不同的任务，而对完成任务的团队成员各方面的才能也有不同要求，可以逐渐地补充团队成员并日益完善。

(3) 动态性。一开始就拥有一支成功、不变的创业团队是每个创业企业的梦想，然而这种可能性微乎其微，即使新创企业成功地存活下来，其团队成员在前几年的流动率也会非常高。在创业企业发展过程中，由于团队成员有更好的发展机会，或者团队成员能力已经不能满足企业需求，团队成员也需要主动或被动调整。在团队组建的时候就应该预见到这种可能的变动，并制定大家一致认同的团队成员流动规则。这种规则首先应该体现公司利益至上的原则，每个团队成员都认可这样的观点：当自己能力不再能支撑公司发展需求的时候，可以让位于更适合的人才。此外，这种原则也应体现公平性，充分肯定原团队成员的贡献。团队组建的时候应该有较为明晰的股权分配制度，而且应该尽可能地预留一些股份，一部分用来在一定时间内(如 1 年或 3 年)根据团队成员的贡献大小再次分配；另外一部分预留给未来的团队成员和重要的员工。

3) 成功团队的理念

很多创业失败的经验告诉我们，并非一群掌握领先技术或具备相关技能、有高学历的人聚在一起就能组建一支成功的团队。单个团队成员本身也许都很优秀，甚至可能对团队运作的程序也颇有了解，然而其一旦真正成为团队一员，会发现自己难以克服自私、利己的心理，无法成功地融入团队。实践表明，能够促使团队成功的理念和态度并无定式，但具备一些共同点。

(1) 凝聚力。团队所有成员都认同整个团队是一股密切联系而又缺一不可的力量，唯有公司整体的成功才能使团队中的每一个人获益。团队中任何个人都不可能离开公司的整体利益而单独地获益；同理，任何个人的损失也将损害整个企业的利益，从而影响每一个成员的利益。

(2) 合作精神。成功的创业公司最显著的特点是拥有一支能整体协同配合的团队，而不仅仅是培养一两个杰出的人物。团队成员注重互相配合，减轻他人的工作负担并提高整体的效率。他们注重在创业者和关键成员中培养核心人物，并通过奖酬制度进行有效的

激励。

(3) 完整性。完成任务的一个重要前提是能够保证工作质量、员工健康或其他相关利益不被侵犯。要在权衡利弊之后进行合理的选择，不能仅仅从个人功利出发，或者简单地以部门需要的角度来衡量。

(4) 长远目标。创业企业的兴衰存亡往往取决于其团队的敬业精神。在敬业的团队中，其成员都认同企业的长远目标，而不会指望一夜暴富。企业在他们眼里是一场将持续 5 年、7 年甚至是 10 年以上的愉快经历，他们不断奋斗直至取得最后的胜利。

(5) 致力于价值创造。团队成员都致力于价值创造，大家想尽各种办法来把蛋糕做大，以使所有人都能从中获利。例如为顾客提供更多的价值，帮助供应商也能从团队的成功中分一杯羹，以及使团队的赞助者和持股人获得更大赢利等。

(6) 平等中的不平等。在成功的新创企业中，简单的民主和盲目的平均主义并不合时宜，公司所关注的是如何选定能胜任关键工作的适当人选及其应担任的职责。公司总裁应负责制定基本的行为准则并决定企业环境、企业文化。公司的股票在创始人或总裁以及主要经理人之间并不是平均分配。在企业中分配股票时不对职责的重要程度加以区分，通常创始人或总裁能够分得较多数目的股票。不能简单追求所谓的平等，将会对企业今后的经营产生巨大的负面影响。

(7) 公正性。对关键员工奖酬以及职工持股计划的设计应与个人在一段时期内的贡献、工作业绩和工作成果挂钩。由于事前难以对贡献大小进行精确估计，难免出现意外和不公平的情况，因此要随时作相应的增减调整。

(8) 共同分享收获。尽管法律或道德都没有规定创业者在创业成功期间必须公平公正地分配所获利益，但多数的成功创业者还是会这样做，即他们通常会把赢利中的 10～20%留出来分配给关键员工。

二、创业机会与商业模式

1. 创业机会

有学者认为，创业机会就是技术、经济、政治、社会以及人口环境发生了变化，使新产品、新服务、新原材料和新的组织方式出现了新的情境。这是一个比较静态的概念。

Kirzner 认为，机会的最初状态是"未精确定义的市场需求或未得到利用/未得到充分利用的资源和能力"。潜在的消费者可能很清楚自己的需要、兴趣或问题，也可能不明确自己的需要。即使消费者不清楚他们想要什么，当创业者把新产品推荐给他们并向他们说明产品的好处时，他们也能够识别这个新产品给他们带来的价值。和有发展潜力的新能力或新技术一样，未得到充分利用的资源也有为潜在消费者创造和传递价值的可能性，尽管这种新价值的形式还不确定。例如，金属和玻璃的合成技术在没有已知明确的用途之前就已经发展起来了；新药品化合物在未知其有效的应用条件的时候就已经被创造出来了。

创业机会的主要来源有如下 4 个[①]:

(1) 对现有的产品和服务进行重新设计和改良。一般而言,改进现有商业模式比创造一个全新的商业模式要容易。许多创业者都可以由过去任职公司的经验中,发现大量可以立即改进的缺失,包括:未被满足的顾客需求、产品质量上的瑕疵、作业流程上的不经济等。事实上,大部分离职创业者的动机,也是认为自己能够比原有公司做得更好,因此才有离职创业的把握。

(2) 追随新趋势新潮流。当一个新兴产业出现之际,必然能够提供许多创业机会,引发创业热潮。不过追随新趋势潮流的背后,也存在相当的风险。因为,究竟这项新兴产业的规模有多大?如何具体发掘潜在的顾客需求?这些问题的答案似乎都很难确定。PC 行业刚出现时,曾引发大量的上下游相关产品与服务的创业机会,但也并非所有的创业都能获得成功。例如:IBMPC Jr. 等产品,就未能获得市场的青睐。追随网络风潮的创业者,在2000 年后也遭受重创,很多风行一时的网站都没逃过倒闭的命运。不过只要这项新兴产业确实具有前景,能掌握产业成长时机并及时投入的创业者,最后还是能够获得成功。

(3) 机缘巧合。很多人将创业点子的产生,归因于机缘巧合,所谓"无心插柳柳成荫"。不过,研究者普遍认为,好的创业点子只是冰山的一角,如果没有平日的努力耕耘,机缘也不会如此的凑巧。无数的人看到苹果落地,但却只有牛顿能够发现万有引力定律。所谓的机缘巧合或第六感的直觉,主要还是因为创业者在平日培养出敏锐的洞察力,因此,能够利用机缘的巧合形成创意构想。例如,在旧金山淘金热的时候,无数的人满怀着憧憬奔向金山淘金,而 Levi's 公司创办人 Levi Strauss 却机缘巧合地看到了制造坚固耐用的帆布裤供大家淘金使用这个商机。于是,他立即展开以帆布为布料制造裤子的生意,才有了一百多年来畅销不衰的牛仔裤。

(4) 通过有系统的研究,发现创业机会。如果创业点子只是依赖改良设计现有产品、追随趋势潮流以及机缘巧合等,其来源仍然相对有限。管理大师德鲁克[②]认为可以通过有系统的研究分析,来发掘可供创业的点子。并认为这种以科学方法进行的系统化分析,可以产生大量的创业点子,而这些点子正是知识经济时代社会创业活力的主要来源。

台湾学者刘常勇[③]在德鲁克的观点的基础上,归纳整理了用系统分析法来发掘创业机会的 7 种具体做法。

(1) 通过分析特殊事件,来发掘创业机会。例如,美国一家高炉炼钢厂因为资金不足,不得不购置一座迷你型钢炉,而后来竟然发现,迷你型炼钢炉的获利率要高于普通的炼钢炉。经过分析,他们才发现原来是美国的钢材市场结构已产生变化,因此这家钢厂就将往后的投资重点放在能快速反应市场需求的迷你炼钢技术上。

(2) 通过分析矛盾现象,来发掘创业机会。例如,金融机构提供的服务与产品大多只针对专业投资大户,但占有市场七成资金的一般投资散户,却未受到应有的重视。这样的

---

① 刘常勇. 创业管理的 12 堂课[M]. 北京:中信出版社,2002.

② DRUCKER PETER. Innovation and Entrepreneurship[M]. New York: Collins, 1993.

③ 刘常勇. 创业管理的 12 堂课[M]. 北京:中信出版社,2002.

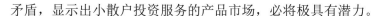

矛盾，显示出小散户投资服务的产品市场，必将极具有潜力。

(3) 通过分析作业程序，来发掘创业机会。例如，现在随着生产、物流、营销的日益全球化，在全球的生产与运作体系的流程中，就可以发掘极多的资讯服务与软件开发等创业机会。

(4) 通过分析产业与市场结构变迁的趋势，来发掘创业机会。例如，在公共部门产业开放市场自由竞争的趋势中，我们已在交通、电信、能源产业中发掘极多的创业机会。在政府推出的各种改革方案中，也可以寻得许多新的创业机会。

(5) 通过分析人口统计资料的变化趋势，来发掘创业机会。例如，我国的计划生育政策、社会的老龄化现象、高等教育的大众化等，必然提供许多新的市场机会。

(6) 通过价值观与认知的变化，来发掘创业机会。例如，人们对于饮食需求认知的改变，会在健康食品市场带动出很多的市场机会。

(7) 通过新知识的产生，来发掘创业机会。例如，当人类基因图像得以完全解决时，可以预期必然在生物科技与医疗服务等领域，带来更多的新事业机会。

2. 商业模式

1) 商业模式的定义

咨询师 Mitchell 和 Coles(2004)对商业模式的定义是：一个组织在何时(when)、何地(where)、为何(why)、如何(how)和多大程度(how much)地为谁(who)提供什么样(what)的产品和服务(即 7w)，并开发资源以持续这种努力的组合。

哈佛商学院的教学参考资料中将商业模式定义为"企业赢利所需采用的核心业务决策与平衡"(Hamermesh，Marshall and Pirmohamed，2002)。例如，Google 让普通用户免费使用其搜索引擎，而通过定向广告从企业客户那里获得收益。

最通俗的定义是：商业模式就是描述企业如何通过运作来实现其生存与发展的"故事"。在网络热潮时期，硅谷的许多创业者曾通过给投资者讲一个好的"故事"而获得了巨额融资。

商业模式的核心三要素是顾客、价值和利润。一个好的商业模式，必须回答以下三个基本问题：

(1) 企业的顾客在哪里？

(2) 企业能为顾客提供怎样的(独特的)价值和服务？

(3) 企业如何以合理的价格为顾客提供这些价值，并从中获得企业的合理利润？

当评价一个创业企业是否提出了真正具有创新性的商业模式时，首先需要从逻辑上回答上述问题，需要判断它能否为顾客、股东和员工，甚至其他利益相关者带来实际的价值和利益。总之，好的商业模式应当能够为多方创造价值。

例如 Google 的商业模式回答了有关顾客定位、价值创造、利润来源三个问题：

(1) 准确的角色刻画：广告客户和普通网络用户。

(2) 合理的动机：广告客户希望更好的广告效果，普通网络用户不希望网站上满眼是通栏广告。

(3) 使人洞悉价值的故事情节：通过定向广告，实现更好的普通网络用户上网感受，更满意的广告客户投资效果，带来 Google 更好的收入来源。

2) 商业模式的作用

通过图 14-3 的创业程序，可以直观地看出商业模式在整个创业过程中承前启后的作用。

创业的重要的外在驱力是创业者发现创业机会，即未得到满足的顾客需求，如果这种创业机会足够好，创业者则可能愿意承担创业风险。发现了明确的创业机会的创业者，其创业的初衷往往非常简单明晰，这种清晰的创业目标，实际上就是创业者的愿景。

为了实现愿景，创业者(企业)需要为顾客提供具体的价值。按照重要程度，可以将其分为核心价值、重要价值和辅助价值。Dorf 和 Syers (2005)将企业提供的核心价值划分为五类:产品、价格、渠道、服务和体验，如表 14-1 所示，对一些著名企业为顾客提供的最重要核心价值进行了分析和归类。

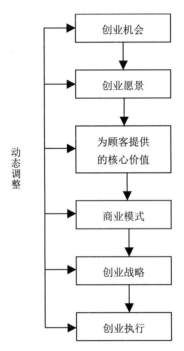

图 14-3　创业程序图

表 14-1　企业提供的核心价值：典型案例

企业提供的核心价值	国外案例	国内案例
产品	Intel(芯片) Google(搜索引擎)	清华同方威视(集装箱检测系统) 北大方正(激光照排系统)
价格	美国西南航空公司、沃尔玛	国美电器
渠道	Amazon.com，Yahoo! eBay	新浪、搜狐
服务	IBM、联邦快递	海尔
体验	星巴克 arbucks	摄影、餐饮行业的部分个体商

当然作为创业企业，要想得到顾客的认可，仅仅提供核心价值是不够的，其他方面的价值也要达到一定的水平，至少不能让顾客难以接受。

在确认了创业企业需要提供的价值后，创业企业需要有一个商业模式来具体描述和刻画企业将如何实现创业的愿景。提炼商业模式有助于创业者对企业运作所涉及的各种业务、各种要素进行周密考虑，形成相互支持和促进的有机整体。

有了商业模式相当于创业者有了一个"地图"，但这还不够，到底怎么"走"，创业者需要一个创业战略来指导；而创业目标的最终实现要靠良好的创业执行，因为创业征途会遇到"险滩"甚至"悬崖"，需要创业者具有灵活的调整能力和适应能力。成功的商业模式必须考虑创业者(企业)的核心能力，否则会在执行过程中夭折。用如下公式可以总结创业成功的基本要素。

创业成功=商业机会+合适的商业模式+恰当的创业战略+良好的创业执行

三、创业计划书

1. 创业计划书的概念和作用

创业计划书(business plan)指的是由创业者撰写的描述关于将被设立的企业的外部和内部情况的所有相关事宜的书面文件。创业计划书一般是一系列功能性计划的整合，包括市场计划、财务计划、生产计划、人力资源计划等。创业计划书最主要的目的就是吸引潜在的投资者和借款者，为创业企业的发展获得至关重要的资金来源。

创业计划书除了最主要的吸引投资者的目的以外，对创业企业自身的发展，也有至关重要的作用，具体来说，有以下几个方面。

(1) 全面性(comprehensiveness)：创业计划书需要全面检视新事业未来可能遭遇的全部问题，并且针对这些经营问题提出对策。创业者通过创业计划书的书写过程，将会全面地考虑到所有的重要事宜及所有可能存在的风险，并促使创业家提前思考应对策略，以提升危机处理能力与降低新事业的风险。因此，一份全面的创业计划将有助于提升创业者的事业经营能力，增加创业企业成功的机会。

(2) 沟通性(communication)：创业计划书是一份有效的对外沟通文件，可将创业者的事业构想、愿景与发展潜力展现给潜在投资者与创业伙伴。一份具有吸引力的创业计划书，可让投资者感受到创业者的强烈企图心与创业企业的成功的可能，因而能够为新事业争取到更多更有利的外部资源。

(3) 方针指引(guidance)：创业计划书为创业企业明确了发展的目标和方向，以及通向这些目标的发展途径，并展现出创业团队的决心与创业者期望组织能体现的价值。因此，创业计划书就成了组织成员在经营决策时的方针指引。在经历激烈挑战与种种困难的创业过程中，创业团队很容易忘记当初创业的目标和愿景，而这时将创业计划书作为创业企业的方针指导，有助于凝聚创业团队成员对新事业发展的共识。

(4) 计划过程(the planning process)：在创业计划书的写作过程中，创业团队成员们反复地讨论、修改、整合意见，除了可以对团队起到凝聚的作用外，也能使未来创业企业的运作的更有效率。创业计划是一个持续性的计划过程,创业前期的计划往往与实际执行会有所差别,因此在创业企业的发展过程中,还需要不断地收集新的信息,分析计划目标与实况的差距,修订行动方案,调整经营策略与阶段目标。这种应变式的计划过程(discovery driven planning),将有助于联结计划目标与实际行动方案,创业团队也能在持续的计划过程中不断的学习成长,而创业企业也将因此成为一个更具有执行力和效率的组织。

创业计划书一般应由创业者本人和创业团队的核心成员来撰写,但是,在撰写过程中,创业者也需要咨询很多的专业人士,比如:律师、会计师、营销顾问、工程师等。很多时候,以上这些相关专业人士可以通过政府、大学,甚至亲戚、朋友等渠道接触到。互联网也是各种专业信息的一个重要来源,在网上甚至可以得到多种不同的创业计划书的模板和大纲。

创业计划书将被很多人阅读,包括雇员、投资者、银行、风险投资商、供货商、客户、和顾问等。因为这些不同的读者各自带着不同的目的来阅读,创业计划书必须能够满足他们对特定信息的需求。当然,在这些众多的阅读者当中,对创业计划书最为挑剔就是潜在的投资者。

2. 创业计划书的基本格式

虽然不同行业的创业计划书的内容会各有不同,但是创业计划书作为一份正式商业文件,基本格式是较为固定的。一份完整的创业计划书一定要有封面和目录。一个好的创业计划书的封面页上至少要包含以下的信息:

公司名称、联系地址、电话、传真、E-mail,因为创业者越容易让投资人联络到自己,后续的联系才越可能发生;联系人的姓名及职位,担任联系人的应该是创业者本人或是主要创业团队成员,必须能完全了解创业企业的状况,随时都能准确回答投资人的任何问题;公司成立时间,并要标明这本创业计划书的完成时间;这份创业计划书的递送对象或筹资、融资对象,尽量使用该公司的全名。

计划书的编号(如:5-2,表示此为5本计划书中的第2本)。这样做的理由有两个:第一个理由是基于安全。创业者必须清楚地知道有几本计划书流通在外,最后它们都必须被收回。创业计划书包含许多敏感信息与经营策略,如果计划书大量外流,不道德的竞争者可能会使用这些信息使创业企业陷于不利的状况。第二个理由是限制创业计划书流通在外的数量,以保持专有价值。在投资者群体中,到处都可见到这份创业计划书,将不会是件好事。投资者一般喜欢独享好的投资机会,如果计划书过度流通,投资者很可能因为不愿意与很多人共享一个好的投资机会而放弃投资计划。

可能的话,在封面放上创业企业的标识(logo)。每一个公司都应该有代表自己风格的企业识别图案,除了可展现企业形象,也有利于使企业名称经由图像被投资者更深刻的记忆,这种图像记忆也会反映在产品营销方面。

封面页后,即为整个创业计划书最为重要的部分——执行摘要。执行摘要是创业计划书在封面后的第一部分,虽然是第一部分,但是这部分其实是在整个创业计划完成后,才最终书写的。执行摘要包括了创业计划书的所有要点。执行摘要的长度通常以2~3页为宜,内容力求精练有力，重点阐明公司的投资亮点，尤其是相对于竞争对手的抢眼之处。因为风险投资商手上经常有成百上千份的创业投资申请和创业计划书，所以大部分风险投资商在最初接触创业企业时，只可能阅读创业计划书的执行摘要这一部分，甚至仅仅是执行摘要部分中的一小部分。只有执行摘要足够出色，才能够吸引到风险投资商的注意，才有可能会接着去阅读其他部分内容。因此，执行摘要部分是创业计划书中最重要的一部分。

在执行摘要后，通常就应该是目录页。我们必须将创业计划书内容按顺序编码，大项目被称为章，如背景资料、目标、市场分析、产品发展、行销、财务计划、组织与管理、股权、风险管理与应变策略等，章以下再细分为节与小节。我们也可用阿拉伯数字来编排章节顺序，例如：1、1.1、1.1.1……或A、A.1、A.1.1……如果有较多数量的图与表，也可以另编图表目录与页码，以利读者翻阅查询。

以下是一个典型的创业计划书的纲要，供实际撰写创业计划书时参考。

创业计划书(封面)

公司名称

地址

邮政编码

联系人及职务

电话

传真

网址/电子信箱

第一部分　执行摘要(整个计划的概况，文字在2～3页以内)

一、对公司的简单描述

二、公司的宗旨和目标(市场目标和财务目标)

三、公司目前的股权结构

四、已投入的资金及用途

五、公司目前主要产品或服务介绍

六、生产概况和营销策略

七、主营业务部门及业绩简介

八、核心经营团队

九、公司优势说明

十、目前公司为实现目标的增资需求：原因、数量、方式、用途、偿还

十一、融资方案(资金筹措及投资方式)

十二、财务分析

1. 财务历史数据(前3～5年销售汇总、利润、成长)

2. 财务预计(后3～5年)

3. 资产负债情况

第二部分　正文

第一章　公司介绍

一、公司的宗旨(公司使命的描述)

二、公司介绍资料

三、各部门职能和经营目标

四、公司管理

1. 董事会

2. 经营团队

3. 外部支持(外聘人士/会计事务所/顾问事务所/技术支持/行业协会等)

第二章　技术和产品

一、技术描述

二、产品情况

1. 主要产品目录(分类、名称、规格、型号、价格等)

2. 产品特性

3. 正在开发/待开发产品简介

4. 研发计划及时间表

5. 知识产权策略

6. 无形资产(商标/知识产权/专利等)

三、产品生产

1. 资源及原材料供应

2. 现有生产条件和生产能力

3. 扩建设施、要求及成本，扩建后的生产能力

4. 原有主要设备及添置设备

5. 产品标准、质检和生产成本控制

6. 包装与储运

第三章　市场分析

一、市场规模、市场结构与划分

二、目标市场的设定

三、产品消费群体、消费方式、消费习惯及影响市场的主要因素分析

四、目前公司产品市场状况、产品所处市场发展阶段(空白/新开发/高成长/成熟/饱和)、产品排名及品牌

五、市场趋势预测和市场机会

六、行业政策

第四章　竞争分析

一、有无行业垄断

二、从市场细分看竞争者市场份额

三、主要竞争对手情况：公司实力、产品情况(种类、价位、特点、包装、营销、市场占有率等)

四、潜在竞争对手情况和市场变化分析

五、公司产品竞争优势

第五章　营销计划

一、概述营销计划(区域、方式、渠道、欲估目标、份额)

二、销售政策的制定(以往/现行/计划)

三、销售渠道、方式、行销环节和售后服务

四、主要业务关系状况(代销商/经销商/直销商/零售商/加盟者)，各级资格认定标准政策(销售量、回款期限、付款方式、应收账款、货运方式、折扣政策等)

五、销售队伍情况及销售福利分配政策

六、促销和市场渗透(方式及安排、预算)

1. 主要促销方式

2. 广告/公关策略、媒体评估

七、产品价格方案

1. 定价依据和价格结构

2. 营销价格变化的因素和对策

八、销售资料统计和销售记录方式，销售周期计算

九、市场开发规划，销售目标(近期、中期)，销售预估(3～5 年)销售额，占有率及计算依据

第六章　投资说明

一、资金需求说明(用量/期限)

二、资金使用计划及进度

三、投资形式(贷款/利率/利率支付条件/转股－普通股、优先股、认股权/对应价格)

四、资本结构

五、回报/偿还计划

六、资本原负债结构说明(每笔债务的时间、条件、抵押、利息等)

七、投资抵押(是否有抵押、抵押品价值及定价依据、定价凭证)

八、投资担保(是否有抵押、担保者财务报告)

九、吸纳投资后股权结构

十、股权成本

十一、投资者介入公司管理程度的说明

十二、信息报告与披露(定期向投资者提供的报告和资金支出预算)

十三、杂费支付(是否支付中介人手续费)

第七章　投资报酬与退出

一、股权上市

二、股权转让

三、股权回购

四、股利

第八章　风险分析

一、资源(原材料/供应商)

二、市场不确定性风险

三、研发风险

四、生产不确定性风险

五、成本控制风险

六、竞争风险

七、政策风险

八、财务风险(应收账款/坏账)

九、管理风险(含人事、人员流动、关键雇员依赖)

十、破产风险

第九章　管理

一、公司组织结构

二、管理制度及劳动合同

三、人事计划(配备、招聘、培训、考核)

四、筹资、福利方案

五、股权分配和认股计划

第十章　经营预测

增资后 3～5 年公司销售数量、销售额、毛利率、成长率、投资报酬率预估及计算依据

第十一章　财务分析

一、财务分析说明

二、财务数据预测

1. 销售收入明细表

2. 成本费用明细表

3. 薪金水平明细表

4. 固定资产明细表

5. 资产负债表

6. 利润及利润分配明细表

7. 现金流量表

8. 财务指标分析

(1)　反映财务盈利能力的指标

a. 财务内部收益表

b. 投资回收表

c. 财务净现值

d. 投资利润表

e. 投资利税表

f. 资本金利税表

g. 不确定性分析：盈亏平衡分析、敏感性分析、概率分析

(2)　反映项目清偿能力的指标

a. 资产负债率

b. 流动比率

c. 速动比率

d. 固定资产投资借款偿还期

第三部分　附录

一、附件

1. 营业执照影印本

2. 董事会名单及简历

3. 主要经营团队名单及简历

4. 专业术语说明

5. 专利证书/生产许可证/鉴定证书等

6. 注册商标

7. 企业形象设计/宣传资料(标识设计、说明书、出版物、包装说明等)

8. 简报及报道

9. 场地租用证明

10. 工艺流程图

11. 产品市场成长预测图

二、附表

1. 主要产品目录

2. 主要客户名单

3. 主要供货商及经销商名单

4. 主要设备清单

5. 市场调查表

6. 预估分析表

7. 各种财务报表及财务估计表

3. 创业计划书的主要内容

1) 执行摘要

执行摘要(executive summary)是创业计划书最重要的一个部分,因为这是投资者首先看到的计划书的内容。大多数投资家在收到创业计划书后,都只看执行摘要的部分。他们的业务非常繁重,需要在极短时间内筛选大量的投资计划,因此不可能详读每一份计划书。如果执行摘要不能吸引投资者的注意,那么他们就不会继续阅读后面的详细资料。据风险投资公司的统计,大约九成的计划书是在看执行摘要的过程中就被否决了。

前面提到过,尽管执行摘要是第一个被阅读的部分,但却是最后才被撰写的部分。它的长度不能超过 3 页,要言简意赅,不应该夸大事实。

公司名称与联络信息还是要跟在封面页后,再次放在一开始的地方,以方便投资者进行联系。以下简述一份执行摘要应该可包含的项目与内容。

(1) 行业类别:用一两句话精简的说出创业企业所处的行业,因为有些投资人对于某些行业是没有投资兴趣的,所以在一开始提出对大家都有好处,可以节省彼此的时间。

(2) 企业简述:简要地说出公司的简史,强调正面的形象,尽量浓缩在 150 字以内。说明主要的产品与服务,不需要仔细列出所有的产品清单,但要强调产品服务的特色。因为投资者是不会有兴趣支持一项不具有特色的新事业。

(3) 创业团队:创业团队的每一位成员都很重要,但是在执行摘要部分,不需要进行逐一介绍,只要挑出其中两三个重要人物,强调他们的专业能力与行业经验就可以了。

(4) 产品/服务的竞争力:用很少的篇幅强调出企业的竞争优势。

(5) 资金需求:简明扼要的说明创业企业的资金需求和期望的投资方式,是债权、股权或是其他方法。如果资金需求具有弹性,你可以把顺序或偏好列出,以便投资人用以评估调整投资结构的可行性。

(6) 资金运用:资金运用在创业计划书的正文中是需要被仔细的说明的,在执行摘要中只需要简单说明资金运用的方式与流程，避免使用详细的会计报表，也不要含糊的以增加营运资本来带过，而是要直接指出用途。

(7) 财务规划：财务规划则是说明未来 3 年内的财务预测，这些数据都必须跟正文中的数据相吻合。

(8) 退出机制：投资人通常预期将在未来出售股权，以获利了结。因此摘要部分必须告诉投资人在何时执行这项行动是最有利的。

2) 环境和行业分析

对创业企业所在环境和所处行业基本情况、发展和变化的趋势进行分析是非常重要的。在做环境分析时，通常一些需要考虑到的方面有：经济、文化、技术、法律。在进行行业分析时，一是要分析创业企业所处行业的需求，包括这个行业整体的市场是呈增长还是下降的趋势，新的竞争对手的数量，消费需求变化的可能性等；二是要分析所处行业的竞争对手，大部分创业企业都要面临来自大公司的潜在威胁，因此创业者必须明确谁是自己的对手，而对手的优势和劣势分别是什么。

3) 公司描述

创业计划书的公司描述部分必须具体，因为这部分能让潜在投资者对创业企业有基本的认识。它包括：公司的历史，当前地位、战略和未来计划。企业还需要在创业计划书中阐明如何通过具体的战略规划建立起利润可观的公司业务。

4) 产品计划

在这一部分中，主要是对公司现有产品和服务的性能、技术特点、典型客户、盈利能力等的陈述，以及未来产品研发计划的介绍。另外，对专利等级、版权及商业机密内容的描述非常重要，对市场进入壁垒的分析说明也是相当关键。

5) 营销计划

这一部分应该界定创业企业的市场、行业、现在和潜在的购买者和竞争者。创业计划书应该阐释市场中的关键影响因素，弄清楚购买决策的制定过程，还应该对"市场是怎样细分，公司计划拥有的市场份额，以及预想采用何种防御战略来抵挡竞争"等问题做出回答。创业计划书的这一部分的撰写越具体越好，要以那些可信度高、已经证实的数据为中心。市场调研应当包括对企业所在行业及潜在客户的详细分析。行业数据应当包括行业数据、市场规模、近期技术进步、政策规定及未来发展趋势等方面。顾客调查应包括潜在顾客数量、平均购买率及购买决策者的行为分析等信息。这一调查可以推动销量预测和定价策略的开展，而这些策略与营销、销售、分销渠道等战略是紧密联系的。基于这些调查，对企业将要占领的目标市场的份额做出评价。拥有了优质的产品和良好的市场机遇，还需要一个切实可行的营销战略和实施计划来配合，才能保证最后的成功。营销战略应该讨论市场调研的结果和产品或服务的价值提议。创业计划书中这一部分内容的主要目的是使投资者确信这一市场是可被开发和渗透的。

6) 组织计划

风险资本商只会向那些最有可能成功运作企业的创业者进行投资。因此，风险投资商一定会仔细考察所投资企业的管理者队伍，这一管理队伍必须在关键性标准方面具备一定

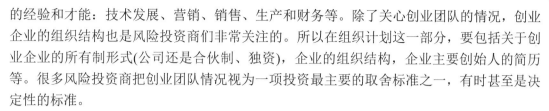

的经验和才能：技术发展、营销、销售、生产和财务等。除了关心创业团队的情况，创业企业的组织结构也是风险投资商们非常关注的。所以在组织计划这一部分，要包括关于创业企业的所有制形式(公司还是合伙制、独资)，企业的组织结构，企业主要创始人的简历等。很多风险投资商把创业团队情况视为一项投资最主要的取舍标准之一，有时甚至是决定性的标准。

7) 风险因素及其对策

虽然每一份创业计划书都会对项目的方方面面做出一番美好的规划，但是作为风险投资商，他们所面对的每一个项目，不确定的因素都太多。风险分析部分的目的就是揭示各种潜在的风险，向投资人展示针对风险的规避措施。

8) 财务计划

这一部分的最重要方面在于财务预测——预测资产负债表、现金流量表和损益表。财务预测必须与公司的历史业绩和发展趋势相一致，也应该与创业计划书中其他部分的讨论结果相一致。最后，还应该考虑投资者需要的投资回报率和他们的退出战略。许多创业者，在技术方面是专家，而对于财务和融资却是缺乏了解。所以，往往提交出来的是一份数据粗糙，取舍随意，预测基础不合理的预测数据，难以取得投资人的认可。因此，寻求专业顾问人士的帮助可以保证整个财务预测体系的规范性、合理性、专业性。

在进行财务预测的同时，也需要说明为实现公司创业计划所需的资金额，资金需求的时间性，资金用途(详细说明资金用途，并列表说明)，融资方案，资金其他来源，如银行贷款等。所有潜在的投资者都希望看到退出战略的清晰描述，以及他们的投资获利的时间和方法。

9) 附录

附录经常作为创业计划的补充说明部分。每份创业计划在附录中都有大量的财务预测，作为执行计划和财务计划中有关财务的总结。在附录中可能出现的附件还有：媒体关于公司产品的报道；公司营业执照、产品的样品、图片及说明；有关公司及产品的其他资料；专利技术信息；合作者和消费者的来信；一般竞争者调查等。

第三节 创业融资

一、创业投资

1. 创业投资的概念

创业投资(venture capital)经常被翻译为"风险投资"。创业投资(风险投资)被美国全美创业投资协会(NVCA)的定义为由职业的投资者，投入到新型迅速发展具有巨大竞争潜力企业中的一种权益资本。广义的创业投资，泛指一切具有高风险，高潜在收益的投资，狭义的创业投资是以高新技术为基础，生产和经营技术密集型产品的投资。经济合作与发展组织(OECD)对于创业投资有过三种描述："创业投资是投资于以高科技和知识为基础，生产与经营技术密集型的创新产品或服务的投资"；"创业投资是专门购买在新思想和新技术方面独具特色的中小企业的股份，并促进这些中小企业的形成和创立的投资"；"创业投资是

一种向极具发展潜力的新建企业或中小企业提供股权资本的投资行为"。

2. 创业投资的特征

(1) 创业投资是一种无担保、有高风险的投资。创业投资主要用于支持刚刚起步或尚未起步的高技术企业，这些企业一方面没有固定资产或资金作为贷款的抵押和担保，因此无法从传统融资渠道获取资金，只能开辟新的渠道；另一方面，由于技术、管理、市场、政策等方面的风险，即使在发达国家高技术企业的成功率也只有 20%~30%。虽然创业投资的风险比较高，但由于成功的项目回报率很高，因此还是可以吸引到一批投资人进行投资。

(2) 创业投资是一种高专业化和程序化的组合投资。由于创业投资主要投向高新技术产业，加上投资风险较大，要求创业资本管理者具有很高的专业水准，在项目选择上要求高度专业化和程序化，精心组织、安排和挑选，尽可能地锁定投资风险。为了分散风险，创业投资者通常投资于一个包含 10 个项目以上的投资组合，利用成功项目所取得的高回报来弥补失败项目的损失并获得收益。

(3) 创业投资是一种流动性较小的中长线投资。创业投资往往是在创业企业初创时就注入资金，一般需经 3~8 年才能通过某些渠道蜕资(即所有者权益变现)并实现收益，并且在此期间还要不断地对有成功希望的企业进行增资。由于其流动性较小，因此有人称为"呆滞资金"。

(4) 创业投资是一种权益投资。创业投资不是一种借贷资本，而是一种权益资本；其着眼点不在于投资对象当前的盈亏，而在于它们的发展前景和资产的增值，以便通过上市或出售达到蜕资并取得高额回报的目的。所以，产权关系清晰是创业资本介入的必要前提。

(5) 创业投资是一种金融与科技、资金与管理相结合的专业性投资。创业资金与高新技术两要素构成推动创业投资事业前行的两大车轮，二者缺一不可。创业投资商在向创业企业注入资金的同时，为降低投资风险，必然介入该企业的经营管理，提供咨询，参与重大问题的决策，必要时甚至解雇公司经理，亲自接管公司，尽力帮助该企业取得成功。当然，也有观点认为原则上创业投资商不应当随意干预创业企业的日常经营及决策，也不应在创业企业中追求控制地位，因为毕竟对创业企业最为熟悉和了解的是创业者，而创业投资商最主要的专长在于投资，因此应该最大限度地激发创业者的创造力，让创业者的努力为投资商带来高额的投资回报。

(6) 创业投资是一种追求超额回报的财务性投资。创业投资是以追求超额利润回报为主要目的一种投资行为，投资人并不以在某个行业获得强有力的竞争地位为最终目标，而是把它作为一种实现超额回报的手段，因此创业投资具有较强的财务性投资属性。

3. 创业投资的要素

1) 创业资本

创业资本是指由专业投资人提供的投向快速成长并且具有很大升值潜力的新兴公司的一种资本。在通常情况下，由于被投资企业的财务状况不能满足投资人于短期内抽回资金的需要，因此无法从传统的融资渠道如银行贷款获得所需资金，这时创业资本便通过购买股权、提供贷款或者既购买股权又提供贷款的方式进入这些企业。

2) 创业投资者

创业投资者是创业资本的运作者，创业投资者可以是一个公司、一个人或者一些人，是创业投资流程的中心环节，其工作职能是：辨认、发现机会；筛选投资项目；决定投资；促进创业企业迅速成长、退出。资金经由创业投资公司的筛选，流向创业企业，取得收益后，再经创业投资公司回流至投资者。创业投资者大体可分为以下 4 类。

第一类称为创业资本家(adventure capitalists)。他们是向其他企业家投资的企业家，与其他创业投资人一样，他们通过投资来获得利润。但不同的是创业资本家所投出的资本全部归其自身所有，而不是受托管理的资本。

第二类是创业投资公司(venture capital firm)。创业投资公司的种类有很多种，但是大部分公司通过创业投资基金(风险投资基金)来进行投资。创业投资公司除通过设立创业投资基金筹集创业资本外，同时也直接向投资人募集资本，美国的情况是，创业投资公司本身一般以有限合伙制为组织形式，投资人成为有限合伙人，投资公司经理人员成为一般合伙人。虽然有限合伙制是美国创业投资公司的主要组织形式，近年来美国税法也允许选用有限责任合伙制和有限责任公司形式作为创业投资公司另一种可选组织形式。而中国的创业投资公司一般是有限责任公司的形式，但 2006 年修改的《中华人民共和国合伙企业法》，增加了有限合伙企业，意味着我国也可以采取合伙的方式进行风险投资。

第三类是产业附属投资公司(corporate venture investors)。这类投资公司往往是一些非金融性实业公司下属的独立的创业投资机构，他们代表母公司的利益进行投资。和专业基金一样，这类投资人通常主要将资金投向一些特定的行业。

第四类叫天使投资人(angels)。这类投资人通常投资于非常年轻的公司以帮助这些公司迅速启动。在创业投资领域，"天使"这个词指的是企业家的第一批投资人，这些投资人在公司产品和业务成型之前就把资金投入进来。天使投资人通常是创业企业家的朋友、亲戚或商业伙伴，由于他们对该企业家的能力和创意深信不疑，因而愿意在业务远未开展进来之前就向该企业家投入大笔资金。

3) 创业企业

如果说创业投资家的职能是价值发现的话，创业企业的职能就是价值创造。创业企业家是一个新技术、新发明、新思路的发明者或拥有者。他们在其发明、创新进行到一定程度时，由于缺乏后续资金而寻求创业投资家的帮助。除了缺乏资金外，他们往往缺乏管理的经验和技能。这也是需要创业投资家来提供帮助的。

4) 资本市场

资本市场是创业投资实现增值变现的必经之路，没有发达完善的资本市场，就不可能使创业投资获得超额回报，从而使创业投资人丧失了进行创业投资的原动力。

二、创业企业的融资渠道

创业的融资渠道大致有如下几种。

1. 创业者本人的积蓄

一般创业企业在起步或早期是很难从创业投资商那里融到资金的；而在企业已经成长起来，销售额和利润持续增长的情况下，很多投资商会主动找上门来。所以在创业的早期阶段必须依赖自己的资金，从销售入手，积极地寻找客户，有了营业收入就有了发展的动力。也有一小部分投资公司专门寻找创业早期(early stage)的项目，以求获得高倍数的回报率。即使在这种创业早期就获得投资商关照的情况下，创业人也需要投入一部分自有资金，如果创业者本人都不愿担任何风险，别人就更不可能对这个创业企业有信心。

2. 创业者的亲属和朋友的资金

创业者的亲属和朋友的资金，一般英文叫做"love money"，顾名思义，"爱钱"，也就是因为爱而给的钱。很多创业者的第一笔资金，或者前几笔资金，是来自于他们的父母、好友、兄弟姐妹等，出于对创业者的个人感情，和对创业者本人的信任和信心，愿意出资来支持创业者的创业活动。上节提到的"天使投资人"中有大部分就属于创业者的亲戚和朋友的范围。

3. 创业投资公司投资

创业投资公司只投资于还没有公开上市的企业，他们的兴趣不在于拥有和经营创业企业，其兴趣在于最后退出并实现投资收益。由于创业投资的资本较公共股票市场投资资本流通性要低很多，所以其追求的回报率也相对高一些。大部分创业投资公司为了减少风险，不谋求在企业的控股地位，只有在投资公司谋求控制被投资公司的经营方向时才会刻意追求成为最大股东；投资公司管理人员一般也不参与被投资企业的日常管理，主要依赖于在投资前用一套详细的项目可行性审查程序，评估投资的成功的可能性。分红也不是创业投资公司追求的目标，创业投资公司的唯一目的就是希望通过被投资企业的快速发展，来带动它的投资增值，并在恰当的时候套现退出。退出的方式可以是公开上市(IPO)、出售股权给第三方(trade sale)、创业企业家回购(buy back)或清盘结算(liquidation)。

在美国，1980 年有限合伙制投资基金参与创业投资额占创业投资总额的 42.5%，到 1995 年达到 81.2%，显而易见有限合伙制构成了美国创业投资的最主要组织形式，反映美国的创业投资业日趋组织化、机构化和专业化，也是美国创业投资业高度发达的标志。有限合伙是美国创业投资机构的典型法律形式。有限合伙制由一般合伙人和有限合伙人组成。有限合伙人只提供资金，不参与风险企业的经营管理，有限合伙人的投资占总投资的 90% 以上；而一般合伙人为创业投资家，他们仅仅提供极少量的资金份额，但是一般合伙人负责风险企业的经营管理。一般合伙人有的是大公司的高级管理人员，有的是技术专家，他们是真正的创业投资家。一般合伙人对风险企业的债务负有无限连带责任。在美国，有限合伙制与公司制相比，有限合伙制投资机构不构成纳税主体，无需缴纳企业所得税，只要合伙人缴纳个人所得税就可以了。在美国创业投资的实践中，有限合伙制之所以能够占据主导地位，除了它适应美国的国情外，更在于它有其独特的优势，有限合伙制是人才资本与

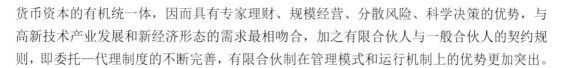

货币资本的有机统一体，因而具有专家理财、规模经营、分散风险、科学决策的优势，与高新技术产业发展和新经济形态的需求最相吻合，加之有限合伙人与一般合伙人的契约规则，即委托—代理制度的不断完善，有限合伙制在管理模式和运行机制上的优势更加突出。

4. 中小企业投资公司投资

美国的中小企业投资公司，受联邦政府的支持，可以从政府机构中借到 3 倍于自有资金的优惠借款，他们主要支持中小企业开发新技术产品和新型的消费品。

5. 大公司附属的分公司的创业投资

一些实力强大的公司，也会将其分支机构或者某个部门建成创业投资机构。这些机构具有大公司的资金支持，成为公司开发技术的窗口。近年来，有的大公司通过兼并、收购的方式获得创业投资企业的股份。比如美国的 GE，INTEL 等大公司都设有专门从事创业投资业务的分公司，以支持一些新技术新产品的开发。

6. 政府投入

国家财政或者地方财政直接拨款进行支持，项目仅限于国家和地方的指定工程或急需的项目。另外在一些高科技项目的基础研究阶段，需要进行大量地、系统地、反复地探索，提出一些新发明、新设想，并对一些新发明、新技术转化生产力的可行性进行研究论证。这一阶段研究的难度较大，所需的时间不确定；商业目的不明确，研究成果容易被外界所共享；资金需求量相对较小，但风险很大。这些项目一般也应由政府以科研资金的形式予以支持。我国已出台若干政策，鼓励创业，还设立了科技型中小企业技术创新基金，很多地方还设立了若干"孵化器"，为企业提供融资服务。

7. 民间资本

目前，我国民间资本正获得越来越大的发展空间。民间投资不再局限于传统的制造业和服务业领域，而是向基础设施、科教文卫、金融保险等领域"全面开花"，对众多创业者来说，这是"利好消息"。民间资本的投资操作程序较为简单，融资速度快，门槛也较低。但很多民间投资者在投资的时候总想控股，因此容易与创业者发生一些矛盾。为避免矛盾，融资双方应把所有问题摆在桌面上谈，并清清楚楚地用书面形式表达出来。此外，对创业者来说，对民间资本进行调研，是融资前的"必修课"。

8. 融资租赁

融资租赁是一种以融资为直接目的的信用方式，表面上看是借物，而实质上是借资，以租金的方式分期偿还借资。该融资方式具有以下优势：不占用创业企业的银行信用额度，创业者支付第一笔租金后即可使用设备，而不必在购买设备上一次性大量投资，这样就有更多资金就可调往最急需用钱的地方。该融资方式，比较适合需要购买大件设备的初创企业，但在选择时要挑那些实力强、资信度高的租赁公司，且租赁形式越灵活越好。

9. 商业银行贷款

目前，商业银行贷款有以下 4 种：一是抵押或质押贷款，指借款人向银行提供一定的财产作为信贷抵押或质押的贷款；二是信用贷款，指银行仅凭对借款人资信的信任而发放的贷款，借款人无须向银行提供担保；三是担保贷款，指以担保人的信用为担保而发放的贷款；四是贴现贷款，指借款人在急需资金时，以未到期的票据向银行申请贴现而融通资金的贷款。尽管有上述各种贷款方式的存在，我国的初创企业和中小企业从商业银行取得贷款还都有相当的难度，这其中的一个障碍是，初创企业由于缺乏资本实力，很难提供出银行满意的抵押物，第二个障碍是创业者申请贷款并非与银行一家打交道，还要经过工商管理部门、税务部门、中介机构等一道道"门坎"，并且手续相当烦琐，任何一个环节都不能出问题，才有可能拿到商业银行贷款。因此，对我国现阶段的创业企业来说，商业银行贷款很难作为首选渠道。

三、创业板上市

创业板在全球范围来看并不存在一个规范的定义。宽泛地讲，凡属与专门针对大型成熟公司的主板市场相对应，面向中小公司的证券资本市场都是创业板市场。创业板市场设立的主要目的是为具有核心技术、处于行业或企业发展的初期阶段的广大中小企业筹集发展资金。作为创业投资的蜕资主要渠道和高科技公司成长的助推器，创业板近年来风行全球，但从实际运作情况看，除了美国纳斯达克(NASDAQ)获得巨大成就外，大部分创业板市场表现都不甚理想。但无论如何，NASDAQ 市场为美国经济，特别是高科技企业的发展起到了极大的推动作用，使美国在现代高科技发展以及新经济的竞争中远走在其他国家的前面。NASDAQ 成就了如美国微软公司(MICROSOFT)、英特尔(INTEL)、戴尔(DELL)等世界著名的高科技公司。中国的一批优秀创业企业也在 NASDAQ 上市交易。

按与主板市场的关系划分，全球的创业板板市场大致可分为两类模式。

一类是"独立型"。完全独立于主板之外，具有自己鲜明的角色定位。NASDAQ 即属此类。NASDAQ 市场诞生于 1971 年，上市规则比主板纽约证券交易所要简化得多，渐渐成为全美高科技上市公司最多的证券市场。截至 1999 年底，共有 4829 家上市公司，市值高达 5.2 万亿美元。30 年后的纳斯达克市场羽翼丰满，上市公司总数比纽约证交所多 60%，股票交易量在 1994 年就超过了纽约证交所。

另一类是"附属型"。附属于主板市场，旨在为主板培养上市公司。二板的上市公司发展成熟后可升级到主板市场。换言之，就是充当主板市场的"第二梯队"。新加坡的 SESDAQ 即属此类。

相对于主板市场，创业板有主要以下特点：

(1) 上市条件宽松。对上市公司的规模要求比主板要低得多，对公司的存续期限要求较短，并对拟上市公司不做赢利要求。

(2) 对上市公司监管更严格。除了要求按照主板市场上市公司的要求披露内容之外，还要对上市公司的运作状况，未来发展规划等做及时详细的披露。

(3) 上市公司融资频率高。上市公司大多处于成长期，其发展需要不断的注入资金，因此创业板公司筹集资金的周期短，频率高。

(4) 退出机制灵活。创业板市场设置了灵活的退出机制，一旦上市公司达不到上市要求将马上面临被摘牌的危险。

(5) 高风险、高收益。由于上市公司大都处于不稳定的经营期，不确定因素太多，其股价往往波动性大。但由于其高速的成长性，上市公司通过筹集资金获得更快的发展，可以给投资者带来巨额回报；同时，也有的公司因为出现经营困境而退出创业板市场，这样，投资者的损失就是巨大的。

既然创业板可以以很低的门槛让创业企业进行融资，是不是所有的创业企业都应该选择上市呢？这个问题应该辩证地考虑。上市这个行为本身，对创业企业来说是既有益处又有弊端的。创业企业上市的益处显而易见：一是获得了新的权益资本，取得了企业发展所需要的资金；二是使企业资产的价值得以体现，同时增强了企业资产的流动性；三是增强了企业未来进行融资的能力；四是企业通过上市，可以提高知名度，在企业经营的很多方面会起到促进的作用；五是使创业者的个人财富有较快的增长。

对于创业企业来说，虽然上市的益处很多，但是他们也必须充分考虑到上市的诸多弊端。创业企业上市的主要弊端有以下几个方面：

(1) 信息披露。上市的所有财务和营运信息必须按法律相关规定完整真实地公开给社会公众。一般公司不需要披露的一些公司信息，上市公司必须公开披露，上市公司的竞争对手和其他任何人都可以得到这些公开的信息。

(2) 有失去控制权的可能。对于很多最前沿技术的研发，很多公司经常需要牺牲眼前利益来进行长期的不计回报的投入。这种长期性质的决策在上市公司变得很困难，因为管理层管理能力的高低是按照公司披露的短期的销售和利润来衡量的。当很多股票发行在外时，公司甚至有可能失去决策的控制权，甚至可能更进一步被对手恶意收购。

(3) 高昂的上市成本。企业上市的主要成本包括：审计费、律师费、承销商费和佣金、注册费等。据估算，在美国，公司首次上市(IPO)的成本占到融资额的10%～15%。如果IPO在办理过程中因为任何原因终止了，其中的大部分成本也是仍然要发生的。在IPO后，企业股票日常交易中，定期的按法律要求的财务报告、股东大会、审计、投资者关系、公共关系维护等仍然需要相当高的成本。

(4) 持续成长的压力。上市公司有相当大的压力，因为投资者要求公司能持续保持赢利增长。一旦销售或赢利与成长的趋势相背离，很多投资者就会抛售公司的股票，使公司的股价严重下挫。而公司低迷的股价也会使继续持有的投资者对公司不满，更会严格关注公司的业绩表现，从而更进一步增加了公司业绩方面的压力。

由于创业企业上市既有益处又有弊端，因此每个创业企业在选择是否上市时一定要按照企业自身的实际情况进行全面、综合、科学、客观的评估，做出正确的决策。

第四节 企业创建

一、企业注册

1. 企业选择

企业的形式很多。新创企业合法组织形式的选择，影响到企业所有者的所有权、决策与控制、债务责任和利益的分配。

1) 独资企业

个人独资企业(soleproprietorship)是由一个自然人投资，财产为投资者个人所有，投资人以其个人财产对企业债务承担无限责任的经营实体。

(1) 优势。①注册手续简单，费用低。个人独资企业的注册手续最简单，获取相关的注册文件比较容易，费用比较低。②决策自主。企业所有事务由投资人说了算，不用开会研究，也不用向董事会和股东大会做出说明，所谓"船小好调头"，老板可以根据市场变化情况随时调整经营方向。③税收负担较轻。由于企业为个人所有，企业所得即个人所得，因此只征收企业所得税而免征个人所得税。④注册资金随意。《中华人民共和国个人独资企业法》对注册资金没有规定，极端的说法是一元钱可以当老板。

(2) 劣势。①信贷信誉低，融资困难。由于注册资金少，企业抗风险能力差，不容易取得银行信贷，同时面向个人的信贷也不容易。②无限责任。这是最大的劣势。一旦经营亏损，除了企业本身的财产要清偿债务外，个人财产也不能幸免，加大了投资风险。③可持续性低。投资人对企业的任何事务具有绝对的决策权，其他人没有决策权，这加大了个人的责任，如果投资人有所闪失，则企业本身就不可能存在。而且个人决策也有武断的一面，带有很强的随意性，对企业不利。④财务有限。企业的全部家当就是个人资产，财务有限，很难有大的发展。⑤缺乏企业管理。这是个人独资企业的一个大问题。

2) 合伙企业

合伙企业(partnership)是由各合伙人订立合伙协议，共同出资、合伙经营、共享收益、共担风险，并对合伙企业债务承担无限连带责任的营利性组织。

中国最高立法机构已表决通过修订后的《中华人民共和国合伙企业法》(以下简称《合伙企业法》)关于合伙企业的生产经营所得和其他所得，按照国家有关税收规定，由合伙人分别缴纳所得税。修订后的《合伙企业法》规定，有限合伙企业的合伙人最多不能超过 50人。法律还规定，有限合伙企业由普通合伙人和有限合伙人组成，普通合伙人对合伙企业债务承担无限连带责任，有限合伙人以其认缴的出资额为限对合伙企业债务承担责任。

(1) 优势。①注册手续简便，费用低：注册方式与独资企业类似，关键在于合伙人之间的共同协议，合伙企业运行的法律依据就是他们之间的协议。②有限合伙承担有限责任，易吸引资金和人才：合伙企业最大的风险就是无限责任。有限责任有效地解决了这个问题。一方面合伙企业通过普通合伙人经营管理并承担无限责任，保持合伙组织的结构简单、管理费用较低、内部关系紧密及决策效率高等优点；另一方面，可以吸引那些不愿承担无限责任的人向企业投资，也可以吸引企业所需要的人才。③税收较低：和独资企业一样，只需要缴纳企业所得税，不用缴纳个人所得税。年营业额 3 万元以下的，税率 18%；年营业额 3～10 万元，税率 27%；年营业额 10 万元以上的，税率 33 %。

(2) 劣势。①无限责任：合伙企业最大的风险就是无限责任，同时还有连带责任。一旦合伙人中某一人经营失误，则所有合伙人都被连累。因此合伙人的选择和合伙协议的拟定就相当重要。有人认为连带责任可以在合伙协议中用相应的条款规定分担比例，减少个人风险，但中国的法律规定合伙人之间的分担比例对债权人没有约束力，债权人可以根据自己的清偿权益，请求合伙人中的一人或几个人承担全部清偿责任。②易内耗：公司形式下是资本说了算，而合伙企业各合伙人却平均享有权利，这是它的优点，但也会带来问题。合伙人一旦有隙，企业决策就难以达成一致意见，互相推诿，业务开展困难。如果合伙品质有问题，则后患无穷。③合伙人财产转让困难:由于合伙人的财产转让影响合伙企业和合伙人的切身利益，因此法律对此要求严格。向外转让必须经全体合伙人同意，而不是采取少数人服从多数人的原则。退伙也存在这个问题，除非在拟定合伙协议时有明确规定，否则很难抽身而退。

3) 公司企业

(1) 有限公司。即有限责任公司(corporation)是企业法人，股东以其出资额为限对公司承担责任，公司以其全部资产对公司的债务承担责任。

I. 设立条件

设立有限责任公司，应当具备下列条件。

① 股东符合法定人数。法定人数是指法定资格和所限人数两重含义。法定资格是指国家法律、法规和政策规定的可以作为股东的资格。法定人数是《中华人民共和国公司法》(以下简称《公司法》)规定的设立有限责任公司的股东人数。《公司法》对有限责任公司的股东限定为两个以上 50 个以下。

② 股东出资达到法定资本的最低限额。公司必须有充足的资金才能正常运营。股东没有出资，公司就不可能设立。股东出资总额必须达到法定资本的最低限额 3 万元。

《公司法》允许对公司的注册资本实行分期缴付，有限责任公司的注册资本为在公司登记机关登记的全体股东认缴的出资额，全体股东首次认缴的出资额不得低于公司注册资本的 20%，并不得低于法定最低注册资本，其余部分由股东在公司成立之日起 2 年内缴足，其中投资公司可在 5 年内缴足。

股东可以用货币出资，也可以用实物、工业产权、非专利技术、土地使用权作价出资。有限责任公司全体股东或者股份有限公司全体发起人的货币出资金额，不得低于公司注册资本的 30% 。

2005 年版《公司法》第二章设专节对一人有限责任公司的设立做出了特别规定,即一个自然人股东或者一个法人股东可以设立一个一人有限责任公司。

③ 股东共同制定章程。制定有限责任公司章程,是设立公司的重要环节,公司章程由全体出资者在自愿协商的基础上制定,经全体出资者同意,股东应当在公司章程上签名、盖章。

④ 有公司名称、建立符合有限责任公司要求的组织机构。设立有限责任公司,除其名称应符合企业法人名称的一般性规定外,还必须在公司名称中标明"有限责任公司"或"有限公司"。建立符合有限责任公司要求的组织机构,是指有限责任公司组织机构的组成、产生、职权等符合《公司法》规定的要求。

⑤ 有固定的生产经营场所和必要的生产经营条件。

II. 注册文件

有限责任公司设立登记,应向公司登记主管机关提交下列文件。

① 公司董事长或执行董事签署的《公司设立登记申请书》。《公司设立登记申请书》由申请人到公司登记机关领取,并按要求填写。

② 全体股东指定代表或者共同委托代理人的证明。它是指全体股东在股东成员中指定某个成员作为到公司登记机关申请设立登记的代表,或者全体股东共同委托股东以外的人来代理股东进行申请登记注册活动的证明文件。

③ 公司章程。公司章程是公司设立的重要文件,其内容应齐备,符合《公司法》规定的各项要求。《公司法》第二十二条规定有限公司章程应当载明的事项有十一项,股东应当在公司章程上签名、盖章。

④ 具有法定资格的验资机构出具的验资证明。法定验资机构出具的验资证明是表明公司注册资本真实、合法的证明。具有法定资格的验资机构应是经工商行政管理机关登记注册的会计师事务所或审计事务所。验资证明由验资报告及附件组成。验资报告应明确载明公司名称、股东姓名、出资方式、出资额、公司在银行开设的临时账户、股东缴纳出资情况等。验资证明的附件包括银行出具的入资凭证、验资机构的执照复印件等。

⑤ 股东的法人资格证明或者自然人身份证明。股东的法人资格证明是指具有法人资格的单位或企业能证明自己的法人资格的文件。能证明自然人身份的,应当是居民身份证或其他合法的身份证明。

⑥ 载明公司董事、监事、经理姓名、住所的文件以及有关委派、选举或者聘用的证明。董事会成员人数为 3~13 人,监事会成员人数不得少于 3 人。如公司不设董事会,则应设一名执行董事。如公司不设监事会,则应设一至两名监事。

⑦ 公司法定代表人的任职文件和身份证明。有限责任公司的法定代表人为公司的董事长或执行董事,其任职文件应根据公司章程的规定而定。公司法定代表人的身份证明应

提交其居民身份证复印件或其他合法的身份证明。

⑧ 《企业名称预先核准通知书》。设立有限责任公司,首先,应当由全体股东指定代表或者共同委托代理人向公司登记机关申请名称预先核准,对于符合规定准予使用的名称,公司登记机关发给公司《企业名称预先核准通知书》。在公司名称保留期内,《企业名称预先核准通知书》是供公司开设临时银行账户,股东存入其货币出资后,公司到验资机构办理验资证明使用的。公司在申请设立登记时,应当将该《企业名称预先核准通知书》的原件交回公司登记机关。

⑨ 公司住所证明。公司住所证明是指能够证明公司对其住所享有使用权的文件。

除上述九种文件外,经营范围中有法律、行政法规规定必须报经审批的项目的,还应当提交国家有关部门的批准文件。如建筑工程需提交建设部门的资质证书,经营饮食需提交卫生部门的卫生许可证,经营旅行社需提交旅游部门的旅行社业务经营许可证。

(2) 股份公司。股份公司(Stock corporation)是指公司资本为股份所组成的公司,股东以其认购的股份为限对公任的企业法人。

I. 设立条件

① 发起人符合法定的资格,达到法定的人数。发起人的资格是指发起人依法取得的创立股份有限公司的资格。股份有限公司的发起人可以是自然人,也可以是法人,但其中须有过半数的发起人在中国境内有住所。设立股份有限公司,必须达到法定的人数,应有5 人以上的发起人。国有企业改建为股份有限公司的,发起人可以少于 5 人,但应当采取募集设立方式。规定发起人的最低限额,是设立股份有限公司的国际惯例。如果发起人的最低限额没有规定,一则发起人太少难以履行发起人的义务,二则防止少数发起人损害其他股东的合法权益。对发起人的最高限额则无规定。

② 发起人认缴和向社会公开募集的股本达到法定的最低限额。股份有限公司须具备基本的责任能力,为保护债权人的利益,设立股份有限公司必须要达到法定资本额。中国的股份有限公司的资本最低限额不得低于 500 万元人民币,并允许对公司的注册资本实行分期缴付;采取发起设立方式设立的股份有限公司,注册资本为在公司登记机关登记的全体发起人认购的股本总额,全体发起人首次出资额不得低于注册资本的 20%,其余部分由发起人在两年内缴足,其中投资公司可以在 5 年内缴足;以募集方式设立的股份有限公司,其注册资本为在公司登记机关登记的实收股本总额。股份有限公司可以采用向特定对象发行股份的方式定向募集设立。

发起人可以用货币出资,也可以用实物、工业产权、非专利技术、土地使用权作价出资。发起人以货币出资时,应当缴付现金。发起人以货币以外的其他财产权出资时,必须进行评估作价,核实财产,并折合为股份,且应当依法办理财产权的转移手续,将财产权由发起人转归公司所有。

③ 股份发行、筹办事项符合法律规定。股份发行、筹办事项符合法律规定,是设立

股份有限公司所必须遵循的原则。

股份有限公司的资本划分为股份，每一股的金额相等。公司的股份采取股票的形式。股份的发行实行公开、公平、公正的原则，且必须同股同权、同股同利。同次发行的股份、每股的发行条件、发行价格应当相同。

以发起方式设立股份有限公司的，发起人以书面认定公司章程规定及发行的股份后，应即缴纳全部股款。以募集方式设立股份有限公司的，发起人认购的股份不得少于公司股份总数的 35%，其余股份应当向社会公开募集。

④ 发起人制定公司章程，并经创立大会通过。股份有限公司的章程，是股份有限公司重要的文件，其中规定了公司最重要的事项，它不仅是设立公司的基础，也是公司及其股东的行为准则。因此，公司章程虽然由发起人制订，但以募集设立方式设立股份有限公司的，必须召开由认股人组成的创立大会，并经创立大会决议通过。

⑤ 有公司名称，建立符合股份有限公司要求的组织机构。名称是股份有限公司作为法人必须具备的条件。股份有限公司必须有一定的组织机构，对公司实行内部管理和对外代表公司。股份有限公司的组织机构是股东大会、董事会、监事会和经理。

⑥ 有固定的生产经营场所和必要的生产经营条件。

Ⅱ. 注册文件

股份有限公司设立登记，应当由董事会向公司登记主管机关提交下列文件。

① 公司董事长签署的《公司设立登记申请书》。

② 国务院授权部门或者省、自治区、直辖市人民政府的批准文件。募集设立的股份有限公司还应当提交国务院证券管理部门的批准文件。

③ 创立大会的会议记录。

④ 公司章程。《公司法》第七十九条规定股份有限公司章程应当载明的事项有十三项。

⑤ 筹办公司的财务审计报告。发起人在筹办公司的过程中所使用的费用，出自公司财产。如果发起人虚报或滥用筹办费用，则会使公司财产减少，损害其他投资者的利益，因此，应当对筹办公司的财务进行审计。该财务审计报告由具有法定资格的经工商行政管理机关登记注册的审计师事务所出具。

⑥ 具有法定资格的验资机构出具的验资证明。

⑦ 发起人的法人资格证明或者自然人身份证明。

⑧ 载明公司董事、监事、经理的姓名、住所的文件。

⑨ 公司法定代表人的任职文件和身份证明。

⑩ 《企业名称预先核准通知书》。

此外，股份有限公司的经营范围有法律、行政法规规定必须报经审批项目的，应提交国家有关部门的批准文件。

2. 注册登记流程

企业注册登记的具体过程是有一定程序的。

(1) 名称登记。名称登记是企业登记的第一步。首先，向工商行政管理机关申请名称预先核准；申请名称预先核准，除直接到企业登记场所提出申请外，还可以通过邮寄、传真、电子数据交换和电子邮件等非固定形式提出。

(2) 开业登记。如果申请名称获得核准，就应到会计师事务所领取"银行询证函"，同时去银行开立验资账户，填写缴款单或进账单将资金存入公司账户，银行会在询证函上盖章，然后凭盖好章的"银行询证函"到会计师事务所办理验资报告。

随后需要按设立公司的经营性质到相关管理部门办理前置审批手续。例如，新创公司属于饮食行业，就需要得到卫生局的批准；如果新创公司属于文化行业，那么就需要有文化局的经营项目许可审批；开展出版物印刷、打字复印等业务的公司，就需要得到新闻出版局的批准等。

在通过了相关部门的前置审批后，就需要准备好有关申办材料，到公司所在地工商登记部门去办理登记，注册材料根据公司性质按照前文所述的注册材料准备。提交了这些材料以后，对申请人亲自到工商行政管理机关提出的申请，予以受理的，工商行政管理机关应当当场做出准予登记的决定；对申请人通过邮寄、传真、电子数据交换和电子邮件等非固定形式提出申请的，则需要等待管理部门的审核和批准，一般不会超过 15 天。在拿到了《企业法人营业执照》后，公司就算正式成立了。然而，事情并没有结束，根据法律的规定，还要在规定的期限内办理其他一些相关的手续，如到税务部门办理税务登记等。详细流程请参见图 14-4。

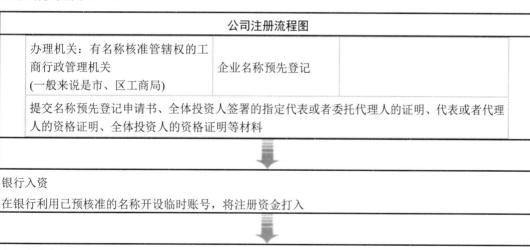

公司注册流程图		
办理机关：有名称核准管辖权的工商行政管理机关 (一般来说是市、区工商局)	企业名称预先登记	
提交名称预先登记申请书、全体投资人签署的指定代表或者委托代理人的证明、代表或者代理人的资格证明、全体投资人的资格证明等材料		
⬇		
银行入资 在银行利用已预核准的名称开设临时账号，将注册资金打入		
⬇		
会计师事务所验资 向会计师事务所提交相关资产证明材料，由会计师事务所出具验资报告		

图 14-4 公司注册流程图

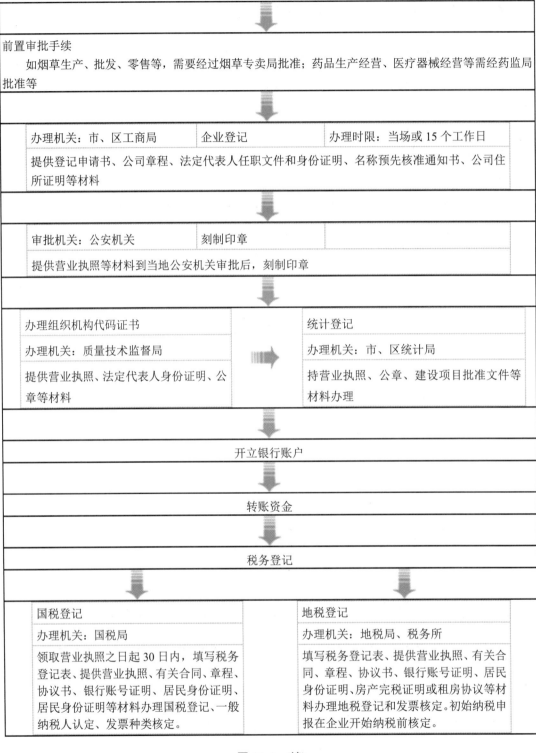

图 14-4 (续)

在公司注册成功后，就可以招收公司的第一批员工了，并且需要对这些新招聘的员工进行相关的培训。在前面工作都顺利完成的基础上，正式成立的创业企业就可以投入生产运营了。这也标志着一个公司的正式诞生。

二、企业变更

创业的过程不可避免地会遭遇各种企业变更的情况，包括破产、变更与注销等。

1. 企业破产

建立百年老店，是大多数企业家孜孜以求的理想。但是，市场体系不相信眼泪，优胜劣汰是市场经济的生存法则。企业家在努力寻求可持续发展的经营过程中，任何环节的失误都可能使其陷入难以为继的境地。

破产法律制度，就是对没有挽救价值的失败者强制出局的游戏规则。所谓破产，是指当债务人的全部资产不以清偿到期债务时，债权人通过一定程序将债务人的全部资产供其平均受偿，从而使债务人免除不能清偿的其他债务，并由法院宣告破产解散。

(1) 破产保护。《破产法》管辖着公司如何停止经营或如何走出债务深渊的行为。当一个公司临近山穷水尽之境地时，可以援引《破产法》第十一章来"重组"业务，争取再度赢利。破产公司，也就是"债务人"，仍可照常运营，公司管理层继续负责公司的日常业务，其股票和债券也在市场继续交易，但公司所有重大经营决策必须得到一个破产法庭的批准，公司还必须向证券交易委员会提交报告。

如果依据《破产法》第七章申请破产，公司全部业务必须立即完全停止。由破产财产托管人来"清理"(拍卖)公司资产，所得资金用来偿还公司债务，包括对债权人和投资人的债务。一般来讲，如果公司申请依据《破产法》第七章破产，股民手中的股票通常变成废纸一张，因为如果破产法庭确认债务人无清偿能力(负债大于资产)，就可不归还股东投资。此外，公司资产经清算优先偿还有担保债权人和无担保债权人后，往往所剩无几。

多数上市公司会按照《破产法》第十一章申请破产保护，而不是第七章直接进行破产清算，因为他们仍希望继续运营并控制破产程序。第十一章规定了一些复兴公司业务的程序，也确有一些公司重组计划成功，重新开始赢利。但有些公司最后还是以清算告终。

(2) 破产清偿。破产清偿是指清算组在法院的指导下，在债权人会议的监督下，按照法定程序和分配方法，将破产财产公平地分配给各债权人的程序。破产清偿适用于对那些经营极差、前景不好、负债过度、资不抵债、扭亏无望的企业。破产清偿可以通过破产、拍卖的手段收回一部分贷款，其余无法收回的予以核销。企业破产有利于及时清偿债务，保护债权人的利益，有利于形成优胜劣汰的企业竞争机制。但在实际实施企业破产中，债权往往难以收回，债权企业往往承受较大的损失。

2. 公司变更

任何企业注册完成以后，为了适应市场变化或人事变化的需要，都可以作出适当的资料变更。

公司的变更是指公司设立登记事项中某一项或某几项的改变。公司变更的内容，主要包括公司名称、住所、法定代表人、注册资本、公司组织形式、经营范围、营业期限、有限责任公司股东或者股份有限公司发起人的姓名或名称的变更。

(1) 公司名称变更登记。公司变更名称的,,应当自变更决议或者决定做出之日起 30 日内申请变更登记。

(2) 公司住所变更登记。公司变更住所的,应当在迁人新住所前申请变更登记,并提交新住所使用证明。

(3) 公司法定代表人变更登记。公司变更法定代表人的,应当自变更决议或者决定做出之日起 30 日内申请变更登记。

(4) 公司注册资本变更登记。公司变更注册资本的,应当提交依法设立的验资机构出具的验资证明。

(5) 公司经营范围变更登记。公司变更经营范围的,应当自变更决议或者决定做出之日起 30 日内申请变更登记;变更经营范围涉及法律、行政法规或者国务院决定规定在登记前须经批准的项目的,应当自国家有关部门批准之曰起 30 日内申请变更登记。

(6) 公司类型变更登记。公司变更类型的,应当按照拟变更的公司类型的设立条件,在规定的期限内向公司登记机关申请变更登记,并提交有关文件。

(7) 股东和股权变更登记。有限责任公司股东转让股权的,应当自转让股权之日起 30 日内申请变更登记,并应当提交新股东的主体资格证明或者自然人身份证明。

(8) 公司合并、分立变更登记。公司合并、分立,应当自公告之日起 45 日后申请登记,提交合并协议和合并、分立决议以及公司在报纸上登载公司合并、分立公告的有关证明和债务清偿或者债务担保情况的说明。

3. 公司注销

(1) 注销原因。公司因下列原因之一的,公司清算组织应当自公司清算结束之日起 30 日内向公司登记机关申请注销登记:①公司被依法宣告破产;②公司章程规定的营业期限届满或者公司章程规定的其他解散事由出现时;③股东会决议解散;④公司因合并分立解散;⑤公司被依法责令关闭。

公司申请注销登记,应由公司指定或者委托公司员工或者具有资格的代理机构的代理人作为申请人办理注销登记。

(2) 注销步骤。先要成立清算小组,对公司进行清算,然后向税务机关提出注销税务登记申请会对公司进行清查后,出具允许注销意见书,这时就可以到工商局去申请公司注销,工商局会要求公司在公开媒体出具清算公告,在规定时限内,无其他单位对注销提出意见,工商局会给办理注销手续。

三、新创企业战略

1. 创业战略的价值

与筛选商业机会、撰写商业计划书、争取融资等其他重要创业活动一样,只要从这项活动中获得的收益、精力、金钱等成本,这项活动就能够为他的企业带来价值。虽然我们甚至还不能对"什么是创业战略"达成最小限度的共识，但许多成功的创业企业确实从自己的战略管理过程中获得了以下几个方面的价值。

(1) 保证方向与目标的持续性。有人认为战略就是选择做什么的艺术，"做什么" 与 "不做什么" 是战略讨论的主题。这是由于对于企业来说资源永远都是有限的，企业必须集中有限的资源组织企业的活动。对于新创企业来说，资金资源、人力资源、合作伙伴资源、客户资源都相对匮乏。这种资源上的匮乏导致新创企业应该更加集中自己的力量。同时，新创企业在方向上更加不能犯错误。与大型企业相比，新创企业抵御方向性错误的能力更弱。大企业可以犯错失良机的错误，也可以犯下投资失误的错误，但是新创企业的任何一次方向性的错误都会导致企业生命的结束。从这一点上讲，新创企业更需要明确的方向和清晰的目标引领前进的道路。

(2) 吸引外部资源。拥有清晰而优秀的公司战略和愿景的新创企业对潜在的加盟者、客户以及合作伙伴都有很强的吸引作用。创业者不仅需要一个商业计划向投资人展示公司的未来，更重要的是要有一个清晰的公司战略。这个战略可以为公司赢得潜在的客户、合作伙伴以及优秀的员工。这一切是商业计划书与经营模式所不能取代的。这也是公司战略的价值所在。

(3) 指导管理政策的制定。相比跨国公司这样的恐龙企业来说，新创企业的内部管理活动无疑要简单得多。但这并不意味着新创企业就可以依赖创新赢得一切。更为常见的是新的企业带来的是更为有效的管理模式。战略是统一管理行为的重要前提。从某种意义上讲，战略是整个公司管理决策的价值前提。

(4) 帮助创业者形成完整的经营思路。在创意阶段，甚至在商业机会的遴选阶段，直觉、天才、运气等具有神秘主义色彩的元素可能能够帮助创业者完成公司的创建，也能够帮助创业者完成融资过程，但企业的持续经营却必须依赖于企业完整清晰的经营策略。从某种意义上说，创业者成立公司并不是思考战略的结束，而恰恰是思考战略的开始。许多新创业者因为始终没有形成完整的经营思路，要么将公司带向了毁灭，要么将公司的控制权拱手让给他人。

2．新创企业战略的特征

新创企业的战略在制定过程、表达形式、传递方式等方面与成熟企业有着天壤之别。许多大型的企业都有自己的战略规划部门，有严格的战略规划周期。高管人员员会不断地召开各种类型的战略研讨会，有时还会聘请外部智力机构参加。而新创企业的战略制定过程则轻松得多，战略的表达形式也大多是口头上，或者是一两句容易记忆的、带有鼓动性的话语。新创企业的战略在许多内容方面都表现出自己更为本质的特征。

(1) 战略选择更依赖于创业团队的能力与资源禀赋。新创企业的战略选择更加依赖于创业者的能力、性格特征以及创业团队的技术能力与资源禀赋，而成熟企业的战略选择空间受到领导者的个人能力影响却相对较小。这一明显特征对于创业团队的组建与团队的工作方式有着重大的影响。

为了使新创企业的战略选择能够有更大的自由度，创业团队在保持价值观统一的前提下，其人员的构成应该考虑到知识、经验、能力与资源禀赋的相互补充。创业者在选择团队人员的过程中，不仅要考虑到志同道合、情同手足等因素，在团队的能力、经验与资源方面寻求互补，以拓展新创企业战略选择的空间。

(2) 战略调整更具有柔性。用"小就是美"这句话来形容创业企业在战略调整方面的相对优势再恰当不过了。由于外部环境不确定性的增加，大企业受到来自各方面关于其战略僵化的批评越来越多，新创企业在战略选择上虽然缺少更多的空间，但在战略调整方面却享受更多的自由。

新创企业与大企业相比，它的优势就在于高层管理者更贴近客户，更容易感受大市场上发生的变化。而且比大企业能够做出更为迅速的反应，能够用小企业的反应速度来抗击大企业的经济规模。创业者一定要了解企业的竞争优势，能够在与企业的大型竞争对手展开竞争时充分发挥企业的灵活多变的优势。

(3) 战略沟通更具有投资导向性。由于新创企业管理层级少，结构简单，所以公司战略比较容易通过各种正式和非正式的渠道被员工队伍所了解，进而融入工作行为。与员工的整个战略沟通相对简单。相反，新创企业的战略在与外部投资人进行沟通时往往会遇到比较大的阻力，这种战略沟通上的障碍时常会影响投资人与创业者之间的信任关系，最终导致双方的冲突，乃至分手。创业者应该在与投资人的战略沟通方面进行更多的努力，并应该具有更多的沟通技能，才能使公司战略在实施过程中得到多方面的支持和理解，避免因为战略沟通过程中出现的问题影响到公司的前途。这种沟通在公司进行战略转型的过程中就显得尤为重要。

3. 新创企业可能的战略选择

波特在《竞争战略》中提出了企业三大基本战略:差异化战略、低成本战略和聚集战略。结合新创企业发展的特点，我们对上述三个战略加以细化和补充:首先增加一个模仿战略，因其侧重点不同具体可分为偏向业务层面(产品或服务)的业务模仿战略和侧重市场定位的比附定位战略;差异化战略则因其差异化的程度可细分为改进价值/特性战略和改变规则战略;集中化战略细分为市场细分战略和专门技术战略;这些战略或者是单一的或者是以组合的方式，存在于创业者的创业实践中。

1) 模仿战略

(1) 业务模仿战略。模仿战略因为新创企业的业务模式建立在模仿竞争者提供的产品或服务的基础上而得名的，体现出资源禀赋上不占优势的，新创企业通过学习模仿来实施追随策略达到借力省力的目的。依据模仿的方式和模仿过程中改进程度的不同，可以将该战略分为两种性质不同的战略，反应性模仿战略和创造性模仿战略。

① 反应性模仿战略。反应性模仿者通常都是传统中小企业，他们没有太多的资金可以用于研发，从而选择模仿市场上已经存在的成熟企业的技术、产品乃至生产管理方法，模仿往往会帮助它们避免完全创新所与生俱来的巨大风险。这样的企业往往会将注意力集中在处于成熟期的产品或者是处于市场发展衰退期的产品，而不是需要比拼技术能力的产品导入期和成长期。

反应性模仿战略是很多创业团队首要考虑的战略。人的智慧是有限的，新的创意和想法很难轻易得到，而且受资源天赋的限制，即使有好的创业想法也不容易获得实现创意所需的资源。反应性模仿可以降低企业经营的风险，减少企业的研发成本。

一般情况下，模仿策略仅仅适用于企业的初创期，在业务得到一定程度的扩大之后，应该考虑改变经营方式，形成自有的经营思路和新的经营战略。

② 创造性模仿战略。"创造性模仿"是指利用他人的成功来发展自己，发掘新兴市场中产品或服务存在的缺陷，以改进完善后的产品或服务获得成功的战略模式。它的理论前提是：当一种新产品最初推入市场时，往往还存在一些缺陷或需要改善的地方，可能是产品特性方面，或是对不同细分市场的适应性方面，也可能是产品的市场定位方面。正是由于新产品的种种缺陷，才使得新创企业"有机可乘"。

创造性模仿者并不是从最先推出新产品或服务的创新者手中抢走顾客成功的。而是要服务于先驱者所创建的，但没有提供良好服务的市场；是满足了业已存在的需求，而不是要创建一个新的需求。也就是说，当新创企业采取行动时，市场已经形成，需求已经产生，市场所缺少的东西通过创造性模仿都给弥补了。

这种战略要求企业拥有一定的技术水平，可以进行创造性改进后产品的生产，而且，还要有"发现的眼睛"，善于发现消费者对现有产品的不满，从而可以对产品进行有目的的改进和完善，因为"消费者的不满就是市场"。

(2) 比附定位战略。比附定位就是依附名牌的策略。新创企业通过各种方法与同行中的知名品牌建立一种内在联系，使产品和品牌迅速进入消费者的视野，借助知名企业扩大影响力。比附定位战略一般有两种形式。第一，甘居第二。新创企业公开表明甘居第二，明确承认同类产品中，另有一最负盛名的品牌。这样可以形成谦虚诚恳的公司形象，在某种意义上迎合了消费者同情弱者的心理。第二，攀龙附凤。新创企业首先承认同类产品中已经卓有成就的品牌，自己的产品虽然不能和它比，但是在某一地区或者在某些方面还可以与这些深受消费者喜爱的厂商并驾齐驱。

比附定位战略比较适合在那些已经存在消费者广泛认可的品牌，同时产品同质性比较高的市场上实施。在这样的市场里，不同企业生产的产品对于消费者来说差异不大，但是品牌的区别是很明显的，品牌的无形价值足以影响企业的长久经营，创业者要想使企业能在这样的市场上占有"一席之地"，首当其冲的事是尽快树立在消费者心目中的品牌认同感。所以，从某种意义上说，比附定位战略实质上是一种品牌建立的战略。

2) 差异化战略

(1) 改进价值或产品特性战略。改进价值或者是产品特性战略源自波特提出的差异化战略。采取这种战略的新创企业对本行业的产品或服务进行功能分析，改进或重塑价值链结构，树立起行业范围内独特的东西，着重于提高顾客的消费价值。

这种战略的经济学意义是制造局部稀缺，也就是说，新创企业针对那些供求平衡或供大于求的产品或服务，创造产品性能的某一方面或经营过程中某一环节的有别于竞争对手的稀缺，从而建立差异化的竞争优势，获得超额利润。

(2) 改变规则战略。差异化的另一重要途径是商业模式上的差异化或创新。在一定的

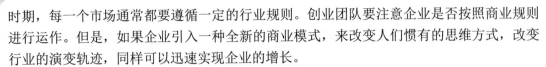

时期，每一个市场通常都要遵循一定的行业规则。创业团队要注意企业是否按照商业规则进行运作。但是，如果企业引入一种全新的商业模式，来改变人们惯有的思维方式，改变行业的演变轨迹，同样可以迅速实现企业的增长。

很多公司在建立之初，就选择了改变游戏规则的战略。丰田改变了福特的批量生产系统，建立了有名的丰田生产系统，而丰田系统可以在不用耗时和增加费用的情况下，在同一生产线上生产不同型号的汽车。采取不模仿竞争对手的运营方式，建立不同的而游戏规则，不仅改变了企业的价值链，甚至改变了行业的价值链。

3) 集中化战略

(1) 市场细分战略。索尼公司董事长盛田昭夫的"圆圈理论"认为，在无数的大圆圈(指大企业占有的销售市场)与小圆圈(即小企业占有的销售市场)之间，必然存在一些空隙，即仍有一部分尚未被占领的市场。新创企业只要看准机会，立即"挤"占，将这些空隙组成联合销售网，必定会超过那些大圆圈市场。新创企业机动灵活、适应性较强的优势，将能够保证它们寻找到市场上的各种空隙"钻进去"，从而形成独特的竞争优势。

这种"快半步"的策略对于采取集中化战略的新创企业来说，有着非常重要的意义。新创企业资源有限，如果能够抢先意识到市场上存在的空缺并选择合适的方式进入市场填补空白，那么就能将有限的资源投入到收效最快的领域内，避免与资源雄厚的大型企业的正面竞争，为稚嫩的新创企业组织创造相对宽松的生存发展环境。

(2) 专门技术战略。对于新创企业，集中化战略还常常体现在采取专门技术上。采取专门技术战略的新创企业，通常是某个程序中绝对必要的部分，不使用这一专门产品的风险超出产品本身的成本。这一产品可能为一个行业提供配套服务，或者是最终产品的零配件。专门技术所处的行业有广阔的市场前景，也拥有同样广阔的市场。具备独特的技术和产品，就能在专门技术领域获得控制地位，并保持住这个地位。例如为名牌汽车提供电路和照明系统的公司，它们在汽车工业尚处于初创阶段时就已经获取了汽车配件市场的控制地位，已经成为事实上的行业标准了。

首先，选择专门技术战略的新创企业要想取得并保持其控制和领先地位，实际掌握是关键，一定要在新行业、新客户、新市场或者新趋势刚开始形成之际，立即采取行动。其次，需要拥有独特且不易模仿的技术。最后，企业必须不断改进技术，以保持技术上的领先优势。

4) 低成本战略

成本是企业在生产过程中关注的焦点，也是一定程度上打动消费者的着眼点。对于新创企业而言，低成本战略的最终目标是要抢占市场份额。因此，新创企业可以努力建设能够达到规模经济的生产能力，并在已有经验的基础上全力以赴降低成本，从而实现产品的低成本。

但是，多数情况下，低成本战略不能构成新创企业战略的全部，或者说不能单独成为创业战略，因为初创阶段的企业规模很难达到经济性的要求，只能通过成本管理和费用控制手段，最大限度地减少研发、品牌塑造、营销等方面的费用来降低经营过程中各个中间环节的成本。因此，这种战略往往是伴随着其他战略的实施过程同时执行的。

本章思考题

1. 什么是创业？创业有哪些基本类型？

2. 创业者的基本特征有哪些？除了书中提到的几种特征外，你认为创业者还应具有哪些特征？

3. 如何筛选市场机会？请用具体实例来说明一个市场机会的筛选过程。

4. 如何撰写创业计划书？为什么说创业计划书对创业企业至关重要？

5. 对于制造业、服务业或高科技行业的创业企业，它们所撰写的创业计划书应有哪些不同？

6. 如何获得创业投资？

7. 独资企业、合伙企业与公司的注册条件有何不同？

8. 新创企业的战略选择有哪些主要形式？

参 考 文 献

1. 吴何. 现代企业管理：激励、绩效与价值创造[M]. 北京：中国市场出版社，2010.

2. 尤建新，雷星晖. 企业管理概论[M]. 北京：高等教育出版社，2010.

3. 李启明，教育部高等教育司组. 现代企业管理[M]. 北京：高等教育出版社，2011.

4. 王德清. 中外管理思想史[M]. 重庆：重庆大学出版社，2005.

5. 黄顺春，廖作鸿. 现代企业管理教程[M]. 上海：上海财经大学出版社，2007.

6. 姜真. 企业管理学新编[M]. 济南：山东大学出版社，2000.

7. 郭咸纲. 西方管理学说史[M]. 北京：中国经济出版社，2003.

8. 刘兆峰. 企业社会责任与企业形象塑造[M]. 北京：中国财政经济出版社，2008.

9. 黄梯云，李一军. 管理信息系统[M]. 北京：高等教育出版社，2010.

10. 贾旭东. 现代企业战略管理——思想、方法与实务[M]. 兰州：兰州大学出版社，2009.

11. 赵曙明. 人力资源管理与开发[M]. 北京：北京师范大学出版社，2007.

12. 彭剑锋. 人力资源管理概论[M]. 上海：复旦大学出版社，2010.

13. 于桂兰. 人力资源管理[M]. 北京：清华大学出版社，2004.

14. 赵曙明. 人力资源管理与规划[M]. 北京：中国人民大学出版社，2008.

15. 孙健敏. MBA全景教程之三：人力资源管理[M]. 北京：北京大学出版社，2003.

16. 武欣. 绩效管理实务手册[M]. 北京：机械工业出版社，2001.

17. 马汉武. 设施规划与物流系统设计[M]. 北京：高等教育出版社，2005.

18. 傅卫平. 现代物流系统工程与技术[M]. 北京：机械工业出版社，2006.

19. 唐纳德·J. 鲍尔索克斯. 物流管理[M]. 北京：机械工业出版社，2002.

20. 陈荣秋. 生产运作管理[M]. 北京：机械工业出版社，2010.

21. 小保罗·R. 墨菲. 当代物流学[M]. 北京：中国人民大学出版社，2009.

22. 财政部会计资格评价中心. 财务管理：2012年中级会计资格全国会计专业技术资格考试辅导教材[M]. 北京：中国财政经济出版社，2011.

23. 财政部会计资格评价中心. 中级会计实务：2012年中级会计资格全国会计专业技术资格考试辅导教材[M]. 北京：中国财政经济出版社，2011.

24. 宁凌. 现代企业管理学[M]. 北京：机械工业出版社，2011.

25. 郑煜. 现代企业管理——理念、方法与应用[M]. 北京：清华大学出版社，北京交通大学出版社，2011.

26. 荆新，王化成，刘俊彦. 财务管理学[M]. 5版. 北京：中国人民大学出版社，2009.

27. 王方华，顾峰. 市场营销学[M]. 上海：上海人民出版社，2007.

28. 甘碧群. 市场营销学[M]. 3版. 武汉：武汉大学出版社，2006.

29. 吴健安. 市场营销学[M]. 4版. 北京：高等教育出版社，2011.

30. 威廉·史蒂文森，张群，张杰. 运营管理[M]. 北京：机械工业出版社，2009.

31. 苏伟伦. 戴明管理思想核心读本[M]. 北京：中国社会科学出版社，2003.

32. 克劳斯比著. 零缺点的质量管理[M]. 陈怡芬(译). 北京：三联书店，1994.

33. [美]玛格丽特·A.怀特，加里·D.布鲁顿，[中]吴晓波，杜健. 技术与创新的管理：战略视角[M]. 北京：电子工业出版社，2008.

34. 赵晶媛. 技术创新管理[M]. 北京：机械工业出版社，2010.

35. 姜彦福，张玮. 创业管理学[M]. 北京：清华大学出版社，2005.

36. 丁栋虹. 创业管理——企业家的视角[M]. 北京：机械工业出版社，2012.

37. 刘平，李坚. 创业学——理论与实践[M]. 北京：清华大学出版社，2009.

38. 宋冀东，赵钎，王修书. 现代企业管理[M]. 北京：电子工业出版社，2005.

39. 杨洁，孙玉娟. 管理学[M]. 北京：经济管理出版社，2004.

40. 戴文龙. 现代企业管理流程体系[M]. 广州：广东经济出版社，2003.

41. 胡宇辰，李良智. 企业管理学[M]. 北京：经济管理出版社，2001.

42. 陆力斌，杨正国. 企业管理学[M]. 哈尔滨：哈尔滨工业大学出版社，1999.

43. 潘开灵，邓旭东. 企业管理学[M]. 北京：科学出版社，1999.

44. 李培煊. 管理学[M]. 北京：中国铁道出版社，2003.

45. 张英奎，孙军. 现代管理[M]. 北京：清华大学出版社，2004.

46. 周三多，陈传明，鲁明泓. 管理学——原理与方法[M]. 4 版. 上海：复旦大学出版社，2003.

47. 周三多，陈传明. 管理学原理[M]. 南京：南京大学出版社，2006.

48. 郭咸纲. 西方管理思想史[M]. 北京：经济管理出版社，2004.

49. 黄雁芳，宋克勤. 管理学教程案例集[M]. 上海：上海财经大学出版社，2001.

50. 鲍国泉. 现代管理学[M]. 济南：山东人民出版社，1997.

51. [美]理查德·蔡斯等. 运营管理[M]. 北京：机械工业出版社，2003.

52. [美]理查德·L.达夫特. 组织理论与设计[M]. 北京：清华大学出版社，2003.

53. 张玉利. 管理学[M]. 2 版. 天津：南开大学出版社，2004.

54. 石书玲. 当代企业组织结构变革的基本趋势[J]. 天津商学院学报，2002(2).

55. 李维安等. 网络组织——组织发展新趋势[M]. 北京：经济科学出版社，2003.

56. 蔡希贤. 现代企业战略管理[M]. 武汉：华中理工大学出版社，1998.

57. 王方华，吕巍. 企业战略管理[M]. 上海：复旦大学出版社，1997.

58. 黄凯. 战略管理——竞争与创新[M]. 北京：石油工业出版社，2004.

59. 刘冀生. 企业战略管理(第二版)[M]. 北京：清华大学出版社，2003.

60. 戴维(David，F.R.)著. 战略管理[M]. 8 版. 李克宁译.北京：经济科学出版社，2001.

61. 迈克尔·波特著. 竞争优势[M]. 陈小悦译.北京：华夏出版社，1997.

62. 迈克尔·波特著. 竞争战略[M]. 陈小悦译. 北京：华夏出版社，1997.

63. J. 戴维·亨格，托马斯·L. 惠伦著. 战略管理精要[M]. 3 版. 王毅译. 北京：电子工业出版社，2005.

64. 张玉利. 管理学[M]. 2 版. 天津：南开大学出版社，2004.

65. 陈文安. 新编企业管理[M]. 4 版. 上海：立信会计出版社，2002.

66. 赵景华. 现代管理学[M]. 济南：山东人民出版社，1999.

67. Gary Dessler 著. 人力资源管理[M]. 刘昕，等，译. 北京：中国人民大学出版社，1999.

68. 张德. 人力资源开发与管理[M]. 北京：清华大学出版社，1996.

69. 王凤彬，李东. 管理学[M]. 北京：中国人民大学出版社，2003.

70. 杨蓉. 人力资源管理[M]. 大连：东北财经大学出版社，2002.

71. 刘宁杰. 企业管理[M]. 大连：东北财经大学出版社，2005.

72. 赵西萍，宋合义，梁磊. 组织与人力资源管理[M]. 西安：西安交通大学出版社，1999.

73. 郭克莎. 中国最有影响的企业案例[M]. 北京：商务印书馆，2003.

74. 龚益鸣. 现代质量管理学[M]. 北京：清华大学出版社，2003.

75. 梁乃刚. 质量管理与可靠性[M]. 北京：机械工业出版社，1994.

76. 陈荣秋，马士华. 生产与运作管理[M]. 北京：机械工业出版社，2004.

77. 刘丽文. 生产与运作管理[M]. 北京：清华大学出版社，2002.

78. 张彦宁. 生产与运作管理[M]. 北京：中国企业联合会，2004.

79. GB/T 19000:2000 起草单位：中国标准研究中心；发布单位：国家质量技术监督局；批准时间：2000.12.28 ；实施时间：2001.06.01.

80. GB/T 19580:2004 起草单位：中国标准研究中心；发布单位：国家质量监督检疫总局和中国国家标准标准化委员会；发布时间：2004.08.30；实施时间：2005.05.01.

81. [日]今井证明. 现场改善[M]. 北京：机械工业出版社，2001.

82. 周启蕾. 物流学概论[M]. 北京：清华大学出版社，2005.

83. 毛禹忠. 物流管理[M]. 北京：机械工业出版社，2004.

84. 刘志学. 现代物流手册[M]. 北京：中国物资出版社，2001.

85. 黄培. 现代物流导论[M]. 北京：机械工业出版社，2005.

86. 王槐林，刘明菲. 物流管理学[M]. 武汉：武汉大学出版社，2002.

87. 田征. 物流学[M]. 大连：大连海事大学出版社，2000.

88. 刘娜. 物流配送[M]. 北京：对外经济贸易大学出版社，2004.

89. 李吟龙. 物流基础[M]. 北京：人民交通出版社，2004.

90. 门峰. 现代物流概论[M]. 上海：上海财经大学出版社，2004.

91. [美]菲利普·科特勒著. 营销管理——分析、计划、执行和控制[M]. 9版. 梅汝和，梅清豪，张桁译. 上海：上海人民出版社，2000.

92. 李小红. 市场营销学[M]. 北京：中国财政经济出版社，2006.

93. 郭国庆. 市场营销学通论[M]. 北京：中国人民大学出版社，2000.

94. 于坤章. 新市场营销学[M]. 长沙：湖南大学出版社，2001.

95. 王方华. 市场营销学[M]. 上海：复旦大学出版社，2001.

96. 汪长江，邵安兆. 市场营销理论与实务[M]. 北京：北京工业大学出版社，2003

97. 林长富. 市场营销原理[M]. 北京：机械工业出版社，2005

98. 张勤国，朱敏. 管理学——理念、方法与实务[M]. 上海：立信会计出版社，2003.

99. 吴贵生. 技术创新管理[M]. 北京：清华大学出版社，2000.

100. 银路. 技术创新管理[M]. 北京：机械工业出版社，2004.

101. 雷仲敏. 技术经济分析与评价[M]. 北京：中国标准出版社，2003.

102. 李国纲，邓志刚. 管理系统工程概论[M]. 北京：中央广播电视大学出版社，1987.

103. 财政部注册会计师考试委员会办公室. 财务成本管理[M]. 北京：经济科学出版社，2005.

104. [美]伊查克·爱迪思著. 企业生命周期[M]. 赵睿，译. 北京：中国社会科学出版社，1997.

105. 刘朝明. 企业成长[M]. 成都：天地出版社，2004.

106. 傅家骥. 技术创新学[M]. 北京：清华大学出版社，1998.

107. 李志能，郁义鸿，罗博特·D. 希斯瑞克. 创业学[M]. 上海：复旦大学出版社，2000.

108. Hisrich Robert D, Peters Michael P, Shepherd D A. Entrepreneurship. 6th edition. New York: Irwin/McGraw-Hill, 2004.

109. Amar Bhldt, William Sahlman, James Stancil, Arthur Rock, Michael Nevens, Gregory Summe. Harvard Business Review on Entrepreneurship (Harvard Business Review Paperback Series). Boston, MA: Harvard Business School Press, 1999.

110. Drucker Peter. Innovation and Entrepreneurship. New York: Collins, 1993.

111. 林汉川. 中国中小企业发展机制研究[M]. 北京：商务印书馆，2003.

112. 万兴亚. 中小企业成长原理与方略[M]. 北京：人民出版社，2005.

113. Roberts, E. B. Entrepreneurs in High Technology: Lessons from MIT and Beyond. New York: Oxford University Press, 1991.

114. Holt, D. H. Entrepreneurship: new venture creation. New Jersey: Prentice-Hall, 1992.

115. Christian, B., Julien P. A.. Defining the field of research in entrepreneurship[J]. Journal of Business Venturing. Volume 16, Issue 2 , March 2001.

116. 罗伯特·A. 巴隆著. 创业管理基于过程的观点[M]. 张玉利，等，译. 北京：机械工业出版社，2005.

117. 刘常勇. 创业管理的 12 堂课[M]. 北京：中信出版社，2002.

118. Bolton Bill, Thompson John. Entrepreneurs : talent, temperament, technique. Amsterdam；Boston, Mass. : Elsevier Butterworth-Heinemann, 2004.

119. Reich, R.B. Entrepreneurship reconsidered: The Team as Hero[J]. Harvard Business Review. 1987, 65(3).

120. Bull Ivan, Thomas H, Willard G edited. Entrepreneurship : perspectives on theory building. Oxford ; Tarrytown, NY, : Pergamon, 1995.